Die Differenzierung des Englischen in nationale Varianten

Eine Einführung

von

Klaus Hansen, Uwe Carls und Peter Lucko

ERICH SCHMIDT VERLAG

Die Deutsche Bibliothek – CIP-Einheitsaufnahme

Hansen, Klaus:
Die Differenzierung des Englischen in nationale Varianten :
eine Einführung / Klaus Hansen ; Uwe Carls ; Peter Lucko. –
Berlin : Erich Schmidt, 1996
    ISBN 3-503-03746-2
    NE: Carls, Uwe:; Lucko, Peter

Die Autoren:

Klaus Hansen: 1., 2., 5.-5.1.; (zus. mit Wolf-Hubert Großkopf:) 5.2., 5.3.
Uwe Carls: 4., 6.
Peter Lucko: 3.

Gesamtredaktion: Klaus Hansen

ISBN 3 503 03746 2

Inhaltsverzeichnis

Abkürzungen

adj.	*adjective*
adv.	*adverb*
ae.	altenglisch
Afr	Afrikaans
AmE	Amerikanisches Englisch
apprec.	*appreciative*
arch.	*archaic*
AusE	Australisches Englisch
BritE	Britisches Englisch
derog.	*derogatory*
dial.	*dialect*
dt.	deutsch
EngE	Englisches Englisch
engl.	englisch
ExtrSAfrE	*Extreme South African English*
frz.	französisch
GAmE	*General American English*
hist.	*historical*
hum.	*humorous*
Ind.	Indikativ
IndE	Indisches Englisch
infml.	informell/*informal*
ir.	irisch
IRP	*Indian Recommended Pronunciation*
JamCr	*Jamaican Creole*
KanE	Kanadisches Englisch
Kons.	Konsonant
korn.	kornisch
lat.	lateinisch
MAmE	*Midland American English*
me.	mittelenglisch
N	Nomen/*noun*
NAmE	*Northern American English*
ndl.	niederländisch
NeusE	Neuseeländisches Englisch
obs.	*obsolete*
Pers.	Person
Pl.	Plural
Präs.	Präsens
RP	*Received Pronunciation*
RSA	*Republic of South Africa*
SAfrE	*South African English*

SAmE	*Southern American English*
ScotE	*Scottish English*
SHibE	*Southern Hiberno-English*
silb.	silbisch
Sing.	Singular
sl.	Slang
span.	spanisch
stl.	stimmlos
Subst.	Substantiv
V/v	Verb/*verb*
vlat.	vulgärlateinisch
Vok.	Vokal
WalE	Walisisches Englisch
walis.	walisisch

Transkriptionssymbole

Zusätzlich zu den für die Umschrift der *Received Pronunciation* (RP) üblichen bzw. keiner besonderen Erläuterung bedürfenden Zeichen werden in den Ausspracheangaben folgende phonetische Symbole verwendet:

a(:)	"palatales (vorn gesprochenes) a" (wie in dt. *man*), z.B. in SHibE *man* [a], *calm* [a:]
e(:)	"geschlossenes e" (wie in dt. *Beet*), z.B. in GAmE *late*
ɛ	"offenes e" (wie in dt. *Bett*), z.B. in GAmE *bet*
o(:)	"geschlossenes o" (wie in dt. *Boot*), z.B. in GAmE *coat*
ø:	"geschlossenes ö" (wie in dt. *böse*), z.B. in SAfrE *bird*
œ:	"offenes ö" (wie [kurz] in dt. *öffnen*), z.B. in WalE *bird*
p^h-/t^h-/k^h-	aspiriertes (behauchtes) p-/t-/k-, z.B. in RP *pin/tin/kin*
$p^=$-/$t^=$-/$k^=$-	nichtaspiriertes p-/t-/k-, z.B. in IndE *pin/tin/kin*
-ṭ-	lenisiertes t, z.B. in GAmE *atom*
ṯ/ḏ	dentales t/d, z.B. in SHibE *think/this*
t^s/d^z	affriziertes t/d (ähnlich wie in dt. *zehn*), z.B. in Cockney *tea*
ɥ	labiopalataler Halbvokal, z.B. in JamCr *when*
ʋ	labiodentaler Halbvokal, z.B. in IndE *vet/wet*
ʍ	stimmloses (als Engelaut gebildetes) w, z.B. in ScotE *whet*
x	"ach-Laut", z.B. in ScotE *loch*
y:	"geschlossenes ü" (wie in dt. *kühn*), z.B. in südwestengl. *move*
ʏ	"offenes ü" (wie in dt. *dünn*), z.B. in südwestengl. *good*
ɚ	retroflexes ɜ:, z.B. in GAmE *clerk*
ʔ	"glottal stop" (Kehlkopfverschlußlaut), z.B. in Cockney *get* (*ge′*)
∅	keine Lautentsprechung, z.B. für \<h\> in Cockney *help* (*′elp*)
¨ (über Vokal)	zentrierter (mehr in der Mundmitte gebildeter) Vokal, z.B. in SHibE *cut* [küt ~ köt]
~ (über Vokal)	nasalierter Vokal, z.B. in JamCr *man* [mã]
· (hinter Vokal)	halblanger Vokal, z.B. in RP *bid* [bɪ·d], *beat* [bi·t]
ˌ (unter Vokal)	geschlossenerer Vokal, z.B. in SAfrE *bad* [bæ̣d]
˛ (unter Vokal)	offenerer Vokal, z.B. in AusE *pit* [pɪ̨t]
ˌ (unter Sonorant)	silbische Aussprache, z.B. in RP *button* [ˈbʌtn̩]
˳ (unter Konsonant)	stimmlose statt stimmhafter Aussprache, z.B. in RP *lab* [læb̥]
↘ *no*	fallende Intonation

$^\wedge no$	steigend-fallende Intonation
#	Morphemende
<...>	Graphem, z.B. <t>
~ (zwischen Laut- symbolen)	varriiert mit, z.B. [ü ~ ɔ̈] in SHibE *cut*

1. Einleitung

Gegenstand dieser Einführung sind die Varianten, in denen das Englische heute als Mutter- oder Zweitsprache in den wichtigsten mehr oder minder weitgehend anglophonen Ländern bzw. Regionen verwendet wird, wobei das Schwergewicht der Darstellung auf dem Sprachgebrauch im Bereich des Standards liegt. Die Varianten werden hinsichtlich ihrer geschichtlichen Entwicklung, ihres Stellenwerts in der jeweiligen Sprachsituation und in der Sprachpolitik der betreffenden Länder bzw. Regionen sowie ihrer Besonderheiten im Vergleich zum Englischen Englisch beschrieben. Bevor das jedoch geschieht, sollen hier zunächst ganz allgemein die zentralen Begriffe *Sprachsituation, Sprachpolitik* und *nationale Sprachvariante* erläutert sowie die Termini definiert werden, die zu ihrer näheren Charakterisierung notwendig sind.

1.1. Der Begriff der Sprachsituation[1]

Unter *Sprachsituation* verstehen wir in Anlehnung an A. D. Švejcer (1977: 133f.; 1983: 32) die ethnische und/oder regionale Verteilung sowie die soziale und funktionale Distribution und Hierarchie der Sprachen und/oder Sprachvarianten, die zu einem gegebenen Zeitpunkt auf einem bestimmten (meist politisch-administrativ abgegrenzten) Territorium entsprechend den dort herrschenden ethnischen, politischen, sozialökonomischen und kulturellen Bedingungen zur Kommunikation verwendet werden. Eine Sprachsituation ist jeweils wesentlich geprägt durch die historischen Prozesse, die zu ihrer Entstehung geführt haben, sowie durch den Charakter und die Zielrichtung der mit ihrer Entwicklung verbundenen und auf sie einwirkenden Sprachpolitik. Will man sie genauer charakterisieren, so muß man vor allem folgende Faktoren berücksichtigen:
– die Sprechergemeinschaft, die ihr zugrunde liegt;
– das sprachliche Potential, über das diese Gemeinschaft insgesamt verfügt, sowie den Status und die Funktionen der in ihr verwendeten Sprachen und/oder Sprachvarianten;
– das sprachliche Potential, das für die einzelnen in ihr vertretenen Sprechergruppen charakteristisch ist;
– die Einstellung der Sprecher zu den verwendeten Sprachen bzw. Sprachvarianten;
– die sprachpolitischen Festlegungen und Maßnahmen, mit denen auf die soziale und funktionale Geltung der verwendeten Sprachen bzw. Sprachvarianten sowie gegebenenfalls auch auf deren Form Einfluß genommen wird.

1.1.1. Die Sprechergemeinschaft

Die Bestimmung dessen, was als Sprechergemeinschaft anzusehen ist, kann unter primär sprachlichem oder unter primär sozialem bzw. sozialkommunikativem Aspekt erfolgen. Ersteres führt zum Begriff der Sprachgemeinschaft bzw. der Kodegemeinschaft, letzteres zum Begriff der Kommunikationsgemeinschaft.

Eine *Sprachgemeinschaft* ist im weitesten Sinne eine Gemeinschaft von Sprechern, die sich derselben Sprache bedienen, im engeren Sinne "a group of people who regard themselves as using the same language" (Halliday/McIntosh/Strevens 1964: 76), d.h. eine Gemeinschaft von Sprechern, die sich nicht nur derselben Sprache bedienen, sondern sich dessen auch bewußt sind. Dabei kann das Bewußtsein, dieselbe Sprache zu verwenden, bei ihnen so stark ausgeprägt sein, daß es ein Gefühl der Zusammengehörigkeit erzeugt und die Sprachgemeinschaft den Charakter einer Gemeinschaft von Menschen annimmt, die sich durch den Gebrauch derselben Sprache miteinander verbunden fühlen. Zwar beruht das Gefühl der Zusammengehörigkeit dann kaum allein auf der Gemeinsamkeit der Sprache, sondern wesentlich auch auf Gemeinsamkeiten hinsichtlich der ethnischen Herkunft sowie der Geschichte und der Kultur (die in der Sprache nur besonders sinnfälligen Ausdruck finden), doch kann,das Bewußtsein der Gemeinsamkeit der Sprache unter bestimmten historischen Bedingungen zu einem wichtigen Bestandteil des Nationalbewußtseins bzw. des Bewußtseins ethnischer Zusammengehörigkeit und die Sprache damit zu einem Symbol der nationalen bzw. ethnischen Identität werden. Das spielt z.B. in vielen sekundär anglophonen Ländern eine Rolle bezüglich der Einstellung der Sprecher zu den dort an sich heimischen Sprachen oder hinsichtlich einer Tendenz, die nationale Eigenart wenigstens in einer besonderen Verwendung des Englischen selbst zum Ausdruck zu bringen: durch Abgehen von einer ausschließlich extern (durch das Englische oder das Amerikanische Standardenglisch) bestimmten Norm und zunehmende Anerkennung der jeweiligen nationalen Variante des Englischen als Vorbild für dessen Gebrauch im eigenen Lande.

Neben einem derart enger gefaßten Begriff der Sprachgemeinschaft bietet sich zur Bezeichnung der Sprecher, die sich insgesamt derselben Sprache als Kommunikationsmittel im intranationalen Verkehr (d.h. als Mutter- bzw. Erstsprache oder Zweitsprache, nicht als Fremdsprache) bedienen, der von J. Scharnhorst (1980b: 656) vorgeschlagene Terminus *Kodegemeinschaft* an.

Bestimmt man die Sprechergemeinschaft dagegen primär unter sozialem Aspekt, so gelangt man zum Begriff der *Kommunikationsgemeinschaft*. Diese Art von Sprechergemeinschaft ist vorrangig durch die Sozialstruktur der Gesellschaft und die Stellung der Sprecher in ihr sowie durch die sich daraus für sie ergebenden kommunikativen Bedürfnisse und Formen wie Mittel der Kommunikation determiniert. Eine Kommunikationsgemeinschaft ist daher eine Gemeinschaft von Sprechern, zwischen denen sich auf Grund bestimmter sozialer Beziehungen bestimmte relativ stabile und geregelte kommunikative Beziehungen entwickelt haben, die ihren Niederschlag in einer spezifischen Auswahl und Distribution, zum Teil auch in einer spezifischen Ausprägung der von ihnen zur Kommunikation verwendeten sprachlichen Mittel finden. Dabei bleibt offen, ob die Verstän-

digung innerhalb einer solchen Gemeinschaft mit nur einer Sprache oder mit mehreren erfolgt. Den Charakter einer Kommunikationsgemeinschaft kann im Prinzip
jede soziale Einheit annehmen, für die das Vorhandensein spezifischer kommunikativer Beziehungen von Belang und daher typisch ist. Dementsprechend kann die
soziale Basis einer derartigen Gemeinschaft von der Familie über das Arbeitsteam
bzw. die jeweilige Berufsgruppe oder andere soziale Einheiten bis zur Gesamtbevölkerung eines Staates reichen und der Sprecher so, wie er gleichzeitig mehreren
sozialen Gruppen angehört, auch zugleich Mitglied mehrerer Kommunikationsgemeinschaften sein.

Nimmt man den Typ der Kommunikationsgemeinschaft, der sich innerhalb eines bestimmten politisch-administrativ abgegrenzten Territoriums, speziell innerhalb eines bestimmten Staates, herausgebildet hat, d.h. den Typ der staatlich or-
ganisierten (oder kürzer: staatlichen) Kommunikationsgemeinschaft, so ergeben
sich hier folgende Möglichkeiten des Verhältnisses von Kommunikationsgemeinschaft und Sprachgemeinschaft:

(1) Die staatliche Kommunikationsgemeinschaft deckt sich hinsichtlich ihrer
    Abgrenzung völlig oder doch zumindest sehr weitgehend mit einer bestimm-
    ten Sprachgemeinschaft (was heute jedoch nur noch selten der Fall ist).

(2) In der staatlichen Kommunikationsgemeinschaft sind infolge ethnisch hete-
    rogener Zusammensetzung der Bevölkerung verschiedene Sprachgemein-
    schaften vertreten (wie z.B. in Kanada). In diesem Fall kann ihr sprachliches
    Potential noch dadurch eine Erweiterung erfahren, daß die Rolle des offiziel-
    len gesamtstaatlichen Kommunikationsmittels von einer in dem betreffenden
    Land nicht heimischen Sprache übernommen wird (wie z.B. in nicht wenigen
    Staaten Asiens und Afrikas vom Englischen).

(3) Die Verbreitung der in der staatlichen Kommunikationsgemeinschaft vertre-
    tenen Sprachgemeinschaft bzw. Sprachgemeinschaften reicht über die Gren-
    zen des betreffenden Landes hinaus, so daß dieselbe Sprache in verschiedenen
    staatlichen Kommunikationsgemeinschaften verwendet wird (wie z.B. das
    Englische in den Ländern, in denen es Muttersprache ist).

Die unter (2) beschriebene Konstellation erfordert in der Regel sprachpolitische
Entscheidungen, und zwar vor allem hinsichtlich der Wahl und der Verwendung
der Sprache bzw. Sprachen, die offiziell zur gesamtstaatlichen Kommunikation
dienen sollen. Die unter (3) charakterisierte Situation kann dazu führen, daß es in
den einzelnen staatlichen Kommunikationsgemeinschaften zur Entstehung von
Besonderheiten der gemeinsam verwendeten Sprache und damit in ihr schließlich
zur Herausbildung nationaler Varianten kommt.

1.1.2. Das sprachliche Potential der Kommunikationsgemeinschaft insgesamt

Das sprachliche Potential der Kommunikationsgemeinschaft insgesamt wird wesentlich durch ihre ethnische und soziale Zusammensetzung sowie durch die historischen Bedingungen bestimmt, unter denen sich ihre sozialökonomische
Struktur sowie die ihr entsprechenden Bedürfnisse und Formen der sozialen Ko-

operation und Kommunikation herausgebildet haben. Wichtige Merkmale dieses Potentials sind die Zahl und Art der zur Kommunikation innerhalb der Gemeinschaft verwendeten Sprachen und/oder Sprachvarianten, deren Status und sozialkommunikative Funktionen sowie auch deren regionale Verbreitung.

Nach der Zahl der zur Kommunikation verwendeten Sprachen kann man zwischen einer unilingualen und einer bi- bzw. multilingualen Sprachsituation unterscheiden. Eine *unilinguale Sprachsituation* liegt vor, wenn die Verständigung innerhalb der Kommunikationsgemeinschaft mit nur einer Sprache erfolgt, eine *bi- bzw. multilinguale Sprachsituation*, wenn sie mit zwei bzw. mehr als zwei Sprachen geschieht, wobei die Grenzen zwischen diesen Typen von Sprachsituationen jedoch fließend sind, da sich nicht immer eindeutig bestimmen läßt, welche Sprachen für die beschriebene Situation als konstitutiv anzusehen sind (vgl. z.B. den oft nicht klaren Status der Sprachen von Immigranten). Auf jeden Fall stellt eine rein unilinguale Sprachsituation heute eher die Ausnahme als die Regel dar.

In einer bi- bzw. multilingualen Sprachsituation kann sich zwischen den einzelnen Sprachen eine – wesentlich durch die soziale Stellung ihrer Träger bedingte – Funktionsteilung herausbilden, speziell derart, daß eine von ihnen in erster Linie im offiziellen Bereich verwendet wird, die anderen hingegen auf den Gebrauch im nichtoffiziellen Bereich beschränkt bleiben, so daß sich zwischen ihnen eine Verteilung ergibt, die derjenigen der Standardvariante und der Nonstandardvarianten innerhalb ein und derselben Sprache ähnelt (vgl. z.B. die Rolle des Englischen und der heimischen Sprachen in vielen Staaten Asiens und Afrikas). In einem solchen Fall spricht man von einer *ungleichgewichtigen Sprachsituation*, da die zur Kommunikation benutzten Sprachen hier weder sozial gleichrangig noch funktional in denselben Kommunikationsbereichen verwendbar sind. Besteht zwischen ihnen dagegen in beiderlei Hinsicht Austauschbarkeit, so spricht man von einer *gleichgewichtigen Sprachsituation*, doch kommt dieser Fall relativ selten vor.

Darüber hinaus bedarf es zur genauen Beschreibung einer Sprachsituation noch weiterer terminologischer Differenzierungen in bezug auf den Status und die Funktionen der in ihr verwendeten Sprachen bzw. Sprachvarianten.

So ist näher zu bestimmen, ob die verwendete Sprache für den Sprecher den Status der primären oder nur den einer sekundären Sprache hat. Seine *primäre Sprache* ist sie dann, wenn sie für ihn die Rolle des dominierenden, sein Sprachverhalten prägenden Kommunikationsmittels hat, diejenige Sprache ist, die er besonders im alltäglichen Bereich spontan verwendet und die er auch am besten beherrscht. Das ist in der Regel seine *Muttersprache*, d.h. die Sprache, die er als erste (und oft zugleich einzige) gelernt hat. Das kann aber auch eine Sprache sein, die er zu seiner Muttersprache hinzu erworben hat und die erst später für ihn zur primären, dominierenden Sprache geworden ist (wie das z.B. nicht selten bei Immigranten sowie vor allem bei deren Kindern der Fall ist). Diese Art primärer Sprache bezeichnen wir als *Erstsprache*.

Den Status einer *sekundären Sprache* hat eine Sprache für den Sprecher dann, wenn sie von ihm zusätzlich zu seiner primären Sprache verwendet wird. Geschieht das ausschließlich oder in erster Linie im intranationalen Verkehr, d.h. zur

Verständigung innerhalb der eigenen staatlichen Kommunikationsgemeinschaft, so bezeichnet man sie als *Zweitsprache*; geschieht das hingegen nur im internationalen Verkehr, d.h. über die Grenzen der eigenen Kommunikationsgemeinschaft hinaus zur Verständigung mit Vertretern anderssprachiger Kommunikationsgemeinschaften, so gilt sie für den Sprecher als *Fremdsprache*. Dementsprechend hat das Englische z.B. für einen Inder oder einen Nigerianer den Status einer Zweitsprache, für einen Deutschen hingegen den einer Fremdsprache.

Als Zweitsprache ist eine Sprache Bestandteil des für die jeweilige Kommunikationsgemeinschaft charakteristischen sprachlichen Potentials, woraus sich zwischen ihr und der Muttersprache der Sprecher oft sozial und funktional bedingte Unterschiede hinsichtlich ihrer Verwendung ergeben. Das gilt namentlich dann, wenn die Zweitsprache eine nichtheimische Sprache ist, der die Rolle des überregionalen bzw. gesamtstaatlichen Kommunikationsmittels für den offiziellen Verkehr zukommt, und sie daher vorrangig in Bereichen wie denen des Parlaments, der Gesetzgebung und Rechtsprechung, der überregionalen und zentralen Verwaltung, der Armee, des Bildungswesens (speziell des höheren Bildungswesens), der Wissenschaft und Technik, der überregionalen und gesamtnationalen Massenmedien sowie des überregionalen (insbesondere schriftlichen) Geschäftsverkehrs verwendet wird. Sozial ist damit nicht selten verbunden, daß ihr Gebrauch weitgehend auf Sprecher beschränkt bleibt, die auf Grund ihrer sozialen Stellung in erster Linie Zugang zu den genannten Kommunikationsbereichen haben und denen es dank ihres sozialökonomischen Status auch möglich ist, sie hinreichend zu erlernen. Das trägt dazu bei, daß die Beherrschung der Zweitsprache unter solchen Umständen nicht selten zu einem Statussymbol wird. Die damit ebenfalls verbundene funktionale Differenzierung der Verwendung von Muttersprache und Zweitsprache hat zur Folge, daß beide den Sprechern nicht in vollem Maße für den Gebrauch in allen Kommunikationsbereichen zur Verfügung stehen und daß es speziell im Falle der Zweitsprache zu dem Phänomen der "stilted language" kommt, d.h. zu einer unangemessen formellen Verwendung dieser Sprache im alltäglichen Bereich. Außerdem unterliegt eine Sprache, die in einem Staat überwiegend nur als Zweitsprache gebraucht wird, einem mehr oder minder starken Einfluß seitens der Muttersprache der Sprecher, der zusammen mit anderen Faktoren (wie dem Bedürfnis nach sozialer und kultureller "Kontextualisierung" des fremden Idioms) zur Herausbildung einer speziellen nationalen Zweitsprachevariante führen kann, in der sich eigene Normen und Differenzierungen des Sprachgebrauchs entwickeln bis hin zu Ansätzen zur Herausbildung eines *national standard* (vgl. z.B. die Entwicklung des Englischen in Indien oder in Nigeria).

Eine besondere Art von Zweitsprache stellen die Pidginsprachen dar. Bei ihnen handelt es sich um Sprachen bzw. relativ eigenständige Sprachvarianten, die sich für bestimmte, meist engbegrenzte Zwecke als Kommunikationsmittel zwischen Sprechern mit unterschiedlicher Muttersprache (speziell zwischen Sprechern europäischer Sprachen und Sprechern nichteuropäischer Sprachen) herausgebildet haben und daher von vornherein sekundären Charakter trugen. Sind die Pidginsprachen ihrer Funktion nach Mittler- oder Verkehrssprachen mit begrenztem Verwendungsbereich, so stellen sie hinsichtlich ihrer Struktur "Mischformen" dar aus Elementen der Sprachen, die an ihrer Entstehung beteiligt waren, wobei speziell in bezug auf ihre Lexik jeweils eine dieser Sprachen diachronisch als ihre "Basissprache" angesehen werden kann. Ist die Basissprache das Englische, so spricht man daher von Pidgin-Englisch. Wie andere Pidgins auch begegnet es in zahlreichen Varianten, die sich aus dem Charakter der jeweils außer dem Englischen an seiner Entstehung beteiligten Sprache(n) sowie aus den spezifischen Funktionen ergaben, die es in den einzelnen Ländern übernahm. Pidgin-Englisch ist zwar vor allem ein Produkt und Relikt der Kolonialzeit, spielt jedoch auch heute noch eine beträchtliche Rolle, und zwar als interethnisches Kommunikationsmittel in ethnisch und sprachlich heterogenen Staaten wie z.B. denen Westafrikas.

Pidginsprachen können aber auch zur Muttersprache der Sprecher werden. In diesem Fall spricht man von einer *kreolischen Sprache* bzw. Sprachvariante. Beispiele für Kreolisches Englisch sind u.a. das *Krio* in Sierra Leone (vgl. Abschnitt 5.1.2.), das *Gullah* in den Vereinigten Staaten (vgl. Abschnitt 3.1.1.), das *Jamaican Creole* (vgl. Abschnitt 3.2.1.) und das kreolisierte *Tok Pisin* in Papua-Neuguinea. Kreolische Sprachformen stellen auf Grund der Erweiterung ihres Verwendungsbereichs eine Art "extended" oder "developed Pidgin" dar.

Werden Pidginsprachen oder kreolische Sprachen innerhalb derselben Sprachsituation neben der Standardvariante ihrer Basissprache oder einer anderen Sprache verwendet, so tragen sie meist noch den Charakter von sozial gering angesehenen Nonstandardformen und bleibt ihr Gebrauch weitgehend auf den nichtoffiziellen Bereich beschränkt. Jedoch können sie unter bestimmten Bedingungen auch Funktionen im offiziellen bzw. halboffiziellen Bereich übernehmen und damit eine soziale Aufwertung erfahren (wie z.B. das *Tok Pisin* in Papua-Neuguinea). Außerdem gewinnen speziell die kreolischen Sprachvarianten zunehmend an "covert prestige" als Mittel zum Ausdruck von Gruppensolidarität sowie gestiegenem sprachlich-kulturellem Selbstbewußtsein. Es läßt sich aber auch nicht übersehen, daß diese Sprachvarianten immer stärker einem Prozeß der Dekreolisierung unterliegen, der zur Nivellierung der Unterschiede zwischen ihnen und den jeweiligen nationalen Nonstandardvarianten des Englischen führt.

1.1.3. Das sprachliche Potential der einzelnen Sprechergruppen

Das sprachliche Potential der einzelnen Sprechergruppen deckt sich in der Regel nicht mit dem, das für die betreffende staatliche Kommunikationsgemeinschaft insgesamt gilt. Vielmehr stellt es gewöhnlich nur einen Ausschnitt daraus dar. Umfang und Zusammensetzung dieses Ausschnitts werden vor allem durch die ethnische und/oder regionale Herkunft und Umgebung der Sprecher, durch ihre soziale Herkunft und Stellung in der Gesellschaft sowie durch ihren Bildungsgrad und Beruf und die damit für sie gegebenen kommunikativen Bedingungen und Erfordernisse bestimmt. Außerdem weist das Sprachpotential der einzelnen Gruppen auch Unterschiede hinsichtlich ihres aktiven und ihres passiven Sprachbesitzes auf.

In einer unilingualen Sprachsituation sind die Sprecher in der Regel ebenfalls unilingual, existiert die Sprache jedoch gewöhnlich zumindest in verschiedenen

Varianten, die regional, sozial oder funktional bedingt und differenziert sein können (wie z.B. der Standard und der Nonstandard bzw. die Dialekte) und in einer ungleichgewichtigen Sprachsituation eine mehr oder minder deutliche komplementäre Verteilung aufweisen. Eine derart differenzierte Distribution von Sprachvarianten bezeichnet man in Anlehnung an Ch. A. Ferguson (1959) als *Diglossie*. Sie verlangt von den Sprechern ein bestimmtes Normwissen, das sie befähigt, die Varianten so zu verwenden, daß ihr Sprachgebrauch der jeweiligen sozialkommunikativen Situation angemessen ist.

In einer bi- bzw. multilingualen Sprachsituation ist oft nur ein Teil der Sprecher bi- bzw. multilingual. Um welche Sprecher es sich dabei handelt und über welche Sprachen sie in welchem Maße verfügen, hängt in erster Linie von ihrer ethnischen und/oder regionalen Herkunft und ihrem sozialen Status sowie von ihren kommunikativen Bedürfnissen ab, die ihrerseits wesentlich durch die jeweilige Distribution der verwendeten Sprachen und ihre Funktion bedingt sind. Ergibt sich aus dem Charakter der Sprachsituation, daß ein mehr oder minder großer Teil der Sprecher zwei- bzw. mehrsprachig ist, so sprechen wir von Bi- bzw. Multilinguismus oder kurz von *Bilinguismus*. Dabei kann weiter zwischen zwei- bzw. wechselseitigem und einseitigem Bilinguismus unterschieden werden. *Zwei-* bzw. *wechselseitiger Bilinguismus* liegt vor, wenn sich die bilingualen Sprecher relativ gleichmäßig auf beide Sprachgruppen verteilen, wenn also beide Sprachen nicht nur als Muttersprache vorkommen, sondern in etwa gleichem Maße auch als Zweitsprache verbreitet sind (wie das z.B. zunehmend für das Englische und das Afrikaans in der Republik Südafrika galt). Eine wesentliche Voraussetzung für diese Form des Bilinguismus ist, daß die beiden Sprachen hinsichtlich ihres sozialen Status und ihrer Relevanz für die Kommunikation annähernd gleichrangig sind. *Einseitiger Bilinguismus* liegt dagegen vor, wenn sich bilinguale Sprecher weitgehend nur in einer der beiden Sprachgruppen finden, d.h. im wesentlichen lediglich eine der beiden Sprachen auch als Zweitsprache verbreitet ist. Das ist z.B. der Fall, wo die betreffenden Sprachen *de jure* und/oder *de facto* nicht gleichrangig sind (wie z.B. das Englische und die Minderheitensprachen in den USA) und daher nur für eine der beiden Sprachgruppen ein zwingender Grund besteht, auch die andere Sprache zu lernen. Eine besondere Form von einseitigem Bilinguismus ergibt sich da, wo eine der beiden Sprachen in der betreffenden Kommunikationsgemeinschaft keine ethnische Basis hat und daher überwiegend oder generell nur als Zweitsprache verwendet wird (wie z.B. das Englische in vielen ehemaligen Kolonialländern).

Außerdem kann man zwischen funktional differenziertem und funktional nichtdifferenziertem Bilinguismus unterscheiden. Ein *funktional differenzierter Bilinguismus* bildet sich da heraus, wo die Sprachsituation ungleichgewichtig ist und die Wahl der Sprache daher vorrangig vom Kommunikationsbereich und vom Charakter der kommunikativen Situation abhängt (wie z.B. in den anglophonen Ländern Asiens und Afrikas, in denen die Muttersprache weitgehend nur im nichtoffiziellen Bereich verwendet werden kann, im offiziellen dagegen zur Zweitsprache, dem Englischen, gegriffen werden muß). Das verlangt von den Sprechern wie im Falle der Diglossie ein bestimmtes Normwissen, d.h. Wissen darüber, welche Sprache unter welchen Bedingungen zu verwenden ist. Ein *funk-*

tional nichtdifferenzierter Bilinguismus ist dagegen typisch für eine gleichgewichtige Sprachsituation und setzt im Prinzip voraus, daß die Sprecher die betreffenden Sprachen so weit beherrschen, daß sie nahezu beliebig entsprechend der sprachlichen Umgebung und dem sprachlichen Potential des Kommunikationspartners zwischen ihnen wechseln können. Das ist jedoch relativ selten der Fall.

Schließlich kann noch zwischen natürlichem und künstlichem Bilinguismus unterschieden werden. *Natürlicher Bilinguismus* ergibt sich da, wo die zweite Sprache infolge ständigen direkten Kontakts mit ihren Sprechern (z.B. im privaten Bereich oder am Arbeitsplatz) im Kommunikationsprozeß selbst erlernt wird und normales Kommunikationsmittel ist, *künstlicher Bilinguismus* hingegen da, wo sie erst im Schulunterricht erworben wird und bezüglich ihres Gebrauchs auch im wesentlichen auf ihn beschränkt bleibt. Natürlicher Bilinguismus ist z.B. charakteristisch für Grenzgebiete zwischen zwei Sprachregionen oder für urbane Ballungszentren mit einer ethnisch und sprachlich heterogenen Bevölkerung (so z.B. in Kanada für den "bilingual belt" entlang der *Soo-Moncton Line* und für Städte wie Montreal oder Ottawa). Künstlicher Bilinguismus tritt vor allem auf, wo es auf Grund der Existenz von zwei offiziellen Sprachen ein bilinguales Bildungssystem gibt, eine der beiden geforderten Sprachen jedoch bestenfalls als Unterrichtsmedium, kaum hingegen auch darüber hinaus verwendet und daher höchstens passiv einigermaßen gut beherrscht wird (wie das z.B. in der Republik Irland für die meisten Sprecher in bezug auf das Irische gilt).

1.1.4. Die Einstellung der Sprecher zu den verwendeten Sprachen bzw. Sprachvarianten

Die Einstellung der Sprecher zu den in der Kommunikationsgemeinschaft verwendeten Sprachen bzw. Sprachvarianten wird vor allem durch zwei Faktoren bestimmt: (1) durch ihre ethnische bzw. regionale Herkunft sowie durch ihre soziale Herkunft und ihren sozialökonomischen Status; (2) durch das Prestige, das die betreffenden Sprachen bzw. Sprachvarianten innerhalb der Gemeinschaft allgemein sowie innerhalb der jeweiligen Sprechergruppe im besonderen genießen. Da sich aber ihr allgemeines soziales Ansehen nicht mit dem gruppenspezifischen zu decken braucht, ist hier zwischen einem "overt" und einem "covert prestige" zu unterscheiden.

Das "overt prestige" einer Sprache bzw. Sprachvariante entspricht ihrer Bedeutung für die Kommunikationsgemeinschaft insgesamt und dem damit verbundenen Grad an öffentlicher Anerkennung. Es ergibt sich letztlich aus der gesellschaftlichen Stellung und Rolle der Sprechergruppe, die in erster Linie Träger der betreffenden Sprache bzw. Sprachvariante ist und daher vorrangig mit ihr assoziiert wird. Ein bestimmtes "covert prestige", d.h. ein der allgemeinen öffentlichen Meinung widersprechendes und daher auch häufig nicht offen bekundetes (eben "verdecktes") Ansehen, kann eine Sprache oder Sprachvariante dadurch gewinnen, daß sie für eine Sprechergruppe zum Symbol ihrer ethnischen, nationalen oder sozialen Identität wird und damit auch zu einem Mittel des Ausdrucks von Gruppensolidarität bzw. einer gewissen Frontstellung oder doch zumindest

Distanz gegenüber den "etablierten", offiziell anerkannten Sprachformen und deren Trägern. Letzteres kann in eine generelle Abwertung bzw. Ablehnung der betreffenden Formen münden.

Das höchste "overt prestige" genießt – in einer bi- bzw. multilingualen Sprachsituation – gewöhnlich die Sprache, die den Status der offiziellen Sprache hat, und innerhalb dieser die Variante, die als vorbildlich oder gar verbindlich für die Kommunikation im offiziellen Bereich gilt, d.h. ihre Standardvariante. Ihre Beherrschung kann zu einem Statussymbol werden und mit einer entsprechenden sozialen Abwertung der anderen, daneben vorkommenden Sprachen bzw. Sprachvarianten verbunden sein. Bezüglich der Standardvariante einer nichtheimischen Sprache wie des Englischen außerhalb Englands kann überdies die Wahl zwischen einer extern (an der muttersprachlichen Leitnorm) und einer intern (am nationalen Sprachgebrauch) orientierten Norm zu einer Prestigefrage werden, wobei dann nicht selten nationale Interessen mit internationalen in Konflikt geraten. Unterschiede in der Einstellung der Sprecher zu den verwendeten Sprachen können selbst da auftreten, wo diese *de jure* gleichrangig sind, und zwar dann, wenn letzteres nicht in Einklang steht mit ihrer tatsächlichen Rolle (wie z.B. in der Republik Irland).

Das höchste "covert prestige" genießt oft die Muttersprache der Sprecher (auch wenn sie offiziell nicht anerkannt ist) und hier die Sprachvariante, die sie von Hause aus verwenden und die sie mit ihrer Gruppe verbindet sowie gegenüber anderen Gruppen abgrenzt.

Vom Prestige, das man einer Sprache oder Sprachvariante beimißt, können auch die Bereitschaft, sie zu erlernen, sowie der Grad an Beherrschung bzw. Normgerechtheit abhängen, den man in ihr anstrebt.

1.2. Der Begriff der Sprachpolitik

Die Entwicklung einer Sprachsituation wird nicht zuletzt wesentlich bestimmt durch die in ihr betriebene *Sprachpolitik*. Darunter verstehen wir die Art und Weise, in der seitens des Staates sowie auch bestimmter nichtstaatlicher Institutionen und gesellschaftlicher Organisationen bzw. Gruppen explizit oder implizit auf die soziale und funktionale Geltung sowie unter Umständen auch auf die Form der in der Kommunikationsgemeinschaft verwendeten Sprachen und/oder Sprachvarianten Einfluß genommen wird. Explizit ist die Einflußnahme da, wo sie sich in entsprechenden Gesetzen und Verordnungen manifestiert oder in öffentlich verkündeten Programmen niederschlägt, implizit hingegen dort, wo sie in verdeckter Form erfolgt und sich eher indirekt aus anderen für die Sprachsituation relevanten Festlegungen und Maßnahmen ergibt.

Inhalt und Ziel der Sprachpolitik werden maßgeblich durch den Charakter der Sprachsituation bestimmt, von der sie ausgeht. Andererseits kann die Sprachpolitik wesentlichen Einfluß auf die weitere Entwicklung der ihr zugrundeliegenden

Sprachsituation haben, indem sie die in ihr bestehenden sprachlichen Verhältnisse zu bewahren oder zu verändern sucht.

Sprachpolitik dient immer bestimmten sozialen Interessen und ist daher jeweils Bestandteil der Gesamtpolitik der sie tragenden gesellschaftlichen Kräfte. Sie kann den Interessen der Mehrheit der Sprecher dienen und damit demokratischen Charakter haben oder auch nur den Interessen einer herrschenden Minderheit und so antidemokratisch sein. Außerdem ist zwischen einer konstruktiven und einer destruktiven Sprachpolitik zu unterscheiden. Eine *konstruktive Sprachpolitik* ist auf die Stützung bzw. Stärkung der sozialkommunikativen Rolle einer Sprache oder Sprachvariante, d.h. auf die Wahrung bzw. Hebung ihres sozialen Ansehens und die Beibehaltung bzw. Erweiterung ihres Funktionsbereichs, ausgerichtet, eine *destruktive Sprachpolitik* auf die Einschränkung ihrer sozialen und funktionalen Geltung, unter Umständen bis hin zu ihrer völligen Eliminierung. Dabei kann die Zurückdrängung einer Sprache schon durch gezielte Förderung einer anderen erfolgen und destruktive Sprachpolitik somit auch unter dem Deckmantel konstruktiver sprachpolitischer Maßnahmen betrieben werden (vgl. z.B. die Sprachpolitik in Südafrika unter dem Apartheidregime).

Die Einbindung der Sprachpolitik in das Konzept der Gesamtpolitik zeigt sich besonders klar in multinationalen bzw. multiethnischen Staaten, wo sie auf das engste mit der Nationalitätenpolitik bzw. der Politik gegenüber den einzelnen Ethnien verbunden ist und diese wesentlichen Einfluß auf die Wahl der offiziellen Sprache bzw. Sprachen sowie auf die Bestimmung der sozialkommunikativen Rolle der übrigen Sprachen hat. Entsprechend dem Charakter der Gesamtpolitik kann die Sprachpolitik in solchen Staaten auf die Bevorrechtung und nötigenfalls gewaltsame Durchsetzung der Sprache der politisch dominierenden Nationalität bzw. Ethnie oder auch der Sprache einer fremden, von außen gekommenen herrschenden Schicht ausgerichtet sein (vgl. z.B. die Sprachpolitk in den ehemaligen feudalen Vielvölkerstaaten bzw. multilingualen Kolonien) oder aber auf eine Förderung aller für sie wesentlichen Sprachen bei gleichzeitiger Berücksichtigung der gesamtstaatlichen kommunikativen Belange durch Bestimmung einer oder mehrerer von ihnen zum Kommunikationsmittel für den offiziellen Bereich (wobei es zwischen diesen beiden Grundmöglichkeiten vielfältige Übergänge gibt). Die Durchsetzung einer Sprache als gesamtstaatliches Kommunikationsmittel für den offiziellen Bereich impliziert in der Regel die Zurückdrängung anderer Sprachen und kann für sie schwerwiegende Folgen hinsichtlich ihrer weiteren Entwicklung haben, ganz besonders hinsichtlich ihrer sozialen und funktionalen Differenzierung. Sie bedeutet für die Sprecher dieser Sprachen, daß ihnen der Zugang zu bestimmten Kommunikationsbereichen und damit auch zu bestimmten beruflichen und sozialen Positionen wenn nicht verwehrt, so doch zumindest erheblich erschwert wird, und kann dazu führen, daß die Beherrschung der offiziellen Sprache zu einem Statussymbol wird (vgl. die Sprachsituation in vielen ehemaligen Kolonialländern mit einer europäischen Sprache als offizieller Sprache). Versuche, ein möglichst großes Maß an Gleichberechtigung zwischen den einzelnen Nationalitäten bzw. Ethnien zu sichern, erfordern dagegen zwangsläufig eine Kompromißlösung. Sie kann darin bestehen, daß die Funktion des Kommunikationsmittels für den offiziellen Bereich mehreren Sprachen zuerkannt wird, aber auch darauf hinauslaufen, daß auf eine nichtheimische Sprache als "official" oder "co-official" bzw. "second/associate official language" zurückgegriffen wird, da sie von allen Sprechern erst zusätzlich erlernt werden muß und so gesehen für sie "neutral" ist. Als eine solche Sprache bietet sich in den ehemaligen Kolonien die der einstigen Kolonialherren an, zumal sie den Vorteil hat, daß sie bereits hinreichend für die Verwendung im offiziellen Bereich entwickelt ist und überdies die internationale Kommunikation erleichtert. Hier zeigt sich zugleich, daß neben innenpolitischen Gesichtspunkten auch außenpolitische einen gewissen Einfluß auf die Sprachpolitik haben können, wobei dann traditionelle Bindungen und ökonomische Zwänge eine nicht geringe Rolle spielen. Außenpolitische Gesichtspunkte können sich unter solchen Umständen auch auf die Wahl der für die Verwendung der betreffenden Sprache als Vorbild geltenden Standardnorm auswirken (vgl. Abschnitt 1.3.).

Sprachpolitik wird aber nicht nur seitens des Staates, sondern auch seitens bestimmter nichtstaatlicher Institutionen und gesellschaftlicher Organisationen bzw. Gruppen betrieben. Sie hat dann nicht selten den Charakter einer "Sprachpolitik von unten", die sich gegen die explizit oder implizit geltenden offiziellen sprachlichen Regelungen richtet und Alternativen dazu durchzusetzen sucht. Solche Bemühungen können von oppositionellen Parteien oder anderen sozialen Gruppierungen, von Vertretern ethnischer bzw. nationaler Minderheiten oder von sprachlich-kulturellen Vereinigungen ausgehen sowie mitunter auch von Einzelpersonen, die sich zum Fürsprecher bestimmter Bestrebungen in der Gesellschaft machen. So setzte sich z.B. in Irland die *Gaelic League* für die Erhaltung und Reaktivierung des Irischen ein (vgl. Abschnitt 2.4.1.) und hatten Persönlichkeiten wie Noah Webster oder Hugh MacDiarmid nicht unerheblichen Anteil an der Schaffung einer "nationalen" Variante der englischen Orthographie in den USA bzw. an der Entwicklung einer neuen schriftsprachlichen Form für das *Scots* in Schottland (vgl. Abschnitt 3.1.2.1. bzw. 2.3.1.).

Sprachpolitische Entscheidungen im engeren Sinne betreffen die soziale und funktionale Geltung der in der Kommunikationsgemeinschaft verwendeten Sprachen und/oder Sprachvarianten. In einer unilingualen Sprachsituation handelt es sich bei ihnen vor allem um Entscheidungen hinsichtlich der regionalen und sozialen Basis für die Entwicklung und Kodifizierung der Standardnorm als Sprachform für den offiziellen Gebrauch sowie um die Festlegung des Grades ihrer Verbindlichkeit für die einzelnen Kommunikationsbereiche. In einer bi- bzw. multilingualen Sprachsituation geht es davor noch um die Wahl der offiziellen Sprache bzw. Sprachen und die Abgrenzung ihres Verwendungsbereichs sowie um die Bestimmung der Rolle der übrigen Sprachen. In beiden Fällen können die getroffenen Entscheidungen ihren Niederschlag in entsprechenden gesetzlichen Verfügungen finden, doch kann Sprachpolitik auch darin bestehen, daß bewußt auf derartige Verfügungen verzichtet und dem *de facto* geltenden Sprachverhalten der Sprecher vertraut wird. Das geschieht besonders da, wo das gegebene sprachliche "Kräfteverhältnis" bereits den Interessen der herrschenden Schicht entspricht und seine gesetzliche Verankerung daher weder notwendig ist, noch für opportun gehalten wird (vgl. die bislang dominierende Form der Sprachpolitik in den USA).

Von wesentlicher Bedeutung für die Durchsetzung und Verbreitung einer Sprache bzw. Sprachvariante als Kommunikationsmittel für den offiziellen Bereich sind ihre Verwendung in den Institutionen der staatlichen Verwaltung und des Rechtswesens sowie ihr Gebrauch als Unterrichtsmedium in den Einrichtungen des Bildungswesens, speziell in den Schulen. Außerdem spielen in dieser Hinsicht die Massenmedien und die Literatur eine wichtige Rolle. Letztlich ausschlaggebend für den Erfolg oder Mißerfolg sprachpolitischer Festlegungen und Maßnahmen ist jedoch, in welchem Maße sie den objektiven gesellschaftlichen Bedingungen und Erfordernissen Rechnung tragen und von den Sprechern daher auch ohne äußeren Zwang akzeptiert werden. Ist das weitgehend nicht der Fall, so kann es zu einer erheblichen Diskrepanz zwischen den *de jure* geltenden sprachpolitischen Bestimmungen und dem *de facto* herrschenden Sprachgebrauch kommen (vgl. z.B. die Sprachsituation in der Republik Irland).

Im weiteren Sinne schließt Sprachpolitik auch eine bewußte Einflußnahme auf die Form der Sprache, speziell die ihrer Standardvariante, ein: durch mehr oder minder explizite Kodifizierung des für sie als vorbildlich oder sogar verbindlich angesehenen Sprachgebrauchs. Dabei handelt es sich um Maßnahmen, mittels deren eine Sprache bzw. Sprachvariante gleichsam auch "technisch" in den Stand gesetzt wird, die ihr zugedachte sozialkommunikative Rolle zu übernehmen. Deshalb kann diese Art der Einflußnahme nur angemessen und wirksam erfolgen, wenn bei ihr konsequent von der sozialen und funktionalen Rolle der betreffenden Sprachformen ausgegangen wird. Im einzelnen kann es bei der Kodifizierung des Sprachgebrauchs um die Entwicklung oder Veränderung von Schrift- und/oder Orthographiesystemen, um die Schaffung bzw. Vervollkommnung von Terminologien für bestimmte Kommunikationsbereiche sowie um die Fixierung der Standardnorm hinsichtlich der für sie geltenden Grammatik, Lexik und Aussprache gehen. Speziell im englischen Sprachraum ist für die Kodifizierung charakteristisch, daß sie dort in der Regel nicht offiziell (durch eigens für diesen Zweck geschaffene Institutionen) betrieben und staatlich sanktioniert wird, sondern inoffiziell erfolgt und sich über weithin als autoritativ angesehene Grammatiken, Wörterbücher und Lehrwerke sowie durch die Vorbildwirkung bestimmter Sprecher und Publikationen durchsetzt.

1.3.   Der Begriff der nationalen Sprachvariante[2]

Eine *nationale*[3] Sprachvariante (*national variety*) ist eine Variante einer Sprache (als Mutter- oder Zweitsprache), die charakteristisch ist für ein bestimmtes Land (bzw. mitunter auch für eine bestimmte Region)[4]. Dieser Begriff ist für die Beschreibung der Sprachsituation in den anglophonen Ländern von besonderer Bedeutung, denn das Englische hat sich ja wie kaum eine andere Sprache weit über sein ursprüngliches Entstehungsgebiet hinaus verbreitet und mit der starken Expansion seines Geltungsbereichs als intranationales Kommunikationsmittel eine vielfältige territoriale Differenzierung erfahren.

Bis zum Ende des 16. Jahrhunderts war das Englische hinsichtlich seines Vorkommens auf die Britischen Inseln beschränkt und hatte selbst hier in Cornwall sowie in Wales, Schottland und Irland noch einen nicht unbedeutenden Konkurrenten in Varianten des Keltischen. Sie wichen ihm erst allmählich, im Zuge der Verschmelzung dieser Länder mit England zu einem von London aus regierten und auch sprachlich dominierten *United Kingdom* (vgl. die Abschnitte 2.2.1., 2.3.1. und 2.4.1.).

Seit dem 17. Jahrhundert fand das Englische jedoch mit der kolonialen Expansion Englands auch immer stärkere Verbreitung über die Britischen Inseln hinaus. Das begann mit der Besetzung von Teilen der Ostküste Nordamerikas und der Karibik (vgl. die Abschnitte 3.1.1. und 3.2.1.) sowie mit der Gründung von Handelsniederlassungen in Indien und Westafrika (vgl. die Abschnitte 6.1.1. und 5.1.1.), setzte sich fort mit der Inbesitznahme von Australien, Neuseeland sowie Südafrika (vgl. die Abschnitte 4.1.1., 4.2.1. und 5.2.) und endete mit dem Erwerb weiterer Kolonien in Asien und Afrika (vgl. Abschnitt 5.3.1.). Zeitdauer und Art der britischen Präsenz wirkten sich auf den Status und den Grad der Einbürgerung des Englischen in den einzelnen Territorien aus. Während es in den *settler colonies* (den Kolonien mit einem stärkeren Kern von anglophonen Siedlern) für einen mehr oder minder großen Teil der Bevölkerung sogar zur Muttersprache wurde und damit die heimischen Sprachen wie auch die anderer europäischer Kolonisatoren (das Französische, Spanische, Portugiesische oder Niederländische) zurück- bzw. gänzlich verdrängte, blieb es in den übrigen Kolonien als Muttersprache weitgehend auf die Angehörigen der britischen Administration sowie auf einzelne englischsprachige Siedler beschränkt und fand als Mittel der intranationalen Kommunikation im wesentlichen nur Verbreitung in Form einer Zweitsprache. In allen von Großbritannien oder später auch von den USA besetzten Ländern aber übernahm das Englische die Rolle der *offiziellen Sprache*, d.h. des Kommunikationsmittels für den offiziellen Bereich oder doch zumindest für bestimmte Teile dieses Bereichs, wobei es hier zunächst allenfalls einen Konkurrenten in einer weiteren europäischen Sprache (wie dem Französischen in Kanada oder dem Niederländischen bzw. dem Afrikaans in Südafrika) hatte. Daraus jedoch ergaben sich gravierende Folgen für die heimischen Sprachen, da sie damit hinsichtlich ihrer Verwendung wie weiterer Entwicklung auf den nichtoffiziellen Bereich eingeengt wurden. Schon aus diesem Grunde konnten sie nach der Aufhebung der Kolonialherrschaft nicht sofort die Funktion der offiziellen Sprache übernehmen und hielt sich das Englische in dieser Funktion nahezu überall. Außerdem beließ man sie ihm nicht selten auch aus sprachpolitischen Gründen, da die Erklärung einer heimischen Sprache zum offiziellen gesamtstaatlichen Kommunikationsmittel in den meist multiethnischen und entsprechend multilingualen ehemaligen Kolonialländern fast unweigerlich zu Sprachstreitigkeiten geführt hätte und sich das Englische daher für den offiziellen Bereich zugleich als "neutrale" (weil von allen zusätzlich zu lernende) Sprache empfahl, ganz abgesehen von den Vorteilen, die mit seiner Beibehaltung in bezug auf die internationale Kommunikation verbunden waren. Die Folge all dessen war, daß man das Englische zwar oft nicht mehr explizit auch *de jure* als "official language" anerkannte oder ihm lediglich noch den Status einer "co-official" oder einer "second official language" (vgl.

Irland) bzw. "associate official language" (vgl. Indien) zubilligte, daß es sich jedoch *de facto* fast überall als Kommunikationsmittel in vielen oder gar allen Bereichen des öffentlichen Lebens halten konnte und daß seine Verwendung als Zweitsprache auch darüber hinaus eher zu- als abnahm. Nur in wenigen Ländern wie Tansania, Malaysia und den Philippinen wurde es *de jure* als offizielles Kommunikationsmittel durch heimische Sprachen abgelöst, doch haben die betreffenden Bestimmungen dort inzwischen unter dem Druck der realen Bedürfnisse zum Teil schon wieder eine Lockerung erfahren. So ist das Englische heute in ca. 50 Staaten *de jure* und/oder *de facto* alleinige offizielle Sprache oder "co-official", "second/associate official" bzw. zumindest "semi-official language" und wirkt sich das nicht unwesentlich auf seine Verwendung als intranationales Kommunikationsmittel aus, und zwar in der Herausbildung einer immer größeren Zahl von nationalen Varianten.

Wesentliche Ursachen für die Entstehung derartiger Varianten sind:[5]
– Unterschiede in der regionalen und/oder sozialen Herkunft und damit auch im Sprachgebrauch der Gruppe bzw. Gruppen von Sprechern, deren Variante(n) des Englischen den Ausgangspunkt für dessen Entwicklung in dem jeweiligen Land bildete(n) und/oder sie maßgeblich bestimmte(n);
– Unterschiede hinsichtlich des Status und der kommunikativen Funktionen des Englischen in den einzelnen Ländern (d.h. vor allem hinsichtlich seiner Verwendung als Mutter- oder als Zweitsprache sowie als offizielle und/oder als nichtoffizielle Sprache);
– Unterschiede bezüglich der Art und Breite der sozialen Basis für die Entwicklung der Standardnorm, auf Grund deren sich bestimmte Einflüsse "von unten" (z.B. die Tendenz zu größerer Einfachheit und Regelmäßigkeit der Formenbildung oder das Eindringen von Lexik des Nonstandards in den Standard) in einigen *national standards* (etwa im Amerikanischen Standardenglisch) ungehemmter und früher durchsetzten als im Englischen Standardenglisch;
– die Entfernung und – mit zunehmender Lockerung der Bindungen – auch immer stärkere Trennung des Englischen außerhalb Englands von seiner Wurzel im Ursprungsland, die einerseits bewirkte, daß es bestimmte Wandlungen seiner historischen Basis nicht mehr nachvollzog und so gelegentlich hinter ihr "zurückblieb" (vgl. die Erscheinung des "colonial lag"), und andererseits dazu führte, daß es unter den neuen Existenzbedingungen eine gewisse Eigenentwicklung nahm und damit seiner Basis zuweilen auch vorauseilte;
– die Notwendigkeit, das Englische besonders lexikalisch und funktionalstilistisch ständig neu den jeweiligen kommunikativen Bedingungen und Bedürfnissen anzupassen, es zu "kontextualisieren", wobei sich von Land zu Land sowohl Unterschiede hinsichtlich des zu Bezeichnenden bzw. Auszudrückenden als auch hinsichtlich des Bezeichnungs- bzw. Ausdrucksansatzes oder des Bezeichnungs- bzw. Ausdrucksmittels ergaben;[6]
– der Einfluß anderer Sprachen, der sich besonders da bemerkbar macht, wo das Englische weitgehend auf die Rolle einer Zweitsprache beschränkt blieb.

Die Besonderheiten, die das Englische aus diesen und weiteren Gründen in den einzelnen Ländern (bzw. Regionen) annahm, wurden zunächst gewöhnlich an der Standardnorm im Ursprungsland, d.h. am Englischen Standardenglisch (später auch am Amerikanischen), gemessen und dementsprechend als "Abweichungen" gewertet. Sie blieben daher – abgesehen von Teilen der Lexik – erst einmal auf den informellen, zumindest aber auf den mündlichen Gebrauch beschränkt und treten dort auch heute noch am deutlichsten in Erscheinung. Nur zögernd zeigte man sich – speziell außerhalb ihres Verwendungsbereichs – bereit, sie als Ausprägungen einer neuen, für das jeweilige Land spezifischen ("nationalen") Norm zu begreifen. Daher haben die nationalen Spracheigenheiten auch bislang nur in begrenztem Maße Eingang in den jeweiligen Standardgebrauch gefunden, und dann zudem meist erst in den mündlichen, während man sich im schriftlichen – besonders hinsichtlich der Grammatik – noch stark am Englischen bzw. jetzt auch am Amerikanischen Standardenglisch als Leitnorm orientiert. Wie weit der Differenzierungsprozeß jeweils fortgeschritten ist, d.h. die landesspezifischen Formen des Englischen nicht mehr nur als "Abweichungen", sondern eher schon als nationale "Besonderheiten" empfunden werden, hängt jedoch nicht allein davon ab, mit welcher Regelmäßigkeit sie bereits auftreten, sondern auch davon, in welchem Maße sich in dem betreffenden Land schon ein Bewußtsein nationaler (bzw. staatlicher) Eigenständigkeit und damit zugleich sprachlicher Autonomie entwickelt hat.

Aus all dem aber folgt, daß das Vorliegen einer nationalen Variante nicht nur nach rein sprachlichen Kriterien (etwa dem Grad und Umfang der vorhandenen Unterschiede sowie der Regelmäßigkeit ihres Auftretens) bestimmt werden kann, sondern daß hier auch eine Rolle spielt, wieweit die Besonderheiten, die das Englische (als Mutter- oder Zweitsprache) in dem betreffenden Land angenommen hat, von den Sprechern bereits als Ausdruck ihrer nationalen Eigenart und damit Ansatz zu einer eigenen sprachlichen Norm gewertet werden. Mehr oder minder umstritten ist dabei meist noch, ob sich in dem jeweils verwendeten Formengefüge auch schon eine Variante abzeichnet, die man bereits als die nationale hochsprachliche Erscheinungsform, als den *national standard*, ansehen kann.

Mit Sicherheit kann man das Vorliegen eines eigenen *national standard* für das Englische und das Amerikanische Englisch annehmen, mit einigem Recht darüber hinaus auch bereits für das Australische Englisch, das sich immer mehr zum Vorbild für die Verwendung des Englischen in der südlichen Hemisphäre entwickelt. Die übrigen nationalen Varianten zeigen zwar zum Teil ebenfalls schon gewisse Ansätze zur Herausbildung einer eigenen Standardnorm, haben jedoch noch keine oder erst eine sehr geringe Kodifizierung (d.h. regelhafte und präskriptiv wirkende Fixierung dieser Norm in Wörterbüchern und/oder Grammatiken) erfahren und orientieren sich daher nach wie vor so weit an den beiden Hauptleitvarianten, daß man sie größtenteils noch in eine "englische" und eine "amerikanische" Gruppe gliedern kann.[7] Sie gelten deshalb auch meist noch als "non-institutionalised varieties" und haben dementsprechend im Bildungswesen der betreffenden Länder bislang kaum Anerkennung gefunden als Grundlage für die Vermittlung des Englischen.

Der hohe Prestigewert des Englischen bzw. des Amerikanischen Englisch als Leitnorm für den Standardgebrauch macht sich besonders deutlich in den Ländern mit Englisch als Zweitsprache bemerkbar, zeigt sich aber auch in denen mit Englisch als Muttersprache und wirkt sich hier wie dort nicht selten dahingehend aus, daß es im Grunde zwei Standardnormen gibt: eine "offizielle", die sich noch extern an einer der beiden Hauptleitnormen (meist am Englischen Standardenglisch) orientiert, und eine "inoffizielle", die bereits Züge des internen, nationalen Sprachgebrauchs trägt und den sich entwickelnden *national standard* repräsentiert, wobei die offizielle Norm vor allem noch im schriftlichen Bereich, die inoffizielle dagegen oft schon im mündlichen dominiert (ohne daß sich die Sprecher dessen jeweils voll bewußt sind). Ein solches Nebeneinander zweier Standardnormen findet sich z.B. in der Republik Südafrika in Form des (noch weitgehend mit dem Englischen Standardenglisch identischen) *Conservative South African English* und des (schon deutlicher nationale Züge tragenden) *Respectable South African English* sowie in der Republik Irland, wo sich neben dem offiziell als Vorbild geltenden Englischen Standardenglisch im mündlichen Gebrauch bereits Ansätze zu einem *Educated Southern Hiberno-English* zeigen. Zu welcher der beiden Varianten der Sprecher jeweils mehr tendiert, hängt nicht selten auch von seinem Alter sowie davon ab, ob er sich stärker an den Erfordernissen des internationalen Verkehrs oder an denen der intranationalen Kommunikation orientiert.

Besonders große Vorbehalte gegenüber der Anerkennung der nationalen Varianten als "institutionalised varieties" und damit auch eigenständige Normen auf der Standardebene bestehen nach wie vor hinsichtlich der Erscheinungsformen des Englischen als Zweitsprache. Bezüglich dieser Formen wird von vielen – namentlich von Muttersprachlern, aber auch von ihren Sprechern selbst – noch immer die Ansicht vertreten, daß sie lediglich Wunschgebilde einer anti- bzw. postkolonialen "liberation linguistics" seien, die allenfalls "performance varieties" darstellen, kaum jedoch auch nur ansatzweise schon den Charakter von "institutionalised varieties" haben, so daß man z.B. besser noch von *English in West Africa* oder *English in Nigeria* als von *West African English* oder *Nigerian English* sprechen sollte. Demgemäß stark sind die Einwände gegen Versuche, "local models" zur Vermittlung des Englischen als Zweitsprache einzuführen, zumal man befürchtet, daß dies nur die internationale Verständigung gefährden würde. Eine derart ablehnende Haltung gegenüber den Zweitsprachevarianten stößt jedoch bei deren Sprechern selbst zunehmend auf Widerstand und wird von ihnen nicht selten als Ausdruck von "language colonialism" bzw. "linguistic imperialism/chauvinism" gedeutet. Das Bewußtsein, nun auch sprachlich unabhängig zu sein, kann bei solchen Sprechern mitunter sogar dazu führen, daß sie die Eigenheiten der von ihnen verwendeten Variante (namentlich die ihrer Aussprache) in bestimmten Situationen geradezu betonen: zum Ausdruck von nationaler Identität und Solidarität.

Oft entspringt die ablehnende Haltung gegenüber den Zweitsprachevarianten jedoch nicht einer generellen Geringschätzung dieser Varianten als eigenständige Normen, sondern vorrangig der Sorge um die internationale Verständlichkeit des Englischen. Eine Art, dieser Sorge zu begegnen, ist die Forderung, sich nicht nur im Gebrauch des Englischen als Fremdsprache, sondern auch in seiner Verwendung als Muttersprache oder als Zweitsprache weiterhin möglichst eng an eine der beiden großen Leitnormen, an das Englische oder an das Amerikanische Standardenglisch, zu halten. Eine andere Art, darauf zu reagieren, ist die Hervorhebung des allen nationalen Varianten des Englischen Gemeinsamen bis hin zur

Postulierung eines *International* bzw. *World (Standard) English*. Eine solche Form des Englischen existiert jedoch allenfalls in Gestalt bestimmter funktionaler Varianten in stark international geprägten Kommunikationsbereichen (wie z.B. denen der Wissenschaft) und selbst hier fast nur hinsichtlich der Grammatik und der Lexik, keineswegs dagegen bezüglich der Aussprache und hat darüber hinaus lediglich eine reale Entsprechung in dem allen nationalen Varianten, speziell dem Englischen und dem Amerikanischen Englisch, eigenen (d.h. national nichtmarkierten) "common core".[8]

Anmerkungen

1 Vgl. hierzu ausführlicher K. Hansen: "Zum Begriff der Sprachsituation", in: Hansen 1987: 6-49.
2 Vgl. hierzu auch Hansen 1986 und Hansen 1994.
3 *National* ist hier primär im Sinne von engl. *national* mit der Bedeutung 'peculiar to a particular country' zu verstehen.
4 Mit Bezug auf diesen Fall (der z.B. noch weitgehend für das Englische in Ostafrika gilt) könnte man genauer auch von einer *arealen Variante* sprechen.
5 Vgl. dazu ausführlicher Hansen 1986: 217-223; Hansen 1991: 7-27.
6 Vgl. dazu ausführlicher Hansen 1991: 24-42.
7 Vgl. dazu Trudgill/Hannah 1994[3]: 5f.; Hansen 1989: 446; Algeo 1991: 4.
8 Vgl. dazu ausführlicher Hansen 1994: 59-61.

2.   Das Englische auf den Britischen Inseln

2.1.   Das Englische in England

2.1.1.   Zur Geschichte des Englischen in England[1]

Die Ausgangsbasis für die Entstehung des Englischen in England und damit der englischen Sprache überhaupt bildeten die Dialekte der westgermanischen Stämme, deren Angehörige seit der Mitte des 5. Jahrhunderts in immer größerer Zahl aus den südöstlichen und südlichen Küstenbereichen der Nordsee in Britannien eindrangen und die dort ansässigen Kelten unterwarfen oder in die westlichen und nördlichen Randgebiete der Hauptinsel (Cornwall, Wales, Schottland) abdrängten (vgl. dazu die Abschnitte 2.2.1. und 2.3.1). Den historischen Quellen nach handelte es sich bei den ersten germanischen Invasoren um Angeln, Sachsen und Jüten sowie wahrscheinlich auch um Franken und Friesen. Sie ließen sich in Britannien wohl nicht in völlig homogenen und strikt voneinander geschiedenen Stammesgruppen nieder, doch wurde das Gebiet zwischen Themse und Firth of Forth (mit dem Humber als wichtiger interner Grenze) offenbar vor allem von Angeln, das Gebiet südlich davon hingegen hauptsächlich von Sachsen und Jüten besetzt, wobei sich erstere auf den Südwesten und letztere auf den äußersten Südosten (besonders Kent) konzentrierten. Darauf deutet jedenfalls die dem entsprechende regionale Gliederung des Altenglischen in das Anglische (mit den Hauptvarianten Nordhumbrisch und Mercisch nördlich bzw. südlich des Humbers), das Westsächsische (als dominierenden sächsischen Dialekt) und das Kentische. Die daraus resultierende ursprüngliche dialektale Gliederung Englands in den Norden (das Gebiet nördlich des Humbers), das Mittelland (die Region zwischen Humber und Themse), den Südwesten und den Südosten ist bis zu einem gewissen Grade noch heute nachweisbar, obwohl sich die Grundeinteilung der Dialekte inzwischen verändert hat (vgl. S. 37f.).

In den von den Germanen besetzten Teilen Britanniens entstand eine Reihe von Königreichen, wobei die Vorherrschaft unter ihnen im 7. und 8. Jahrhundert zunächst bei den Königen von Nordhumbrien bzw. Mercien lag, dann jedoch an die westsächsischen Könige überging, zumal in der zweiten Hälfte des 9. Jahrhunderts weite Teile des anglischen Gebiets durch neuerliche germanische Invasoren, und zwar nordgermanische Wikinger (vornehmlich Dänen), besetzt wurden. Von den westsächsischen Königen ist hier Alfred (849-899) zu erwähnen, da er nicht nur ein weiteres Vordringen der Wikinger verhinderte, sondern auch ein umfassendes Kultur- und Bildungsprogramm initiierte. Es sah die Anfertigung von Übersetzungen wichtiger Standardwerke der damaligen Zeit aus dem Lateinischen ins Englische vor sowie deren Versendung an die Diözesen des Landes und verpflichtete die Söhne der Freien, Englisch lesen zu lernen. Damit wurden wesentliche Schritte zur Einführung des Englischen als Schriftsprache im offiziellen

Bereich unternommen und erste Voraussetzungen dafür geschaffen, daß sich im 10. Jahrhundert in Winchester, der damaligen Hauptstadt des Landes, auf der Basis des Westsächsischen eine schriftsprachliche Standardform des Altenglischen entwickelte, die als heimische offizielle Sprache neben das Lateinische trat und aus dieser Funktion auch nicht durch das Dänische verdrängt wurde, als es von 1017 bis 1042 zur Herrschaft dänischer Könige über ganz England kam.

Die schriftsprachliche Standardform des Englischen hielt sich im Südwesten sogar noch geraume Zeit über die normannische Eroberung (1066) hinaus, doch trat nun – zunächst besonders im mündlichen Bereich – neben das Lateinische als offizielle Sprache das Französische, und zwar vorerst in Form des Anglonormannischen (d.h. der Variante, die auf den Dialekt der aus Frankreich eingewanderten romanisierten Normannen zurückging), dann in Form des Zentralfranzösischen (des Pariser Französisch), da es auch in England zunehmend zur Prestigenorm wurde. Dieser Sprachwechsel im offiziellen Bereich ergab sich daraus, daß nach der Übernahme der Herrschaft durch die Normannen sämtliche Schlüsselpositionen im Lande mit normannischen Adligen bzw. Geistlichen besetzt wurden. Er wirkte sich dahingehend aus, daß das Französische nun als Kommunikationsmittel im Bereich der Verwaltung, der Gerichte sowie der Schule dominierte, während das Lateinische weiterhin in dem der Kirche und der höheren Bildungseinrichtungen vorherrschte und bis ins 13. Jahrhundert auch noch überwiegend zur Abfassung von amtlichen Dokumenten benutzt wurde. Das Englische blieb zwar die Sprache der großen Masse der ländlichen wie der städtischen Bevölkerung, wurde jedoch hinsichtlich seiner Verwendung auf den nichtoffiziellen Bereich zurückgedrängt und existierte daher zu jener Zeit ohne überregionale Standardform nur in einer Vielzahl von regionalen Varianten. Daraus ergab sich in frühmittelenglischer Zeit eine Sprachsituation, die dadurch gekennzeichnet war, daß die feudale Oberschicht Französisch (unter Umständen dazu noch Lateinisch), das einfache Volk hingegen Englisch oder in einigen Gebieten (besonders Wales) auch noch Keltisch sprach. Entsprechend den Bedürfnissen der sozialen Kooperation und Kommunikation entwickelte sich in dieser Situation jedoch in bestimmten sozialen Gruppen bald auch ein gewisses Maß an Bilinguismus. Das galt zuerst vor allem für die unteren Ränge des Adels und der Geistlichkeit sowie für Teile der Oberschicht in den Städten, dann aber zunehmend auch für die Spitzen der sozialen Hierarchie und führte schließlich dazu, daß das Französische immer stärker auf die Rolle einer Zweitsprache und letztendlich einer Fremdsprache zurückgedrängt wurde, auch wenn es – speziell in der Form des Zentralfranzösischen – noch lange Zeit einen gewissen Prestigewert als Statussymbol behielt.

Hauptursachen für die Zurückdrängung des Französischen und seine Ersetzung durch das Englische auch im offiziellen Bereich waren

(1) die im 13. Jahrhundert vollzogene politische Trennung von England und Frankreich, welche die anglonormannischen Feudalherren zwang, sich nun für eines der beiden Länder zu entscheiden, und zusammen mit den im Hundertjährigen Krieg (1337-1453) gipfelnden Auseinandersetzungen mit Frankreich dazu führte, daß die Verwendung des Englischen immer mehr auch zum Ausdruck eines Bewußtseins nationaler Identität wurde, sowie

(2) das Erstarken des Bürgertums im Zuge der frühkapitalistischen Entwicklung,

das letztlich den Ausschlag dafür gab, daß seine Sprache, das Englische, zur Nationalsprache wurde.

Die allmähliche Ablösung des Französischen als offizielle Sprache wurde spätestens Ende des 14., Anfang des 15. Jahrhunderts deutlich, als das Englische in Bereiche wie die des Parlaments und des Rechtswesens sowie der Schule eindrang und schließlich auch Verwendung im Schriftverkehr der Royal Chancery in Westminster fand. Diese Wiederzunahme seines Geltungsbereichs sowie nicht zuletzt die kommunikativen Erfordernisse, die sich aus den ökonomischen und sozialen Veränderungen beim Übergang vom Feudalismus zum Kapitalismus ergaben, schufen aber zugleich ein Bedürfnis nach Überwindung seiner regionalen Zersplitterung und nach Entwicklung einer überregionalen Standardform, welche die Rolle des gesamtnationalen Kommunikationsmittels übernehmen konnte. Erste Ansätze dazu bildeten der *Central Midland literary standard*, der vor allem durch Schriften des Bibelübersetzers John Wycliffe und der Lollarden Verbreitung fand, und das von so bedeutenden Autoren wie John Gower und Geoffrey Chaucer verwendete *Written London English*, das sich Ende des 14. Jahrhunderts auf der Basis der Sprachform der gebildeten Oberschicht Londons herauszubilden begann und auf Grund deren heterogener regionaler Herkunft bereits eine Art Ausgleichsform mit stark ost- und zentralmittelländischer Prägung darstellte. Hinzu kam die ebenfalls mittelländische Züge tragende Sprachvariante der Royal Chancery in Westminster, die als die eigentliche Keimzelle der neuen Standardform des Englischen angesehen wird. Diese Form wies um die Mitte des 15. Jahrhunderts schon ziemlich deutliche Konturen auf. Sie galt bald nicht mehr nur für den Schriftverkehr im offiziellen Bereich, sondern wurde auch zum Vorbild für die Literatur sowie für die Korrespondenz im nichtoffiziellen Bereich und begann sich seit dem 16. Jahrhundert allmählich selbst gegenüber dem Lateinischen als Sprache der Wissenschaft durchzusetzen. Im Zuge dieser Entwicklung erreichte sie bereits Ende des 17. Jahrhunderts einen relativ hohen Grad an Uniformität hinsichtlich der Grammatik und der Lexik, während sie in der Aussprache noch lange Zeit eine beträchtliche regionale Differenzierung zeigte, bevor sich für sie auch hier auf der Basis der Variante der gebildeten Oberschicht Londons eine regional neutrale Prestigenorm entwickelte.

Je mehr das neue Standardenglisch als überregionale Sprachform für den offiziellen Bereich an Profil gewann, desto deutlicher trat es in Gegensatz zu den regionalen Varianten und erhielt dieser Gegensatz eine starke soziale Markierung. Da die Beherrschung des Standards zunächst weitgehend auf die gebildete Oberschicht beschränkt blieb, wurde sie zum Indiz für eine höhere soziale Herkunft wie für einen gehobenen Bildungsgrad und so zu einem Statussymbol. Das aber führte zu einer entsprechenden Abwertung der regionalen Varianten, die sie zum Zeichen für niedere soziale Herkunft und geringe Bildung werden ließ. Im Zusammenhang damit entwickelte sich bei den Sprechern ein starkes soziales Sprachbewußtsein, das noch heute nicht selten in einem Bestreben zum Ausdruck kommt, den Sprachgebrauch weitgehend oder sogar völlig der Variante mit dem höchsten Prestigewert anzupassen oder doch zumindest sozial eindeutig negativ markierte Formen zu meiden.

2.1. Das Englische in England

Nur kurze Zeit nach der Herausbildung der neuen Standardform des Englischen setzte auch eine Entwicklung ein, die zu einer erheblichen Expansion seines Verwendungsbereichs und damit schließlich zu einer weiteren Form seiner regionalen bzw. territorialen Differenzierung führte: die immense Ausdehnung des britischen Herrschaftsgebiets durch Eroberung eines riesigen Kolonialreichs. Nachdem das Englische schon vorher in die England unmittelbar benachbarten Länder Wales, Irland und Schottland eingedrungen war, gelangte es nun auch über die Britischen Inseln hinaus und etablierte sich in allen Kontinenten als intranationales (innerstaatliches) Kommunikationsmittel (vgl. S. 25). Politisch gipfelte diese Entwicklung in der Schaffung des *British Empire*, dem heute – als nunmehr freiwilliger Verbund von 51 Staaten – noch weitgehend das *Commonwealth of Nations* entspricht. Sprachlich wirkte sie sich dahingehend aus, daß das Englische in allen von den Briten besetzten Ländern die Rolle der offiziellen Sprache übernahm und für mehr oder minder große Teile der Bevölkerung zur Zweitsprache oder – in den *settler colonies* – sogar zur Muttersprache wurde. Das aber geschah unter verschiedenen Ausgangs- und Existenzbedingungen und hatte daher auch Rückwirkungen auf die Form des Englischen, vor allem derart, daß es eine immer deutlichere territoriale Differenzierung erfuhr, die schließlich bis zur Herausbildung von nationalen (landesspezifischen) oder doch zumindest arealen (regionsspezifischen) Varianten führte (vgl. Abschnitt 1.3.).

Für das Englische in seinem Entstehungsbereich, in England, ergab sich aus dieser Entwicklung, daß es seine historisch begründete Vorrangstellung als "Grundform" der englischen Sprache und damit generell für sie gültige Bezugsnorm allmählich wenigstens teilweise verlor und seinerseits Züge einer nationalen Variante, eines spezifisch "englischen" Englisch, annahm, auch wenn das – besonders im Bereich der geschriebenen Sprache – noch in starkem Maße dadurch überdeckt wird, daß es nach wie vor auch über seinen eigentlichen Geltungsbereich hinaus als Leitnorm für den Standardgebrauch fungiert (vgl. S. 27f., 48, 51).

Zu Beginn seiner Verbreitung außerhalb der Britischen Inseln hatte sich die neu entstandene Standardform des Englischen selbst in England noch nicht voll konsolidiert und vor allem auch noch keine Kodifizierung (d.h. Fixierung in normativen Grammatiken und Wörterbüchern) erfahren. Wohl hatte es dort schon seit dem 16. Jahrhundert Ansätze zu expliziter Normierung des Sprachgebrauchs gegeben, doch vermochten sich derartige Bemühungen endgültig erst im 18. Jahrhundert durchzusetzen, als man unter dem Eindruck der Ideen des Rationalismus vom Standpunkt der Logik an die Sprache heranging und Ordnung in das bis dahin noch recht variantenreiche Formengefüge des Standards zu bringen suchte. Das führte in England zwar nicht zur Gründung einer als Leit- und Kontrollinstanz fungierenden Sprachakademie oder einer ihr entsprechenden staatlichen Institution, hatte aber zumindest zur Folge, daß es zu einer inoffiziellen Kodifizierung des als vorbildlich erachteten Sprachgebrauchs kam durch in vielen Auflagen verbreitete und weithin als maßgebend angesehene präskriptive Wörterbücher und Grammatiken wie z.B. das *Dictionary of the English Language* (1755) von Samuel Johnson sowie die *Short Introduction to English Grammar* (1762) von Robert Lowth oder die *English Grammar* (1795) von Lindley Murray. Sie hatten erheblichen Anteil daran, daß sich bei immer mehr Sprechern ein Bewußtsein sprachlicher Korrektheit herausbildete, aus dem sich dann ein verstärktes Verlangen nach verbindlicher Fixierung des guten und richtigen Sprachgebrauchs ergab.

Ein weiteres für die Entwicklung des Englischen in England wesentliches historisches Ereignis war die industrielle Revolution Ende des 18., Anfang des 19. Jahrhunderts. Sie trug in hohem Maße zum Anwachsen des überregionalen Verkehrs sowie vor allem zur weitgehenden Urbanisierung des Landes bei, d.h. zur Entstehung großer städtischer Ballungszentren, die dann ihrerseits zum Ausgangspunkt für die Suburbanisierung der sie umgebenden Gebiete wurden. In diesen Ballungszentren kam es zu einer beträchtlichen Mischung der Bevölkerung durch Zuwanderung aus den verschiedensten Gegenden des Landes. Das wiederum förderte die Nivellierung regionaler Unterschiede zwischen den Sprechern und führte zur Herausbildung spezifisch urbaner Sprachvarianten, die primär sozial geprägt waren und auch zunehmend einer sozialen Differenzierung unterlagen, so daß sie sich heute in der Regel als ein Kontinuum von Sprachformen darstellen, das von der lokalen Stadtmundart (dem eigentlichen *urban dialect*) über Varianten, die sich schon mehr oder minder stark dem Standard nähern, bis zum jeweiligen regionalen Standard (*Regional Standard*) bzw. regional modifizierten Standard (*[Regionally] Modified Standard*) reichen.

Zur weiteren Verbreitung des Standards trugen vor allem die Einführung des staatlichen Grundschulsystems (1870) und damit der allgemeinen Schulpflicht sowie der wachsende Einfluß der Massenmedien (zunächst der Presse, später auch des Rundfunks und des Fernsehens) bei. Diese beiden Faktoren hatten zudem erheblichen Anteil daran, daß sich für das Englische Standardenglisch schließlich auch eine überregional gültige (und in diesem Sinne neutrale) Ausspracheform durchsetzte: die *Received Pronunciation* (RP). Ihre Wurzeln reichen bis in die frühneuenglische Zeit zurück und liegen in der Aussprache der normtragenden gebildeten Oberschicht Südostenglands, speziell Londons, doch erlangte sie erst weitere Geltung, als mit dem Ausbau des Public-School-Systems, bedingt auch des staatlichen Schulsystems, ein Netz von Bildungsinstitutionen entstand, an denen sie als Vorbild diente und durch deren Absolventen sie im ganzen Land als für den Standardgebrauch mustergültige Ausspracheform Verbreitung fand. Aus der zunächst sehr engen Bindung der RP an die Absolventen der Public Schools (vgl. die ursprünglich für sie verwendete Bezeichnung *Public School Pronunciation*) und damit an die Angehörigen einer exklusiven Gruppe innerhalb der gebildeten Oberschicht aber ergab sich für diese Ausspracheform auch eine deutliche soziale Markierung als "upper-class" oder doch zumindest "upper-middle-class accent", die ihr ein hohes "overt prestige" verlieh und sie wie den Standard insgesamt zu einem Statussymbol machte. Diese Markierung erfuhr erst eine gewisse Modifizierung seit den zwanziger Jahren unseres Jahrhunderts, als die RP über den primär für sie charakteristischen Sprecherkreis hinaus weitere Verbreitung fand. Das geschah zum einen dadurch, daß sie faktisch[2] zur bevorzugten Ausspracheform in den Sendungen der BBC und damit nicht nur allen zugänglich, sondern vielen auch zur Richtschnur für eine "gute" Aussprache wurde. Zum anderen trug dazu bei, daß nun auch immer mehr Sprecher aus den unteren Schichten einen höheren Bildungsgrad erreichten und sich aus Gründen des beruflichen und sozialen Aufstiegs um die Beherrschung des Prestigeakzents bemühten. Das führte zur Herausbildung RP-naher, als *Modified Regional Pronunciation* (Gimson) bzw. als *Near-RP* (Wells) bezeichneter Ausspracheformen sowie zu einer Differenzierung der RP selbst in eine "(socially) marked RP" (*U[pper-crust] RP*) und eine "unmarked RP" (*mainstream* oder *general RP*).[3] Die "marked RP" wird nach wie vor mit bestimmten Gruppen innerhalb der "upper class" assoziiert und ist daher noch immer in hohem Maße "socially conspicuous". Bei der "unmarked RP" tritt die Assoziation mit einer bestimmten sozialen Schicht stärker hinter dem Merkmal "educated" zurück, doch stellt auch sie – wie das Standardenglisch generell – noch keineswegs eine sozial völlig neutrale, rein funktionale Sprachvariante dar. Heute unterliegt die RP offensichtlich wieder mehr regionalem Einfluß, insbesondere dem der "popular London speech",[4] oder werden ihr zunehmend auch bewußt schon regional gefärbte Ausspracheformen vorgezogen: aus Gründen der Distanzierung von einer allzusehr mit "upper class" assoziierten Aussprache oder zum Zwecke der Identifizierung mit der jeweiligen regionalen Sprechergemeinschaft.

Die permanente Erweiterung des Kreises der Standardsprecher und damit auch der sozialen Basis der Hochsprache, die sich aus den ständig steigenden gesellschaftlichen Anforderungen an das Bildungsniveau und die berufliche Qualifizierung der Bevölkerung sowie aus der immer stärkeren Ausdehnung des Anwendungsbereichs des Standards ergab, wirkte sich nicht nur auf dessen Aussprache, sondern auch auf dessen Grammatik und Lexik aus. Sie führte ganz allgemein zu einer "Demokratisierung" bzw. "Liberalisierung" der Standardnorm, die vor allem darin bestand, daß die Grenze zwischen ihr und den nichthochsprachlichen Varianten durchlässiger wurde und Formen in den Standardgebrauch eindrangen, die bis dahin als fehlerhaft bzw. "nonstandard" gegolten hatten oder nur mit Vorbehalt, als bestenfalls umgangssprachlich möglich akzeptiert worden waren (vgl. z.B. Formen wie *It's me* statt *It's I*, *He is older than me* statt *... than I*, *Everybody thinks that they are alone with their worries* statt *... that he (or she) is alone with his (or her) worries* oder *Who are you waiting for?* statt *Whom ... for?*, die heute allenfalls noch in formeller geschriebener Sprache gemieden werden, sowie das Vordringen von Lexemen aus dem nichthochsprachlichen oder informellen Bereich in den der stilistisch neutralen Standardlexik).

Außerdem blieb die weite territoriale Ausbreitung und zunehmende nationale Differenzierung des Englischen nicht ohne Rückwirkungen auf seine Form im Ursprungsland. Sie machte sich vor allem darin bemerkbar, daß dem Englischen Englisch aus allen Teilen der Welt Lexeme zuflossen, die infolge allgemeinen Bekanntwerdens des mit ihnen Bezeichneten schließlich so unbegrenzt Verwendung fanden, daß sie in den "common core" des Wortschatzes eingingen (vgl. z.B. Lexeme wie *skunk*, *igloo*, *prairie* aus Nordamerika, *budgerigar*, *kangaroo*, *boomerang* aus Australien oder *jungle*, *khaki*, *curry* aus Indien).

Gegenwärtig unterliegt das Englische Englisch vor allem einem starken Einfluß seitens des Amerikanischen Englisch. Das hängt mit der führenden Rolle der Vereinigten Staaten in vielen Bereichen zusammen, aber auch damit, daß amerikanisch gefärbtes Englisch namentlich in Kreisen der jüngeren Generation ein beträchtliches Prestige genießt und seine Verwendung daher dort als "in" gilt (vgl. Swan/Urdang 1985: 7; Moss 1978[2]: 13, 17).

Besonders tiefgreifend ist der Einfluß des Amerikanischen Englisch im Bereich der Lexik. So gibt es im Englischen Englisch (wie auch in anderen Varianten des Englischen) bereits zahlreiche Lexeme und Sememe, die trotz eindeutig amerikanischer Herkunft und wiederholter Mahnungen nationalbewußter Puristen, sie eben deshalb nicht zu gebrauchen, von der großen Masse der Sprecher kaum noch als Amerikanismen empfunden und daher ohne Bedenken verwendet werden (vgl. z.B. *baby-sitter*, *billion* '10^9', *boom* '(period of) rapid growth or increase', *cafeteria*, *disc jockey*, *hopefully* 'if our hopes succeed', *radio*, *show business*, *star* 'famous or very skilful performer', *teenager* sowie auch informelle Lexik wie *boss*, *egghead* 'intellectual person', *highbrow – lowbrow, knowhow, OK/okay, no way* 'certainly not').

Weniger eindeutig nachweisbar ist ein Einfluß des Amerikanischen Englisch auf das Englische Englisch im Bereich der Grammatik, da sich hier Annäherungen des englischen Sprachgebrauchs an den amerikanischen vielfach ebensogut dadurch erklären lassen, daß sich bestimmte für das Englische generell geltende Entwicklungstendenzen im Zuge der "Demokratisierung" der Standardnorm nun auch in England durchzusetzen beginnen, nachdem sie dort lange Zeit durch eine sehr konservative Haltung gegenüber Veränderungen im Standardbereich weitgehend blockiert waren. Das gilt z.B. für Tendenzen wie die zur Verallgemeinerung von *will* im Futur, zur Verdrängung der mit *-t* gebildeten Präterital- und Partizipialformen durch regelmäßig mit *-ed* gebildete oder zur konsequenteren Verwendung der Umschreibung mit *do* (vgl. S. 52), die durch einen Einfluß des Amerikanischen Englisch allenfalls eine Stärkung erfuhren. Wesentlicher ist dessen Anteil vielleicht an Erscheinungen wie dem wieder zunehmenden Gebrauch des "mandative subjunctive" (vgl. S. 52 sowie Quirk et al. 1985: 157).

Von einigen Sprechern in England wird die Übernahme amerikanischen Sprachgebrauchs zwar noch immer als ein Zeichen sprachlicher Verwilderung angesehen und entsprechend heftig kritisiert, doch stößt sie bei den meisten längst nicht mehr auf strikte Ablehnung und wird sich auch ohnehin kaum noch aufhalten lassen.

2.1.2. Die gegenwärtige Sprachsituation in England

Einwohnerzahl (1991): 48 068 400
Hauptstadt: London

Die gegenwärtige Sprachsituation in England kann mit gewissen Einschränkungen als unilingual charakterisiert werden. Sie stellt sich als ein Kontinuum von Varianten des Englischen dar, das von den ländlichen Dialekten (*rural dialects*) bzw. den Stadtmundarten (*urban dialects*) über weniger festumrissene Nonstandardvarianten und die verschiedenen Formen des *Regional* bzw. *(Regionally) Modified Standard* bis zum regional neutralen *English Standard English* mit der RP als Aussprachform reicht, wobei die "Zwischenformen" weit häufiger vorkommen als die Formen an den äußersten Enden des Kontinuums. Außerdem gibt es in England auch ethnisch markierte Varianten des Englischen. Sie sind charakteristisch für bestimmte Einwanderergruppen (z.B. die aus der Karibik oder aus Südasien), die neben dem Englischen oft noch weiter ihre Muttersprache verwenden, so daß sich da, wo sie in größeren Gemeinschaften zusammenleben, Formen einer lokal begrenzten ungleichgewichtigen bilingualen Sprachsituation mit einseitigem, funktional differenziertem Bilinguismus ergeben.

Wie sich das sprachliche Potential des einzelnen Sprechers jeweils zusammensetzt, hängt vor allem von seiner ethnischen und/oder regionalen Herkunft und Umgebung, von seiner sozialen Herkunft bzw. Stellung und seinen sozialen Ansichten und Ambitionen sowie von seinem Bildungsgrad und Beruf ab. Bei der Mehrzahl der Sprecher läßt sich eine Tendenz beobachten, den Sprachgebrauch dem Standard als der Sprachform mit dem höchsten "overt prestige" anzunähern, wobei der Grad der Annäherung nicht nur von Sprechergruppe zu Sprechergruppe, sondern auch beim einzelnen Sprecher selbst variiert, da er sich in der Regel seinen Möglichkeiten entsprechend auf den jeweiligen Kommunikationsbereich und die kommunikative Situation einzustellen sucht. Die Anpassung an die Prestigenorm des Standards ist jedoch nicht notwendig mit völliger Aufgabe der ursprünglich verwendeten Sprachvariante verbunden, da sie oft noch gewisse Funktionen im nichtoffiziellen Bereich erfüllt. Besonders deutlich zeigt sich das Bemühen um Anpassung bei Sprechern aus der unteren Mittelschicht. Auch ist es offensichtlich bei Frauen stärker ausgeprägt als bei Männern.[5] Letztere sind nicht selten eher geneigt, auf einer von der Prestigenorm abweichenden eigenen Variante zu beharren, wenn das dem Ausdruck von Gruppenidentität bzw. -solidarität dienlich ist.

Die **ländlichen Dialekte** (*rural dialects*) spielen in England auf Grund seiner starken Urbanisierung, der sozialen Umstrukturierung und wachsenden Mobilität der Bevölkerung, des Einflusses der Schule und der Massenmedien sowie des allgemeinen Zwangs zur Verwendung von Standardformen in den meisten Kommunikationsbereichen heute nur noch eine geringe Rolle und sind vom Schwund bedroht. Sie haben sich hier in ihrer ursprünglichen Form als "broad dialect" lediglich in abgelegeneren, wenig industrialisierten Gebieten wie dem Südwesten und Teilen des Nordens gehalten, werden aber selbst dort überwiegend nur noch von sehr jungen oder von älteren Sprechern verwendet. In der Regel befinden sie sich in einem Auflösungsprozeß, der zu immer stärkerer Annäherung des Sprachgebrauchs an die regionalen Standardvarianten führt, denen sie zum Teil auch schon gewichen sind. In den städtischen Ballungszentren sind sie durch urbane Sprachformen verdrängt worden, die nun immer weiter in die ländliche Umgebung ausstrahlen. Das "overt prestige" der *rural dialects* ist trotz generell größer gewordener Toleranz gegenüber regionalen Sprachvarianten gering, doch haben sie nicht selten für ihre Sprecher selbst noch ein bestimmtes "covert prestige" und für Außenstehende einen gewissen Sympathiewert, der sich in Urteilen wie "charming" oder "quaint" ausdrückt.

Was ihre Gliederung angeht, so lassen sich die ländlichen Dialekte heute zunächst einmal grob in eine südliche und eine nördliche Gruppe unterteilen, wobei die Grenze dafür ungefähr der zwischen der Verwendung von [ʌ] bzw. [ʊ] in Wörtern wie *cup* und von [ɑː ~ aː] bzw. [a] in Wörtern wie *pass* entspricht (vgl.

dazu S. 46 sowie Wells 1982: 349f.), d.h. – mit Ausbuchtung nach Süden – vom Wash im Osten zur Severnmündung im Westen verläuft. Innerhalb dieser beiden Gruppen ergeben sich weitere Unterteilungen, die nicht selten die regionale Gliederung des Altenglischen reflektieren.

Zur Illustration der ländlichen Sprachvarianten sei hier kurz auf die **Southwestern dialects** eingegangen, d.h. auf die Dialekte in dem Gebiet Englands, dessen Ostgrenze etwa die Linie Southampton – Severnmündung bildet und das sich in wesentlichen Teilen mit dem West Country deckt.

Hinsichtlich der A u s s p r a c h e weisen die südwestlichen Dialekte – speziell aus der Sicht der RP (vgl. S. 48f.) – die nachstehend angeführten Eigenheiten auf, wobei die angegebenen Lautungen noch weiter variieren können und auch nicht für sämtliche Dialekte in diesem Gebiet gleichermaßen gelten (vgl. dazu Wakelin 1986: 21ff.; Wells 1982: 345ff.).

RP	Southwestern dialects
i:	i: (< me. e:) *green*
	e: (< me. ɛ:) *eat*
æ	a *back*

ɑ: + -f, -θ, -s
  + f, s, n + Kons.
	a: ~ æ: *staff, bath, pass*
	  after, last, dance

ʊ	ʏ ~ (zentriertes) ü *good*
u:	y: ~ (zentriertes) ü: *do, move*
eɪ	e: ~ ɛɪ *cake, again*
əʊ	o: ~ oʊ *over, road*
aɪ	æɪ ~ əɪ ~ ʌɪ ~ ɑɪ ~ ɒɪ *like, time*
aʊ	æʊ ~ ɛʊ *now, house*
r/∅ (non-rhotic accent)[6]	(retroflexes) r (rhotic accent)[6] *red, tree, very, farm* [fa(:)rm], *four* [fɔ(:)r][7]
f-, θ-, s-, ʃ-	v-, ð-, z-, ʒ- *fill, thing, sit, shilling* (vgl. mit dieser Lautung auch im Standard: *vane, vat, vixen*)

Die Lenisierung der Engelaute im Anlaut (die wohl ohnehin nie alle dafür in Frage kommenden Wörter erfaßt hatte) scheint jedoch immer mehr aufgegeben zu werden (vgl. Wells 1982: 343 sowie auch die Texte aus jüngster Zeit in Wakelin 1986).

Hinsichtlich der G r a m m a t i k gehören zu den für die südwestlichen Dialekte charakteristischen Merkmalen nach Wakelin (1986: 33-38) z.B.

im Bereich der Pronomina und der Determinatoren:

– die Bewahrung von älteren Formen der Personalpronomina: *thou – thee* (2.Pers. Sing.), *'ee* (*ye*) (2.Pers.Sing./Pl.) (z.B. *I tell thee/'ee, Why can't 'ee go?, Nobody won't see 'ee*); *en/'n* (< ae. *hine*) *'him/it'* (z.B. *I seed 'n, a big round iron with a handle on 'n*); vgl. auch possessiv: *thy, thine*; reflexiv: *thyself, theeself*;

– die Verwendung von *I, thou, he, she, we, they* als (meist emphatische) Objektformen (z.B. *With he, I had to look after they; ... to keep we children going with food and clothing*) und von *me, thee, him/'n, her, us, them/'em* als (un-emphatische) Subjektformen (z.B. *What's thee snivelling about?, And then her got married*);

- der Gebrauch von *thick(y), thuck(er)* 'this, that' und *they/them* 'those' (zum Teil mit verstärkendem *here* bzw. *there*) als Demonstrativa (z.B. *thick man, down to thick here house, in they/them days*);
- die Verwendung des unbestimmten Artikels vor einem Zahlwort (z.B. *My father managed ... to get a two or three pigs together; about a five bob a day*);
- die gelegentliche Weglassung des bestimmten Artikels (z.B. *I got a cake in oven, So boy says*);

im Bereich des Verbs:
- der mitunter noch vorkommende Gebrauch der Endung *-s(t)* für die 2.Pers. Sing.Präs.Ind. (z.B. *What's think? < What dost* [thou] *think?*) und des Präfixes *a-* (< ae. *on* bzw. *ʒe-*) beim Partizip (z.B. *You bain't a-digging right, I have a-started five o'clock mornings and mornings*);
- der Ersatz von mit Vokalwechsel gebildeten Präterital- und Partizipialformen durch Formen mit <-ed> (z.B. *falled, seed*), bei dem es gelegentlich auch zu Mischbildungen kommt (z.B. *stoled*);
- die Verwendung von *be* als Präsensform dieses Verbs, besonders in betonter Stellung, aber auch in unbetonter (hier neben *'s* in der 3.Pers.Sing. und *'m* [< *am*] in den übrigen Fällen) (z.B. *Here I be, Where the devil be 'em to?, I bet they be having a good time – We'm going to ..., You'm best out o' that*; vgl. auch die verneinte Form *bain't: I bain't going to get handy* ['near'] *to he!*);
- der Gebrauch von (unbetontem) *do* zum Ausdruck einer gewohnheitsmäßigen Handlung (z.B. *I do/did go there every week*).

Meist werden die für den Dialekt typischen Formen jedoch schon nicht mehr durchgängig verwendet, sondern korrelieren bereits mit den entsprechenden Standardformen, durch die sie offenbar zunehmend verdrängt werden.

Ebenso vom Schwund bedroht ist die L e x i k der Dialekte. Hier können nach Wakelin (1986: 38-42) für den Südwesten z.B. als charakteristisch angesehen werden: *bide* 'stay', *chibboles* 'spring onions', *court* 'farmyard', *fall* 'autumn', *knotlings* 'chitterlings', *maid(en)* 'girl', *mind* 'remember', *mow* 'corn-stack', *oaves* 'eaves of stack', *smeech* 'smoke, dust, smell; dirt', *snead* 'scythe-shaft', *threshel* 'flails'. Einige dieser Lexeme finden sich auch im Englischen Standardenglisch, haben jedoch dort die in den Dialekten mit ihnen vorkommende Bedeutung aufgegeben (wie z.B. *fall*) oder nur noch in archaischem oder poetischem Gebrauch bewahrt (wie z.B. *maid(en)*). Neben Lehnwörtern aus dem Französischen (wie z.B. *chibboles, court*) gibt es im Südwesten, speziell im ehemals keltischsprachigen Cornwall, auch Wörter, die aus dem Keltischen stammen bzw. über das Keltische aus anderen Sprachen in die Dialekte eingedrungen sind; vgl. z.B. *bannel* (< korn. *banal*) 'broom', *bucca* (< korn. *bucca*) 'scarecrow'; *tallet*, auch *tallack, talfat* (< walis. *taflawd/-od* < vlat. *tabulat-*) 'hay-loft'. Bezüglich der Wortbildung fällt auf, daß das Suffix *-en* in den südwestlichen Dialekten weitere Verwendung gefunden hat als im Standardenglischen (vgl. z.B. *papern* [*bag*] 'made of paper').

Das folgende Textbeispiel stammt aus einer Tonbandaufnahme, die 1981 in Spreyton, einem Dorf am Nordrand vom Dartmoor in Devonshire, gemacht wurde. Es veranschaulicht vor allem einige der grammatischen Eigenheiten der südwestlichen Dialekte.

Bloke come up (to) me – er, 'twas my mate, tell 'ee truth. 'Here,' he said, 'Your sister's down Orchard Street screeching ['weeping'] *her eyes out.' I said, 'What for?' 'Ah!' he said, 'Her wouldn't tell me.' So I went down. I said, 'Here, what's thee snivelling about?' Her said, 'Our chimney's on fire.' I said, 'He won't hurt – let 'n burn – do 'n good.' 'Oh,' her said, 'Mam was frying Dad's lunch, and all th'old soot have falled down in th'old frying-pan.' So (I) got back and I took old pig-stock that was Father's thing that he used to lie his old pig on when he killed 'n – scrape 'n like. So us had a datched roof level wi' the garden. I scrawled* ['crawled'] *up, looked down, and I seed mother down there 'cause us had our fire – 'twas (a) half chimney like – right the way up through: see, I could drive (a) horse and cart through 'n. So I went down and got a bucket o' water, scrawled up again, and I said, 'Look up, Mother.' Her did, and I scat the water right in her face.* (Zit. nach Wakelin 1986: 107)

Eine weit bedeutendere Rolle als die ländlichen Dialekte spielen heute in England infolge seiner starken Urbanisierung die Sprachvarianten, die sich in den großen städtischen Ballungszentren herausgebildet haben, insbesondere die **urban dialects** von London (das *Cockney*), Birmingham (das *Brummagem*), Liverpool (das *Scouse*), Manchester (das *Mancunian*), Leeds und Bradford, Newcastle-upon-Tyne (das *Geordie*) sowie Bristol. Diese Varianten erweisen sich bei näherer Betrachtung jeweils als ein Kontinuum von Sprachformen, das von der lokalen Stadtmundart (dem *urban dialect* im engeren Sinne) über nichthochsprachliche Zwischenformen (wie z.B. die "popular London speech") bis zum *Regional Standard* bzw. *(Regionally) Modified Standard* reicht. Als Stadtmundarten bzw. städtische Nonstandardvarianten haben sie ein noch geringeres "overt prestige" als die ländlichen Dialekte. In dieser Form werden sie stark mit "working-class speech" assoziiert und gelten weithin als "harsh" und "ugly", auch wenn sich auf Grund der unterschiedlichen Vorstellungen, die man mit den einzelnen Städten und ihren Bewohnern verbindet, gewisse Nuancierungen der Bewertung ergeben und so z.B. die Sprachform von Bristol ein besseres Ansehen genießt als die von Birmingham. Für ihre Sprecher selbst können die urbanen Varianten ebenso wie die ländlichen Dialekte ein gewisses "covert prestige" haben und ein Mittel zum Ausdruck von Gruppenidentität bzw. -solidarität sein.

Als Beispiel für die *urban dialects* soll hier kurz der bekannteste von ihnen, das **Cockney**, betrachtet werden. Es wird oft als die Sprachform der unteren Schichten Londons schlechthin angesehen, doch handelt es sich bei ihm strenggenommen nur um die Variante, die im Gebiet des East End entstanden ist und dort auch ihre Basis hat. Die darüber hinaus für London typischen nichthochsprachlichen Varianten haben zwar große Ähnlichkeit mit dem Cockney, stehen jedoch dem Standard schon ein wenig näher. Sie werden von Wells (1982: 302) unter der Bezeichnung *Popular London (speech)* zusammengefaßt.

Hinsichtlich der A u s s p r a c h e fällt am Cockney vor allem auf, daß es im Bereich der Vokale gegenüber der auf etwa gleicher regionaler Basis entstandenen RP eine systematische Verschiebung der Qualität der geschlossenen langen Monophthonge und der verengenden Diphthonge aufweist. Das Resultat dieser Verschiebung ist jedoch kein Unterschied im Phonemsystem, sondern lediglich eine andere lautliche Realisierung der Phonemoppositionen. Neue Phonemunterschiede haben sich im Vokalsystem des Cockneys erst sekundär aus bestimmten allophonischen Varianten entwickelt (s.u.). Die folgende Übersicht stützt sich weitgehend auf die Angaben von Wells (1982: 303ff.).

RP	Popular London	Cockney
iː	ɪi	əi *bee*
eɪ	ʌɪ	aɪ *bay*
aɪ	ɑɪ	ɒɪ *buy*
ɔɪ	ɒ̣ɪ	oɪ *boy*
uː	ʊu	əu *boot*
əʊ	ʌʊ	au *boat*
	vor ɫː ɒʊ	ɒʊ *bolt*
aʊ	æʊ	æː ~ aː *out*
ɔː	in offener Silbe: ɔ̣ː ~ ɔə	ɔə *paw, lore*
	in geschlossener Silbe: oː	oʊ *pause, lord*

Typisch für das Cockney ist auch die häufige Vokalisierung von [ɫ] zu [o ~ ʊ] (z.B. in *pill* [pɪo], *fall* [foʊ], *milk* [mɪok], *people* ['pəipo]). Sie kann zur Folge haben, daß der vokalisierte Laut vom vorangehenden Vokal aufgesogen wird (wie in *goal* [gɒʊ]). Das hat dazu beigetragen, daß sich aus den allophonischen Variationen "[aʊ] ~ [ɒʊ] (vor [ɫ])" (RP /əʊ/) und "[ɔə] (in offener Silbe) ~ [oʊ] (in geschlossener Silbe)" (RP /ɔː/) neue Vokaloppositionen entwickelt haben (vgl. z.B. *go* [gaʊ] – *goal* [gɒʊ] bzw. *bore* [bɔə] – *ball* [boʊ]).

Im Bereich der Konsonanten sind für das Cockney die folgenden Merkmale kennzeichnend (auch wenn sie dort nicht durchweg auftreten):

RP	Cockney
θ, ð	f, v[8] *think, father*
bes. t, d	(affriziertes) t^s, d^z *tea, better, eat; dog, bad*
t, k, p im Aus- und Inlaut	Präglottalisierung bzw. Glottalisierung: ʔt, ʔk, ʔp bzw. ʔ[9] *get* (*ge'*), *look, cup; better, soccer, paper*
h	∅ (h dropping) *help* (*'elp*)
-ŋ <-ing>	-n <-in'> (g dropping)[10] *coming* (*comin'*), auch in Wörtern wie *morning*

In satzphonetischer Hinsicht unterscheidet sich das Cockney wie andere nicht-hochsprachliche Varianten von der RP besonders durch eine stärkere Abschwächung der Funktionswörter (die bei schriftlicher Wiedergabe mitunter auch durch entsprechende Schreibungen angedeutet wird); vgl.: *you* [jə] (z.B. *I don't believe you/yer*); *my* [mɪ] (z.B. *my/me father*), *your* [jə] (z.B. *Take your/yer boots off*); *of* [ə] (z.B. *a cup of/o' tea*).

In der G r a m m a t i k weist das Cockney außer den für die meisten nicht-hochsprachlichen Varianten typischen Erscheinungen (vgl. S. 44f.) nach Barltrop/ Wolveridge (1980: 103, 106-109) u.a. folgende Eigenheiten auf:
– den Gebrauch von "*be/go and* V" bzw. "*go* V-*ing*" in Sätzen wie *What do you think she's been and done?*, *He went and got the sack* bzw. *Don't go movin' my things* sowie von "*get* V-*ing*" zum Ausdruck einer "continuing practice" (a.a.O.: 109) in Sätzen wie *I get messin' about in the garden*;
– die Verwendung eines "question-tag" zur Unterstreichung einer Aussage (z.B. *He only went and told everybody, didn't he!*);
– die Weglassung von *to* bei Richtungsangaben bzw. seine Ersetzung durch "anschaulichere" Präpositionen wie *up*, *down*, *over* oder *round* (z.B. *He went up* [to] *his grandmother's* / *down the 'Dilly* [Piccadilly] / *over Shepherd's Bush* / *round his mate's*) (vgl. hierzu auch McArthur 1992a: 226).
Außerdem findet sich nach Franklyn (1953: 269) im Cockney auch noch die Verwendung von *a-* (< ae. *on*) beim Partizip I (z.B. *He ain't acomin', I heard him atalkin'*).

Die L e x i k des Cockneys ist wie die anderer urbaner Varianten durch Freude an origineller und anschaulicher Ausdrucksweise sowie Spiel mit der Sprache geprägt und daher reich an metaphorischen Bezeichnungsübertragungen (vgl. *frogspawn* für eine Art Sago) sowie ausdrucksstarken und witzigen Wortbildungen (vgl. *suckers* 'sweets', *horn sticks* 'celery') bzw. Phraseologismen (vgl. *born tired* 'reluctant to work'). Sie werden nicht selten immer wieder variiert oder durch andere Bildungen ersetzt und sind zum Teil bereits so weit verbreitet, daß sie schon zum *General Slang* gehören. Deshalb sind die nachstehend aufgeführten Beispiele zwar charakteristisch für den Sprachgebrauch von Cockneys, jedoch nicht notwendig auf ihn beschränkt und im einen oder anderen Falle vielleicht auch nicht einmal in ihm entstanden.

> *blow-out* 'a truly filling meal', *cat's (piss)* 'bad-tasting tea', *gnat's* 'pale-col-oured tea', *doorsteps* 'thick slices of bread', *guv(nor)* (*governor*) 'father, em-ployer' (bes. auch als respektvolle Anrede), *nosh-up* 'good, big meal'; *narky* 'bad-tempered'; *be done up like a dog's dinner* / *made up like a hambone* (mit Bezug auf einen Mann auch *look like a bookie's runner*) 'be dressed in one's best clothes'; *(be) in dock* 'in hospital', *on the floor/ribs/rocks* 'having no money'; *(to) blind* 'swear', *bung* 'bribe', *hark at* 'listen to', *put in the acid* 'un-dermine a person's reputation or position, inform against'

Von einem übereifrigen Vorarbeiter sagt man *He runs about like a blue-arsed fly*, von jemandem, der sich vor der Arbeit drückt, *He's not afraid of work, he could lie down and sleep beside it* und von jemandem, der sehr geizig ist, *He wouldn't give you the drippings of his nose* bzw. *He wouldn't give his shit to the crows*.

Ein besonders markantes lexikalisches Merkmal des Cockneys ist der *Rhyming Slang*. Er beruht darauf, daß bestimmte Wörter, meist Substantive, durch auf sie reimende Wortverbindungen oder Komposita ersetzt werden (z.B. *mouth* durch *north and south*, *thief* durch *tea-leaf*). Jedoch verwenden Cockneysprecher die reimenden Ersatzformen keineswegs durchgängig, sondern nur gelegentlich, und zwar hauptsächlich "in playful, friendly, or semi-patronizing settings" oder – zum Zwecke der Abgrenzung und einer Art von "verbal show-off" – in Gegenwart von Fremden (vgl. Franklyn 1953: 293). Werden Rhyming-Slang-Formen von Cockneys zur Kommunikation untereinander benutzt, so geschieht das sehr häufig unter Weglassung der reimenden Konstituente (vgl. z.B. *Rosy* statt *Rosy Lea/Lee* für *tea* in *How about a cup of Rosy?*).

Ihrer Form nach sind die reimenden Ersatzbezeichnungen meist Zwillingsformeln (vgl. *north and south*), echte bzw. erfundene Namen (vgl. *Hampstead Heath, Rosy Lea/Lee*) oder Komposita bzw. Kollokationen mit der Struktur "Subst. + Subst." (vgl. *tea-leaf, china plate*). Von ihrer eigentlichen Bedeutung her lassen sie sich nur in einigen Fällen (wie z.B. *trouble and strife* für *wife*) zum Bezeichneten in Beziehung setzen. Vgl. zur Illustration des Gesagten:

> *bees (and honey)* – money, *whistle (and flute)* – suit, *you and me* – tea, *ducking and diving* – skiving 'avoiding work', *rabbit (and pork)* – talk (z.B. *Hark at him rabbiting on!*); *Hampstead (Heath)* – teeth, *Kate (Karney)* – the Army, *Khyber (Pass)* – arse, *Uncle Dick* – sick; *bird(-lime)* – time, *china (plate)* – mate 'personal friend, close associate', *daisies* < *daisy roots* – boots; *plates (of meat)* – feet; (have a) *butcher's (hook)* – look; *artful dodger* – lodger; *round the houses* – trousers

Ein wesentliches Motiv für die Bildung von Rhyming-Slang-Formen dürfte neben einem gewissen Bedürfnis nach Verschlüsselung des Gemeinten und Abschirmung gegenüber Außenstehenden von Anfang an die Freude am Spiel mit der Sprache gewesen sein. Speziell sie hat solchen Formen auch außerhalb des Cockneys zu einiger Verbreitung verholfen.

Der folgende Textausschnitt stammt zwar aus einem schon etwas älteren Roman (*This Gutter Life* [1934] von J. E. Franklyn) und ist nicht ganz frei von Übertreibungen, gibt aber dennoch ziemlich genau eine Reihe von Merkmalen des Cockneys wieder. Der in ihm auftretende Sprecher repräsentiert den Typ des zu gewissem Wohlstand gelangten *costermonger* (d.h. Londoner Straßenhändlers für Obst und Gemüse). Er ist in eine Wohnung gekommen, um von deren Besitzerin Mobiliar für seinen Sohn zu erstehen.

> *"Yus, norra[9] bad uncle Ned* [bed]; *gorra[9] jerry* [chamber-pot]*?" ... "Yus, movin' aht* [out], *are yer? Norra bad flat. I sees yeh got the fisherman's daughter* [water] *laid on an' all. Where 'e's a-goin' teh they 'ave ter go dahn* [down] *two flights er apples and pears* [stairs], *– still, do fer 'em fer a star' off! When me an de[8] missis kicked orf* [off], *we didn't 'ave arf* [half] *wot 'e's a-gettin' – blhimey! Worrer[9] ole pot an' pan* [old man 'father'] *I 'ad – bless yer 'eart! ..."* (Zit. nach Partridge 1970[4]: 153)

Die Zahl der Sprecher, die noch einen ländlichen oder städtischen Dialekt in seiner ursprünglichen Form als "broad dialect" sprechen bzw. sprechen können, nimmt auf Grund der Veränderungen der Sozialstruktur und einer immer stärkeren Vermischung der einzelnen Sprechergruppen sowie nicht zuletzt auch durch den Einfluß der Schule und der Massenmedien ständig ab. Meist verwenden solche Sprecher Formen des "broad dialect" auch nur noch in der Familie und im lokalen nichtoffiziellen Bereich zur Kommunikation mit Bekannten, während sie im offiziellen Bereich sowie ganz allgemein im Verkehr mit Fremden zum Gebrauch der regionalen Standardvariante oder einer ihr zumindest nahekommenden Sprachform übergehen. Das heißt, daß Dialektsprecher nunmehr in der Regel bereits bilektal sind und die Sprachvarianten, über die sie verfügen, soziofunktional differenziert einsetzen, so daß man diesbezüglich von einer Art Diglossie sprechen kann.

Charakteristischer als der Gebrauch von "broad dialect" ist für den nichthochsprachlichen Bereich heute die Verwendung von Sprachvarianten, die weniger in sich geschlossene und relativ festumrissene Subsysteme darstellen als vielmehr sehr variable Übergangsformen, die sich schon mehr oder minder stark dem Standard nähern und nicht selten auch kaum noch von dessen regionalen Varianten unterscheiden. Derartige, meist großräumigere nichthochsprachliche Gebrauchsweisen werden oft unter der Bezeichnung **Substandard** bzw. **Nonstandard** zusammengefaßt. Sie sind Erscheinungsformen der niederen Umgangssprache und weisen neben regionalen Besonderheiten (speziell in der Aussprache) eine ganze Reihe von gemeinsamen Merkmalen auf, die sie generell vom Standard unterscheiden und ihnen als Zeichen für niedere soziale Herkunft und geringe Bildung eine negative soziale Markierung verleihen. Zu diesen für nahezu alle oder zumindest sehr viele Nonstandardvarianten typischen Merkmalen gehören z.B.

im Bereich der A u s s p r a c h e :
– das "h dropping" (z.B. *'Ere – 'old it*) und das "g dropping" (z.B. *I'm comin'*) sowie bestimmte eindeutig stigmatisierte Lautsubstitutionen (wie der Ersatz von [t] in *get off* durch eine Art "one-tap r": [ˈgerˈɒf]), Reduktionen (wie die von [-əʊ] > [-ə] z.B. in *fellow* oder *potato*) und Assimilationen (wie die völlige Angleichung von [t‿t] an vorangehendes [n] in *I want to* [ˈwɒnə] *go*);
– die Verwendung von hyperkorrekten Formen in dem Bemühen, stigmatisierte Lautungen zu vermeiden bzw. als "broad accent" markierte Lautungen durch ihre Entsprechungen im Standard zu ersetzen (vgl. z.B. [h-] statt vokalischem Anlaut in *engine*, [-ɪŋ] statt [-ɪn] in *chicken* oder [ʌ] statt [ʊ][11] in *butcher*);

im Bereich der G r a m m a t i k :
– der Gebrauch von Maßbezeichnungen nach Zahlwörtern in der Singularform (z.B. *twenty mile, for six year, thirty pound*);
– die Verwendung von *what* oder – zunehmend seltener – *as* als Relativpronomen (z.B. *a dog what can run fast, Ain't there summat* [somewhat] *as can be done?*) bzw. die Weglassung des Relativpronomens in Subjektfunktion (z.B. *There's someone wants to see you*);
– der Gebrauch von *hisself* und *theirselves* statt *himself* und *themselves* in Analogie zu *myself, ourselves* etc.;
– die Verwendung von *them* statt *those* als Demonstrativum (z.B. *them boys*);
– die Weglassung der Endung *-(e)s* in der Form der 3.Pers.Sing.Präs.Ind. des Verbs, besonders in *he/she/it don't* (z.B. *He don't know*), bzw. die Anfügung dieser Endung auch an andere Formen des Präsens (z.B. *I wants to be a driver*), mitunter zum Ausdruck eines historischen Präsens (z.B. *... and he says, 'Come*

in,' so in I goes, and looks round the parlour, ...);
- der Gebrauch von *was* statt *were* (z.B. *One evenin' we was goin' down to town*);
- die Reduzierung des Formenbestands der mit Vokalwechsel gebildeten Verben bzw. die Bildung ihrer Präterital- und Partizipialform mit *-ed* (z.B. *take – took*: *It's been took, see – seen/seed*: *I seen/seed him, know – knowed*);
- die Verwendung von *ain't* als verneinte Form von *be* und *have* (als Hilfsverb) im Präsens (z.B. *He ain't comin', I ain't got none*);
- die mehrfache Verneinung, besonders als Mittel der Verstärkung (z.B. *I can't smell nothin', He ain't never had none*);
- der Gebrauch der Form des Adjektivs mit adverbialer Funktion, möglicherweise auch zum Ausdruck von Emphase (z.B. *I've had a real good time, The train is awful slow, He comes to us regular*);
- Besonderheiten hinsichtlich der Verwendung der Präpositionen (wie z.B. die Wahl von *on* statt *of* in *The whole three on us fell over, Take hold on this*);
im Bereich der L e x i k :
- der Gebrauch eines von zwei semantisch miteinander korrelierenden Verben wie *lie – lay* und *learn – teach* oder *lend – borrow* auch mit der Bedeutung des jeweils anderen (z.B. *You can't lay there like this*; *Didn't they learn you that at school?*; *I lent it from him*; *Can you borrow me this?*);
- die Verwendung von Nonstandardlexik wie *and that* 'and so on', *down* '(down) to' (z.B. *She's just goin' down the shops*), *like* 'as if' (z.B. *He acts like he's the boss*), *nohow* 'in no way, not at all' bzw. von Slangausdrücken: *catch/cop/get a packet* 'get into serious trouble or receive a heavy punishment', *go spare* 'become very anxious and/or angry', *not much cop* 'not very good', *kip* 'sleep', *skint* 'completely without money'.

In welchem Maße Nonstandardformen den Sprachgebrauch eines Sprechers kennzeichnen, hängt nicht nur von seinem sozialen Status und seinem Bildungsgrad sowie von seinen sozialen Ambitionen ab, sondern auch von der jeweiligen kommunikativen Situation, da selbst Nonstandardsprecher gewöhnlich bis zu einem gewissen Grade in der Lage sind, sich auf sie einzustellen und ihren Sprachgebrauch entsprechend zu variieren. Weichen sie dennoch von den allgemein geltenden Konventionen ab, so kann das ganz bewußt geschehen, und zwar zum Zwecke der sozialen Distanzierung und zum Ausdruck von Solidarität mit der eigenen Gruppe. Standardsprechern dienen Nonstandardformen mitunter als Mittel der sozialen Annäherung bzw. Anbiederung (vgl. Arnold 1982: 11f.).

Der **Standard** ist innerhalb Englands regional weitgehend neutral im Bereich der Grammatik sowie auch der Lexik, nicht hingegen in dem der Aussprache. Dort finden sich statt der regional neutralen RP (vgl. S. 34) weit häufiger Varianten, die zwar vielfach deren Vorbildwirkung erkennen lassen, aber doch mehr oder minder deutlich regionale Züge tragen, wobei der Grad der Annäherung an die Prestigenorm wiederum vom Sozialprofil des Sprechers sowie von der kommunikativen Situation abhängt und auch hier zum Zwecke der sozialen Abgrenzung mitunter ganz bewußt an bestimmten regionalen Eigenheiten festgehalten wird (vgl. S. 35). Nach dem Grad der Orientierung an der RP kann man bei diesen Aussprachevarianten zwischen *Educated Regional Pronunciation* und *Modified*

Regional Pronunciation bzw. *Near-RP* unterscheiden. In jedem Falle liegt ihnen die Tendenz zugrunde, regional engbegrenzte sowie vor allem eindeutig als "broad accent" bzw. "nonstandard" abgestempelte Lautungen zu vermeiden. Das macht sie zu jeweils für ein größeres Gebiet geltenden standardgemäßen Ausspracheformen, die auch in erster Linie die Varianten des Standards konstituieren, die als *Regional Standard* bzw. *(Regionally) Modified Standard* bezeichnet werden.

Ein weitverbreiteter **Regional Standard** ist das **Educated Northern English**, das vor allem im mittleren Norden, d.h. in Yorkshire und angrenzenden Gebieten, gesprochen wird.

Hinsichtlich der A u s s p r a c h e unterscheidet es sich von der RP im Bereich der Vokale durch

— das Fehlen der Phonemopposition "/ʊ/ – /ʌ/" infolge Verwendung von /ʊ/ (mit etwas tieferer Zungenstellung und/oder weniger Lippenrundung) bzw. auch von /ə/ statt /ʌ/ (z.B. *cup* [kʊp ~ kəp]), wobei die [ʊ]-Lautung jedoch von vielen Sprechern schon nicht mehr als standardgemäß angesehen wird;

— den Gebrauch von /a/ statt /æ/ (z.B. in *cap, man*) sowie auch statt /ɑ:/ vor /f, θ, s/ im Auslaut und vor /f, s, n, m/ + Konsonant (z.B. in *staff, bath, pass; after, last, dance, example*);

— die phonetische Realisierung der Diphthonge /eɪ/ und /oʊ/ mit geringer Gleitbewegung der Zunge oder als Monophthonge [e:] bzw. [o:] (z.B. in *late, coat*) sowie die Aussprache von /e/ als offeneres [ɛ] (z.B. in *let*), von /ɑ:/ (außer in den obengenannten Positionen) als [a:] (z.B. in *part*), von langen Vokalen mit voller Länge auch vor starkem Konsonant (z.B. in *beat* [bi:t]) und von unbetontem /ɪ/ im Auslaut als [-ɪ] (z.B. in *easy*).

In Wörtern wie *one, once, among, none* oder *nothing* kommt in Teilen des Nordens statt /ʌ/ auch /ɒ/ vor. Außerdem werden im "northern accent" die Vokale in unbetonter Silbe häufiger nicht zu /ə/ oder /ɪ/ reduziert. Das gilt insbesondere für Präfixe wie *ad-, con-* oder *ex-* in Wörtern aus dem Lateinischen wie z.B. *advance* [ad'vans], *consider* [kɒn'sɪdə] oder *expect* [ɛk'spɛkt].

Im Bereich der Sonoranten und Konsonanten fällt im mittleren Norden auf, daß Wörter auf <-ng> im Auslaut sowie vor mit Vokal oder /l/ beginnendem Suffix nicht selten die Lautung [ŋg] statt [ŋ] haben (wie z.B. *hang, hanger, strongly*), so daß hier [ŋ] als Allophon von /n/ interpretiert werden kann (vgl. Giegerich 1992: 36). Weniger deutlich als in der RP wird in nördlicher Aussprache zwischem hellem und dunklem /l/ unterschieden.

Hinsichtlich der G r a m m a t i k weist das *Educated Northern English* nach Hughes/Trudgill (1987[2]: 20-25) u.a. folgende Merkmale auf:

— eine Tendenz, in der neutralen (nichtemphatischen) Form der Verneinung die Partikel *not* und nicht das Hilfsverb in der Starktonform zu verwenden (z.B. *He's not come* statt *He hasn't come*);

— Besonderheiten im Gebrauch der Modalverben wie die Verwendung von *must* statt *can* (z.B. in *He mustn't be in*);

— die Wahl der *ing*-Form statt des Partizips II nach *want* in der Konstruktion *I want it washing* (statt *washed*);

— die Verwendung des indirekten Objekts ohne *to* nach einem pronominalen direkten Objekt (z.B. *He showed it him / his friend* statt ... *it to him / to his friend*), speziell mit Kontrastbetonung auch nach nichtpronominalem direktem Objekt (z.B. *He showed the letter`him / his`friend*).

Für das Nordenglische, aber zum Teil auch zugleich für das Schottische Englisch charakteristische Beispiele aus dem Bereich der L e x i k sind u.a.:[12]

*bairn 'child', beck '(small hill) stream', *blether/blather 'talk for a long time, esp. foolishly', body 'person', *bonny 'beautiful or handsome, merry or lively, good or fine' (z.B. *a bonny lass/family/house*), dale 'valley', *fell(s) 'high wild rocky country', happen 'perhaps', *lass 'girl or young woman', right 'very', *sup 'drink (in small mouthfuls)', takeout 'takeaway' (vgl. S. 51), tyke/tike 'badly-behaved or worthless person'

Der Kreis der Sprecher, die regional völlig neutrales Englisches Standardenglisch sprechen mit der RP als Ausspracheform (vgl. Abschnitt 2.1.3.), ist relativ klein. Auch bei diesen Sprechern lassen sich jedoch Unterschiede in der Sprachverwendung beobachten. Sie sind dann sozial (durch ihre soziale Herkunft und Stellung, zum Teil auch durch ihr Alter) oder funktional und situativ (durch den jeweiligen Kommunikationsbereich und die kommunikative Situation) bedingt. Die soziale Differenzierung des Sprachgebrauchs macht sich z.B. in der Existenz von "(socially) marked" und von "unmarked RP" bemerkbar (vgl. S. 35). Noch deutlicher ist im Standard auf Grund seines weiten Anwendungsbereichs die funktionale und situative Differenzierung ausgeprägt. Sie manifestiert sich dort in speziellen stilistischen Varianten für bestimmte Kommunikationsbereiche (sog. Funktionalstilen) sowie in einer Markierung der sprachlichen Formen nach dem Grad ihrer Förmlichkeit als formell, neutral oder informell. Hinzu kommen noch Unterschiede zwischen mündlichem und schriftlichem Sprachgebrauch.

Außer durch die bodenständigen muttersprachlichen Varianten des Englischen ist die gegenwärtige Sprachsituation in England jedoch auch noch durch die Sprachformen der dort lebenden größeren ethnischen Minderheiten charakterisiert. Letztere stammen vor allem aus der Karibik (und hier besonders aus Jamaika) sowie aus Südasien (speziell Indien, Pakistan und Bangladesch), darüber hinaus auch aus Ostasien, dem Nahen Osten oder Afrika und aus anderen Ländern Europas. Sie verwenden zur Wahrung ihrer ethnischen Identität neben dem Englischen (das sie zum Teil bereits vor der Einwanderung als Zweitsprache beherrschten) oft auch noch ihre Muttersprache bzw. ein Kreolisches Englisch. Daraus ergeben sich dort, wo sie in größeren Gemeinschaften zusammenleben (insbesondere in bestimmten Bezirken Londons und anderer urbaner Ballungszentren), Formen einer bilingualen Sprachsituation, in der die Muttersprache zur gruppeninternen Kommunikation (vor allem in der häuslichen Sphäre sowie im religiösen Bereich) dient, das Englische hingegen als Kommunikationsmittel für den offiziellen Bereich und für den Verkehr mit Anderssprachigen fungiert. Jedoch zeichnet sich unter solchen Sprechern besonders in der jüngeren Generation auch eine Tendenz ab, sich möglichst weitgehend ihrer sprachlichen Umgebung anzupassen und zum Gebrauch des Englischen als primäre oder sogar alleinige Sprache überzugehen. In beiden Fällen kommt es durch den Einfluß der Muttersprache zur Entstehung von **ethnisch markierten Varianten** (z.B. eines *British Black English*), die unterschiedliche Grade der Annäherung an die lokalen nichthochsprachlichen oder hochsprachlichen Formen des Englischen zeigen und gewöhnlich ein geringes "overt prestige" haben, für ihre Sprecher selbst jedoch ähnlich wie ihre Muttersprache zum Symbol ihrer ethnischen Identität werden können. Andererseits hat die englischsprachige Umgebung auch Rückwirkungen auf die Muttersprache der Immigranten. Sie reichen von einer lexikalischen Beeinflussung bis zur Herausbildung spezieller Kontaktvarianten, die bereits in starkem Maße vom Englischen durchsetzt sind und faktisch Mischformen (z.B. aus Pandschabi und Englisch) darstellen. In einer derart heterogenen Sprachsituation ergeben sich nicht zuletzt auch bildungspolitische Probleme, doch haben diese Probleme bislang noch keine befriedigende Lösung gefunden, zumal man ihnen offiziell erst spät Beachtung geschenkt hat (vgl. dazu u.a. Trudgill 1984: 425-448, 559-572).

2.1.3. Besonderheiten des Englischen Standardenglisch

Die Besonderheiten des Englischen Standardenglisch erklären sich vor allem aus der historischen Basis, aus der es erwachsen ist, sowie aus der für England charakteristischen Sprachsituation, die bis in die jüngste Zeit durch eine ziemlich rigorose soziale Wertung der verwendeten Sprachformen entsprechend den mit ihnen vorrangig assoziierten Sprechergruppen gekennzeichnet war (vgl. Hansen 1992b: 18).

Wenn das Englische Standardenglisch heute dennoch nur schwache Konturen als spezifischer *national standard* aufzuweisen scheint, so deshalb, weil es vor allem auf den Britischen Inseln, aber auch darüber hinaus noch immer als Leitnorm fungiert und dadurch viele seiner Eigenheiten rasch weitere Verbreitung finden. Das spiegelt sich auch in der Vagheit des traditionell zu seiner Bezeichnung verwendeten Terminus *British (Standard) English* wider, denn er wird oft ungenügend abgegrenzt von Bezeichnungen wie *Welsh English, Scottish English* oder *Irish* bzw. *Hiberno-English* nicht nur für das Englische in England, sondern auch für die Gesamtheit seiner Varianten in Großbritannien bzw. auf den Britischen Inseln oder gar für alle Varianten der britischen bzw. englischen Gruppe (vgl. S. 27[7]) verwendet. Daher sollte er – wie in der vorliegenden Darstellung – mit Bezug auf das Englische in England durch den genaueren Terminus *English (Standard) English* ersetzt werden.

Mit Abstand am deutlichsten hebt sich das Englische Englisch auf der Standardebene von den übrigen Varianten des Englischen hinsichtlich der A u s - s p r a c h e ab. Hier hat es in der RP (vgl. S. 34f.) eine Ausspracheform, die zwar lange auch außerhalb Englands als Vorbild für den Standardgebrauch galt, heute jedoch dort weitgehend national markierten, ihr allenfalls angenäherten Formen gewichen ist und deshalb mehr denn je als spezifisch englischenglisch angesehen wird.

Als Phoneminventar können für die nunmehr vorherrschende Form der RP, die *mainstream* oder *general RP*, angesetzt werden: die Vokale /i:, ɪ, e, æ, ʌ, ɑ:, ɒ, ɔ:, ʊ, uː, ɜ:, ə – eɪ, aɪ, ɔɪ, aʊ, əʊ; ɪə, ɛə, ʊə/, die Halbvokale bzw. Sonoranten /j, w; r; l, m, n, ŋ/ sowie die Konsonanten /f, v, θ, ð, s, z, ʃ, ʒ, h; p, b, t, d, k, g; tʃ, dʒ/.

Im Bereich der Vokale gilt für die RP, daß sich die einander entsprechenden langen und kurzen Monophthonge (/iː/ – /ɪ/ etc.) weitgehend nur noch durch ihre Zungenstellung unterscheiden, die bei den langen Monophthongen durchweg höher ist als bei den kurzen. Bezüglich der Quantität sind sie bereits in hohem Maße von ihrer Stellung abhängig, und zwar vor allem in der Hinsicht, daß sie generell kürzer vor starken Konsonanten und länger vor schwachen oder im Auslaut sind (vgl. *bit* [bɪt], *bid* [bɪ·d] – *beat* [bi·t], *bead* [biːd], *bee* [biː]). Außerdem ist für die RP im Bereich der Vokale charakteristisch, daß sie als "non-rhotic accent" (vgl. Anm. 6) auch Diphthonge vom Typ /ɪə, ɛə, ʊə/ (sog. zentrierende Diphthonge) aufweist, die in der Regel durch Vokalisierung von /r/ > /ə/ entstanden sind. Allerdings unterliegen diese Diphthonge einer nicht unbeträchtlichen Variation. Sie hat bereits zum Ersatz des ursprünglich ebenfalls vorhandenen Diphthongs /ɔə/ durch /ɔ:/ geführt (vgl. die Aussprache [lɔ:] für *lore* wie für *law*) und erfaßt nun auch den Diphthong /ʊə/, der zunehmend gleichfalls mit /ɔ:/ variiert (vgl. *poor* [pɔ:, pʊə]) und bei jüngeren Sprechern meist nur noch nach (Konsonant +) /j/ mit der Lautung [ʊə] erscheint (vgl. *pure* [pjʊə, pjɔ:], *Europe* [ˈjʊərəp, ˈjɔ:rəp]).

Charakteristisch für das Konsonantensystem der RP ist die fast durchgängige Opposition von starken und schwachen Konsonanten wie /f/ – /v/ (z.B. *fast – vast, surface – service, leaf – leave*), /p/ – /b/ (z.B. *pea – bee, ample – amble, lap – lab*) oder /tʃ/ – /dʒ/ (z.B. *chest – jest, catch – cadge*). Diese Opposition beruht primär auf den Merkmalen der Druckstärke (fortis – lenis) und der Muskelspannung (gespannt – ungespannt), lediglich bedingt auch auf dem der Stimmbeteiligung (stimmlos – stimmhaft), da der Stimmton besonders im Auslaut vor Pause weitgehend verlorengeht (vgl. *lab* [læb̥]).

Bezüglich der Distribution der Phoneme gilt für die RP, daß die kurzen Vokale /ɪ, e, æ, ʌ, ɒ, ʊ/ betont nicht im Auslaut vorkommen. In unbetonter Silbe ist diese Stellung dagegen für /ɪ/ sowie mit Einschränkung auch für /ʊ/ möglich (vgl. *easy* [ˈiːzɪ], *value* [ˈvælju:, -jʊ]). Heute erscheint hier statt [-ɪ] allerdings zunehmend [-i]: [ˈiːzi]. Gegenüber anderen Varianten des Englischen fällt an der RP hinsichtlich der Distribution der Vokale vor allem auf, daß sie vor /f, θ, s/ im Auslaut sowie vor /f, s, n, m + Konsonant/ eine Präferenz für /ɑ:/ (statt /æ/) zeigt (vgl. /ɑ:/ in *staff, bath, pass* sowie *after, last, dance, example*), wobei das Vorkommen von /ɑ:/ hier allerdings gewissen lexikalischen Restriktionen unterliegt (vgl. /æ/ in *lass, asp, ant* und weiteren Wörtern mit dieser Stellung des Vokals). Im Bereich der Sonoranten und Konsonanten ist für die RP vor allem typisch, daß sie zu den "non-rhotic accents" gehört, d.h. /r/ lediglich vor Vokal hat (vgl. *red* [red], *very* [ˈveri], aber *farm* [fɑ:m], *far* [fɑ:]). Darüber hinaus fällt an dieser Aussprache-form heute auf, daß in ihr nun nicht mehr nur nach /r, ʃ, tʃ, dʒ/ und /Konsonant + l/ (vgl. *rule, sure, chew, June; blue*), sondern meist ebenfalls schon nach /l, s/ sowie immer häufiger auch nach /z, θ/ in betonter Silbe /u:, ʊə/ statt /ju:, jʊə/ verwendet werden (vgl. *lucid* [ˈlu:sɪd, ˈlju:-], *suit* [su:t, sju:t], *Surinam* [ˌsʊəriˈnæm, ˌsjʊə-]; *presume* [prɪˈzju:m, -ˈzu:m], *enthusiasm* [ɪnˈθju:ziæzm, -ˈθu:-]).

Bezüglich der phonetischen Realisierung der Phoneme ist für die RP gegenüber anderen Aussprachevarianten des Englischen vor allem charakteristisch, daß in ihr /l/ mit den positionsbedingten Allophonen [l] ("helles /l/") vor Vokal bzw. /j/ (z.B. in *lick, million*) und [ł] ("dunkles /l/") vor Konsonant/Sonorant bzw. Pause (z.B. in *milk, film, mill*) auftritt. Dazu kommt heute als weitere Besonderheit, daß /t/ (seltener /p/ oder /k/) im Silbenauslaut vor nichtsilbischem Sonorant oder vor Konsonant (außer /h/) immer häufiger durch einen Glottisverschluß verstärkt oder gänzlich durch den "glottal stop" [ʔ] ersetzt wird (vgl. *not now* ['nɒʔ 'naʊ], *quite right* ['kwaɪʔ 'raɪʔ], *get down* ['geʔ 'daʊn]; *lightning* ['laɪʔnɪŋ]). Das Phonem /æ/ begegnet in der RP wie in regionalen Varianten des Englischen in England jetzt zunehmend mit der sehr offenen Lautung [a] (z.B. *cat* [kat]) und nähert sich dann dem Phonem /ʌ/ (vgl. *cut* [kʌt]).

Bezüglich der Wortbetonung unterscheidet sich die RP von der Aussprache anderer Varianten, etwa des Amerikanischen Englisch, durch das Fehlen eines Nebentons nach dem Haupton und eine entsprechende Reduktion des Vokals in Wörtern wie *necessary* ['nesəs(ə)ri], *cemetery* ['semət(ə)ri] oder *territory* ['terət(ə)ri] (vgl. AmE ['nesə(ˌ)seri], ['semə(ˌ)teri], ['terə(ˌ)tori]).

Hinsichtlich der Intonation ist für die RP eine auffällig bewegte Stimmführung mit relativ großen Tonhöhenunterschieden typisch, die sich vor allem durch einen hohen Toneinsatz auf der ersten betonten Silbe sowie durch ein deutliches Ab- bzw. Angleiten des Tons auf der letzten betonten Silbe auszeichnet.

Schon weniger scharfe Konturen zeigt das Englische Standardenglisch bezüglich der L e x i k , da ein beträchtlicher Teil seiner nicht zum "common core" gehörenden Lexeme und Sememe auf Grund seiner nach wie vor starken Ausstrahlung als Leitnorm auch in anderen Varianten, speziell den ihm unmittelbar benachbarten britischen, vorkommt. Deutlicher treten die primär für das Englische Englisch geltenden lexikalischen Besonderheiten erst bei einem Vergleich mit den außerbritischen Varianten hervor, wobei sich zeigt, daß sie nicht nur durch Unterschiede bezüglich des zu Bezeichnenden bedingt sind (vgl. z.B. EngE *comprehensive school* – AmE *high school*), sondern auch dadurch, daß für dasselbe Denotat ein anderer Bezeichnungsansatz und/oder eine andere Art der Bezeichnung gewählt wurde (vgl. z.B. für den Waschlappen neben *facecloth* auch EngE *face flannel* – AmE *washcloth/washrag*, AusE *washer*). Vornehmlich für das Englische Standardenglisch charakteristische, aber teilweise auch in weiteren (insbesondere britischen) Varianten gebräuchliche Lexeme sind z.B.:[12]

articulated lorry 'semitrailer', *barrister* '(esp. in England and Wales) a lawyer who has the right of speaking in the higher courts of law', *coster(monger)* 'a person who sells fruit and vegetables from a cart in the street, esp. in London', *council house* 'a house owned and let by a local council', *day return* 'a ticket that one can use to go and come back again on the same day, usu. cheaper than two separate tickets', *don* 'a university teacher, esp. at Oxford and Cambridge', *downs* 'low rounded grassy hills, esp. chalk hills, as in the south of England', *high tea* 'an early-evening meal taken in some parts of Britain instead of afternoon tea and late dinner', *ice lolly* 'a piece of sweet-tasting ice on a stick, which often tastes of fruit', *lay-by* 'a space next to a road where vehicles can park out of the way of traffic', *nappy* 'a piece of soft cloth or paper worn between the legs and fastened around the waist of a baby to hold its excreta', *newsreader* 'a person who reads news on radio or television', *new town* 'a town planned and built all at once with the help of government funds', *panda car* 'a police car that is driven continuously through the streets of a town so that the police can look out for crimes', *purpose-built* 'originally made for a particular use', *put paid to* 'ruin; finish completely', *redbrick* 'any of the British universities started in the late 19th century in cities outside London', *small ad* 'a small advertisement in a newspaper', *spinney* 'a small area full of trees and low-growing plants', *spongebag* 'a small usu. plastic bag for carrying one's soap, toothbrush, etc.', *takeaway* '(a meal bought from) a shop or restaurant from which food can be taken away to be eaten somewhere else', *tower block* 'a tall block of flats or offices', *under offer* '(of a house, flat, etc., for sale) already having a possible buyer who has offered money'

Nicht selten gilt die Markierung EngE (bzw. BritE) nur für eines oder einige der Sememe des betreffenden Lexems; vgl. z.B.:

allotment 'a small area of public land rented for growing vegetables or flowers', *circus* 'a round open area where a number of streets join together', *comprehensive* '(of education) teaching pupils of all abilities in the same school', *corn* '(the seed of) any of various types of grain plants, such as barley, oats, and esp. wheat', *go down (from)* 'leave a university at the end of a term or after finishing one's studies' (vgl. entsprechend *go up*), *kiosk* 'public telephone box, indoors or outdoors', *sit (an examination)* 'take (a written examination)'

Wie in anderen nationalen Varianten nimmt die Zahl der Besonderheiten zu, wenn man vom Bereich der stilistisch neutralen Standardlexik in den der informellen übergeht; vgl. z.B.:

afters 'the part of a meal that comes after the main dish', *agony aunt* 'a woman who gives advice to readers in an agony column', *beetle* '(of people) to go quickly, esp. as if trying not to be noticed', *bobby* 'policeman', *daily (help)* 'someone, esp. a woman, who comes to clean a house daily but does not live there', *dozy* 'stupid; slow in understanding', *get one's cards* 'be dismissed from one's job', *(go/run) like the clappers* '(go/run) very fast', *laugh like a drain* 'laugh loudly, openly, and perhaps rudely', *mild* 'beer with a mild taste', *sarnie* 'sandwich', *smarmy* 'unpleasantly and falsely polite', *(the) tube* 'underground', *under the doctor (for)* 'being treated by a doctor (for)'

Noch auffälliger als in der Lexik macht sich das nach wie vor starke Wirken des Englischen Standardenglisch als Leitnorm in der G r a m m a t i k bemerkbar, und zwar vor allem im schriftlichen Bereich. Hier kontrastiert es bislang erst deutlicher mit dem Amerikanischen Standardenglisch, wobei es jedoch selbst dieser Variante gegenüber eher nur Unterschiede in der Häufigkeit bestimmter miteinander konkurrierender Formen als grundsätzliche Divergenzen aufweist. Zu den relativ wenigen Erscheinungen, durch die sich das Englische Standardenglisch auch grammatisch in gewissem Maße von anderen *national standards*, insbesondere vom Amerikanischen Standardenglisch, abhebt, gehören

– die Bevorzugung der mit *-t* [-t] gebildeten Präterital- und Partizipialformen bei den Verben vom Typ *burn/spill* und *lean/leap* (*burnt, spilt; leant* [lent], *leapt* [lept]) gegenüber den regelmäßig mit *-ed* [-d/-t] gebildeten (*burned, spilled; leaned, leaped*), wobei der Gebrauch der letzteren jedoch besonders im Präteritum auch im Englischen Englisch zunimmt (vgl. z.B. *spill – spilt ~ spilled – spilt* [~ *spilled*]), sich hier allerdings bei bestimmten Verben eine Tendenz zur funktionalen Nutzung des Formunterschieds abzeichnet, etwa in der Weise, daß die Form mit *-ed* im Gegensatz zu der mit *-t* zum Ausdruck des Andauerns eines Vorgangs bzw. Zustands oder zur Signalisierung einer übertragenen Bedeutung verwendet wird (vgl. z.B. *I've* burnt *my hand*; aber: *The fire* burned *brightly – The love of freedom* burned *in their hearts*) (vgl. DCE: *burn*[1], USAGE; Quirk et al. 1985: 106, Note [c]; Todd/Hancock 1986: *-ed, -t forms*);

– die Verwendung von *shall* neben *will* zum Ausdruck eines nichtmodalen Futurs, die allerdings zunehmend auf den formellen Bereich eingeschränkt wird (vgl. z.B. *I/We shall let you know my/our decision by Thursday, Shall I/we be seeing you at the reception?, When shall we know where we stand?*) (vgl. Quirk et al. 1985: 213f.; Todd/Hancock 1986: *future*);

– das Fehlen des Gebrauchs von *do* als "operator" bei bestimmten Bedeutungen bzw. Verwendungen von *have* als Vollverb (zur Bezeichnung eines Zustands: 'besitzen' etc.) und *have to* (z.B. *Have you time to come?, He has a girlfriend, hasn't he?, Have I to go now?*) sowie von *dare, need* und *used to* (z.B. *I dare not ask him, Need he study?, He used not to work on Saturdays*), was jedoch in den meisten Fällen schon seltener vorkommt als die Umschreibung dieser Verben mit *do*;

– die Möglichkeit, nach dem Hilfsverb *have* und nach Modalverben *do* als intransitives Ersatzverb zu verwenden (vgl. z.B. *Have you finished your paper? – Yes, I have* [*done*]; *I won't go to the meeting but Jack might* [*do*]);

– die Bevorzugung von "*should* + Infinitiv" bzw. einer anderen Ersatzkonstruktion oder des einfachen Indikativs nach Ausdrücken des Forderns, Vorschlagens oder Beschließens gegenüber der Präsensform des Konjunktivs (eines "mandative subjunctive"), die aber wieder an Verbreitung zu gewinnen scheint (vgl. z.B. EngE *She insisted that he* should knock / knocked *before coming in, He demands that anyone* should have / has *a look at the exhibits –* AmE häufiger: *She insisted that he* knock *before coming in, He demands that anyone* have *a look at the exhibits*);

– Besonderheiten im Gebrauch der Modalverben wie z.B. die Verwendung von *shall* in der Bedeutung 'sollen' mit Bezug auf die 1.Pers.Sing./Pl. in Fragen (z.B. *Shall I/we send him a letter?, Where shall I put my bag?*) oder von *might* (neben *may*) in formellen Bitten (z.B. *Might I have a word with you?*) (vgl. DCE: 669);

– die Wahl des Numerus des Verbs nach Kollektiva wie *committee, government* oder *team* entsprechend der Interpretation des mit ihnen Bezeichneten als Ganzheit (Singularform) oder als Anzahl von Individuen (Pluralform), d.h. auf

der Basis semantischer und nicht – wie im Amerikanischen Englisch und in anderen Varianten – rein formaler Kongruenz, wobei generell offenbar eher zur Pluralform als zur Singularform gegriffen wird (vgl. z.B. EngE *His team has won an international architectural award* – *His team* were *working round the clock* gegenüber AmE *His team* has ... / was ...; *The Government* have *therefore decided in favour of a Welsh Assembly*);
- der Gebrauch von koreferentiellem generischem *one, oneself* oder *one's* statt (bes. AmE) *he/she, himself/herself* bzw. *his/her* (vgl. z.B. bes. EngE *One should always do what* one *knows is right, One should wash* oneself / one's *hair regularly* – bes. AmE ... *what* he/she *knows to be right,* ... himself/herself / his/her *hair regularly*) (vgl. DCE: *one*^{2}, USAGE; Quirk et al. 1985: 388; Todd/Hancock 1986: 477);
- das häufigere Weglassen des Artikels vor Bezeichnungen von Institutionen wie *school*, wenn damit weniger deren Gebäude als der Zweck gemeint ist, dem sie dienen, z.B. auch vor *university* und *hospital* (vgl. EngE *He went to university, She is in hospital* – AmE *He went to a/the university, She is in the hospital*; ähnlich EngE *a decision taken in Parliament* – AmE *a decision taken in (the) Congress*);
- der Gebrauch des bestimmten Artikels *the* vor den Namen von Wochentagen mit der Bedeutung 'of the week in question' (vgl. z.B. *It was a Monday, and she wasn't back at work until* the *Thursday*);
- Besonderheiten hinsichtlich der Verwendung von Präpositionen (vgl. z.B. neben *different from* auch EngE *different to* – AmE *different than*; EngE *angry/delighted/furious with* statt ~ *at* "when the stimulus is a person or object rather than an event" [Quirk et al. 1985: 702, Note]: *I was furious with John, She was delighted with the present*) (siehe hierzu auch Benson/Benson/Ilson 1986: 21-23).

Einige der angeführten Besonderheiten (z.B. die erstgenannten) erklären sich daraus, daß die Standardform des Englischen Englisch in mancher Hinsicht noch immer konservativer ist als die anderer Varianten, wo sich die dominierenden bzw. den heute produktiven Modellen entsprechenden Formen oft schon viel rigoroser durchgesetzt haben.

Anmerkungen

1 Zu Einzelheiten der hier nur in groben Zügen beschriebenen Geschichte des Englischen in England sowie zu deren Auswirkungen auf die Struktur des Englischen siehe die in den Literaturhinweisen angeführten Überblicksdarstellungen.

2 Die Normvorstellungen des von der BBC als Beratergremium berufenen *Advisory Committee on Spoken English* deckten sich nicht völlig mit der durch die RP-Sprecher gesetzten Norm. Vgl. dazu sowie zum Unterschied zwischen RP und *BBC English* Leitner 1989a: Kap. 1. Später, besonders seit den 60er Jahren, ließ die BBC auch Sprecher mit anderer Aussprache zu.

3 Die Bezeichnungen "marked RP" und "unmarked RP" stammen von Honey (1985: 248), die Termini *U(pper-crust) RP* und *mainstream RP* von Wells (1982: 279, 280). Lewis (1985: 255) unterscheidet zwischen "conspicuous General British" und "ordin-

2. Das Englische auf den Britischen Inseln

ary General British", Gimson (1989[4]: 88) zwischen "conservative RP" bzw. "advanced RP" als sozial markierten Varianten der älteren bzw. der jüngeren Generation und "general RP". – Merkmale der "marked RP" sind u.a. der Gebrauch eines [ae]-ähnlichen Lauts anstelle des Diphthongs /aʊ/ (z.B. in *house*), die Aussprache der zentrierenden Diphthonge im Auslaut mit einem sehr offenen zweiten Element (z.B. *here* [hɪɐ̆]) sowie die Verwendung von [ɛæ ~ eæ] statt [æ] (z.B. in *man*), von [ɔ:] statt [ɒ] in *off* und einigen anderen Wörtern auf [f(t)/s(t)/θ] und von [-ë] statt [-ɪ/-i] (z.B. in *city*).

4 Außerdem verbreitet sich neben der RP nun zunehmend eine Aussprachevariante, die D. Rosewarne nach ihrem Entstehungsgebiet, der Gegend um die Themsemündung, *Estuary English* genannt hat. Sie stellt eine Mischung von RP und "popular London speech" dar und wird noch weithin als "lazy way of speaking" angesehen. Zu ihren Besonderheiten gehören eine Aussprache der Vokale /i:, u:, eɪ, əʊ/, die sich den Cockney-Lautungen nähert, die Vokalisierung von dunklem /l/ (z.B. in *salt* [sɒʊt], *meal* [mi:ʊ]), der Ersatz von [tju:] durch [tʃu:] (z.B. in *tube*) sowie Merkmale, die auch schon für die RP gelten, wie die Glottalisierung von auslautendem /t/ (z.B. in *quite right*) oder die Verwendung von [-i(:)] statt [-ɪ] im unbetonten Auslaut (z.B. in *easy*).

5 Das hängt wesentlich damit zusammen, daß Frauen im Grunde noch immer um ihre volle Gleichberechtigung ringen und daher auch in der Sprache Statussymbolen mehr Beachtung schenken müssen als Männer.

6 Ein "rhotic accent" ist eine Aussprachevariante des Englischen, in der /r/ in allen Stellungen vorkommt, ein "non-rhotic accent" eine Variante, in der es nur vor Vokal, nicht dagegen vor Konsonant/Sonorant oder vor Pause erscheint.

7 Vor Konsonant/Sonorant oder Pause wird die Phonemfolge "/Vokal/ + /r/" gewöhnlich als retroflexer Vokal realisiert.

8 Im Anlaut (wie z.B. in *the* oder *this*) wird jedoch statt [v] eher [d] bzw. ein [d]-ähnlicher Laut verwendet.

9 Das heißt Bildung eines glottalen Verschlusses vor dem Verschlußlaut (Präglottalisierung) oder Ersatz des Verschlußlauts (vor allem des /t/) durch einen "glottal stop" (Glottalisierung). Zwischen Vokalen wird statt [t] auch ein dem "one-tap r" ähnlicher Laut verwendet (vgl. die Schreibungen *norra, gorra, worrer* statt *not a, got a, what a* in dem auf S. 43 angeführten Textausschnitt). Siehe hierzu auch Arnold/Hansen 1995[9]: 153, 156; 135.

10 Diese Aussprache wird als "g dropping" bezeichnet, weil sie in der Schreibung durch Weglassen des <g> (<-in'>) wiedergegeben wird. Sie gilt von Wörtern wie *nothing* oder *something* abgesehen nur für unbetontes <-ing> als tatsächliches oder vermeintliches Morphem, nicht für <-ing> in Wörtern wie *sing*.

11 Vgl. S. 46.

12 Die Angabe der Bedeutungen erfolgt hier wie auch bei anderen lexikalischen Beispielen meist nach dem DCE. Lexeme, die auch für das Schottische Englisch gelten, sind mit einem * gekennzeichnet.

Literaturhinweise

Geschichte: vgl. 7.2. und 7.4. sowie 7.5.: Baugh/Cable 1993[4], Berndt 1989[3], Brunner 1960[2], Faiß 1989, Fisiak 1993, Hogg 1992ff., Lass 1987, Leith 1983, Strang 1974, Wyld 1956[3]

Sprachsituation: vgl. 7.2. sowie 7.5.: Trudgill 1979

Besonderheiten des Englischen Englisch: vgl. 7.2. und 7.3. sowie 7.5.: Algeo 1986, Algeo 1988, Arnold 1982, Arnold/Hansen 1995[9], Coggle 1993, Dušková 1976, Galinsky 1975[3],

Gimson 1989[4], Hansen/Hansen/Neubert/Schentke 1990[3], Hansen 1992b, Honey 1985, Honey 1989, Ilson 1985, Knowles 1987, Lawendowski/Pankhurst 1975, Lehnert 1981, Lewis 1985, Marchand 1969[2], Partridge 1970[4], Pilch 1994, Quirk/Greenbaum/ Leech/Svartvik 1972, Quirk/Greenbaum/Leech/Svartvik 1985, Rosewarne 1994a, Rosewarne 1994b, Scherer/Wollmann 1986[3], Schur 1987, Soudek 1967, Strevens 1972, Sutcliffe 1982, Švejcer 1978
- ländliche Dialekte: Anderson 1987, Brook 1965[2], Chambers/Trudgill 1980, Kirk/ Sanderson/Widdowson 1985, Orton et al. 1962-71, Orton/Sanderson/Widdowson 1979, Orton/Wright 1974, Trudgill 1990, Upton/Sanderson/Widdowson 1987, Viereck 1975, Wakelin 1977[2], Wakelin 1986, Wright 1905
- urbane Varianten (bes. Cockney): Barltrop/Wolveridge 1980, Chambers/Trudgill 1980, Franklyn 1953, Hansen 1966, Hughes/Trudgill 1987[2], Jones 1983, Matthews 1938, Milroy/Milroy 1993, Sivertsen 1960, Trudgill 1990, Wright 1981

2.2. Das Englische in Wales

2.2.1. Zur Geschichte des Englischen in Wales

Das Gebiet des heutigen Wales war schon lange vor der Zeitenwende von keltischen Stämmen besiedelt worden. Sie sprachen in der Mehrheit eine Variante des brythonischen (oder britannischen) Keltisch. Aus ihr entwickelte sich nicht zuletzt dadurch, daß sie durch die Angelsachsen immer stärker von ihren Stammesgenossen in anderen Teilen Britanniens isoliert wurden, eine eigenständige Sprache: das Kymrische bzw. Walisische.[1]

Zu einem Eindringen des Englischen in Wales kam es erst nach 1066, als die in England an die Macht gelangten Normannen zunächst die Grenzgebiete im Osten und Südosten, dann (endgültig 1282) auch den Norden des Landes unter ihre Gewalt brachten. 1284 führte der englische König Eduard I. dort mit dem "Statute of Rhuddlan" das englische Recht ein. 1301 machte er Wales (ursprünglich nur Nordwales) zu einer "principality of the English throne" und verlieh seinem ersten (in Wales geborenen) Sohn den Titel *Prince of Wales*, der seitdem stets dem jeweiligen Thronfolger zukommt. Außerdem ließ Eduard I. in den okkupierten Gebieten Burgen anlegen. In ihrem Schutz entstanden Siedlungen englischer Kolonisten, die zusammen mit den schon vorhandenen Städten die Ausgangspunkte für die Verbreitung des Englischen bildeten. Die eigentliche Anglisierung des Landes setzte jedoch erst nach 1485 ein, nachdem der aus einem walisischen Adelsgeschlecht stammende Henry Tudor mit Unterstützung der walisischen Fürsten als Heinrich VII. auf den englischen Thron gelangt war, denn die Tudorkönige zogen nicht nur einen großen Teil des walisischen Adels an ihren Hof in London, sondern besiegelten mit den 1536 und 1543 erlassenen "Acts of Union of England and Wales" auch formell die Eingliederung von Wales in das Königreich England. Die "Act" von 1536 enthielt überdies zugleich Bestimmungen, die das Englische in Wales faktisch zur offiziellen Sprache machten und die

Verwendung des Walisischen weitgehend auf den nichtoffiziellen Bereich ein-schränkten. Jedoch erfaßte die Anglisierung zunächst im wesentlichen nur die feudale Oberschicht, während die übrigen Schichten und damit die große Masse der Bevölkerung nach wie vor Walisisch sprachen. Darüber hinaus behielt das Walisische wichtige Funktionen im religiösen und im kulturellen Bereich. So gestattete man nach der Einführung der Reformation, wo immer das auf Grund der lokalen Sprachsituation geboten schien, seine Verwendung im Gottesdienst und verfügte zur wirkungsvolleren Verbreitung des Protestantismus in Wales sogar eine Übersetzung des *Book of Common Prayer* und der Bibel ins Walisi-sche. Außerdem duldete man die Fortführung der Eisteddfodau, der walisischen Kulturfestspiele, die in der Tradition der alten Bardendichtung standen. Die Bibel-übersetzung erschien vollständig erstmals 1588 und war für die weitere Entwick-lung des Walisischen vor allem deshalb von Bedeutung, weil sie in einer auf der Sprache der mittelalterlichen walisischen Literatur basierenden überregionalen Sprachform abgefaßt war und sich mit ihr nun auch im Bereich der Prosa eine schriftsprachliche Standardvariante des Walisischen durchzusetzen begann. Wei-ter verbreitet wurde diese Variante durch von Geistlichen eingerichtete *Charity Schools* sowie vor allem durch die im 18. Jahrhundert im Zusammenhang mit der religiösen Erneuerungsbewegung des Methodismus entstandenen Wanderschulen, die *Welsh Circulating Schools*, und durch deren Nachfolger, die *Sunday Schools*, denn sie sahen ihre Aufgabe darin, Kinder wie auch Erwachsene so lange im Wa-lisischen zu unterrichten, bis sie die Bibel oder andere religiöse Texte in dieser Sprache selbst lesen konnten.

Die Zurückdrängung des Walisischen durch das Englische auch im nichtoffi-ziellen Bereich setzte erst voll in der zweiten Hälfte des 19. Jahrhunderts ein. Während zu Beginn dieses Jahrhunderts noch über 80% der Bevölkerung Wali-sisch sprachen, galt das 1891 nur noch für 54,4% und beherrschte nun zudem ein beträchtlicher Teil der Walisischsprecher auch schon das Englische. Hauptursa-chen für den drastischen Wandel der Sprachsituation waren die Einführung des staatlichen Grundschulsystems (1870) sowie die rasche Industrialisierung des Landes. Mit der Einführung des staatlichen Schulsystems wurde das Englische an den Grundschulen zum alleinigen Unterrichtsmedium und verschwand das Walisische aus dem Primarbereich selbst als fakultatives Unterrichtsfach. Die Industrialisierung wirkte sich auf die Sprachsituation besonders nach 1870 aus, als es in Wales zu einer immer größeren Zuwanderung von englischsprachigen Un-ternehmern und Arbeitskräften kam und das Englische damit im Berufsleben so stark zu dominieren begann, daß man dort ohne seine Beherrschung nun kaum noch auskommen konnte. Unmittelbar waren von dieser Entwicklung vor allem die am weitesten industrialisierten Gebiete, d.h. der Südosten und ein Teil des Nordostens, betroffen, mittelbar aber auch die ländlichen Regionen, da sie durch Abwanderung von Arbeitskräften in die Industriezentren erheblich an unilingua-len Walisischsprechern verloren. Im 20. Jahrhundert kamen dazu als weitere Ur-sachen für den Wandel der Sprachsituation zugunsten des Englischen noch eine starke Auswanderung infolge chronischer Krisen in der Wirtschaft, eine zuneh-mende Vermischung der Bevölkerung auf Grund wachsender Mobilität und An-steigens des Tourismus, die immer weiter gehende Urbanisierung der stadtnahen

Gebiete sowie der Einfluß der zunächst fast durchweg englischsprachigen Medien Rundfunk und Fernsehen. All dies trug erheblich dazu bei, daß der Anteil der Walisischsprecher an der Bevölkerung bis 1951 auf 28,9% sank.

Angesichts der fortschreitenden Anglisierung des Landes wie auch unter dem Eindruck der Forderungen nach "Home Rule" in Irland und Schottland kam es gegen Ende des 19. Jahrhunderts in Wales zu einer Wiederbelebung des Strebens nach nationaler Eigenständigkeit und im Zusammenhang damit vor allem auch zu einer Verstärkung der Bemühungen um die Bewahrung und Förderung des Walisischen, das für die Waliser immer mehr zum wichtigsten Symbol ihrer nationalen Identität wurde. Ein erster Erfolg dieser Bemühungen war, daß das Walisische an den Grundschulen zunächst (ab 1891) wieder als (fakultatives) Unterrichtsfach, dann (ab 1908), wo das auf Grund der örtlichen Gegebenheiten wünschenswert erschien, auch als Unterrichtsmedium zugelassen wurde. Jedoch wurde von diesen Zugeständnissen anfangs nur wenig Gebrauch gemacht, da es sowohl an entsprechend ausgebildeten Lehrern als auch an geeigneten Unterrichtsmaterialien mangelte und zudem die Mehrzahl der Eltern (wie ein nicht geringer Teil noch heute) der Meinung war, "that the purpose of the school was to provide a good education in English and that Welsh would be looked after in the home, the church and the playground" (Price 1984: 104f.). Einen deutlichen Aufschwung erfuhr die Vermittlung des Walisischen erst mit der Einrichtung von gänzlich oder teilweise walisischsprachigen Grundschulen in Form der "Welsh-medium" bzw. "designated bilingual schools". War die erste 1939 noch eine Privatschule, so folgten ihr ab 1947 in ständig wachsender Zahl auch staatliche Schulen, die ab 1956 noch durch eine Reihe von bilingualen Oberschulen ergänzt wurden. 1988 wurde sogar beschlossen, daß das Walisische künftig an allen Schulen zumindest Unterrichtsfach sein sollte, doch mußte dieser Beschluß 1994 teilweise wieder zurückgenommen werden.

Politisch gewann die nationale Bewegung an Profil mit der Gründung einer walisischen Nationalpartei, der *Plaid Cymru* (1925). Sie verlangte für Wales "Home Rule" und forderte zunächst auch die Erklärung des Walisischen zur alleinigen offiziellen Sprache des Landes. Als das aber bei den Wählern wenig Zustimmung fand, bestand sie fortan nur noch auf einer völligen Gleichstellung des Walisischen mit dem Englischen im offiziellen Bereich. 1962 ging namentlich aus ihrem radikalen Flügel die *Cymdeithas yr Iaith Gymraeg* (*Welsh Language Society*) hervor, deren Mitglieder zur Durchsetzung ihrer Forderungen auch vor illegalen Aktionen nicht zurückschreckten.

Die britische Regierung gab dem Drängen der walisischen Nationalisten nach politischer und sprachlicher Anerkennung nur zögernd nach. Sie richtete zwar 1964 zur Regelung der internen Angelegenheiten der Waliser ein *Welsh Office* mit einem *Secretary of State for Wales* an seiner Spitze ein, entwickelte jedoch kein umfassendes langfristiges Programm zur Einführung des Walisischen in den offiziellen Bereich. Ein erster Schritt in dieser Richtung war bereits 1942 mit dem Erlaß der "Welsh Courts Act" getan worden, nach der das Walisische wieder vor Gericht verwendet werden konnte, wenn den Vernommenen sonst sprachlich bedingt Nachteile erwachsen würden. Weitere Zugeständnisse im gerichtlichen wie auch im administrativen Bereich enthielt die "Welsh Language Act" von

1967. Ihr folgte schließlich die "Welsh Language Act 1993", mit der das Walisische im Prinzip sogar als gleichberechtigtes Kommunikationsmittel für den offiziellen Bereich anerkannt wurde, dies aber nicht völlig uneingeschränkt geschah,
wenn es dazu in Section 5 (2) hieß: "The purpose ... is that of giving effect, *so far
as is both appropriate in the circumstances and reasonably practicable*, to the
principle that in the conduct of public business and the administration of justice in
Wales the English and Welsh languages should be treated on a basis of equality"
(Hervorhebung vom Verf.). Als für Fragen der Verwendung des Walisischen
zuständiges Gremium sieht die "Act" ein *Bwrdd yr Iaith Gymraeg* (*Welsh Language Board*) vor, doch bedürfen seine Beschlüsse der Zustimmung des *Secretary
of State for Wales*, der auch die Mitglieder des *Board* ernennt.

2.2.2. Die gegenwärtige Sprachsituation und Sprachpolitik in Wales

Einwohnerzahl (1991): 2 835 073
Hauptstadt: Cardiff

Die gegenwärtig in Wales herrschende Sprachsituation ist bilingual, jedoch ungleichgewichtig, da das Englische hier eindeutig die am weitesten verbreitete und
verwendete Sprache ist und trotz schrittweiser rechtlicher Anerkennung des Walisischen bislang auch im offiziellen Bereich klar dominierte. Das spiegelt sich in
einem stark einseitigen, weitgehend auf die Sprecher mit Walisisch als Muttersprache beschränkten Bilinguismus wider, obwohl es mittlerweile sogar von offizieller Seite Bemühungen gibt, die Zweisprachigkeit auch unter der englischsprachigen Bevölkerung zu fördern und so zu einer ausgewogeneren Sprachsituation
zu gelangen.

Das Englische ist nach dem Zensus von 1991 für 81,3% der drei und mehr
Jahre alten Sprecher in Wales die Muttersprache und damit meist zugleich die
einzige Sprache, über die sie verfügen. Es wird darüber hinaus auch von fast allen
übrigen Sprechern beherrscht, die es dann als Zweitsprache, wenn nicht schon als
Erstsprache verwenden. Regional gesehen dominiert das Englische vor allem in
den Gebieten entlang der Grenze zu England sowie im besonders stark industrialisierten und urbanisierten Südosten von Wales, d.h. in den Grafschaften Gwent
sowie South, Mid und West Glamorgan. Funktional gesehen ist es nach wie vor
das Hauptkommunikationsmittel für den offiziellen Verkehr, namentlich im Bereich der Wissenschaft und Technik, aber auch in Bereichen wie dem der Administration und der Massenmedien.

Als Vorbild für die Verwendung des Englischen im offiziellen Bereich gilt das
Englische Standardenglisch, das hier besonders im schriftlichen Verkehr auch
eindeutig vorherrscht. Im mündlichen Verkehr begegnet das Englische in Wales
jedoch oft in Varianten, die zumindest hinsichtlich der Aussprache spezifisch
walisische Züge tragen und daher unter der Bezeichnung *Welsh English*[2]
(*Walisisches Englisch*) zusammengefaßt werden können. Diese Varianten zeigen
mehr oder minder deutlich einen Einfluß des Walisischen, weisen aber auch Gemeinsamkeiten mit bestimmten regionalen Varianten des Englischen in England

auf und lassen sich grob in zwei Gruppen gliedern: die des *Northern Welsh English* (im Norden und Westen) und die des *Southern Welsh English* (im Süden und Osten) (vgl. Thomas in Trudgill 1984: 178f.). Das *Northern Welsh English* unterliegt besonders im Westen noch immer einer Interferenz durch das Walisische, da ein nicht unbeträchtlicher Teil seiner Sprecher nach wie vor bilingual ist. Es zeigt außerdem Übereinstimmungen mit dem Englischen im Nordwesten Englands. Das *Southern Welsh English* (das noch weiter in einen südöstlichen und einen südwestlichen Typ untergliedert werden kann) verdankt seine – schon weniger deutlich ausgeprägten – walisischen Merkmale in erster Linie einer früheren Einwirkung des Walisischen, da seine Sprecher heute – außer im Südwesten – weitgehend unilingual sind. Es weist vor allem Ähnlichkeiten mit dem Englischen im westlichen Mittelland und im Südwesten Englands auf. Ansätze zur Herausbildung einer spezifisch walisischen Standardvariante des Englischen lassen sich bislang allenfalls, wenn überhaupt, in der Aussprache erkennen. Ein "Welsh-accented English" genießt jedoch besonders im Süden von Wales ein nicht geringes "covert prestige" als Symbol nationaler Identität oder Ausdruck von "Welshness" (vgl. Fasold 1984: 164; Coupland 1990: 241, 253) und wird daher von nationalgesinnten Sprechern mitunter auch ganz bewußt und demonstrativ zu offiziellen Anlässen verwendet.

Das Walisische ist nach dem Zensus von 1991 für 18,7% der drei und mehr Jahre alten Sprecher die Muttersprache, aber kaum jemals noch die einzige Sprache, da die Walisischsprecher in der Regel auch das Englische beherrschen. Regional ist das Walisische vor allem in den dünner besiedelten ländlichen Regionen des Westens und Nordens von Wales, d.h. in den Grafschaften Gwynedd und Dyfed sowie in Teilen der Grafschaften Clwyd und Powys, verbreitet. Diese Regionen bildeten als "Welsh Heartland" ursprünglich ein ziemlich großes zusammenhängendes walisischsprachiges Gebiet, sind jedoch heute durch einen anglisierten Korridor in zwei erheblich geschrumpfte Restgebiete im Nordwesten (Gwynedd) und im Südwesten (Dyfed) gespalten, wobei namentlich das im Südwesten auch seinerseits schon stark zersplittert ist. Das aber bedeutet, daß sich die einst relativ geschlossene walisischsprachige Kommunikationsgemeinschaft in eine Reihe kleinerer Gemeinschaften aufzulösen beginnt und der Fortbestand des Walisischen als Muttersprache und "community language" dadurch zunehmend gefährdet wird.

Funktional gesehen ist das Walisische nach wie vor in erster Linie Kommunikationsmittel im nichtoffiziellen sowie im religiösen und im kulturellen Bereich, während es sich in anderen Bereichen trotz gewachsener rechtlicher Anerkennung nur schwer neben dem Englischen durchzusetzen vermag. Außerdem ist die Bereitschaft zur Verwendung des Walisischen im offiziellen Bereich in den einzelnen Grafschaften entsprechend der dort herrschenden Sprachsituation unterschiedlich stark ausgeprägt und bereitet die Durchsetzung des Prinzips der Zweisprachigkeit nicht wenig Schwierigkeiten, wie sich besonders deutlich im Bereich der Administration und des Bildungswesens zeigt.

Im Bereich der Administration können schon seit einiger Zeit Verfügungen, Formulare und Schilder in beiden Sprachen abgefaßt werden. Außerdem sollen die Behörden künftig in der Lage sein, ihren Publikumsverkehr, wo das geboten erscheint, nicht nur in englischer, sondern auch in walisischer Sprache abzuwickeln. Jedoch mangelt es dafür noch oft an den notwendigen Voraussetzungen, da die Beamten im öffentlichen Dienst nicht gleichzeitig verpflichtet wurden, sich die dazu erforderlichen Sprachkenntnisse anzueignen.

Kaum günstiger sind die Bedingungen für die Durchsetzung des Prinzips der Zweisprachigkeit im Bereich des Bildungswesens. Hier sollte das Walisische ab 1989 an allen Schulen wenigstens Unterrichtsfach sein, doch erwies sich diese Bestimmung als nicht generell umsetzbar und wurde daher inzwischen wieder gelockert. In vorwiegend englischsprachigen Gebieten erfährt die Erlernung des Walisischen zusätzlich dadurch Förderung, daß walisischsprachige Kindergärten eingerichtet werden und das Angebot an "Welsh-medium schools" bzw. "designated bilingual schools" oder "departments" erweitert wird. Die Nachfrage nach solchen Bildungseinrichtungen (über deren Besuch allein die Eltern entscheiden) ist auch ständig gestiegen, doch wird ihre Wirkung dadurch beeinträchtigt, daß die Verwendung des Walisischen als Unterrichtsmedium auf der Sekundarstufe sowie vor allem im Hochschulbereich wieder abnimmt und dort lediglich in bestimmten gesellschaftswissenschaftlichen Fächern eine nennenswerte Rolle spielt.

Relativ wenig hat sich trotz einiger Maßnahmen zur Erhöhung des Anteils des Walisischen an der Dominanz des Englischen in den Massenmedien geändert. Das hängt wesentlich damit zusammen, daß Wales voll und ganz in das britische Mediensystem integriert ist, und zeigt sich besonders deutlich im Bereich der Presse. Hier gibt es in walisischer Sprache zwar "national weeklies" wie *Y Cymro* und *Golwg* sowie regionale Wochen- oder Monatsschriften und seit der Mitte der 70er Jahre auch eine wachsende Zahl von monatlich erscheinenden Lokalblättern (sog. "papurau bro"), aber keine einzige Tageszeitung. Etwas günstiger hat sich demgegenüber die Situation im Bereich von Rundfunk und Fernsehen gestaltet. Nachdem zunächst nur einzelne Sendungen auf walisisch ausgestrahlt worden waren, erhielt Wales 1975 eine Rundfunkstation (*Radio Cymru*) und 1982 auch einen Fernsehkanal (*Sianel Pedwar Cymru* [S4C]), deren Programme abgesehen von Übernahmen von *BBC World Service* bzw. *English Channel 4* durchweg walisischsprachig sind.

Die walisische Literatur kann zwar auf eine lange und reiche Tradition zurückblicken, doch hält sich die Veröffentlichung von literarischen Werken in walisischer Sprache trotz eines leichten Anstiegs in jüngster Zeit in bescheidenen Grenzen. Zudem sind die Verlage, die sich dieser Aufgabe angenommen haben, auf finanzielle Unterstützung durch Institutionen wie den *Welsh Books Council* oder den *Welsh Arts Council* sowie auf direkte Zuwendungen seitens der Regierung angewiesen, da die Auflagen sehr gering sind. Außer den anglowalisischen Autoren schreiben daher nun auch einige walisischsprachige (z.B. R. S. Thomas) englisch, so daß es bereits eine umfangreiche anglowalisische Literatur gibt, als deren Klassiker Richard Llywelyn gilt.

Bezüglich der Haltung der Waliser zu den beiden Sprachen ist festzustellen, daß das Walisische bei der Mehrzahl von ihnen gegenüber dem Englischen erheblich an Ansehen gewonnen hat. Besaß es für viele schon seit langem ein hohes "covert prestige" als Symbol ihrer nationalen Identität, so genießt es nun dank seiner inzwischen erfolgten offiziellen Aufwertung auch ein nicht unbeträchtliches "overt prestige". Hinzu kommt, daß man sich von seiner Beherrschung jetzt in bestimmten Bereichen, z.B. dem des öffentlichen Dienstes oder dem von Rundfunk und Fernsehen, auch Vorteile in beruflicher Hinsicht verspricht. All das hat zu einem Ansteigen der Nachfrage nach bilingualer Schulausbildung sowie nach walisischen Sprachkursen für Erwachsene geführt, jedoch bislang kaum etwas an der dominierenden Stellung des Englischen geändert, dessen Kenntnis nach wie vor von nahezu allen Walisern als unabdingbar erachtet wird. Außerdem läßt sich nicht übersehen, daß sich die heute überwiegend positive Einstellung zum Walisischen im praktischen Verhalten der Sprecher je nach der lokalen Sprachsituation sowie auch nach ihrem sozialökonomischen Status und Beruf recht unterschiedlich niederschlägt und daß die Zunahme an Sprechern mit Walisisch als Zweitsprache in den englischsprachigen Gebieten nicht den Rückgang an relativ geschlossenen Gemeinschaften von Sprechern mit Walisisch als Muttersprache im "Welsh Heartland" aufzuwiegen vermag, zumal die Erfolge der bilingualen Schulausbildung nicht selten durch das Fehlen von Möglichkeiten zur aktiven Verwendung des Walisischen beeinträchtigt werden. Allerdings hat die Zahl der Walisischsprecher insgesamt nach dem Zensus von 1991 gegenüber der nach dem Zensus von 1981 nur wenig abgenommen und kann trotz der erwähnten Einschränkungen doch als positiv gewertet werden, daß sie jetzt mit 24,3% (d.h. 6,7% mehr als 1981) am höchsten in der Altersgruppe zwischen drei und fünfzehn Jahren ist. Ob die offizielle Aufwertung des Walisischen und die nun auch staatlich gestützten Bemühungen um seine Bewahrung und Verbreitung als lebendige Sprache aber auf Dauer zu einer Stabilisierung oder sogar Stärkung der bilingualen Sprachsituation und zu einem ausgewogeneren Verhältnis der beiden Sprachen in Wales führen werden oder ob das Walisische wie die anderen keltischen Sprachen auf den Britischen Inseln dennoch weiter durch das Englische verdrängt werden wird, bleibt noch abzuwarten.

2.2.3. Besonderheiten des Walisischen Englisch

Die Besonderheiten des Walisischen Englisch erklären sich vor allem aus einem Einfluß des Walisischen, aber auch aus der Übernahme von Merkmalen der regionalen Varianten des Englischen, die an seiner Entstehung beteiligt waren. Sie sind am auffälligsten im Bereich der A u s s p r a c h e , wo sich ein Kontinuum von Varianten abzeichnet, das in regional unterschiedlicher Ausprägung von stärker walisisch gefärbten Formen bis zu *Near-RP*-Formen reicht. Welche Variante für den Sprecher jeweils charakteristisch ist, hängt von seiner regionalen Herkunft und seinem sozialen Status sowie auch davon ab, ob er das Englische als Muttersprache oder als Zweitsprache spricht.

Die im folgenden angeführten Lautungen sind typisch für das *Southern Welsh English*, wie es von unilingualen Sprechern in den Industriezentren des Südens verwendet wird, und finden sich bei solchen Sprechern mehr oder minder weitgehend auch im Standardgebrauch.

RP	Southern Welsh English[5]
e	ɛ *bet*
æ	a (Cardiff: a ~ æ) *cat, man*
ʌ ə	ə ~ (zentriertes) ʌ̈ *cut, supper*
ɑ:	+ -f, -θ, -s bzw. f, s, n + Kons.: a (bes. + n + Kons.) ~ a: *staff, bath, pass; after, ask, dance* sonst: a: *palm, park*
ju:/u:	<u,[4] ue,[4] eu/ew> oft: ɪu *tune, due, new, blew, threw* sonst: u: *lose, boot, through*
ɜ:	œ: ~ ø: *bird, nurse*
ɔ:	<ore, oor, oar, our>: o: *more, door, oar, pour* sonst: ɔ: *cord, saw, sought*
əʊ	<ow, ol/oul>: ou(l) *slow, cold, soul* <o, oa, ou>: o: (~ ou) *so, code, coat, though*
eɪ	<ai/ay, ei/ey>: ei *pail, pay, eight, grey* <a, ea>: e: (~ ei) *pale, break*
aɪ	əi ~ ʌi *pie, time*
aʊ	əu ~ ʌu *out, loud*
ɪə, ʊə ɛə	oft: i:(j)ə, u:(w)ə *peer, poor* ɛ: *pair*
-ɪ ~ -i	-i(:) *city*
l/ɫ	oft: (helles) l *lick, miller, milk, mill*
(Ersatz:) (θ)l	<ll>: ḷ (stl. alveolarer Engelaut) *Llangollen*
r/Ø (non-rhotic accent)	r/Ø (oft gerolltes oder "flapped r") (non-rhotic accent)[5] *red; tree, very / farm, far*
(Ersatz:) k	<ch>: x (ach-Laut) *bach* [ba:x]

Vokale in unbetonter geschlossener Silbe werden oft nicht abgeschwächt (z.B. *ticket* [ˈtɪkɛt]). Für die Aussprache der Konsonanten ist charakteristisch, daß sie besonders zwischen betontem kurzem Vokal und unbetontem Vokal gelängt bzw. geminiert werden (z.B. *differ* [ˈdɪfːə], *supper* [ˈsəpːə]) und daß /b, d, g/ im Anlaut sowie /p, t, k/ in fast allen Stellungen mehr oder minder stark aspiriert sind (z.B. *bit* [bʰɪtʰ]), wodurch die schwachen Verschlußlaute für Nichtwaliser oft wie starke klingen.

Ein besonders auffälliges Merkmal des Walisischen Englisch ist die "sing-song intonation", ein singender Tonfall, der u.a. dadurch zustande kommt, daß statt einer fallenden Intonation eine steigend-fallende mit der Tonbewegung im *tail* (d.h. nach dem Nukleus) verwendet wird (z.B. EngE *It's* ↘*raining* – WalE ... *rain*^*ing*).

Weit weniger deutlich unterscheidet sich das Walisische Englisch vom Englischen Englisch in der Lexik und in der Grammatik, wo sich auch kaum Ansätze zur Herausbildung einer eigenen Standardnorm erkennen lassen.

Im Bereich der L e x i k macht sich im Walisischen Englisch ebenso wie in dem der Aussprache ein Einfluß des Walisischen bemerkbar, doch ist er hier vergleichsweise gering. Zu den wenigen Lehnwörtern aus dieser Sprache gehören:

cwm [ku:m] '(in Wales) short valley', *hwyl* ['huːɪl] 'emotional quality inspiring impassioned eloquence', *llymru* ['l̩əmri] 'porridgelike dish', *twp/toop* [tu:p] 'stupid, silly'; vgl. außerdem schon in den "common core" des Englischen eingedrungene Lexeme wie *cromlech* ['krɒmlɛx; RP: 'krɒmlek] 'megalithic tomb' und *eisteddfod* [əi'stɛðvɒd; RP: aɪ'stedfəd]

Lehnübersetzungen oder auf das Walisische zurückgehende Sememe bzw. Phraseologismen liegen z.B. vor in:

he is belonging to me / a brother to me 'he is my brother', *be on a hurry* 'be in a hurry' (vgl. auch *on* statt *in* in *read it on the newspaper*), *keep sth.* 'put sth. away', *lose* 'miss' (z.B. *He's lost the bus*), *pull a photograph* 'take a photograph', *try one's blue best* 'try one's level best'

Mit einer spezifischen Bedeutung begegnen im Walisischen Englisch, besonders im *Southern Welsh English*, nach Thomas (in Trudgill 1984: 194) auch Lexeme wie

delight [auch:] 'keen interest' (z.B. *He's got a delight in football*), *off* [auch:] 'angry' (z.B. *He was off!*), *tidy* [auch:] 'nice, good' (z.B. *a tidy chap*) bzw. zur Bezeichnung einer unbestimmten Menge (z.B. *He's got a tidy bit of money*)

Ebenfalls charakteristisch für das Walisische Englisch ist die Verwendung von *look you* als eine Art "Aufmerksamkeitssignal" (Barnickel 1982: I, 126) oder auch nur als "filler" (Todd/Hancock 1986: 495); vgl. z.B. *Look you, I've got to tell you something; It's hard work, look you.*

Im Bereich der G r a m m a t i k gehören zu den Besonderheiten des Walisischen Englisch u.a.:[6]
- der Gebrauch der Expanded Form, in ländlichen Varianten des *Southern Welsh English* auch der Verbindung "(unbetontes und nichtflektiertes) *do/did* + Verb" anstelle der sonst üblichen Simple Form des Verbs zum Ausdruck einer gewohnheitsmäßigen Handlung (z.B. *He's/was going to chapel every Sunday; He do/did go to chapel every Sunday*);
- die Verwendung von *will* statt *will be* mit futurischer Bedeutung in Kontexten wie *I've always been poor, and I think I always will; Is he ready yet? – No, but he will in a minute*;
- der (vor allem in ländlichen Varianten zu beobachtende) stereotype Gebrauch von *is it* bzw. *isn't it* als "question-tag" (z.B. *You're going home now, isn't it?*);
- die Verwendung der Konstruktion "*there* + *be* + Nominalphrase + *with* + Nominalphrase" anstelle eines Satzes mit *have* zum Ausdruck von Zugehörigkeit (z.B. *There's no luck with the rich* statt *The rich have no luck*);
- die Voranstellung von Satzteilen, insbesondere von Teilen des Prädikats, zum Zwecke der Hervorhebung (Rhematisierung) (z.B. *Coming home tomorrow he is, Loud he was singing, Sad she looked*), besonders bei Adjektiven auch mit Hilfe von *there* (z.B. *There's tall you are!* 'how tall you are!');

– die Verwendung von *some* statt *any* (z.B. *I wonder if we've got some books, He hasn't got something to wear*) sowie – gelegentlich – von *too* statt *either* (z.B. *I can't do that, too*).

Alle diese Formen gelten als "nonstandard" oder doch zumindest als "informal", finden sich aber im mündlichen Sprachgebrauch auch bei Standardsprechern.

Anmerkungen

1 Den Namen *Cymry* 'Landsleute' gaben sich die betreffenden Stämme selbst, die Bezeichnung *Wealas* 'Fremde' erhielten sie von den Angelsachsen. Im folgenden wird parallel zu engl. *Welsh* mit Bezug auf die Sprache der Terminus *Walisisch* verwendet.
2 Statt dessen wird zur Bezeichnung des Walisischen Englisch auch der Terminus *Anglo-Welsh* verwendet, der jedoch nicht sehr glücklich gewählt ist, da es sich hier ja um Varianten des Englischen und nicht des Walisischen handelt.
3 Charakteristische Merkmale des *Northern Welsh English* sind z.B. der vorzugsweise Gebrauch von /eː/ und /oː/ anstelle von RP /eɪ/ und /əʊ/ sowie die Verwendung von /s, ʃ, tʃ/ statt /z, ʒ, dʒ/ (z.B. in *zone, prison, use* [als Verb]; *vision; jest, edge*), von dentalen statt alveolaren /t, d, n/ und von (dunklem) [ɫ] in allen Stellungen (z.B. auch in *lick, miller*).
4 Nach /l, r/ wie in *blue* und *true* wird jedoch gewöhnlich /uː/ verwendet.
5 Bei bilingualen (besonders primär walisischsprachigen) Sprechern kommt /r/ unter dem Einfluß des Walisischen auch in allen Stellungen vor.
6 Die Beispiele stammen aus Thomas in Trudgill 1984: 190-192 bzw. in Viereck 1985.

Literaturhinweise

Geschichte: vgl. 7.2. und 7.4. sowie 7.5.: Ball 1988, Coupland 1990, Durkacz 1983, Gregor 1980, Löffler 1994, Price 1984, Thomas 1986
Sprachsituation und Sprachpolitik: vgl. 7.2. sowie 7.5.: Aitchison/Carter 1993, Aitchison/Carter 1994, Baker 1985, Baker 1992, Ball 1988, Coupland 1990, Khleif 1980, Löffler 1994, Price 1984, Stephens 1979, Thomas 1973, *Welsh Language Act 1993*
Besonderheiten des Walisischen Englisch: vgl. 7.2. sowie 7.5.: Coupland 1990, Hanson 1978, Parry 1977/1979, Penhallurick 1991, Thomas in Viereck 1985: 213-221

2.3. Das Englische in Schottland

2.3.1. Zur Geschichte des Englischen in Schottland

Das Territorium des heutigen Schottland war vor dem Eindringen des Englischen von Pikten, Skoten und Briten besiedelt. Die Pikten saßen vornehmlich im Osten und Nordosten. Sie sprachen ursprünglich möglicherweise eine nichtindoeuropäische Sprache, nahmen aber dann wohl eine keltische an, die dem Brythonischen (oder Britannischen) zugeordnet werden kann. Die Skoten, die dem Land den Namen gaben, waren aus Nordirland eingewandert und hatten sich zunächst vor allem im Westen (in Argyll) niedergelassen, später auch im Südosten (im Lothian). Sie waren Kelten und sprachen ihrer irischen Herkunft gemäß eine Variante des Goidelischen (oder Gälischen). Diese Variante wurde auf Grund der zunehmenden Dominanz ihrer Sprecher zur vorherrschenden Form des Keltischen in Schottland und entwickelte sich dort zu einer eigenständigen Sprache: dem Schottischen Gälisch (im folgenden auch kurz Gälisch genannt). Die ebenfalls keltischen Briten siedelten im Süden des schottischen Tieflands (wie ursprünglich in den südlicher gelegenen Gebieten der Insel, so auch in Wales, überhaupt) und sprachen eine Variante des Brythonischen.

Die Anfänge der Verwendung des Englischen in Schottland gehen auf die Angeln zurück. Sie hatten seit der Mitte des 5. Jahrhunderts weite Teile Britanniens nördlich der Themse besetzt (vgl. Abschnitt 2.1.1.) und dort mehrere Königreiche gegründet. Zwei davon schlossen sich gegen Ende des 6. Jahrhunderts zum Königreich Nordhumbrien zusammen, das sich vom Humber bis zum Firth of Forth erstreckte und damit auch das Gebiet des Lothian einschloß. Dieses Gebiet wurde im 8. Jahrhundert durch die Invasion der Wikinger von den südlicher gelegenen Territorien der Angeln abgeschnitten. Es ging später in das im 9. Jahrhundert unter skotischer Führung entstandene vereinigte Königreich der Skoten und Pikten ein, dessen Grenzen im 11. Jahrhundert etwa denen des heutigen Schottland entsprachen.

Die Anglisierung Schottlands begann im 11. Jahrhundert, nachdem Malcolm Canmore nach fünfzehnjährigem Exil in England mit englischer Hilfe als Malcolm III. auf den schottischen Thron gelangt war und die westsächsische Prinzessin Margaret geheiratet hatte und nachdem eine beträchtliche Zahl von Engländern vor den Normannen in den Norden der Insel geflüchtet war. Jedoch setzte die eigentliche Verbreitung des Englischen dort erst im 12. Jahrhundert ein, als die schottischen Könige Angehörige der nun in England herrschenden normannischen Oberschicht mit ausgedehnten Ländereien in den Lowlands belehnten. Die Anglonormannen sprachen zwar Französisch und verhalfen ihrer Sprache bald auch in Schottland zu wichtigen Funktionen als Kommunikationsmittel im offiziellen Bereich, doch kamen mit ihnen zugleich englischsprachige Siedler in den Norden. Sie ließen sich als Gefolgs- und Dienstleute der normannischen Feudalherren auf deren Besitzungen nieder, zogen aber später meist in die im Süden und Osten des Landes entstandenen Städte (die sog. *burghs*), die damit zu Hauptausgangspunkten für die weitere Verbreitung des Englischen in Schottland wurden. In der Folgezeit wurde die heimische Sprache, das Gälische, immer mehr auf das Gebiet der Highlands und der ihnen vorgelagerten Inselgruppe der Hebriden zurückgedrängt und gewann das Englische derart an Bedeutung, daß es schließlich – wie in England – auch das Französische und (außer im Bereich der Kirche) das Lateinische als offizielle Sprache ablöste. Bezeichnet wurde das in Schottland gesprochene Englisch zunächst als *Inglis*, doch verwendete man statt dessen seit dem Ende des 15. Jahrhunderts dafür immer häufiger den Namen *Scottis* (*Scots*). Das entsprach dem Tatbestand, daß das Königreich Schottland nach langen kriegerischen Auseinandersetzungen mit England und zeitweiliger Lehnsabhängigkeit von ihm letztlich seine Autonomie behauptet hatte und die hier gesprochene Form des Englischen sich im Zusammenhang damit von einer Variante des Nordenglischen zu einer selbständigen nationalen Variante des Englischen, wenn nicht gar zu einer "national language" entwickelt hatte, mit einer eigenen, auf dem Sprachgebrauch der gebildeten Oberschicht Edinburghs beruhenden Standardform. Als solche wurde das *Scots* seit dem 15. Jahrhundert sowohl im offiziellen als auch im literarischen Bereich verwendet. Jedoch begann es seine Position als Schriftsprache gegen Ende des 16. Jahrhunderts bereits wieder zu verlieren, und zwar an das in England entstandene Standardenglisch, das nun zunehmend auch in Schottland zur Prestigenorm wurde. Wesentliche Gründe dafür waren

– der wachsende Einfluß der Sprachform der englischen Literatur auf die der schottischen (zunächst durch die Dichtungen Chaucers, Gowers und Lydgates, dann durch die Werke Spensers, Shakespeares, Marlowes, Jonsons, Donnes u.a.),

– die mit der Einführung der Reformation erfolgende Verbreitung der Bibel in der englischen Übersetzung (von der nach einem Gesetz aus dem Jahre 1579 jeder "householder worth 300 merkis" ein Exemplar besitzen sollte) sowie

– die Überflutung des schottischen Büchermarkts durch Publikationen aus England und die zunehmende Anglisierung des schottischen Buchdrucks (u.a. durch Beschäftigung englischer Drucker in Edinburgh).

Beschleunigt und forciert wurde die Ablösung des *Scots* durch das Englische Englisch im Standardbereich durch die politische Vereinigung Schottlands mit England, die 1603 mit der "Union of the Crowns", d.h. dem Zusammenschluß der beiden Länder unter einem gemeinsamen König (Jakob I.), eingeleitet und 1707 mit der "Union of the Parliaments" sowie der Konstituierung des *United Kingdom of Great Britain* vollendet wurde. Sie stärkte die Position des Englischen Standardenglisch als Prestigenorm für den offiziellen Bereich, da der Hof und das gemeinsame Parlament ihren Sitz in London nahmen, England zudem generell zum dominierenden Teil des vereinigten Königreichs wurde und die schottische Oberschicht daher nun auch dazu überging, ihre Kinder auf englische Schulen zu schicken bzw. durch Lehrer aus England unterrichten zu lassen.

Das Englische Standardenglisch verdrängte das *Scots* aus dem offiziellen Bereich zunächst im schriftlichen Verkehr, dann – seit dem 18. Jahrhundert – auch immer stärker im mündlichen, wobei es allerdings bei der Mehrzahl der Sprecher – besonders in der Aussprache und in der Lexik – einige spezifische Züge annahm, die ihm in Schottland den Charakter einer besonderen Variante, eines *Scottish Standard English*, verliehen. Das *Scots* sank infolge dieser Entwicklung auf den Status einer nichthochsprachlichen, regional differenzierten Sprachform für die mündliche Kommunikation im nichtoffiziellen Bereich herab und existierte fortan faktisch nur noch in einer Reihe von Dialekten. Daran änderte im Grunde auch wenig, daß es immer wieder Versuche gab, es weiterhin zu literarischen Zwecken zu verwenden und ihm dafür sogar eine neue schriftsprachliche Form zu geben. So erlebte es schon im 18. und 19. Jahrhundert eine literarische Renaissance durch Autoren wie Robert Fergusson, Robert Burns, Sir Walter Scott und Robert Louis Stevenson. Jedoch verwendeten sie das *Scots* durchgängig lediglich in volkstümlichen Gedichten, sonst fast nur zur Wiedergabe nichthochsprachlicher mündlicher Rede im Dialog. Dagegen suchten Autoren wie John Galt und später Lewis Grassic Gibbon (1901-1935) auch den erzählenden Passagen ihrer Werke ein deutlicher schottisches Gepräge zu geben, und zwar durch Verwendung eines am *Scots* orientierten "schottisierten" Englisch. Besonders starke sprachliche Impulse erhielt die "Scottish Renaissance" in unserem Jahrhundert durch den Dichter Christopher Murray Grieve (1892-1978), der sich den keltischen Namen Hugh MacDiarmid gab. Er unternahm – wie dann andere nach ihm auch – den Versuch, für das *Scots* eine neue schriftsprachliche Form zu entwickeln. Diese stellte eine Art von Synthese aus überlieferten und noch lebendigen Elementen des *Scots* dar und wurde von ihm als "synthetic Scots" bezeichnet. Später bürgerte sich für sie wie für ähnliche Varianten einer künstlich geschaffenen schriftsprachlichen Form des *Scots* die auf Robert Burns zurückgehende Bezeichnung *Lallans* (< *Lawlands* 'Lowlands' [*Scots*]) ein (vgl. dazu auch Abschnitt 2.3.2.). In den 70er Jahren entstanden die *Association for Scottish Literary Studies* mit einem sehr aktiven "Language Committee" sowie die *Scots Language Society* (ursprünglich *Lallans Society*), die das *Scots* als eigene Sprache sowie Teil des kulturellen Erbes Schottlands zu erhalten und zu fördern sucht und dazu die Zeitschrift *Lallans* herausgibt.

Sprachliche Bemühungen dieser Art reflektieren ein noch immer vorhandenes bzw. wieder erwachendes Nationalgefühl, das auch politisch Ausdruck fand. So brachte die 1886 gegründete *Scottish Home Rule Association* bereits 1889 im Unterhaus einen Antrag ein, Schottland den Status eines Dominions zu verleihen. Ein entsprechender Gesetzentwurf wurde aber erst 1913 angenommen und dann infolge Ausbruchs des Ersten Weltkriegs doch nicht realisiert. Generell nahm der Nationalismus in Schottland weniger radikale Formen an als etwa in Irland. Deshalb fand auch die 1934 gegründete *Scottish National Party* mit ihrer Forderung, Schottland "self-government ... within the Commonwealth" zu gewähren, bei den Wählern zunächst nur geringe Resonanz. Zu einem stärkeren Aufschwung der nationalen Bewegung kam es erst in den 70er Jahren, doch reichte er nicht aus, dem "Referendum on Devolution in Britain" 1979 die für die Erringung der Selbständigkeit notwendige Stimmenzahl zu sichern. So besitzt Schottland im Rahmen des Vereinigten Königreichs nach wie vor nur eine sehr beschränkte Autonomie. Sie besteht darin, daß es ein eigenes Rechts- und Bildungssystem sowie eine von der episkopalen Anglikanischen Kirche unabhängige presbyterianische Staatskirche hat und daß seine besonderen regionalen Belange durch ein speziell dafür geschaffenes *Scottish Office* mit einem *Secretary of State for Scotland* an der Spitze wahrgenommen werden. Bemühungen um eine größere Selbständigkeit sind zwar weiterhin in der Diskussion, haben jedoch noch nicht zu konkreten Ergebnissen geführt.

2.3.2. Die gegenwärtige Sprachsituation in Schottland

Einwohnerzahl (1991): 4 998 567
Hauptstadt: Edinburgh

Die gegenwärtige Sprachsituation in Schottland ist geprägt durch die Dominanz des *Scottish Standard English* im hochsprachlichen Bereich sowie eine noch immer beachtliche Verbreitung des *Scots* im nichthochsprachlichen, wobei das *Scottish Standard English* wie das *Scots* regional, sozial und/oder situativ bedingt in verschiedenen Varianten vorkommen und es zwischen ihnen – besonders in den stark urbanisierten Gebieten – auch Übergangsformen gibt. Außerdem werden in einigen Regionen Schottlands noch Schottisches Gälisch und ein von ihm beeinflußtes *Highland and Island English* gesprochen.

Das *Scottish Standard English* geht – wie schon in Abschnitt 2.3.1. dargelegt – auf das in England entstandene Standardenglisch zurück. Es wird oft als "Standard English with a Scottish accent" charakterisiert, da es sich von der Standardform des Englischen in England hauptsächlich in der Aussprache, weniger in der Lexik und fast gar nicht in der Grammatik unterscheidet. Obwohl das *Scottish Standard English* in Schottland heute zweifellos die dominierende Standardvariante ist, wird ihm dort in bestimmten sozialen Gruppen, besonders in Kreisen des alteingesessenen Landadels, noch immer ein *English Standard English* mit der RP bzw. einem "near-RP accent" als Prestigenorm vorgezogen. Eine solche Standardvariante findet sich darüber hinaus auch bei einem Teil der berufsmäßigen Sprecher, z.B. der Rundfunk- und Fernsehansager, sowie bei Zuwanderern aus England in gehobenen Stellungen.

Das *Scots* begegnet in seiner ursprünglichsten Form in den ländlichen Dialekten, die in Schottland anders als in England noch ziemlich lebendig sind und als "good Scots" auch ein beträchtliches "covert prestige" genießen, wie nicht zuletzt aus ihrer Verwendung in der Literatur hervorgeht. Sie lassen sich in zwei Gruppen unterteilen: die Dialekte des *Lowland Scots*, die im schottischen Tiefland gesprochen werden und sich weiter in nordöstliche, zentrale und südliche bzw. südöstliche Varianten gliedern,[1] sowie die Dialekte des *Insular Scots*, die auf den Orkney- und den Shetlandinseln verwendet werden. Letztere zeigen Spuren eines westskandinavischen Substrats, des Norn, da die betreffenden Inseln ursprünglich von Skandinaviern besiedelt waren. In den großen Städten, z.B. in Edinburgh, Glasgow und Aberdeen, haben sich in Schottland wie in England nichthochsprachliche urbane Varianten herausgebildet, die mehr oder minder stark Mischformen aus den lokalen Dialekten und Elementen des Nonstandardenglischen darstellen und daher weniger deutlich schottisch geprägt sind. Sie genießen ein geringeres soziales Ansehen als die ländlichen Dialekte und werden oft als "bad Scots" oder "gutter Scots" abgelehnt. Das gilt in besonderem Maße für die Sprachform von Glasgow. Für ihre Sprecher selbst können die urbanen Varianten jedoch auch ein Mittel zum Ausdruck von Gruppenidentität oder -solidarität sein und dementsprechend ein gewisses "covert prestige" haben.

Wie schon in Abschnitt 2.3.1. erwähnt, hat es wiederholt Versuche gegeben, das *Scots* literarisch aufzuwerten und auch wieder in den hochsprachlichen Bereich einzuführen. Diese Versuche mündeten im 20. Jahrhundert in Ansätze zur Schaffung einer schriftlichen Standardvariante, die ihre Wurzeln nicht im Englischen Standardenglisch, sondern in der nationalen schottischen Standardform des 15. und 16. Jahrhunderts sowie in den Dialekten des *Lowland Scots* hat. Die daraus resultierenden Varianten des *Scots* werden heute gewöhnlich unter der Bezeichnung *Lallans* zusammengefaßt. 1947 wurde dazu vom *Makars' Club*, einer Vereinigung von Schriftstellern der "Scottish Renaissance", ein "Scots Style

Sheet" herausgegeben, das Regeln zur Schreibung[2] und zur Grammatik enthielt, jedoch keine vollständige Kodifizierung des *Scots* für den schriftlichen Gebrauch beinhaltete und auch keinerlei verbindlichen Charakter hatte. Ihm folgten 1988 "Recommendations for Writers in Scots" der *Scots Language Society*, die auch Mustertexte in der von ihr herausgegebenen Zeitschrift *Lallans* veröffentlichte. Als nicht unwesentlich in Hinblick auf derartige Bemühungen erwies sich außerdem die erste vollständige Übersetzung des Neuen Testaments aus dem Griechischen ins *Scots* durch W. L. Lorimer, die 1983 erschien und rasch beträchtliche Verbreitung fand. Als Beispiel daraus folgt hier eine Stelle aus der Weihnachtsgeschichte im Lukas-Evangelium (II, 15-20):

Whan the angels quat[a] them and gaed back til heiven, the herds said til ither[b], "Come, lat us gang owre-by[c] tae Bethlehem an see this unco at[d] the Lord hes made kent[e] til us." Sae they hied owre tae Bethlehem what they coud drive,[f] an faund Mary an Joseph there wi the new-born babe liggin intil the heck[g]; and whan they saw him, they loot fowk ken[h] what hed been said tae them anent the bairn[i]. Aabody ferliet[j] tae hear what the herds tauld them, but Mary keepit aa thir things lown[k] an cuist[l] them throu her mind her lane[m]. Syne[n] the herds gaed back tae hirsel, praisin an ruisin[o] God for aa at they hed hard an seen; aathing hed been een[p] as they war tauld.

([a] Präteritalform von *quit* 'leave' – [b] to each other – [c] over – [d] this unusual/notable thing that – [e] known – [f] as fast as they could go – [g] hayrack – [h] they let folk know – [i] concerning the child – [j] everybody wondered – [k] all these things by herself – [l] cast (i.e. pondered) – [m] by herself – [n] then – [o] praising – [p] just)

Vgl. die Übersetzung dieser Stelle in der "Authorized Version" der englischen Bibel:

And it came to pass, as the angels were gone away from them into heaven, the shepherds said one to another, Let us now go even unto Bethlehem, and see this thing which is come to pass, which the Lord hath made known unto us. And they came with haste, and found Mary and Joseph, and the babe lying in a manger. And when they had seen it, they made known abroad the saying which was told them concerning this child. And all they that heard it wondered at those things which were told them by the shepherds. But Mary kept all these things, and pondered them in her heart. And the shepherds returned, glorifying and praising God for all the things that they had heard and seen, as it was told unto them.

Die Verwendung von *Lallans* blieb jedoch bislang weitgehend auf den Bereich der Literatur und hier speziell auf die Dichtung beschränkt. Daß es sich jemals generell im schriftlichen Sprachgebrauch oder sogar noch darüber hinaus auch im mündlichen gegenüber dem *Scottish Standard English* durchsetzen wird, ist nicht wahrscheinlich, da es keine hinreichende soziale Basis sowie wenig Aussicht auf offizielle Anerkennung oder gar Förderung hat. Hinzu kommt, daß das *Scots* auch als Symbol nationaler Identität selbst in nationalistischen Kreisen bislang nur eine untergeordnete Rolle gespielt hat.

Das *Highland and Island English* wird im schottischen Hochland und auf der ihm vorgelagerten Inselgruppe der Hebriden gesprochen. Es stellt seiner Form nach ein vom Gälischen beeinflußtes (schottisches) Standardenglisch dar. Das hat seinen Grund darin, daß sich das Englische in diesem Teil Schottlands erst in der zweiten Hälfte des 18. Jahrhunderts (nach der Niederschlagung des Jakobiteraufstands von 1745 und der Aufhebung der Reste der Clanverfassung) voll gegenüber dem Gälischen durchsetzte und daß es hier zunächst vor allem durch die Schule, meist durch Standardenglisch sprechende gälische Lehrer, verbreitet wurde.

Das Schottische Gälisch wurde bis zum 16. Jahrhundert noch von mindestens der Hälfte der Bevölkerung Schottlands gesprochen, nahm danach jedoch immer rascher an Verbreitung ab und schwand in weiten Teilen des Landes schließlich ganz. 1891 belief sich die Zahl seiner Sprecher nach den Zensusangaben zwar noch auf 254 415, doch waren davon schon über 80% bilingual. 1991 ergab der Zensus für Schottland, daß dort nur noch 1,4% der drei und mehr Jahre alten Sprecher Gälisch sprachen. Außerdem handelte es sich dabei nun fast ausnahmslos um bilinguale Sprecher, deren Erst- bzw. Muttersprache zudem nicht selten schon das Englische war. Regional konzentrieren sich die Gälischsprecher heute auf die Hebriden, insbesondere die Äußeren Hebriden, und einige Orte im nordwestlichen Küstenbereich des schottischen Hochlands sowie auf das Gebiet des Strathclyde, d.h. die Region um Glasgow, wobei ihre Zahl am höchsten in der Altersgruppe über 65 Jahre und gewöhnlich am niedrigsten in der zwischen 3 und 15 Jahren ist. Im Strathclyde hat das Gälische vor einiger Zeit zwar an Verbreitung sogar wieder leicht zugenommen, fungiert es aber kaum mehr als "community language", d.h. als Kommunikationsmittel innerhalb größerer relativ geschlossener Gemeinschaften. Das gilt allenfalls noch für die beiden anderen Gebiete, insbesondere für den Bereich der Äußeren Hebriden, der Western Isles. Dort hat sich daher die 1975 für diese Inselgruppe neu geschaffene Regionalbehörde auch für eine Politik des Bilinguismus entschieden, die zur offiziellen Anerkennung des Gälischen neben dem Englischen als Sprache der örtlichen Verwaltung und als Unterrichtsmedium in der Grundschule geführt hat.[3] Sonst wird das Gälische hauptsächlich noch in der Familie und – soweit möglich – im lokalen Bekanntenkreis verwendet, darüber hinaus zum Teil auch in der Kirche. Im Bereich der Massenmedien spielt es lediglich im Rundfunk eine nennenswerte Rolle. Hier kann täglich ein von lokalen Sendern der BBC Scotland (*Radio nan Gaidheal*) ausgestrahltes Programm in gälischer Sprache empfangen werden, während es im Fernsehen nur wenige, zeitlich sehr begrenzte Sendungen in dieser Sprache gibt (Nachrichtenmagazine, Unterhaltungs- und Folkloreprogramme sowie Kurse zur Vermittlung der gälischen Sprache und Kultur). Im Bereich der Presse beschränkt sich die Verwendung des Gälischen – abgesehen von der rein gälischsprachigen Zeitschrift *Gairm* – auf periodisch erscheinende Sonderseiten bzw. -spalten oder einzelne Artikel in englischsprachigen Zeitungen bzw. Zeitschriften. Die Veröffentlichung von Büchern in gälischer Sprache wird u.a. durch den *Gaelic Books Council* unterstützt, der eine beratende Funktion bei der Vergabe von finanziellen Mitteln hat, die dafür vom *Scottish Office* bereitgestellt werden.

In jüngerer Zeit ließ sich ein gewisses Ansteigen des Interesses am Gälischen beobachten, das wohl vor allem Ausdruck eines wachsenden Strebens nach "in-group identification" ist. Damit verbunden waren Bemühungen, auch außerhalb der Gaidhealtachd (des gälischsprachigen Kerngebiets) mehr Möglichkeiten zur

Erlernung des Gälischen zu schaffen, und zwar für Kinder wie für Erwachsene. Sie wurden bestärkt durch eine 1981 durchgeführte Meinungsumfrage, in der sich 54% der Befragten für eine offizielle Anerkennung des Gälischen aussprachen und 70% dafür plädierten, es in ganz Schottland zum fakultativen Unterrichtsfach zu machen. Dennoch ging die Zahl der Gälischsprecher von 1981 bis 1991 um 0,2% zurück und können solche Umfrageergebnisse nicht darüber hinwegtäuschen, daß der Fortbestand des Gälischen stark bedroht ist, da es nur noch in geringem Maße als "community language" verwendet wird und sein Gebrauch in dieser Funktion eher rückläufig ist.

2.3.3. Besonderheiten des Schottischen Englisch

Die folgenden Ausführungen beschränken sich auf die Beschreibung der Formen, die für das *Scottish Standard English* bzw. ihm nahekommende Varianten des Schottischen Englisch typisch sind. Das *Scottish Standard English* basiert zwar auf dem Englischen Standardenglisch (vgl. Abschnitt 2.3.2.) und unterliegt bis heute dessen Einfluß, weist ihm gegenüber jedoch speziell in der Aussprache und in der Lexik auch eine Reihe von Besonderheiten auf, die es zu einer zumindest begrenzt eigenständigen Standardvariante machen. In welchem Maße die betreffenden Besonderheiten beim einzelnen Sprecher in Erscheinung treten, hängt von seiner regionalen Herkunft, seinem sozialen Status und dem Grad seiner "in-group loyalty" wie auch von der jeweiligen kommunikativen Situation und der Intention der Äußerung ab. In bezug auf die Abhängigkeit von der kommunikativen Situation gilt für das *Scottish Standard English* in der Regel, daß es um so stärker "englische" Züge trägt, je formeller die Situation ist, um so stärker "schottische" hingegen, je informeller sie ist. Manche Sprecher geben ihrer Ausdrucksweise zur Betonung ihrer nationalen Zugehörigkeit und Verbundenheit bisweilen auch ganz bewußt eine deutlich schottische Färbung und greifen dann unter Umständen sogar zu "overt Scotticisms", die sie sonst nicht verwenden würden (wie z.B. *aye* [a·e] 'yes', *I dinna ken* 'I don't know' oder *Dinna fash yoursel'* 'don't bother'). Andere Sprecher lehnen sich in ihrer Sprachgebung generell noch immer möglichst eng an das Englische Standardenglisch an. Jedoch befinden sie sich damit bereits in der Minderheit, da die Mehrheit der Sprecher heute zumindest im mündlichen Verkehr offensichtlich "a more obviously home-grown type of SSE [Scottish Standard English]" bevorzugt (vgl. Johnston in Görlach 1985b: 44).

Mit Abstand am deutlichsten sind die Unterschiede zwischen dem Schottischen und dem Englischen Standardenglisch in der A u s s p r a c h e . Zwar übt die RP auch in Schottland noch immer eine gewisse Vorbildwirkung aus, doch führt das bei den Sprechern meist nicht mehr zur völligen Meidung schottischer Aussspracheeigenheiten, zumal eine allzu offenkundige Anpassung an die englische Prestigenorm bei der Mehrheit zunehmend auf Ablehnung stößt. Letzteres gilt erst recht für an ihr orientierte Ausspracheformen wie den *Morningside accent* in Edinburgh und den *Kelvinside accent* in Glasgow, die nach den für ihre Sprecher als typisch angesehenen Wohnvierteln in den beiden Städten benannt wurden und eine diesen entsprechende soziale Markierung haben. Sie stellen affektiert wirkende, zum Teil hyperkorrekte schottische Varianten von "marked RP" (vgl. S. 35) dar, die hauptsächlich noch von älteren Frauen aus der Mittelschicht verwendet werden und wie die Varianten der *Upper-crust RP* in England in starkem Maße stigmatisiert sind.[4]

Die im folgenden angeführten Lautungen sind typisch für eine deutlicher "schottisch" gefärbte Form der Aussprache von *Scottish Standard English*. Sie werden zum Teil gemieden, wenn sich die Lautgebung stärker an den für die RP geltenden Werten orientiert (vgl. z.B. die Entsprechungen von RP /ɔ: – ɒ/, /ɑ: – æ/, /ɜ:/ sowie /eɪ/ und /əʊ/). Daher finden sich bei einigen Sprechern generell, bei anderen in bestimmten kommunikativen Situationen Modifizierungen des unten angegebenen Lautinventars, die sich gewöhnlich durch eine größere Annäherung an das der RP auszeichnen.

Bezüglich des Phoneminventars ist für das Schottische Englisch vor allem charakteristisch, daß in ihm die Phonemopposition "/u:/ – /ʊ/" sowie meist auch die Oppositionen "/ɔ:/ – /ɒ/" und "/ɑ:/ – /æ/" nur durch eines ihrer Glieder (/u/, /ɔ/ bzw. /a/) vertreten sind und daß es als "rhotic accent" keine zentrierenden Diphthonge hat. Hinsichtlich der phonetischen Realisierung der Phoneme fällt hier insbesondere auf, daß die Länge der betonten Monophthonge von der Art des ihnen folgenden Lautes und von ihrer Stellung im Morphem abhängt. Die dieser Erscheinung zugrundeliegende Regel wurde erstmals von A. J. Aitken formuliert und ist daher auch unter dem Namen "Aitken's Law" bekannt. Sie besagt, daß betonte Monophthonge (ausgenommen /ɪ/ und /ʌ/ sowie nicht selten auch /ɛ/) vor schwachem Engelaut (/v, ð, z, ʒ/) bzw. /r/ am Morphemende (d.h. in der Stellung /_v#/ etc. bzw. /_r#/) sowie am Morphemende selbst (/_#/) lang, in allen übrigen Stellungen dagegen kurz sind (vgl. z.B. [i:] in *believe, believed* [brˈli:v#d], *sneeze*; *fear, feared* [fi:r#d]; *knee, kneed* [ni:#d]; aber [i̯] in *belief, peace, need, neat, meal; beard, fierce*).[5]

RP	Scottish Standard English
u:	*fool, mood*
ʊ	u *full, good*
ɔ: (außer <Vokal + r>)	ɔ *nought* meist: ɔ, auch:
ɒ	ɒ *not*
< me. ɔr ɔ: <Vokal + r> < me. ɔ:r/o:r/u:r	<or, (w)ar>: ɔ(:)r ~ ɒr *or, war; fork, forty* <or, ore, oar, oor, our>: o(:)r *ore, oar, door, four;* *pork, coarse, court*
ɑ:	ɑ *father, calm; half, past, dance* meist: a, auch:
æ	a *cat, jazz*
e	ɛ *bet*
ɜ:	ɪr *fir, bird* ʌr *fur, hurt, word* auch: ɜr ɛ(:)r *err, earth*

eɪ	meist: e, auch: ei *pay, save; safe*
əʊ	meist: o, auch: ou *go, nose; coat*
aɪ	lang: a·e *tie, tied, five, prize* kurz: ʌi ~ əi *tide, wife, price*
aʊ	ʌu *house*
ɪə, ɛə, ʊə	i(:)r, e(:)r, u(:)r *peer, pair, poor; pierce, scarce, gourd*
w	<w>: w *wet, wear* <wh>: ʍ ~ hw *whet, where*
l/ɫ	meist: (dunkles) ɫ (oft dental) *lick, miller, milk, mill*
r/Ø (non-rhotic accent)	r (meist alveolares "one-tap r" oder retroflexes r) (rhotic accent) *red, tree, very, farm* [farm], *far* [fa:r]
(Ersatz:) k	gelegentlich: x (ach-Laut) *loch, Buchan* [ˈbʌxən]
pʰ-, tʰ-, kʰ- (aspiriert)	oft: p⁼-, t⁼-, k⁼- (nichtaspiriert) *pin, tin, kin*

Zu diesen für das *Scottish Standard English* mehr oder minder deutlich generell gültigen lautlichen Eigenheiten kommen noch Besonderheiten der Lautung, deren Auftreten auf einzelne Lexeme beschränkt ist. Dazu gehören z.B. die Verwendung von [n] statt [ŋ] in *length* und *strength*, von [t] statt [θ] in *fifth* und *sixth*, von [θ] statt [ð] in *though, thence, thither* und *with* oder von [z] statt [s] in *December* sowie der Gebrauch einer dreisilbigen statt einer zweisilbigen Ausspracheform für *Wednesday* ([ˈwɛdənzde:]).

Bezüglich der Wortbetonung fällt auf, daß die Verben auf *-ise/-ize* und auch einige auf *-ate* des öfteren den Hauptton auf der letzten Silbe statt auf einer der vorangehenden haben (z.B. *reaˈlise, abjudiˈcate*).

Hinsichtlich der Aussprache der Funktionswörter ist zu beobachten, daß sie im Schottischen Standardenglisch weniger häufig in der Schwachtonform erscheinen als etwa im Englischen, da der Gebrauch dieser Form hier offenbar stärker stilistisch als syntaktisch oder rein rhythmisch bedingt ist. Andererseits begegnen aber im *Scottish Standard English* auch Wörter mit einer Schwachtonform, die sonst gar nicht oder nur sehr selten reduziert werden (wie z.B. *on*). Zu weiteren Besonderheiten in diesem Bereich siehe die Ausführungen zur Grammatik auf S. 77.

Bezüglich der Intonation ist u.a. festzustellen, daß eine fallende Tonbewegung im Schottischen Englisch oft höher einsetzt, aber nur bis zu einer mittleren Höhe hinabgeht und daß ein Sprechtakt hier nicht selten mehrere "falls" bzw. "rise-falls" enthält (vgl. Wells 1982: 414f.). Der Gebrauch von steigend-fallender Intonation scheint zudem für diese Variante überhaupt recht typisch zu sein; vgl. z.B.: *You should have ^seen him, He ˌlooked ^terrible, 'Can you ^manage from ˌthere?* (siehe dazu R. Kingdon: *The Groundwork of English Intonation*, London 1958, S. 263, sowie auch die Bemerkungen zur Intonation des *Northern Hiberno-English* in Abschnitt 2.4.3.2.).

In der L e x i k weist das *Scottish Standard English* weniger klare Konturen auf. Im formellen, schriftlichen Gebrauch konzentrieren sich die Unterschiede zum Englischen Standardenglisch hier auf Bezeichnungen aus Bereichen wie dem des Rechtswesens oder des Bildungssystems, in denen Schottland eine gewisse Eigenständigkeit und damit auch eine besondere Terminologie bewahrt hat. Im informellen, mündlichen Gebrauch unterliegt das *Scottish Standard English* lexikalisch mehr oder minder stark einem Einfluß durch das *Scots*. Lexeme, die eindeutig dieser Herkunft sind, werden von Standardsprechern mitunter auch ganz bewußt und demonstrativ als "stylistic overt Scotticisms" verwendet (vgl. dazu Aitken in Trudgill 1984: 107). Außerdem spielen solche Lexeme eine nicht unbedeutende Rolle in der in Schottischem Englisch geschriebenen Literatur. Deshalb werden einige von ihnen im folgenden auch mit als Beispiele angeführt, obwohl sie sonst im Standardgebrauch nicht üblich sind. Generell ist zu den *Scotticisms* in der Lexik festzustellen, daß ihre Verwendung eher ab- als zunimmt und daß der ständig wachsenden Zahl schwindender oder bereits geschwundener Lexeme eine relativ geringe Zahl an Neologismen gegenübersteht.

Bei einem Teil der für das Schottische Englisch charakteristischen Lexik handelt es sich um **Entlehnungen** aus anderen Sprachen. So stammen z.B. aus dem Gälischen:[6]

> *ben* 'mountain peak; high mountain' (auch in Namen wie *Ben Nevis*), *corrie* 'circular hollow on a mountainside, cirque', *linn* 'waterfall; pool below this; precipice, ravine', *loch* 'lake; arm of the sea, esp. when narrow or partially land-locked' (auch in Namen wie *Loch Ness*), *sonsie/-y* 'plump, buxom, of cheerful disposition; bringing good fortune', *strath* 'broad mountain valley'

Einige Entlehnungen aus dem Gälischen haben infolge allgemeineren Bekanntwerdens des mit ihnen Bezeichneten (wie im Falle von *caber*) oder einer Erweiterung ihrer Bedeutung (wie im Falle von *slogan*) auch über Schottland hinaus im Englischen Verbreitung gefunden; vgl. z.B.:

> *caber* 'roughly trimmed tree-trunk used in the Scottish Highland sport of *tossing the caber*', *cairn* 'pyramid of rough stones as a memorial, to mark a path, etc.', *clan* '(esp. in Scotland) group of families, all originally descended from one family; (hum.) large family or group of related people', *gillie/-y* 'man or boy attending a person hunting or fishing in Scotland < (hist.) Highland chief's attendant', *glen* 'narrow valley', *slogan* 'party cry, watchword, motto; short catchy phrase used in advertising < (hist.) Scottish Highland war-cry'

Darüber hinaus gibt es im Schottischen Englisch Entlehnungen aus dem Französischen. Sie sind nicht zuletzt ein sprachlicher Reflex des einst starken Einflusses der Anglonormannen sowie der zeitweiligen Allianz von Schottland mit Frankreich gegen England; vgl. z.B.:

> *ashet* 'large plate or dish', *douce* 'sober, gentle, sedate', *fash* 'bother, trouble', *feu* 'perpetual lease at a fixed rent; piece of land so held', *gey* '(adj.) considerable; (adv.) very, considerably [cf. *a gey fine place*]', *hogmanay* '(celebration of) last day of the year; gift of cake etc. demanded by children on that day'

Auch von den schottischen Entlehnungen aus dem Französischen sind einige in den "common core" des Englischen eingedrungen, z.B. *caddie/-y* 'golfer's attendant for carrying clubs etc.' und *tartan* 'woollen cloth woven with bands of different colours and widths crossing each other at right angles, of a kind worn originally by Scottish Highlanders'.

Nicht wenige Lexeme des Schottischen Englisch gehen auf das Skandinavische zurück. Solche Lexeme lassen sich meist zugleich im Nordenglischen nachweisen (aus dem sie zum Teil wohl auch unmittelbar stammen), haben dagegen im Englischen Standardenglisch oft eine Entsprechung westgermanischen Ursprungs (wie z.B. *kirk – church*); vgl.:

> *aye* 'always', *brae* [bre:] 'steep bank or hillside', *gate* 'road, street' (bes. in Namen wie *Kirkgate*), *ken* 'recognize at sight; know', *kirk* 'church' (*the Kirk* [*of Scotland*] 'the Church of Scotland as opposed to the Church of England or to the Episcopal Church in Scotland'), *lass* 'girl or young woman; girlfriend'

Einige Lexeme, wie z.B. *bairn* 'child', lassen sich sowohl auf das Skandinavische als auch auf das aus dem Westgermanischen hervorgegangene Altenglische zurückführen.

Der weitaus größte Teil der schottischenglischen Lexik ist englischen Ursprungs, wobei das strenggenommen auch für die Lexeme gilt, die zwar aus anderen Sprachen stammen, aber nicht direkt aus diesen, sondern über das Englische Englisch in das Schottische Englisch gelangt sind (wie *presently* oder *tenement*).

Wo die Lexik englischer Herkunft im Schottischen Englisch Besonderheiten aufweist, handelt es sich nicht selten um Lexeme oder Sememe, die im Englischen Englisch nur noch in Dialekten oder in archaischem bzw. poetischem Sprachgebrauch vorkommen (wie z.B. *anent, burn* 'small stream', *mind* 'remember; remind'), oder um Lexeme, die in Schottland eine Bedeutungsänderung erfahren bzw. eine zusätzliche Bedeutung erhalten haben (wie z.B. *house, land, tenement*). Auch können sich die Besonderheiten auf die Form beschränken (wie z.B. bei *auld* oder *burgh*). Hinzu kommt, daß ein Teil der schottischenglischen Lexeme offensichtlich eine nordenglische Basis hat und nicht auf das Englische Standardenglisch zurückgeht (wie z.B. *bairn* oder *thole*). Vgl.:

> *anent* 'concerning', *auld* [ɔld] 'old' (vgl. *auld lang syne*), *ben* 'inside', *bide* 'stay or live in', *burgh* ['bʌrə] 'borough, chartered town', *burn* 'small stream', *house* 'dwelling that is one of several in a building' (vgl. *land*), *laird* [lerd] 'landed proprietor', *land* 'building containing several dwellings' (vgl. *house*), *mind* (infml.) 'remember; remind' (z.B. *He minded the messages, I mind the day when he was born*; *That minds me of an other story*), *outwith* 'outside' (z.B. *They operate essentially from outwith the community*; *Outwith the works of Burns, ...*), *presently* 'at present, now' (neuerdings mit dieser Bedeutung auch wieder häufiger im EngE), *sort* 'mend, repair', *tenement* 'dwelling-house, esp. one containing several dwellings', *thole* 'undergo, endure, suffer (pain, grief, etc.); permit, admit of'

Darüber hinaus kam es im Schottischen Englisch auch zur Bildung neuer Lexeme in Form von komplexen Wörtern (Wortbildungen) oder von Phraseologismen. Unter ersteren fällt besonders die große Zahl von Ableitungen mit dem hypokoristischen bzw. diminutiven Suffix *-ie* (*-y*) auf, das wahrscheinlich sogar schottischen Ursprungs ist. Es dient vornehmlich zum Ausdruck einer engen Be-

ziehung des Sprechers zum Bezeichneten und tritt bei Ableitungen von mehrsilbigen Wörtern meist zu einer Kurzform des Stamms; vgl. z.B. (gewöhnlich als informell markierte) Bildungen wie *bairnie, horsie, janny* (< janitor) '(school) care-
taker', *lassie, postie* (< postman); *pinkie* 'little finger', *sweetie* 'piece of sugar or
chocolate'; *cock-a-leekie/cockie-leekie* 'Scottish soup made from boiled chicken
and leeks'. Außerdem begegnen an **Wortbildungen** z.B.:[7]

> Komposita wie *kaleyard* 'kitchen-garden' (bes. in der Verbindung *kaleyard
> school* zur Bezeichnung von 'a group of 19th-century fiction writers who
> described local town life in Scotland in a romantic vein and with much use of
> the vernacular'), *kirkman* 'member of the Church of Scotland', *kirk-session*
> 'lowest court in the Church of Scotland, composed of ministers and elders',
> *moss-hag* 'broken ground from which peat has been taken', *tol(l)booth* (arch.)
> 'town hall; town gaol' – *lockfast* 'secured with a lock';
> Präfixableitungen wie *unchancy* 'ill-omened; dangerous';
> Suffixableitungen wie *guddler* 'person who guddles (i.e. gropes for fish with
> the hands)'; *cottar/-er* 'farm-labourer or tenant occupying a cot(tage) in return
> for labour as required', *flesher* (obs.) 'butcher' – *clerkess* 'female clerk' – *cutty*
> 'cut short; abnormally short' (vgl. *cutty* [*pipe*] 'short clay pipe');
> Nullableitungen wie *carryout* 'takeaway' (vgl. S. 51); *bluebell* 'light-blue-flow-
> ered Campanula, harebell', *first-foot* 'the first person to cross one's threshold in
> the New Year' (auch als Verb mit der Bedeutung 'be a first-foot')

Für das Schottische Englisch charakteristische **Phraseologismen** sind z.B.:

> *(be) away to one's bed* 'go to bed' (z.B. *I'll (be) away to my bed now*; vgl.: *Is
> that you away then?* 'Are you about to leave?'), *give sb. a row* 'scold sb.', *go
> (for the) messages* 'go shopping', *How are you keeping?* 'How are you?' (vgl.:
> *I'm keeping fine* 'I'm in good health'), *miss oneself* 'miss a treat', *set the heather
> on fire* 'make a disturbance' (z.B. *That'll not ~*), *be up to high doh* [do:] 'be
> overexcited'

Die Tatsache, daß Schottland nach wie vor ein spezielles Rechts- und Bildungssystem sowie eine eigene Staatskirche hat, spiegelt sich lexikalisch darin
wider, daß es im Schottischen Englisch für diese Bereiche eine Reihe von besonderen Termini gibt, wie hier anhand der Terminologie des Rechtswesens gezeigt
werden soll; vgl. z.B.:

> *advocate* 'barrister', *confirmation* 'grant of probate', *curator* 'guardian of mi-
> nor etc.', *dative* '(of executor) named by the court, not by the testator',
> *intromission* 'intermeddling with the property of another', *judicial factor*
> 'official receiver', *law agent* 'solicitor', *panel* 'person(s) on trial, the accused',
> *precognition* 'preliminary examination of witnesses etc.', *procurator fiscal*
> (auch [infml.] *fiscal*) 'local coroner and public prosecutor', *proof* 'trial before a
> judge instead of by a jury', *not proven* (als Urteilsspruch) 'the evidence is
> insufficient to establish guilt or innocence'

In der G r a m m a t i k gibt es zwischen dem Schottischen und dem Englischen Standardenglisch kaum Unterschiede. Was sich hier an Besonderheiten
abzeichnet, ist zudem weitgehend auf den informellen mündlichen Sprachge-

brauch beschränkt und begegnet im schriftlichen meist nur in mehr oder minder bewußt schottisch gefärbten Texten, wie sie sich vor allem in der Literatur finden. Auch schon im Standard vorkommende oder doch zumindest standardnahe grammatische *Scotticisms* sind z.B.:

- der Gebrauch der Past Tense statt eines Present Perfect (z.B. *Did you tell him yet?*, *He told me that already*);
- die Verwendung von *will* statt *shall* im Futur (z.B. *I will/'ll meet him there, Will I meet him there?*);
- der Gebrauch der Expanded Form bei Verben bzw. Verbbedeutungen, für die sie sonst nicht üblich ist (z.B. *I'm thinking you're right, You are needing a bath*);
- Besonderheiten im Bereich der Modalverben wie die Verwendung von *can* (bzw. *be allowed to*) statt *may*[8] mit der Bedeutung 'dürfen' (z.B. *Can I see you home tonight?*), von *will* statt *shall* mit der Bedeutung 'sollen' (z.B. *Will I send him a letter?*, *Where'll I put my bag?*) oder von *have to* bzw. (stärkerem) *have got to* statt *must* (z.B. *You'll have to ask him before you go, You've got to do what he tells you (to)*);
- der Gebrauch des Partizips II statt einer *ing*-Form oder eines passiven Infinitivs nach *need* oder *want* in Konstruktionen vom Typ *My hair needs washed* (statt ... *washing* bzw. ... *to be washed*);
- die Abschwächung des Hilfsverbs (speziell des Verbs *be* oder *will*) statt des Negationsworts *not* in unemphatischen verneinten Aussagesätzen (z.B. *He's not coming, He'll not come, I've not met him* statt *He isn't coming, He won't come, I haven't met him*) sowie die Verwendung von nichtenklitischem *not* statt enklitischem *-n't* in Fragesätzen (z.B. *Is he not coming?*, *Will he not come?*, *Have you not met him?* statt *Isn't he coming?*, *Won't he come?*, *Haven't you met him?*);
- eine stärkere Tendenz zur Abschwächung von *have* als Vollverb ('besitzen') oder mit der Bedeutung 'müssen' (z.B. *She'd all she wanted, He's to do what I tell him*);
- die Verwendung der Konstruktion "*neither* + Subjekt + Hilfsverb/Modalverb" zur Bekräftigung einer negativen Feststellung (z.B. *He doesn't have a car – Neither he does*) sowie der Konstruktion "Hilfsverb/Modalverb + `so + Verb*" zur Hervorhebung einer positiven Aussage (z.B. *I ˌdo `so agree, He ˌdoes `so have a car, Duncan can swim – He ˌcan `so (swim)*) (vgl. Miller/Brown 1982: 15);
- der Gebrauch des bestimmten Artikels *the* in Fällen, wo er in anderen Varianten des Englischen selten oder gar nicht vorkommt (z.B. *What's for the tea?*, *I've got the toothache/cold, She is in the hospital* [als Patient]; vgl. auch: *They came with the train* statt ... *by train*).

Abschließend seien noch zwei Textauszüge zitiert, die einige der angeführten Besonderheiten des Schottischen Englisch illustrieren.

Three of her bairns were drowned at sea, fishing off the Bevie braes they had been, but the fourth, the boy Cospatric, him that died the same day as the Old Queen, he was douce and saving and sensible, and set putting the estate to

rights. He threw out half the little tenants, they flitted off to Canada and Dundee and parts like those, the others he couldn't move but slowly.
(Lewis Grassic Gibbon: *A Scots Quair.* A Trilogy of Novels: *Sunset Song,* London 1971, S. 17)

I met Thora Garth on the brae outside the kirk as I was going home from the schoolhouse. She put on me a brief pellucid unsmiling look as we passed. She was carrying a pail of milk from the farm of Gardyke. ...
He shook his head. 'It's the principle of it,' said Mansie. 'You oppressed my ancestors. You taxed them to death. You drove them to Canada and New Zealand. You made them work in your fields for nothing. They built this house for you, yes, and their hands were red carrying up stones from the shore.
(G. M. Brown: *Tithonus: Fragments from the Diary of a Laird,* in: *The Grafton Book of Scottish Short Stories,* ed. by J. Campbell, London etc. 1984, S. 15, 27f.)

Anmerkungen

1 Zum *Ulster Scots*, das ebenfalls als eine Variante des *Lowland Scots* angesehen werden kann, vgl. Abschnitt 2.4.3.2.
2 Zu den Schreibregeln gehören z.B. die Aufgabe der bis dahin üblichen Schreibungen mit einem Apostroph sowie die Verwendung von <aa> für /ɔ/ < /al/ (z.B. in *aa* statt *a'* 'all') oder von <ou> für /u/ < /u:/ (z.B. in *nou* 'now').
3 Außerdem wurde 1981 im britischen Parlament eine "Gaelic Bill" eingebracht, auf Grund deren 1982 in der "Nationality Act" neben dem Englischen und dem Walisischen auch das Gälische als Voraussetzung für die Erlangung der britischen Staatsbürgerschaft anerkannt wurde.
4 Charakteristisch für diese Ausspracheformen ist u.a. der Gebrauch von [ɛ] und [ɛi] anstelle von (RP) [æ] bzw. [aɪ] (z.B. in *actually, nice*). – Eine dem "Morningside" bzw. "Kelvinside accent" verwandte, jedoch vorwiegend von Männern verwendete sozial markierte Ausspracheform wird als "Panloaf" bezeichnet. Vgl. hierzu Johnston in Görlach 1985b: 37-56.
5 Da sich die Vokalquantität im Prinzip nach dieser Regel richtet, wird das Vorliegen eines langen Vokals in der folgenden Übersicht nur dann ausdrücklich vermerkt, wenn das auf Grund der angeführten Stellung notwendig ist. Letzteres ist z.B. der Fall vor /r/, wo die Vokale (außer /ɪ/ und /ʌ/ sowie bedingt auch /ɛ/) je nach Lage der Morphemgrenze lang oder kurz sind (vgl. [i:] in *fear, feared* – [i] in *beard*) und das daher durch ein in Klammern gesetztes Längezeichen hinter dem Vokalsymbol ([i(:)r]) angedeutet werden muß.
6 Die Angabe der Bedeutungen erfolgt auch hier wieder so weit wie möglich nach dem DCE bzw. dem COD.
7 Mitunter kann es sich hier auch um die Bewahrung einer älteren englischen Wortbildung mit einer spezifischen Bedeutung handeln.
8 *Can* tritt zwar auch im Englischen Englisch mit der Bedeutung 'dürfen' auf, ersetzt dort jedoch *may* nicht derart weitgehend. – Zum Ausdruck einer Möglichkeit wird im Schottischen Englisch häufig *maybe* verwendet (z.B. *He'll maybe come later, He was maybe ten years old*).

Literaturhinweise

Geschichte: vgl. 7.2. und 7.4. sowie 7.5.: Aitken/McArthur 1979, Durkacz 1983, Gregor 1980, Kay 1986, Leith 1983, Macafee 1983, McClure 1988, Price 1984, Withers 1984
Sprachsituation: vgl. 7.2. sowie 7.5.: Aitken 1985, Aitken/McArthur 1979, Görlach 1985b, Kay 1986, Macafee 1981, Mather/Speitel 1975/1977/1986, McClure 1983, McClure 1993
Besonderheiten des Schottischen Englisch: vgl. 7.2. und 7.3. sowie 7.5.: Aitken/McArthur 1979, Grant 1970, Grant/Dixon 1958, Macafee 1983, Miller/Brown 1982, Sabban 1982

2.4. Das Englische in Irland

2.4.1. Zur Geschichte des Englischen in Irland

Die ersten Bewohner der irischen Insel, die für die Herausbildung der gegenwärtig dort bestehenden Sprachsituation bedeutsam wurden, waren keltische Stämme. Sie sprachen Varianten des goidelischen (oder gälischen) Keltisch, aus denen sich das Irische entwickelte.

Die Geschichte des Englischen in Irland begann um 1170, als Abkömmlinge der zu dieser Zeit in England herrschenden Normannen von Südwales sowie Südwestengland aus in den Süden und Osten der Insel eindrangen und sich der englische König Heinrich II. mit Billigung des auf Kontrolle der irischen Kirche bedachten Papstes Hadrian IV. zum "dominus Hiberniae" ("Lord of Ireland"), d.h. zum obersten Lehnsherren des Landes, erhob. Als Muttersprache hatten die Anglonormannen zwar das Französische, doch waren sie möglicherweise schon bilingual (vgl. Kallen in Burchfield 1994: 151). Zudem kamen mit ihnen Söldner und Siedler nach Irland, die eine südwestliche Variante des Englischen sprachen. Hauptstützpunkte der englischen Krone wurden die um Burgen entstandenen Städte. Das Zentrum ihrer Machtausübung bildete das ihr direkt unterstellte Gebiet um Dublin, das sich in Richtung Norden entlang der Ostküste bis nach Dundalk erstreckte und später wegen seiner mit Palisaden befestigten Grenze den Namen *The Pale* erhielt. Nur nördlich von Dublin sowie im Umland von Wexford fand das Englische auch über die Städte hinaus stärkere Verbreitung, wobei sich seine Verwendung jedoch wie zur selben Zeit in England auf den nichtoffiziellen Bereich beschränkte, da als offizielle Sprache nun auch in Irland bis ins 15. Jahrhundert neben dem Lateinischen das Französische fungierte. Außerhalb der genannten Gebiete dominierte als Kommunikationsmittel weiterhin das Irische. Daher unterlagen die dort ansässigen anglonormannischen Adligen und ihre englischen Gefolgsleute zunehmend einer Hibernisierung, die schließlich selbst die Städte erfaßte und zu einer immer stärkeren Verdrängung des Französischen und des Englischen durch das Irische führte. Um dieser Entwicklung Einhalt zu gebieten, wurden 1366 die "Statutes of Kilkenny" erlassen, die den Engländern u.a. verboten, Ehen mit Irinnen einzugehen sowie irische Namen, Sitten und Gebräuche oder die irische Sprache anzunehmen. Jedoch blieben diese Verbote weitgehend wirkungslos und gewannen die mit dem irischen Adel verbundenen angloirischen Feudalherren schließlich auch politisch die Oberhand.

Ein Wandel in den Machtverhältnissen begann sich erst unter den Tudorkönigen anzubahnen. Heinrich VII. unterwarf das seit Ende des 13. Jahrhunderts bestehende angloirische Parlament der Kontrolle durch die englische Krone. Heinrich VIII. ließ sich 1541 von ihm auch als "King of Ireland" anerkennen und leitete mit der Ausdehnung der Reformation auf Irland sowie mit der unter ihm eingeführten Politik des "surrender and regrant"[1] den Prozeß der Anglisierung des Landes ein. Ein weiterer, noch wichtigerer Schritt in diese Richtung war die von seinen Nachfolgern begonnene und vom ersten Stuartkönig, Jakob I., sowie vor allem von Cromwell fortgesetzte Politik der "confiscation and plantation". Sie wurde besonders rigoros in Ulster durchgeführt und zielte darauf ab, die Iren von ihrem Grund und Boden zu vertreiben und an ihrer Stelle protestantische Engländer oder Schotten anzusiedeln. Erstere ließen sich vor allem in Leinster und Munster, letztere überwiegend in Ulster (und hier besonders an der Ostküste) nieder, doch wurden die Iren nur zum Teil aus diesen Gebieten verdrängt, da man sie mangels einer ausreichend großen Zahl von Einwanderern als Pächter und Arbeitskräfte zur Bestellung der konfiszierten Ländereien benötigte.

Die durch die Politik der "plantation" eingeleitete erneute Kolonisierung Irlands durch England bzw. Großbritannien hatte auch beträchtliche Auswirkungen auf die Sprachsituation. Nachdem das Englische Anfang des 16. Jahrhunderts außer in einigen Städten sowie im Norden der Grafschaft Dublin und im Südosten der Grafschaft Wexford[2] weitgehend wieder dem Irischen gewichen war, wurde es nun (Ende des 16., Anfang des 17. Jahrhunderts) faktisch noch einmal nach Irland eingeführt. Jedoch unterschied sich das neueingeführte Englisch sowohl vom bislang dort verwendeten (dem südwestliche Züge tragenden *Middle Anglo-Irish*) wie auch von der sich in England entwickelnden Standardform hinsichtlich seiner regionalen Basis. Außerdem war es in dieser Hinsicht nicht homogen, da die neuen Siedler aus unterschiedlichen Gebieten der britischen Hauptinsel einwanderten. Während sie im Süden (in Leinster und Munster) überwiegend aus dem Westen bzw. Nordwesten Mittelenglands kamen, stammten sie im Norden (besonders in den nordöstlichen Gebieten von Ulster) großenteils aus dem Südwesten Schottlands. Daraus aber ergaben sich für das nun in Irland gesprochene Englisch von vornherein Ansätze zu einer Differenzierung in ein *Southern* und ein *Northern Hiberno-English*. Außerdem wurde seine Weiterentwicklung wesentlich dadurch bestimmt, daß es infolge geringer Verkehrsverbindungen zeitweilig relativ isoliert vom Englischen in England existierte und daß es zunehmend auch von Sprechern verwendet wurde, deren Muttersprache Irisch war und die es überdies nicht selten von ebenfalls primär irischsprachigen Sprechern gelernt hatten. Die zeitweilige Isolierung verlieh dem Englischen in Irland gewisse archaische Züge; die Verwendung als Zweitsprache führte zu einem nicht unbeträchtlichen Einfluß des Irischen, der sich in einer Reihe von Merkmalen so weit verfestigte, daß sie zu Eigenheiten der für Irland typischen Varianten des Englischen wurden und mit diesen dann auch von Sprechern übernommen wurden, die des Irischen gar nicht (mehr) mächtig waren. Alles zusammen aber hatte zur Folge, daß sich das Englische in Irland bald immer deutlicher von dem in England, speziell von dessen

Standardform, abhob und eine soziale Abwertung erfuhr, die seinen Gebrauch auf den nichtoffiziellen Bereich einschränkte. Vorbild für die Verwendung im offiziellen Bereich wurde auch in Irland das Englische Standardenglisch, das dort vor allem durch die Kirche und die Schule Verbreitung fand.

Gegenüber dem Irischen gewann das Englische mit der Stärkung der politischen, sozialen und ökonomischen Stellung der Briten in Irland generell an "overt prestige". Es wurde zur "language of power, of social acceptance, of business and of trade" (de Fréine in Ó Muirithe 1977: 79) sowie zum dominierenden Kommunikationsmittel im offiziellen Bereich, während die Verwendung des Irischen zunehmend mit niedrigem sozialem Status und ländlicher Rückständigkeit assoziiert wurde. Dennoch waren bis 1800 noch weite Teile des Landes (insbesondere Connacht, Munster und der Norden von Leinster) überwiegend irischsprachig und spielte das Irische ungeachtet seines Verlusts an "overt prestige" damals selbst in den Städten noch eine nicht unbedeutende Rolle, zumal es nach der Einführung der Reformation in Irland auch zu einem Symbol des Bekenntnisses zum Katholizismus geworden war.

Der endgültige Durchbruch des Englischen als sozial wie auch hinsichtlich der Sprecherzahl dominierendes Kommunikationsmittel vollzog sich erst im 19. Jahrhundert. Er wurde politisch eingeleitet durch die "Act of Union" (1801), die Irland vollends britischer Herrschaft unterwarf, indem sie die Fusion des irischen Parlaments mit dem britischen und damit den Zusammenschluß der beiden Königreiche zum *United Kingdom of Great Britain and Ireland* verfügte. Eine weitere Stärkung erfuhr die Position des Englischen in Irland durch das 1831 eingeführte System der "National Schools" (der staatlichen Grundschulen), da es an diesen Schulen zum alleinigen Unterrichtsmedium bestimmt wurde und das Irische dort nicht einmal als Unterrichtsfach zugelassen war. Hinzu kam, daß sich schon zuvor die im Bildungswesen einflußreiche katholische Kirche ebenfalls für den Gebrauch des Englischen entschieden hatte. Außerdem bedienten sich nun auch bedeutende irische Politiker wie Daniel O'Connell dieser Sprache und bedurfte es bald kaum mehr irgendwelcher Zwangsmaßnahmen zu ihrer Durchsetzung, da sich ihre Beherrschung immer klarer als unabdingbare Voraussetzung für berufliches Fortkommen und sozialen Aufstieg erwies und sich daher viele Iren schon aus eigenem Interesse um ihre Erlernung bemühten. Der damit einsetzende Rückgang der Zahl der Irischsprecher wurde noch erheblich beschleunigt durch die großen Hungersnöte in den 40er Jahren und die 1846 von der britischen Regierung verfügte Aufhebung der Kornschutzzölle, denn diese beiden Ereignisse betrafen besonders die noch weitgehend irischsprachige Bevölkerung auf dem Lande und dezimierten sie durch Hungertod bzw. Auswanderung um ca. zwei Millionen (vgl. Elvert 1993: 359). Zusammen mit der Verbesserung der Verkehrsverbindungen und der Intensivierung der Kontakte mit Großbritannien wirkte sich all dies auf die Sprachsituation in Irland dahingehend aus, daß das Englische binnen kurzer Zeit für die große Mehrheit der ursprünglich irischsprachigen Bevölkerung zunächst zur Zweitsprache und dann sogar zur Muttersprache wurde. Während um 1800 noch ca. 40% aller Einwohner Irlands nur Irisch sowie ca. 30% Irisch und Englisch sprachen, galt das 1891 lediglich noch für knapp 1% bzw. 14% und waren zu diesem Zeitpunkt bereits fast 86% rein englischsprachig.

Der drastische Rückgang der Zahl der Irischsprecher sowie die Zwangsmaßnahmen der britischen Regierung zur völligen Verschmelzung Irlands mit Großbritannien erschienen jedoch immer mehr Iren als Bedrohung ihrer nationalen
Identität. Das führte zusammen mit den sich aus der Vereinigung der beiden Länder ergebenden wirtschaftlichen Problemen in der zweiten Hälfte des 19. Jahrhunderts zu einem Erstarken der nationalen Bewegung im sprachlich-kulturellen wie
im agrarökonomischen und politischen Bereich, wobei die irische Sprache zunehmend zu einem Symbol der nationalen Eigenständigkeit wurde. Es entstanden
nationale Vereinigungen, die sich die Bewahrung und Förderung der irischen
Sprache und Kultur zum Ziel setzten, darunter als bedeutendste die 1893 gegründete *Gaelic League*. Sie trat für die Erhaltung des Irischen als Nationalsprache ein
und bemühte sich daher um seine Reaktivierung und Verbreitung als reguläres
Kommunikationsmittel. Daneben gab es jedoch auch Bestrebungen, die nationale
Eigenart in einer für Irland spezifischen, vom Irischen beeinflußten Form des
Englischen zum Ausdruck zu bringen. Derartige Bestrebungen zeigten sich z.B. in
den Werken von W. B. Yeats, Lady Augusta Gregory und J. M. Synge. Während
sich diese Autoren noch eines selbstgeschaffenen "literary Hiberno-English" bedienten, hielten sich spätere, so z.B. Sean O'Casey und Brendan Behan, enger an
den tatsächlichen Sprachgebrauch, beschränkten allerdings die Verwendung
spezifisch irischenglischer Formen auf die sprachliche Charakterisierung bestimmter Figuren. Die Bemühungen um die Erhaltung und Stärkung des Irischen
führten schließlich dazu, daß es 1879 zunächst als außerschulisches bzw. fakultatives, dann 1901 auch als reguläres Unterrichtsfach und 1904 in irischsprachigen
Gebieten zumindest teilweise sogar wieder als Unterrichtsmedium zugelassen
wurde.

Im politischen Bereich war das Hauptziel der nationalen Bewegung die Erringung der "Home Rule" (d.h. Selbstregierung). Entsprechende Forderungen gingen
seit der Mitte des 19. Jahrhunderts von verschiedenen Organisationen und später
auch von der 1905 gegründeten bürgerlich-nationalistischen Sinn-Féin-Partei aus,
stießen jedoch im britischen Parlament wie vor allem bei den protestantischen
Unionisten in Ulster auf Ablehnung. Erst 1912 wurde Irland eine begrenzte Autonomie zugestanden, doch trat das betreffende Gesetz 1914 wegen des Ausbruchs
des Ersten Weltkriegs nicht in Kraft. Ein gewaltsamer Versuch, die völlige Unabhängigkeit zu erlangen, der Dubliner Osteraufstand (1916), scheiterte, doch ging
der Kampf um die Selbständigkeit weiter. So konstituierten sich die 1918 ins
britische Unterhaus gewählten Mitglieder der Sinn Féin 1919 in Dublin als irisches Parlament (*Dáil Éireann*), das Irland zu einer "sovereign and independent
nation" erklärte. Da das Streben der Iren nach Autonomie nun offensichtlich auch
mit Gewalt nicht mehr zu unterdrücken war, erließ die britische Regierung 1920
die "Government of Ireland Act", die eine Aufteilung des Landes in zwei bedingt
selbständige Regionen, *Southern Ireland* und *Northern Ireland*, mit jeweils eigenem Parlament vorsah. Dieses Gesetz wurde jedoch von der provisorischen irischen Regierung in Dublin nicht akzeptiert. Statt dessen kam es 1921 mit ihr zu
einem Vertrag, der Irland den Status eines Dominions zubilligte, *Northern Ireland*
(d.h. den sechs überwiegend protestantischen Grafschaften von Ulster) aber zugestand, selbst über seine weitere Zugehörigkeit zu entscheiden. Auf der Basis die-

ses Vertrages entstand 1922 der *Irish Free State*, während Nordirland bei Großbritannien verblieb und mit ihm fortan das *United Kingdom of Great Britain and Northern Ireland* bildete. In die Verfassung des Irischen Freistaats wurde auch ein Artikel zur Sprachenfrage aufgenommen. Darin wurde das Irische in den Rang der "national language" erhoben, jedoch zugleich festgelegt, daß "the English language shall be equally recognised as an official language" (Artikel 4). Zu einer Differenzierung der beiden Sprachen hinsichtlich des Grades ihrer offiziellen Anerkennung kam es erst 1937, als sich der Irische Freistaat unter dem neuen Namen *Éire* (*Ireland*) zu einem "sovereign, independent, democratic state" erklärte, an dessen Spitze nicht mehr ein von der britischen Krone eingesetzter Generalgouverneur, sondern ein vom Volk gewählter Präsident stand. Nun wurde dem Irischen als der Nationalsprache der Status der "first official language" zuerkannt, dem Englischen dagegen nur noch der einer "second official language" (vgl. Artikel 8 der Verfassung von 1937). Jedoch gelang es in der Folgezeit nicht, dieser unterschiedlichen Wichtung der beiden Sprachen auch praktisch Geltung zu verschaffen, sondern mußte sich die Sprachpolitik der irischen Regierung statt dessen darauf konzentrieren, einer noch weiteren Zurückdrängung des Irischen durch das Englische entgegenzuwirken und sein Fortbestehen als lebendige Sprache in einer echt bilingualen Sprachsituation zu sichern (vgl. Abschnitt 2.4.2.1.).

1948 schied Irland aus dem *Commonwealth of Nations* aus, und 1949 gab es sich die offizielle Staatsbezeichnung *Poblacht na h'Éireann* (*Republic of Ireland*). 1973 trat es der Europäischen Gemeinschaft bei.

Nordirland hatte bereits 1921 auf der Basis der "Government of Ireland Act" ein eigenes Parlament erhalten (das sog. *Stormont*), dessen Befugnisse allerdings beschränkt waren. Als sich die Auseinandersetzungen zwischen den Unionisten und den Nationalisten dort immer mehr zuspitzten, wurde es 1972 aufgelöst und dieser Teil Irlands wieder direkt der Regierung in London unterstellt, in der es daher nun auch einen *Secretary of State for Northern Ireland* gibt.

1985 kam es zwischen dem Vereinigten Königreich und der Republik Irland zu einem Abkommen, das letzterer das Recht einräumt, in Fragen, die Nordirland betreffen, konsultiert zu werden, dafür jedoch von ihr verlangt, die Zugehörigkeit dieses Teils der Insel zum Vereinigten Königreich so lange anzuerkennen, wie das den Wünschen der Mehrheit der Nordiren entspricht. Ob das Abkommen zugleich Möglichkeiten eröffnet, dem Irischen auch im Norden wieder mehr Geltung zu verschaffen, bleibt noch abzuwarten.

2.4.2. Die gegenwärtige Sprachsituation und Sprachpolitik in Irland

2.4.2.1. Republik Irland

Einwohnerzahl (1991): 3 523 401
Hauptstadt: Dublin

In der Republik Irland herrscht zwar *de jure* eine annähernd gleichgewichtige bilinguale Sprachsituation, in der dem Irischen als der Nationalsprache sogar der

Status der "first official language" zukommen soll (vgl. Abschnitt 2.4.1.), doch ist die Situation *de facto* noch immer ungleichgewichtig, da hier im offiziellen wie im nichtoffiziellen Bereich nach wie vor eindeutig das Englische als Kommunikationsmittel dominiert. Deshalb muß sich die Sprachpolitik der irischen Regierung auch weiterhin darauf konzentrieren, "to restore Irish as a means of communication so that the population of the country will be truly bilingual" (*White Paper* 1980: 108).

Das Irische wird in der Republik allen Sprechern mindestens durch die Schule vermittelt und von offizieller Seite auch demonstrativ in bestimmten Bereichen des öffentlichen Lebens verwendet. Es ist jedoch trotzdem vom Schwund bedroht, da es nur für sehr wenige Sprecher noch die primäre Sprache ist und die Rolle einer "community language" hat, die sie als Hauptkommunikationsmittel im Alltagsverkehr benutzen. Diese Sprecher konzentrieren sich auf die Gebiete der Gaeltacht, d.h. die Regionen, in denen das Irische noch relativ häufig als Muttersprache vorkommt. Die Gaeltacht umfaßte ursprünglich große Teile des Landes, insbesondere die westlichen, beschränkt sich jedoch heute auf einige oft weit auseinander liegende und dementsprechend stark voneinander isolierte Restgebiete in den Grafschaften Donegal, Mayo, Galway, Kerry, Cork, Waterford und Meath. Da diese Gebiete als einzige Regionen mit mehr oder minder großen Gemeinschaften von Irischsprechern erhebliche Bedeutung für die Erhaltung des Irischen als Muttersprache und "community language" haben, wurden sie von der Regierung offiziell zu "Gaeltacht areas" erklärt, die von ihr besondere Unterstützung erfahren. 1981[3] lebten in ihnen 79 502 Menschen (d.h. 2,3% der Gesamtbevölkerung). Davon sprachen 77,4% der Drei- und Mehrjährigen nach eigener Einschätzung nur Irisch oder – was als Regelfall angesehen werden kann – Irisch und Englisch. Jedoch nimmt der Gebrauch des Irischen selbst in den Gaeltachtgebieten eher ab als zu, was durch ökonomische und soziale Veränderungen, durch Abwanderung von Irischsprechern und Zuwanderung von Englischsprechern bzw. Rückkehr von anglisierten Irischsprechern sowie auch durch den Tourismus bedingt ist.

Zur Kommunikation im lokalen Alltagsverkehr wird das Irische gewöhnlich nach wie vor in Form der örtlichen Dialekte verwendet. Sie werden aber nur noch von wenigen Sprechern beherrscht und weichen zum Teil auch erheblich voneinander ab. Da keiner von ihnen so starke soziale Geltung besaß, daß er zum Ausgangspunkt für die Herausbildung einer Standardnorm für den überregionalen Verkehr und die Kommunikation im offiziellen Bereich hätte werden können, mußte eine solche Norm für das Irische erst künstlich aus den Formen der noch lebendigen Dialekte und der überlieferten Literatursprache entwickelt werden. Diese Standardnorm wird oft als Schulirisch bezeichnet, da sie hauptsächlich durch den Schulunterricht verbreitet wird, auf den sie für viele Sprecher hinsichtlich ihrer aktiven Verwendung auch beschränkt bleibt. Als allgemeines Kommunikationsmittel hat sich diese zudem bislang erst teilweise kodifizierte Variante des Irischen besonders im mündlichen Verkehr nicht in erhofftem Maße durchsetzen können, obwohl man ihre Verbreitung durch eine ganze Reihe von Bestimmungen und Maßnahmen zu forcieren suchte. So machte man z.B. ihre Beherrschung zur Vorbedingung für die Einstellung im öffentlichen Dienst und gewährte

Beamten sowie Lehrern für ihre Verwendung Gehaltszulagen. Jedoch mußte die erstgenannte Bestimmung 1974 wieder gelockert werden, nachdem ihr ohnehin nur formal Genüge getan worden war.

Überhaupt erwies sich die "policy of compulsory Irish" als wenig wirksam. Außerdem zeigte sich bald, daß man das Irische über die Schule allein nicht als Kommunikationsmittel reaktivieren konnte, zumal es nach anfänglichen Erfolgen immer weniger gelang, es gegenüber dem Englischen auch als Unterrichtsmedium durchzusetzen. So wird das Irische heute in dieser Funktion überwiegend nur noch in den Schulen der Gaeltachtgebiete sowie in den "All-Irish Schools" verwendet. Sonst ist es meist lediglich Unterrichtsfach, obwohl es generell in wenigstens einem anderen Fach auch als Unterrichtsmedium benutzt werden sollte. Diese Bestimmung wird jedoch immer seltener eingehalten, nicht zuletzt deshalb, weil es den Lehrern zunehmend an der nötigen Sprachbeherrschung mangelt, seit das Irische selbst an den Lehrerbildungseinrichtungen nicht mehr die Hauptunterrichtssprache ist. Außerdem ergab z.B. eine 1993 durchgeführte Meinungsumfrage, daß lediglich 20% der Befragten für seine Verwendung als Unterrichtsmedium in einigen oder sogar der Hälfte der Fächer plädierten, 70% dagegen es allein als Unterrichtsfach wünschten. Bereits seit 1973 ist das Irische auch nicht mehr obligatorischer Bestandteil der Abschlußprüfungen.

In der staatlichen Verwaltung beschränkt sich der Gebrauch des Irischen weitgehend auf den schriftlichen Bereich. So werden Gesetze und amtliche Verlautbarungen in beiden offiziellen Sprachen veröffentlicht und sind in Schreiben von Behörden die Anrede sowie die Schlußformel irisch. Staatliche Institutionen wie die Post haben nur irische Namen. Straßen- und Bahnhofsschilder sowie Wegweiser sind in der Regel zweisprachig. Im Parlament reduziert sich der Gebrauch der Nationalsprache im wesentlichen darauf, daß Abgeordnete der beiden bürgerlich-nationalen Parteien, der Fine Gael und der Fianna Fáil, ihre Reden mit einem "token sentence" in irischer Sprache beginnen, um dann zur Verwendung des Englischen überzugehen. Ähnliches gilt für offizielle Reden in anderen Bereichen. Als Irland der Europäischen Gemeinschaft beitrat, wurde zwar die Beitrittsurkunde ins Irische übersetzt, verzichtete die irische Regierung jedoch dann auf ihr Recht, von allen weiteren Dokumenten der Gemeinschaft stets ebenfalls eine Übersetzung zu bekommen, und begnügte sich mit dem Erhalt der jeweiligen englischen Fassung.

Noch geringer als in der Administration ist die Rolle des Irischen in den Massenmedien. Im Bereich der Presse gibt es lediglich Wochenblätter in irischer Sprache, so die überregionale Sonntagszeitung *Anois* (Now) und die Zeitschrift *Inniu* (Today). Die Tageszeitungen erscheinen dagegen sämtlich in englischer Sprache und veröffentlichen allenfalls einzelne Artikel, Leserbriefe oder Annoncen sowie speziell für die Gaeltachtgebiete bestimmte Seiten bzw. Spalten auf irisch. Kaum minder stark dominiert das Englische im Bereich des staatlichen Rundfunks und Fernsehens (*Raidió Telefís Éireann*). Das Fernsehen strahlt lediglich Kurznachrichten sowie (außer in den Sommermonaten) einige Magazinsendungen in irischer Sprache aus. Im Rundfunk ist die Zeit für Sendungen in dieser Sprache weniger knapp bemessen. Außerdem gibt es seit 1972 eine rein irischsprachige Radiostation für die Gaeltachtgebiete (*Raidió na Gaeltachta*). Die Do-

minanz des Englischen im Bereich der Massenmedien wird noch dadurch verstärkt, daß in Irland auch die britischen Sender empfangen werden können und die
britische Presse einen hohen Marktanteil hat. Letzteres gilt erst recht für die britische Buchproduktion. In irischer Sprache werden außer Schulbüchern im wesentlichen lediglich belletristische und folkloristische Werke veröffentlicht, diese
jedoch nur in geringer Zahl und in sehr kleinen Auflagen. Renommierte Schriftsteller gehen meist bald dazu über, englisch zu schreiben, um einen größeren
Leserkreis zu erreichen und auch international rascher bekannt zu werden. Noch
unbedeutender als die Produktion von Büchern ist die von Filmen in irischer
Sprache.

Die *de facto* geringe Rolle des Irischen als Kommunikationsmittel spiegelt sich
auch darin wider, daß es trotz aller Förderungsmaßnahmen von vielen Sprechern
gar nicht oder lediglich höchst unzureichend beherrscht wird. So ergaben die
Befragungen für den Zensus von 1991, daß nur etwa ein Drittel der Bevölkerung
über zwei Jahre (32,5%) nach eigener Einschätzung in der Lage ist, Irisch zu
sprechen. Außerdem sind die Irischsprecher fast durchweg bilingual und ist für sie
die primäre Sprache dann größtenteils das Englische. Das Irische hat diesen Status
nur für eine ganz kleine Minderheit. Für die überwiegende Mehrheit der Sprecher
ist es die sekundäre Sprache, die sie zudem meist nicht unter natürlichen Bedingungen, im Kommunikationsprozeß selbst, erlernt haben, sondern unter künstli-
chen, im Rahmen des Schulunterrichts. Das aber hat bei fehlender Anwendungs-
möglichkeit in der Praxis oft zur Folge, daß sie das Irische nur passiv einigermaßen gut beherrschen. Relativ häufig oder sogar regelmäßig als Kommunikationsmittel verwendet und daher auch aktiv in hohem Grade beherrscht wird es von
kaum mehr als 2-3% der Bevölkerung, und zwar außer von einigen Gebildeten
sowie beruflich auf seine Kenntnis Angewiesenen vor allem von Bewohnern der
Gaeltachtgebiete. Namentlich dort findet sich auch ein natürlicher Bilinguismus
(oft mit dem Irischen als primärer Sprache).

Bezüglich der Einstellung der Sprecher zum Irischen ergaben Umfragen, daß
es von vielen Iren nach wie vor als ein Symbol ihrer ethnischen bzw. nationalen
Identität und kulturellen Eigenständigkeit angesehen wird. Jedoch besteht auch
bei solchen Sprechern oft wenig Interesse, es wirklich zu beherrschen, da der
praktische Nutzen, der sich aus seiner Kenntnis ziehen läßt, zu gering erscheint.
Zusammen mit dem schon vorher Erwähnten hat das zur Folge, daß die Beherrschung des Irischen trotz aller Förderungsmaßnahmen eher ab- als zunimmt und
daß es insbesondere als "community language", d.h. gewöhnliches Verständigungsmittel im Alltagsverkehr, vom Schwund bedroht ist.

Für den weitaus größten Teil der irischen Bevölkerung ist die Muttersprache
und das primäre oder sogar einzige Kommunikationsmittel das Englische. Es
dominiert auch deutlich im offiziellen Bereich, obwohl ihm in der Verfassung von
1937 lediglich die Rolle der "second official language" zugewiesen wurde. Seine
Position wird noch gestärkt durch den in vielen Bereichen weiterhin mächtigen
Einfluß Großbritanniens sowie durch seine Bedeutung für die internationale Kommunikation.

Aus dem nach wie vor starken Einfluß Großbritanniens wie nicht zuletzt aus
dem Fortwirken bestimmter britischer Traditionen erklärt sich zugleich, daß als

"korrekte" Form des Englischen und damit als Vorbild für dessen Verwendung im offiziellen Bereich (z.B. im Parlament, in der Kirche, der Schule und den Massenmedien) auch in der Republik Irland noch immer das Englische Standardenglisch gilt. Das zeigt sich am klarsten in der geschriebenen Sprache, weniger deutlich in der gesprochenen, wo die Übergänge zum *Hiberno-English* insbesondere im Bereich der Aussprache eher fließend sind.

Das *Hiberno-English* ist das für Irland spezifische Englisch. Es unterscheidet sich vom Englischen Standardenglisch vor allem auf Grund seiner anderen regionalen Ausgangsbasis (vgl. z.B. die Distribution und phonetische Realisierung des Phonems /r/), eines Einflusses des Irischen (vgl. z.B. die grammatischen Formen) sowie einer zeitweilig relativ starken Isolierung von seiner Quelle im Ursprungsland (vgl. z.B. die Bewahrung älterer englischer Lexik). Die englischsprachigen Einwanderer im Süden Irlands stammten überwiegend aus dem Westen bzw. Nordwesten Mittelenglands, die im Norden dagegen größtenteils aus dem Südwesten Schottlands. Außerdem waren die beiden englischsprachigen Gebiete längere Zeit durch eine irischsprachige Zone voneinander getrennt. Das zusammen führte dazu, daß sich im *Hiberno-English* heute zwei Gruppen von Varianten abzeichnen: die des *Southern Hiberno-English* und die des *Northern Hiberno-English*, wobei die Grenze zwischen deren Verbreitungsgebieten jedoch nicht mit der zwischen der Republik Irland und Nordirland identisch ist, sondern etwa derjenigen der ehemaligen Provinz Ulster entsprechend von Bundoran im Westen nach Carlingford im Osten verläuft.

Die für die Republik Irland charakteristische Form des Irischen Englisch ist das *Southern Hiberno-English*, das – wie schon gesagt – auf das Englische im Westen bzw. Nordwesten Mittelenglands zurückgeht. Es weist deutlich eine Differenzierung in ländliche und städtische Varianten auf. *Rural Southern Hiberno-English* wird besonders im Westen des Landes gesprochen, nimmt jedoch als "broad dialect" an Verbreitung ab. Es stellt die Form des Irischen Englisch dar, die am altertümlichsten ist und am stärksten vom Irischen beeinflußt wurde. *Urban Southern Hiberno-English* findet sich vor allem in den Städten des Ostens und ist durch einen geringeren Einfluß des Irischen sowie eine größere Nähe zum Englischen (bzw. heute auch zum Amerikanischen) Standardenglisch gekennzeichnet. Beide Formen, ganz besonders aber das *Rural Southern Hiberno-English*, gelten als "nonstandard" oder doch zumindest als in starkem Maße "informal" und sind daher hinsichtlich ihrer Verwendung auf den nichtoffiziellen Bereich beschränkt. Für den Gebrauch im offiziellen Bereich scheint sich speziell in und um Dublin ein *Educated Southern Hiberno-English* zu entwickeln, und zwar "based on the speech of Radio Telefís Éireann (RTE) national newsreaders, national leaders, and school teachers trained in colleges in the Dublin area" (Barry in Bailey/Görlach 1982: 90). Diese Variante, die sich vom Englischen Standardenglisch hauptsächlich in der Aussprache unterscheidet, könnte eventuell die Basis für die Entwicklung einer eigenen, nationalen mündlichen Standardform bilden, doch sind von offizieller Seite kaum Schritte zur Anerkennung oder gar Kodifizierung einer Form des *Hiberno-English* als "national standard" zu erwarten, solange sich die Sprachpolitik der irischen Regierung ganz auf die Förderung des Irischen als Nationalsprache konzentriert.

2.4.2.2. Nordirland

Einwohnerzahl (1991): 1 594 400
Hauptstadt: Belfast

In Nordirland gilt als offizielle Sprache allein das Englische. Das Irische spielt hier eine noch viel geringere Rolle als in der Republik Irland. Es ist in diesem Teil der Insel als Muttersprache so gut wie ausgestorben. Mitte der 80er Jahre gab es nach einer Fernsehumfrage in Nordirland noch ca. 20 000 Sprecher, die fließend Irisch sprachen, und etwa ebenso viele, die es mäßig beherrschten. Obligatorisches Unterrichtsfach ist es dort durchweg nur an den katholischen Schulen, die ihre Schüler auch zu Sommerkursen in die Gaeltachtgebiete der Republik Irland schicken. Erst in jüngster Zeit scheint das Interesse am Irischen in Nordirland selbst außerhalb von "Republican circles" wieder etwas zugenommen zu haben. So entstanden in Belfast irischsprachige Kindergärten und auch Grundschulen. 1984 wurde dort sogar ein irischsprachiges Wochenblatt in eine Tageszeitung (*Lá* 'Day') umgewandelt. Sie fand jedoch nur wenige Leser und mußte daher von Anfang an hart um ihre Existenz ringen. Ganz allgemein wird das Irische in den nordirischen Massenmedien nur selten verwendet. Die BBC in Belfast strahlt lediglich ein Kurzprogramm pro Woche in irischer Sprache aus. Jedoch können im Norden auch die Sendungen von *Raidió Telefís Éireann* empfangen werden.

Die in jeder Hinsicht eindeutig dominierende Sprache ist in Nordirland das Englische. Es wird im offiziellen Bereich in Form des Englischen Standardenglisch (mit oft deutlichem nordirischem Akzent), im nichtoffiziellen Bereich überwiegend in Form der mehr oder minder stark schottisch gefärbten Varianten des *Northern Hiberno-English* verwendet. Diese kommen zum Teil auch im Norden der Republik Irland vor, da ihr Verbreitungsgebiet insgesamt etwa dem Territorium der ehemaligen Provinz Ulster entspricht.

Die Hauptvarianten des *Northern Hiberno-English* sind das *Ulster Scots* (oder *Scots/Scotch-Irish*) und das *Mid-Ulster English* (oder *Ulster Anglo-Irish*). Beide treten wie das *Southern Hiberno-English* in ländlichen und städtischen Subvarianten auf. Das *Ulster Scots* geht auf das Schottische im Südwesten Schottlands zurück und stellt in seiner ländlichen Form als "broad dialect" faktisch eine Variante des *Lowland Scots* dar. Es wird im Norden und Nordosten von Ulster gesprochen, genießt jedoch ein geringeres Ansehen als das dem Englischen Englisch näherstehende *Mid-Ulster English* und scheint besonders als "broad dialect" an Verbreitung zu verlieren. Das *Mid-Ulster English* (das man auch als das *Northern Hiberno-English* im engeren Sinne bezeichnen könnte) trägt gleichfalls schottische Züge, beruht aber primär auf dem Englischen im Westen bzw. Nordwesten Mittelenglands und stimmt daher auch in einer Reihe von Merkmalen mit dem *Southern Hiberno-English* überein. Es wird im mittleren und südlichen Teil Ulsters gesprochen und ist seiner Sprecherzahl wie seinem sozialen Ansehen nach die dominierende Variante im Norden Irlands. Daher bildet es auch mit seiner in Belfast üblichen "educated variety" die Basis für die nordirische Standardaussprache des Englischen. Neben den beiden Hauptvarianten des *Northern Hiberno-*

English gibt es noch das *South Ulster English,* das im äußersten Süden von Ulster gesprochen wird und eine Übergangsform zum *Southern Hiberno-English* darstellt.

2.4.3. Besonderheiten des Irischen Englisch

2.4.3.1. *Southern Hiberno-English*

Die Entwicklung des *Southern Hiberno-English* zu einer nationalen Variante des Englischen mit einer eigenen Standardnorm ist am weitesten fortgeschritten im Bereich der gesprochenen Sprache und hier der A u s s p r a c h e , da sich die Sprecher in ihr nur noch bedingt an der Prestigenorm des Englischen Standardenglisch, der RP, orientieren. Daher finden sich die im folgenden angeführten lautlichen Merkmale des *Southern Hiberno-English* zum Teil auch in der Aussprache von Standardsprechern. Zwar variieren sie – speziell in Dublin – bei solchen Sprechern nicht selten noch mit Lautungen, die denen der RP näherstehen oder sogar völlig gleichkommen, doch wird eine gänzlich mit dieser Variante übereinstimmende Aussprache offensichtlich nur mehr von wenigen angestrebt.

RP	Southern Hiberno-English
e	ɛ *bet*
æ	a *cat, man*
ʌ	(zentriertes) ü ~ ɔ̈ (~ ʌ) *cut*
ɑ:	a: *calm; glass, dance*
ɒ	ɑ ~ ɒ *hot*
ɔ:	ɑ: ~ ɔ: *talk*
ɜ:	ɛr ~ e:r *earth* ʊr ~ ö̈r *nurse*
eɪ	e: *late*
əʊ	o: *coat*
aɪ	əɪ ~ ʌɪ (~ aɪ) *light*
aʊ	əʊ ~ ʌʊ (~ aʊ) *house*
ɪə, ɛə, ʊə	i:r, e:r, u:r (keine zentrierenden Diphthonge) *peer, pair, poor*
-ɪ ~ -i	-i *happy*
w	<w>: w *wet* <wh>: ʍ ~ hw *whet, when*
l/ɬ	meist: (helles) l *lick, miller, milk, mill*
r/Ø (non-rhotic accent)	r[4] (rhotic accent) *red, tree, very, farm* [faːrm]*, far* [faːr]
θ, ð	(dentales) t̪ʰ, d̪, auch: t̪θ, d̪ð *think, this*
(Vokal +) t, d	(affiziertes) tˢ, dᶻ *bit, bid*

Zu diesen für das *Southern Hiberno-English* mehr oder minder deutlich generell gültigen lautlichen Merkmalen kommen noch Besonderheiten in der Aussprache einzelner Lexeme bzw. Lexemgruppen, wie z.B. die Verwendung von

- [æ ~ a] statt [ɛ] in *any* und – weniger durchgängig – in *many*, mitunter auch von [æ] statt [a:] in Wörtern vom Typ *glass/dance*,
- [ɔ:] bzw. [ɔ: ~ ɒ] statt [a:] in Wörtern wie *father* oder *rather* ([ˈfɔ:d̩ər] etc.) bzw. im Namen des Buchstabens *r* ([ɔ:r ~ ɒr]) sowie
- [u:] statt [ʊ] in Wörtern auf <-ook> wie *book* oder *cook*.

Außerdem finden sich im *Southern Hiberno-English* zuweilen Varianten der Wortbetonung (z.B. *diˈscipline, archiˈtecture, recogˈnize, eduˈcate* neben *ˈdiscipline, ˈarchitecture, ˈrecognize, ˈeducate*).

Hinsichtlich der Satzphonetik fällt in dieser Variante des Englischen auf, daß hier einige sonst nicht abgeschwächte Funktionswörter mit einer Schwachtonform auftreten (z.B. *what* [hwət], *when* [hwən]) und daß Entscheidungsfragen in neutraler Rede gewöhnlich eine fallende Intonation haben (z.B. *ˈAre you ˈquite ↘sure?*).

Eine deutlich irisch gefärbte Aussprache des Englischen wird oft als *(Irish) brogue* bezeichnet.

Die Besonderheiten des *Southern Hiberno-English* im Bereich der L e x i k erklären sich hauptsächlich aus einem Einfluß des Irischen sowie aus seiner regionalen Ausgangsbasis in England und einer zeitweilig relativ starken Isolierung vom Englischen Englisch.

Der Einfluß des Irischen macht sich in Form von Lehnwörtern, Lehnübersetzungen und Lehnbedeutungen bemerkbar. Zu den Lehnwörtern gehören z.B.:[5]

banshee [ˈbanʃi:/-ˈ-] 'female spirit whose wail portends death in a house', *garda* [ˈga:rdə] (Pl. *-dai* [-di:]) 'member of the State police force of the Irish Republic', *kittogue* [kɪˈto:g] 'left-hander', *leprechaun* [ˈlɛprəkɔ:n] 'small mischievous sprite', *lough* [lɑx/lɑk, lɒx/lɒk] 'lake, arm of the sea', *pishogue* [pɪˈʃo:g] 'sorcery; charm, spell', *punt* [pʊnt] 'Irish pound' sowie viele Wörter auf *-ˈeen* (< ir. *-ín* [Diminutivsuffix]): *colleen* 'girl', *pot(h)een* [pəˈti:n/-ˈtʃi:n] 'whiskey from illicit still', *shebeen* 'small country pub', *shoneen* 'would-be gentleman who puts on superior airs; Irishman who apes English ways', *sleeveen* 'sly fellow'; im *Rural Southern Hiberno-English* auch Ableitungen mit *-een* von englischen Wörtern und Namen: *childreen, girleen; Pegeen* 'Peggie' (vgl. Bliss in Trudgill 1984: 141f.)

Bereits in den "common core" des Englischen sind aus dem Irischen (bzw. Gälischen) eingedrungen:

bog 'wet spongy ground', *brogue* 'rough shoe of untanned leather; strong outdoor shoe with ornamental perforated bands'[6], *galore* [gəˈlɔ:] 'in abundance' (z.B. *whisky galore; Telly* [Television] *galore* [Überschrift in *The Economist* vom 12.11.88, S. 14]), *shamrock* 'type of clover (used as the national emblem of Ireland)', *whisk(e)y*

Lehnübersetzungen aus dem Irischen sind z.B. *let a shout* (infml.) 'utter a shout' und *rise out of sth.* 'give sth. up' (vgl. *Didn't you smoke cigarettes? – Yes, but I rose out of them* [Ó Lúing 1984: 106]). Eine Lehnbedeutung könnte der Verwendung von *bring* ohne Spezifizierung des Sprecherstandorts, d.h. als Hyperonym von *bring* und *take*, zugrunde liegen (vgl. *He was brought to the hospital*), doch ist dieses Verb mit einer solch weiten Bedeutung auch im älteren Englisch belegt.

Außer durch Entlehnungen aus dem Irischen ist die Lexik des *Southern Hiberno-English* durch Lexeme und Sememe gekennzeichnet, die seine regionale Ausgangsbasis in England oder einen älteren Entwicklungsstand des Standardenglischen reflektieren und daher im Englischen Englisch heute allenfalls noch in Dialekten (vgl. *great* 'friendly') oder in archaischem bzw. poetischem Standardgebrauch vorkommen (vgl. *ail* 'to trouble', *strand*). Beispiele hierfür sind u.a.:

ail 'to trouble' (z.B. *What ails you?*), *cess* 'rate levied by a local authority and for local purposes', *cog* (infml.) 'cheat (in an examination)', *counsellor(-at-law)* 'advising barrister', *delph* 'crockery', *ditch* [auch:] 'bank, embankment', *evening* [auch:] 'afternoon, afternoon and evening', *great* (infml.) [auch:] 'friendly (with)' (z.B. *He was great with the neighbours for a while and then they had a falling out* ['quarrel']), *strand* 'beach'

Andere Lexeme haben im *Southern Hiberno-English* infolge einer Bezeichnungsübertragung eine zusätzliche Bedeutung bekommen bzw. eine Verengung oder Erweiterung ihrer Bedeutung erfahren; vgl. z.B.:

bacon [auch:] 'ham' (vgl. *rashers* 'sliced bacon'), *barony* 'division of a county', *sliced pan* 'sliced loaf of bread', *press* '(any kind of) cupboard'

Hinzu kommen Lexeme, die nur im *Southern Hiberno-English* belegt sind, wie z.B. *yoke* (infml.) 'thing, thingummy' (z.B. *What's that yoke for?*), sowie zahlreiche Phraseologismen, die wiederum nicht selten einen Einfluß des Irischen zeigen; vgl. z.B.:

be an awful man 'be a nice/friendly/kind man' (z.B. *You're an awful man* [als Kompliment]), *be a broth of a boy* 'be a good fellow / a well-built man', *go afire* 'catch/take fire, begin to burn', *be a great age* 'be very old', *be in it* 'be alive' (z.B. *Is he still in it?*), *your* [jǝr] *man* (infml.) 'the man, he' (z.B. *Do you know your man in the garage?*, *Who's your man?* 'who is he / that person?'); vgl. auch Konstruktionen mit *of* bzw. *on* wie in den folgenden Beispielen: *She has three of a family* 'she has three children'; *I have a right thirst on me* 'I am very thirsty', *What's the hurry on you?* 'why are you in a hurry?' sowie zum Ausdruck einer negativen Erfahrung in *The soup boiled over on me, The fire went out on her*

Die Besonderheiten des *Southern Hiberno-English* im Bereich der G r a m - m a t i k lassen sich oft auf einen Einfluß des Irischen zurückführen und betreffen vor allem die Verbformen und die Syntax. Sie finden sich zumindest im mündlichen Sprachgebrauch zu einem großen Teil auch bei Standardsprechern, sind jedoch meist noch mehr oder minder deutlich als "informal" oder gar als "nonstandard" markiert.

Zu den Besonderheiten des *Southern Hiberno-English* im Bereich der Verbformen gehören

(a) in bezug auf die Kategorien des Tempus und der Korrelation[7]:

- die Verwendung der Present bzw. der Past Tense (mit einer entsprechenden Zeitangabe) statt eines inklusiven Present bzw. Past Perfect (z.B. *We know/ knew him about five years* statt *We have/had known him ...*);
- der Gebrauch der Past Tense statt eines exklusiven Present Perfect (z.B. *Did you have lunch yet?* statt *Have you had lunch yet?*);
- die Verwendung der Konstruktion "*be + after* + Verbalsubstantiv" statt eines Present bzw. Past Perfect, vor allem zur Bezeichnung einer soeben oder vor kurzem vollzogenen Handlung (z.B. *I am after having my dinner* statt *I have just had my dinner*; *I was only after getting up, when there was a knock on the door*), wobei diese Konstruktion jedoch als "nonstandard" gilt oder doch zumindest deutlich als "informal" markiert ist;
- der Gebrauch der Konstruktion "*have* + Objekt + Partizip II" zur Hervorhebung des aus der Handlung resultierenden Zustands (z.B. *He has* [z] *his article / it finished at last*);
- die Verwendung von *will* statt *shall* im Futur (z.B. *I will tell him, Where will we meet?*);

(b) in bezug auf die Kategorie des Aspekts:

- der Gebrauch der Expanded Form bei Verben bzw. Verbbedeutungen, für die sie sonst eher ungewöhnlich ist (z.B. *Is this belonging to you?, The window is facing into the garden, And what is it you'll be wanting?*);
- die Verwendung von (nichtemphatischem) *do* mit *be* (oder zuweilen auch einem anderen Verb) bzw. – seltener – mit *be + V-ing* zur Bezeichnung eines "generic/habitual Present" (z.B. *He does be drunk every time I see him, It does rain a lot in winter, He does be asking me for money*).

Besonderheiten des *Southern Hiberno-English* im Bereich der Syntax sind u.a.

- der Gebrauch von *the* statt des Null-Artikels bei Bezeichnungen von Krankheiten oder Festen bzw. bei Namen von Grafschaften (z.B. *He was suffering from the jaundice, We went to a small village in the County Galway over the Christmas/Easter*);
- die Verwendung der Konstruktion "*and* + Nominalphrase + Partizip I" statt eines Nebensatzes zum Ausdruck einer gleichzeitig ablaufenden Handlung (z.B. *She smiled at us and she/her coming down the stairs* statt *... as she was coming down the stairs*), wobei diese Konstruktion jedoch als "nonstandard" gilt;
- die Bildung von Kurzantworten auf Entscheidungsfragen ohne *yes* oder *no* (z.B. *Are you listening? – I am, Did he tell you? – He didn't*);
- der Gebrauch von *Amn't I ...* statt *Am I not ...* (z.B. *Amn't I the bloody fool?*);
- die Verwendung der Form der direkten Frage für indirekte Fragen (z.B. *I asked him was he ever in Dublin before / when would he go to Dublin* statt *... if/ whether he had ever been in Dublin before / when he would go to Dublin*);
- die Voranstellung eines Komplements oder eines anderen Satzglieds mittels *it is/was* zum Zwecke der Hervorhebung (Rhematisierung) (z.B. *It's a nice girl she is, It's getting old he is, It was very sick (that) he looked*).

Auffallend häufig werden im *Southern Hiberno-English* zur Hervorhebung eines Satzglieds bzw. zur Bekräftigung einer Aussage auch verschiedene Typen von rhetorischen Fragen verwendet (z.B. *Who betrayed him only/but his own son?* 'it was his own son who betrayed him', *Amn't I the bloody fool?*, *Is it annoying me you are?* 'you are annoying me'). Außerdem dienen diesem Zweck noch bestimmte Zusätze (z.B. *He is making a fool of himself,* so he is; *He is a fool,* that's what he is).

Darüber hinaus werden den Iren oft eine Neigung zu Wortfülle und ein gewisser Hang zur Übertreibung nachgesagt. Auch dafür dürfte die Ursache letztlich im Irischen zu suchen sein.

Der folgende Textauszug enthält einige der oben angeführten grammatischen Besonderheiten des *Southern Hiberno-English*.

I beg your pardon for interrupting, said Shanahan, but you're after reminding me of something, brought the thing into my head in a rush.

...

That thing you were saying reminds me of something bloody good. I beg your pardon for interrupting, Mr Storybook.

In the yesterday, said Finn, the man who mixed his utterance with the honeywords of Finn was the first day put naked into the tree of Coill Boirche with nothing to his bare hand but a stick of hazel. On the morning of the second day thereafter ...

Now listen for a minute till I tell you something, said Shanahan, did any man here ever hear of the poet Casey?

Who did you say? said Furriskey.

Casey. Jem Casey.

...

Come here till I tell you about Casey. Do you mean to tell me you never heard of the poet Casey, Mr Furriskey?

Never heard of him, said Furriskey in a solicitous manner.

I can't say, said Lamont, that I ever heard of him either.

He was a poet of the people, said Shanahan.

I see, said Furriskey.

Now do you understand, said Shanahan. A plain upstanding labouring man, Mr Furriskey, the same as you or me. ... A hard-working well-made block of a working man, Mr Lamont, with the handle of a pick in his hand like the rest of us. Now say there was a crowd of men with a ganger all working there laying a length of gas-pipe on the road. All right. The men pull off their coats and start shovelling and working there for further orders. Here at one end of the hole you have your men crowded up together in a lump and them working away and smoking their butts and talking about the horses and one thing and another. Now do you understand what I'm telling you. Do you follow me?

I see that.

(Flann O'Brien: *At Swim-Two-Birds.* [Penguin Modern Classics.] Harmondsworth, Middlesex, 1967/1988, S. 72f.)

2.4.3.2. *Northern Hiberno-English*

Northern Hiberno-English wird außer in Nordirland auch in Gebieten der Republik Irland gesprochen, die einst ebenfalls zur Provinz Ulster gehörten, und zwar vor allem in Donegal und in Monaghan. Es unterscheidet sich vom *Southern Hiberno-English* in erster Linie dadurch, daß es mehr oder minder stark durch schottische Einwanderer geprägt worden ist und daher – besonders in der Variante des *Ulster Scots* – Ähnlichkeiten mit dem *Scots* aufweist.

In der A u s s p r a c h e des *Northern Hiberno-English* macht sich der schottische Einfluß vor allem im Fehlen der Phonemopposition "/ʊ/ – /u:/" sowie hinsichtlich der Vokalquantität bemerkbar. Letztere richtet sich hier ähnlich wie im Schottischen Englisch weitgehend nach der Art des folgenden Lautes, wobei sich jedoch einige Modifizierungen der Grundregel (vgl. Abschnitt 2.3.3.) ergeben, z.B. die, daß im *Mid-Ulster English* – besonders in Belfast – /e, o, əi, əü/ nur vor (Sonorant +) starkem Konsonant und /ɛ, a, ɔ/ nur vor /p, t, k, tʃ/ oder Sonorant + starkem Konsonant kurz sind (vgl. Harris in Trudgill 1984: 127).

Da das *Ulster Scots* faktisch eine Variante des *Lowland Scots* und das *South Ulster English* eine Übergangsform darstellt, beschränken wir uns hier auf die Betrachtung des *Mid-Ulster English*. Seine Lautungen weisen zum Teil eine erhebliche Variation auf, wobei die Wahl der jeweiligen Variante auch vom sozialen Status des Sprechers abhängen kann. Bei Sprechern der Mittelschicht läßt sich generell eine gewisse Tendenz zur Annäherung ihrer Aussprache an die RP beobachten.

RP	Mid-Ulster English
e	ɛ [ɛ] *bet*, [ɛː] *bed*
æ	[a] *ant*, [aː] *have*
ɑː	a [a] *aunt*, [aː] *halve*
ʌ	(zentriertes) ɔ̈ *cut*
ɒ	ɔ [ɒ ~ ɑ] *not*, [ɔː] *nod*
ɔː	ɔ [ɔ] *nought*, [ɔː] *cause*
ʊ	[ü] *foot*
u:	(zentriertes) ü [ü] *boot*, [üː] *move*
eɪ	e [e] *fate*, [eː] *fade*
əʊ	o [o] *coat*, [oː] *code*
aɪ	əi *tight, tide*
aʊ	əü *shout, loud*
l/ɫ	meist: (helles) l *lick, miller, milk, mill*
r/Ø (non-rhotic accent)	r[8] (rhotic accent) *red, tree, very, farm, far*

/θ, ð/ werden im *Northern* anders als im *Southern Hiberno-English* nicht durch dentale Verschlußlaute ersetzt, sondern wie in der RP als Engelaute ([θ, ð]) gesprochen. Bezüglich der Vokale der unbetonten Silben fällt auf, daß sie in nordirischer Aussprache weniger häufig abgeschwächt werden als in der RP (vgl. z.B. *milkman* ['mɪlkma·n]).

Intonatorisch unterscheidet sich das *Northern Hiberno-English* vom Englischen wie vom Südirischen Englisch dadurch, daß es in Aussagen, Bestimmungsfragen und Ausrufen als neutrale Form statt einer fallenden Intonation eher eine steigende bzw. steigend-fallende hat, bei der die Silbe nach dem Nukleus hoch liegt und die ihr folgenden Silben nur wenig tiefer gleichsam schwebend ausklingen; vgl. z.B.: '*I want* 'people to 'know what my ex^periences ,are.

In der L e x i k weist das *Northern Hiberno-English* Übereinstimmungen mit dem *Southern Hiberno-English* (vgl. *cog, delph*) wie vor allem mit dem Schottischen Englisch auf (vgl. *aye, brae*). Zumeist schottischer Herkunft sind auch die nachstehend angeführten, in der Mehrzahl den Beispielisten von Todd (1984: 168) und Trudgill/Hannah (1994[3]: 103) entnommenen Lexeme des *Northern Hiberno-English*:

> *back-kitchen* 'scullery', *bap* 'bread', *boke* 'vomit', *dwam* 'dizziness associated with high blood pressure', *freet* 'superstition', *glit* 'slime, scum', *hogo* 'bad smell', *hoke* 'poke around, dig into, rummage', *insleeper* 'future visitor who will stay overnight', *skite* 'slap, splash', *throughother* 'untidy, messy', *wither* 'hesitate'; vgl. auch die idiomatischen Wendungen in den folgenden Beispielen: *I'm not at myself* 'I am not feeling well', *You're well mended* '(after an illness:) you are looking better', *He gets doing it* 'he is allowed to do it', *It would take you to be there early* 'you have to be there early'

Die Besonderheiten des *Northern Hiberno-English* im Bereich der G r a m - m a t i k entsprechen meist ebenfalls denen des *Southern Hiberno-English* (wie z.B. der Gebrauch der Verbformen oder die Bildung von indirekten Fragen) bzw. denen des Schottischen Englisch. Speziell für das Nordirische Englisch charakteristisch, jedoch durchweg als "nonstandard" markiert sind nach Harris (in Trudgill 1984: 132)

– der Gebrauch von *but* (statt *though*) als Adverb (z.B. *I never seen him, but*);
– die Verwendung von *from* als Konjunktion mit der Bedeutung 'since, from when' (z.B. *She is living here from she was married*);
– der Gebrauch von *whenever* (statt *when*) bei Vorliegen eines einmaligen Sachverhalts (z.B. *Whenever my baby was born, I became depressed* [Trudgill/ Hannah 1994[3]: 103]).

Anmerkungen

1 Sie zielte darauf ab, daß die irischen Grundherren ihre Ländereien der englischen Krone übereigneten, um sie von ihr dann für den Preis der Unterordnung unter die englischen Feudalgesetze wieder zurückzuerhalten.
2 In diesen beiden Grafschaften hielt sich das *Middle Anglo-Irish* in Form der Dialekte von Fingal bzw. Forth und Bargy bis zum Ende des 18. Jahrhunderts bzw. bis in das 19. Jahrhundert hinein.
3 Die Zahlen für 1991 lagen uns noch nicht vor.

4 /r/ wird vor betontem Vokal (z.B. in *red*, *tree*) wie in der RP, sonst gewöhnlich mit mehr oder minder stark zurückgebogener Zungenspitze (retroflex) gesprochen. Vor Konsonant/Sonorant oder Pause (z.B. in *farm*, *far*) kann es mit dem vorangehenden Vokal zu einem Vokal mit retroflexer r-Färbung verschmelzen.

5 Die Angabe der Bedeutungen richtet sich hier wie im folgenden meist nach dem COD.

6 Ob es sich bei *brogue* mit der Bedeutung 'strongly-marked regional, esp. Irish, accent' um eine Bezeichnungsübertragung oder um ein völlig anderes Wort handelt, ist unklar (vgl. OED sub *brogue*, sb. 3; McCrum/Cran/MacNeil 1992: 174 – Bähr 1974: 188).

7 Eine der Opposition "Perfect – Non-Perfect" entsprechende Unterscheidung ist im Irischen formal nicht systematisch ausgeprägt.

8 Vor Konsonant/Sonorant oder Pause (z.B. in *farm*, *far*) wird das /r/ mit zurückgebogener Zungenspitze gebildet und verschmilzt mit dem vorangehenden Vokal zu einem Vokal mit retroflexer r-Färbung.

Literaturhinweise

Geschichte: vgl. 7.2. und 7.4. sowie 7.5.: Bliss 1976, Bliss 1979, Durkacz 1983, Edwards 1986, Gregor 1980, Hickey 1993, Hindley 1990, Hogan 1927, Kallen 1988, Leith 1983, Ó Muirithe 1977, Price 1984, Rockel 1989

Sprachsituation und Sprachpolitik: vgl. 7.2. sowie 7.5.: Barry 1981, Bliss 1976, Hansen 1992a, Harris/Little/Singleton 1986, Ó Lúing 1984, Ó Lúing 1995, Ó Muirithe 1977, Ó Riagáin 1988, Rockel 1978, Rockel 1979, Todd 1984, *White Paper on Educational Development* 1980

Besonderheiten des Irischen Englisch: vgl. 7.2. und 7.3. sowie 7.5.: Dolan 1990, Hansen 1990b, Harris 1985, Joyce 1979, Kallen 1989, Milroy 1981, Pilch 1990, Todd 1984, Todd 1989

3. Das Englische in Amerika

3.1. Das Englische in Nordamerika

3.1.1. Zur Geschichte des Englischen in Nordamerika bis zur Gründung der Vereinigten Staaten von Amerika

Die Geschichte des Englischen in Nordamerika beginnt Anfang des 17. Jahrhunderts. Zwar hatte bereits 1497 der Italiener Giovanni Caboto (John Cabot) Neufundland und die angrenzenden Küstenstriche für die englische Krone in Besitz genommen und war es dort 1583 zu einem ersten Kolonisierungsversuch durch Humphrey Gilbert gekommen, doch blieb dieses Unternehmen ebenso erfolglos wie die von Walter Raleigh initiierte Errichtung einer Kolonie auf Roanoke Island (1584-1587). Zu einer dauerhaften englischen Ansiedlung auf nordamerikanischem Boden kam es erst 1607 mit der Gründung von Jamestown in dem Teil des Landes, der nach Raleighs Expedition zu Ehren von Königin Elisabeth *Virginia* genannt worden war. Dieser Kolonie folgten bald weitere. Die rechtliche Grundlage für die Kolonisierung bildeten königliche Freibriefe (Charters), die an Handelsgesellschaften oder Einzelpersonen vergeben wurden und die ungefähre Ausdehnung der jeweiligen Kolonie sowie deren Beziehung zum Mutterland festlegten. Die Kolonisten kamen aus unterschiedlichen Regionen der Britischen Inseln sowie aus unterschiedlichen sozialen Schichten und sprachen demzufolge auch voneinander abweichende Varianten des Englischen.

Jamestown war von der *Virginia Company of London* gegründet worden. Diese Handelsgesellschaft wurde von Aristokraten und reichen Kaufleuten getragen, die zu einem beträchtlichen Teil aus dem Gebiet um London kamen und auf Grund ihrer sozialen und regionalen Herkunft wohl eine Variante des Englischen nach Virginia mitbrachten, die im wesentlichen der sich damals in England entwickelnden Standardform des Englischen entsprach (vgl. Abschnitt 2.1.1.). Die wirtschaftliche Grundlage Virginias wie auch der später hinzugekommenen südlichen Siedlungsgebiete (1632 Maryland, 1663 North und South Carolina, 1732 Georgia) bildeten Tabakplantagen, deren Bedarf an Arbeitskräften zunächst mit weißen Zwangsarbeitern (*indentured servants*) gedeckt wurde, dann jedoch (besonders seit 1661, nach der gesetzlichen Sanktionierung der Sklaverei) mit schwarzen Sklaven, die anfänglich aus der Karibik, später direkt aus Afrika (speziell Westafrika) eingeführt wurden. Als Mittel zur Verständigung untereinander dienten den oft sehr unterschiedliche Sprachen sprechenden Sklaven ursprünglich Varianten des Pidgin-Englisch, die sie zum Teil möglicherweise schon in den Lagern der Sklavenhändler in der Karibik bzw. an der westafrikanischen Küste gelernt hatten. Aus diesen Pidgin-Varianten gingen in der Folge auch kreolische Sprachformen hervor, von denen sich das *Sea Island Creole* oder *Gullah* (vgl. S. 113f.) bis heute gehalten hat.

1620 landeten Angehörige einer wegen ihres Glaubens verfolgten puritanischen Sekte, die sog. *Pilgrim Fathers*, in der Massachusetts Bay und gründeten dort eine Kolonie mit dem Zentrum Plymouth Harbor. Sie kamen vor allem aus dem Südosten Englands, teils aber auch aus Nottinghamshire. Ab 1628 folgten ihnen weitere Puritaner, und zwar Angehörige der *Massachusetts Bay Company*, die sich in Salem sowie in der Gegend um Boston niederließen und von dort aus weitere Gebiete besiedelten. Diese Kolonisten im Nordosten stammten vor allem aus Dorset und dem West Country sowie aus der Londoner Gegend, später auch aus dem östlichen Mittelland (Lincolnshire, Norfolk und Suffolk) sowie aus Nordengland und waren in der Mehrzahl Farmer oder Handwerker, d.h. Angehörige der unteren Mittelschicht. Sie sprachen wahrscheinlich vorwiegend regional modifiziertes Standardenglisch, zum Teil aber auch nichthochsprachliche Varianten des Englischen. Als weitere Kolonien entstanden im Nordosten Connecticut (1634), Rhode Island (1636) und New Haven (1638). Später wurden die nordöstlichen Kolonien zeitweilig zu der Kronkolonie *New England* zusammengefaßt, was diesem Gebiet seinen noch heute üblichen Namen gab.

Die Kolonisten fanden ein Land vor, das nur dünn von relativ stark voneinander isolierten Indianerstämmen sowie im äußersten Norden auch von Inuit besiedelt war. Die Indianer sprachen mehr als 300 Sprachen bzw. Dialekte, die über 50 verschiedenen Sprachfamilien angehörten, so z.B. der algonkischen und der irokesischen. Hinzu kamen die Inuit-Sprachen aus der eskimo-alëutischen Gruppe. Das Verhältnis der englischen Siedler zu den Indianern wurde zunächst durch friedliche Austauschbeziehungen bestimmt, auf Grund deren es auch zur Herausbildung von indianischen Pidgin-Formen des Englischen kam. Es wurde jedoch zunehmend durch kriegerische Auseinandersetzungen belastet, die zur Zurückdrängung oder sogar Ausrottung der Indianer führten. Der Einfluß ihrer Sprachen auf das Englische beschränkte sich darauf, daß aus ihnen eine Reihe von geographischen bzw. topographischen Bezeichnungen, von Pflanzen- und Tiernamen sowie von Bezeichnungen für Erscheinungen der indianischen Kultur und Lebensweise übernommen wurde. Nicht selten gelangten solche Bezeichnungen jedoch nicht direkt aus den Indianersprachen in das Englische, sondern auf dem Umweg über die Sprachen anderer Kolonialmächte in Nordamerika. Dabei handelte es sich vor allem um Spanien, das zuerst Florida (1565), dann auch weite Teile des Südwestens besetzt hatte, sowie um Frankreich, das sich mit der Gründung von Port-Royal auf Nova Scotia (1605) und von Quebec an der Mündung des St.-Lorenz-Stroms (1608) Ausgangsbasen für die Kolonisierung Nordamerikas geschaffen hatte. Außerdem war 1614 im Hudsontal die Kolonie *Nieuwe Nederland* mit dem Zentrum Neu-Amsterdam (heute New York) entstanden, die jedoch von den Niederländern schon 1667 an die Engländer abgetreten werden mußte.

1681 gründete William Penn die Kolonie Pennsylvania, um den in England verfolgten Quäkern eine neue Heimstatt zu geben. Die ersten Siedler in Pennsylvania kamen vor allem aus Nordengland bzw. dem Norden Mittelenglands und sprachen daher in der Mehrzahl die für diese Gegenden typischen regionalen Varianten des Englischen. Dadurch entstand zwischen Neuengland und den Kolonien im Süden ein Gebiet, in dem Sprachformen dominierten, die dem Englischen Standardenglisch ferner standen, zumal es später auch zu einem starken Zustrom von Schotten und Iren nach Pennsylvania kam. Die dadurch bedingte Isolierung der Varianten des Englischen in Neuengland und im Süden trug mit dazu bei, daß sie eine unterschiedliche Entwicklung nahmen und sich in den Kolonien besonders hinsichtlich der Aussprache immer deutlicher eine regionale Differenzierung des Englischen in nördliche, mittlere und südliche Varianten abzeichnete. Ihr entspricht die bis heute weitverbreitete, wenngleich nicht unumstrittene Grobgliederung des an der Ostküste gesprochenen Amerikanischen Englisch in das *Northern American English* (NAmE), das *Midland American English* (MAmE) und das *Southern American English* (SAmE).

Zu Beginn des 18. Jahrhunderts verfügte England an der Atlantikküste Nordamerikas über ein geschlossenes Kolonialgebiet, das sich von South Carolina im Süden bis nach Maine im Norden erstreckte. Weiter nördlich versuchte die 1670 gegründete *Hudson's Bay Company* die an die Hudson Bay grenzenden Territorien unter ihre Kontrolle zu bringen, wobei sie jedoch immer stärker in Konflikt mit den dort ansässigen Franzosen geriet. Diese hatten inzwischen weitere Gebiete entlang des St.-Lorenz-Stroms besetzt und ihre dortigen Besitzungen 1663 zur Kronkolonie *La Nouvelle France* erklärt. Darüber hinaus hatte La Salle 1682 das gesamte Mississippi-Becken für Ludwig XIV. in Besitz genommen und ihm zu Ehren *Louisiana* genannt. Damit aber sahen sich die Engländer nun von zwei Seiten durch die Franzosen bedrängt, und so kam es zwischen den beiden Kolonialmächten zu einer Reihe von kriegerischen Auseinandersetzungen, die im sog. "French and Indian War" (1754-1760) gipfelten. Er endete mit einem Sieg der Briten sowie damit, daß Frankreich mit dem Friedensvertrag von Paris (1763) abgesehen von zwei kleinen Inseln im St.-Lorenz-Golf seinen gesamten Kolonialbesitz in Nordamerika verlor. Das machte den Weg frei für die britische Besiedlung der Gebiete westlich der Appalachen.

Sprachlich hatte diese Entwicklung zur Folge, daß es in den britischen Kolonien in Nordamerika, speziell in Quebec, nun eine ziemlich große französische Sprechergemeinschaft gab. Dazu kamen weitere aus Europa eingewanderte sprachliche Minderheiten, so auch eine deutsche, die sich auf Pennsylvania konzentrierte und eine immer stärker vom Englischen beeinflußte Variante des Deutschen, das sog. *Pennsylvania Dutch* (< Deutsch) bzw. – richtiger – *Pennsylvania German* sprach. All dies stellte jedoch die Rolle des Englischen als Sprache für den offiziellen Bereich wie auch als Hauptkommunikationsmittel zwischen den ethnischen Gruppen im nichtoffiziellen Bereich in den nordamerikanischen Kolonien nie ernsthaft in Frage. Außerdem bildeten sich hier trotz der unterschiedlichen regionalen Herkunft der englischsprachigen Siedler und der Weite des Landes im Vergleich zu England bemerkenswert wenig regionale Unterschiede im Englischen heraus. Das hatte seinen Grund zum einen darin, daß es in Nordamerika ja nicht natürlich gewachsen, sondern dorthin "verpflanzt" worden war, und zwar zu einem Zeitpunkt, als es in ihm bereits starke Ansätze zur Herausbildung einer regional neutralen Standardvariante gab. Zum anderen waren viele Siedlergruppen sprachlich keineswegs homogen zusammengesetzt, sondern bestanden aus Sprechern unterschiedlicher regionaler Herkunft. Zusammen mit einer starken Mobilität und damit Mischung der Bevölkerung führte das dazu, daß sprachliche Unterschiede zwischen den Sprechern weitgehend ausgeglichen wurden und sich im wesentlichen nur in der Aussprache eine gewisse Differenzierung verfestigte, die sich besonders deutlich an der Ostküste in Form der drei genannten regionalen Varianten bemerkbar macht.

1775 kam es nach einer langen Kette von wirtschaftlich bedingten Auseinandersetzungen zwischen den 13 atlantischen Kolonien in Nordamerika und der britischen Kolonialmacht zum offenen Konflikt, der in die Geschichte als Unabhängigkeitskrieg (1775-1783) eingegangen ist. Er endete damit, daß diese Kolonien 1783 als *United States of America* ihre Unabhängigkeit erlangten, während die weiter nördlich auf dem Gebiet des heutigen Kanada gelegenen Kolonien unter britischer Herrschaft blieben.

Auf Grund von Unterschieden in ihrer Besiedlungsgeschichte sowie – nicht zuletzt durch diese bedingt – auch in ihrer sozialökonomischen Struktur gliederten sich die 13 Gründerstaaten der USA faktisch in drei Gruppen: die Gruppe der Neuenglandstaaten (New Hampshire, Massachusetts, Connecticut, Rhode Island), die Gruppe der mittleren Staaten (New York, New Jersey, Pennsylvania, Delaware) und die Gruppe der Südstaaten (Maryland, Virginia, North und South Carolina, Georgia). Diesen drei Staatengruppen entsprechen auch in etwa die Kerngebiete der drei großen regionalen Varianten des Amerikanischen Englisch, die sich entlang der Atlantikküste aus den unterschiedlichen sprachlichen Gegebenheiten in den drei Ausgangszentren der Besiedlung entwickelten, denn das *Northern American English* hat seine historische Basis in Neuengland östlich des Connecticut River, in New York östlich des Hudson River und im Norden von New Jersey, das *Midland American English* in Pennsylvania, im Süden von New Jersey, in New York westlich des Hudson River, in den Inlandgebieten von Maryland und Delaware sowie im Westen von Virginia, North Carolina, South Carolina und Georgia, das *Southern American English* in den Küstengebieten von Delaware, Maryland, Virginia, North Carolina, South Carolina und Georgia.

3.1.2. Das Englische in den Vereinigten Staaten von Amerika

3.1.2.1. Zur Geschichte des Englischen in den Vereinigten Staaten von Amerika

Nach dem Sieg über die britische Kolonialmacht und der Erringung der Unabhängigkeit wurde das Land von einer Welle des Patriotismus erfaßt. Um in der Bevölkerung der ehemaligen Kolonien ein Bewußtsein nationaler Zusammengehörigkeit und Eigenständigkeit zu wecken, suchte man nun in allen Bereichen des öffentlichen Lebens emanzipatorische Entwicklungen zu fördern, und so gab es denn unter den amerikanischen Patrioten auch Bestrebungen, ein "Federal (American) English" zu schaffen, das sich deutlich vom Englischen in Großbritannien unterschied und für die Vereinigten Staaten die Rolle einer "national language" übernehmen konnte. Den realen Hintergrund dafür bildeten einige Besonderheiten, die das Englische in Nordamerika schon während der Kolonialzeit angenommen hatte, insbesondere durch Aufnahme von zahlreichen Bezeichnungen für die neue Umwelt der Siedler, aber auch durch Bewahrung von im Mutterland außer Gebrauch gekommenen Sprachformen. Aus letzterem Tatbestand leiteten einige nationalbewußte und um sprachliche Emanzipation bemühte Amerikaner, die sich 1788 in der *Philological Society of New York* zusammenschlossen, die These ab, daß das Amerikanische Englisch das "reinere" Englisch sei, während in England ein Sprachverfall eingesetzt habe. Eine bedeutende Rolle spielte unter ihnen Noah Webster (1758-1843), der in seinen *Dissertations on the English Language* (1789) u.a. schrieb:

> "A *national language* is a bond of *national union*. Every engine should be employed to render the people of this country *national*; ... to inspire them with the pride of national character." (S. 397)
> "As an independent nation, our honor requires us to have a system of our own, in language as well as government. Great Britain, whose children we are, and whose language we speak, should no longer be our standard." (S. 20)

Webster kritisierte besonders die von Dr. Samuel Johnson im *Dictionary of the English Language* (1755) fixierte Orthographie des Englischen und legte zu deren Reform eigene Vorschläge vor, die ursprünglich sehr weit gingen, wie die folgende Textprobe zeigt:

> *I very erly discuvered, that altho the name of an old and respectable karacter givs credit and consequence to his ritings, yet the name of a yung man iz often prejudicial to hiz performances. By conceeling my name, the opinions of men hav been prezerved from an undu bias arizing from personal prejudices ...* (Webster 1790b: ix)

Nur wenige der von Webster vorgeschlagenen Schreibungen konnten sich jedoch durchsetzen (z.B. <-or> statt <-our> wie in *labor*, <-er> statt <-re> wie in *center*, <-ense> statt <-ence> wie in *defense*; vgl. dazu Abschnitt 3.1.2.3.). Außerdem blieben sie im wesentlichen auf das Amerikanische Englisch beschränkt, so daß es nun für das Englische zwei Rechtschreibnormen gibt: eine englische und eine amerikanische. Verbreitung fanden die neuen Schreibungen vor allem durch Websters *American Spelling Book*, das in vielen Auflagen erschien und großen Einfluß auf den Sprachunterricht hatte. Eine Vorbildwirkung übte auch sein 1828 veröffentlichtes *American Dictionary of the English Language* aus, da es für viele Amerikaner zur absoluten Autorität in Fragen des "richtigen" Sprachgebrauchs wurde.

Mit der Forderung nach einem "Federal English" verbanden sich zugleich Vorschläge zur Einrichtung einer Sprachakademie, die über den korrekten Gebrauch des Amerikanischen Englisch wachen sollte. So unterbreitete John Adams 1780 dem Kongreß eine entsprechende Gesetzesvorlage, doch stieß sie auf Ablehnung. Auch wurde in der Verfassung der USA trotz der multilingualen Sprachsituation keine Sprache zur offiziellen Sprache des Landes bestimmt. Dies entsprach der damals in den Vereinigten Staaten herrschenden sprachlichen Toleranz und war zudem auch nicht nötig, weil die Verwendung des Englischen im offiziellen Bereich von Anfang an als selbstverständlich galt.

Die patriotische Begeisterung für die sprachliche Emanzipation vom ehemaligen Mutterland ebbte ab, als die politische Bewegung der *Federalists*, mit der Noah Webster eng verbunden war, nach der Französischen Revolution (1789) immer stärker von Konservativen beherrscht wurde, die gegen das revolutionäre Frankreich und für Großbritannien Partei ergriffen. Sprecher dieser Bewegung reagierten nun zunehmend feindselig auf Bemühungen, für das Englische in den USA eine eigenständige Norm zu schaffen, und orientierten sich – wie die Mehrheit der Gebildeten damals ohnehin – weiter am Standardenglischen in England, das so auch in den Vereinigten Staaten noch lange Zeit das Vorbild für den korrekten Sprachgebrauch blieb.

Die weitere Entwicklung der Sprachsituation in den Vereinigten Staaten wurde vor allem durch die stürmische Westexpansion und durch die bald einsetzende Massenimmigration bestimmt.

Bereits in der Kolonialzeit hatten sich kleinere Gruppen von Siedlern westlich der Appalachen niedergelassen, so z.B. schottisch-irische und deutsche Einwanderer aus Pennsylvania in den Westgebieten von Virginia sowie von North und South Carolina (was die Verbreitung des *Midland American English* in diesen Gebieten erklärt). Nach dem Ende des Unabhängigkeitskriegs nahm die Westwärtsbewegung stürmisch zu. 1792 wurde Kentucky, 1796 Tennessee und 1803 das North West Territory (unter dem neuen Namen Ohio) als Bundesstaat in die Vereinigten Staaten eingegliedert. Außerdem erwarben die USA 1803 von Frankreich den Teil Louisianas, den es 1762 an Spanien abgetreten, doch 1800 von ihm wieder zurückgewonnen hatte, um ein neues französisches Kolonialreich in Nordamerika zu schaffen. Damit war der Weg frei für die Besiedlung der Gebiete westlich des Mississippi, in denen 1812 mit Louisiana und 1821 mit Missouri zwei weitere Bundesstaaten entstanden. Bei der Ausdehnung ihres Territoriums nach Westen nahmen die USA weder Rücksicht auf die in den eingegliederten Gebieten lebenden Indianerstämme, die zurückgedrängt oder sogar ausgerottet wurden, noch auf die Hoheitsrechte anderer Staaten. So zwangen sie 1819 Spanien zur Abtretung von Florida und führten von 1846 bis 1848 einen Krieg mit Mexiko. Er endete damit, daß es das Gebiet der heutigen Bundesstaaten Kalifornien, New Mexico und Arizona an die USA verlor, nachdem sich ihnen schon 1845 das ebenfalls einst zu Mexiko gehörende Texas angeschlossen hatte. Die Folge war, daß es nun eine beträchtliche Zahl von Spanischsprechern in der amerikanischen Bevölkerung gab. Als 1848 in Kalifornien Gold gefunden wurde, bewirkte das einen gewaltigen Zustrom von Einwanderern aus aller Welt, darunter zum ersten Mal auch aus China.

Im Laufe des 19. Jahrhunderts kam es zwischen den halbfeudalen sklavenhaltenden Agrarstaaten im Süden und den kapitalistisch orientierten, sich zu Industriegebieten entwickelnden Staaten an der Mittel- und Nordatlantikküste immer mehr zu wirtschaftlichen und politischen Spannungen, die ideologisch Ausdruck fanden in der Auseinandersetzung um die Abschaffung der Sklaverei. Sie führten schließlich dazu, daß elf Südstaaten aus der Union der Vereinigten Staaten austraten und eine Konföderation bildeten. Das löste den Bürgerkrieg von 1861 bis 1865 aus, der mit einem Sieg des Nordens endete. Während dieses Krieges wurden zwei für die Bevölkerungsbewegung in den USA wichtige gesetzliche Bestimmungen erlassen. Die erste betraf die Abschaffung der Sklaverei. Sie erfolgte 1862 und öffnete den nunmehr freien Schwarzen den Weg in die Industriezentren des Nordens (New York, Philadelphia, Chicago, Detroit). Dort ließen sie sich besonders seit 1910 in großer Zahl nieder und entwickelten sich in den von ihnen bezogenen ghettoähnlichen Wohngebieten auch urbane Varianten des *Black English*[1]. Die zweite wichtige Bestimmung war das "Homestead Law" von 1862, das in den Westgebieten der USA eine kostenlose Landnahme ermöglichte und damit der Westwanderung neue Impulse verlieh.

Zur Beschleunigung der Besiedlung der Westgebiete der USA trug auch nicht wenig der Bau der transkontinentalen Eisenbahnlinien bei. Er zog Tausende von Einwanderern – vor allem Iren und Chinesen – als Arbeitskräfte ins Land, wie überhaupt die starke Ausdehnung des Territoriums der Vereinigten Staaten zu einem erheblichen Ansteigen der Immigration führte.

Von 1820, dem Beginn der statistischen Erfassung der Immigration, bis heute sind mehr als 50 Millionen Menschen in die USA eingewandert, wobei ihre Hauptherkunftsgebiete im Laufe der Zeit wechselten. In der ersten großen Phase der Immigration (1776-1890) kamen ca. 85% der Einwanderer aus West-, Mittel- und Nordeuropa (davon viele nach wie vor aus England, Irland und Schottland, nicht wenige aber auch aus Deutschland und Skandinavien), die übrigen u.a. aus Kanada sowie aus China, wobei gegen die Chinesen erstmals auch schon Einwanderungsbeschränkungen verfügt wurden, und zwar mit der "Chinese Exclusion Act" von 1882. In der mittleren Phase der Immigration (1890-1940) überwogen Einwanderer aus Süd- und Osteuropa sowie aus Kanada, Mexiko, der Karibik und anderen Gebieten Lateinamerikas. Die jüngste Phase der Immigration (nach 1940) brachte überwiegend Einwanderer aus Lateinamerika und aus Kanada ins Land. Hinzu kamen nun – neben nach wie vor vielen Deutschen, Briten und Italienern – besonders in den siebziger und achtziger Jahren auch Einwanderer aus bislang kaum an der Immigration beteiligten Regionen, wie z.B. dem arabischen Raum und Südostasien.

Die ethnisch und sprachlich zum Teil stark divergierenden Einwanderergruppen fügten sich unterschiedlich leicht und rasch wie auch unterschiedlich bereitwillig und weitgehend in die US-amerikanische Gesellschaft ein. Die geringste Mühe mit der Eingliederung hatten naturgemäß die Immigranten aus englischsprachigen Ländern. Anderssprachige Einwanderer erkannten sehr bald, daß die Beherrschung des Englischen Voraussetzung für den beruflichen und sozialen Aufstieg ist. Insbesondere ihren Kindern wurde infolge negativer Erfahrungen auch schnell bewußt, daß "you must know English if you want to have friends and be happy" (*TIME Magazine*, 8.7.85: 80). Der enorme Assimilationsdruck erklärt die bei vielen Sprechern in den USA bestehende Diskrepanz zwischen ethnischer Herkunft und primär oder ausschließlich verwendeter Sprache. Untersuchungen des Sprachverhaltens von Einwanderern (Fishman 1966, Veltman 1983) lassen folgendes Grundmuster erkennen: Die erste Generation erwirbt das Englische – oft unter großen Schwierigkeiten – lediglich als mehr oder minder gut beherrschte Zweitsprache, die zweite Generation verwendet es in der überwiegenden Mehrzahl schon als Erstsprache, behält jedoch ihre Muttersprache noch bei, während die dritte Generation in der Regel Englisch bereits als Muttersprache lernt und meist auch nur noch unilingual ist. Im Durchschnitt behalten bei einem Generationswechsel lediglich etwa 5% der Sprecher die ursprüngliche Sprache als primäres oder gar ausschließliches Kommunikationsmittel bei. Jedoch gibt es diesbezüglich zwischen den einzelnen sprachlichen Minderheiten auch Unterschiede. So halten Sprecher des Spanischen sowie südost- und ostasiatischer Sprachen weit stärker an ihrer ursprünglichen Sprache fest als Sprecher mittel- oder nordwesteuropäischer Sprachen.

Relativ leicht und rasch assimilierten sich die deutschen und die skandinavischen Einwanderer, zumal sie sich außer in Pennsylvania sowie Wisconsin und Minnesota nicht auf bestimmte Siedlungsgebiete konzentrierten, sondern relativ gleichmäßig über das ganze Land verteilten. Sie verwendeten nicht selten schon in der zweiten Generation das Englische als primäre Sprache. Langsamer vollzog sich die Eingliederung bei den Immigranten aus Süd- und Osteuropa, aus Lateinamerika sowie aus Asien. Sie siedelten sich in der Regel in größeren geschlossenen Gruppen an und hielten stärker an ihrer Sprache und Kultur fest (zumal diese häufig eng mit ihrer Religion verbunden waren). Osteuropäische Juden bevorzugten die New Yorker East Side und arbeiteten dort vorwiegend in der Textilindustrie. Ihre Sprache, das Jiddische, übte einen beträchtlichen Einfluß auf das Englische in New York aus, der durch die bedeutende Rolle vieler jüdischer Intellektueller und Künstler im öffentlichen Leben noch verstärkt wurde. Ebenfalls in New York, aber auch in anderen großen Städten der mittelatlantischen Staaten und Neuenglands siedelten sich starke Gruppen von Italienern an. Sie konzentrierten sich dort für gewöhnlich auf ein ganz bestimmtes Wohngebiet (das sog. "Little Italy"), hielten zudem oft noch engen Kontakt mit ihrer Heimat und kehrten auch in großer Zahl wieder dorthin zurück, wenn sie genug Geld verdient hatten. Letzteres galt ebenso für die Polen, die sich vorwiegend in Chicago und Detroit niederließen. Am stärksten aber entzogen sich dem Assimilationsdruck die Nachkommen der in die USA eingegliederten spanischsprachigen Bevölkerung im Südwesten sowie die Einwanderer aus Lateinamerika, die zusammenfassend als *Hispanic Americans* oder kurz als *Hispanics* bezeichnet werden. Sie halten in der Mehrzahl bis heute an ihrer Muttersprache fest. Dazu tragen die teilweise noch engen Kontakte mit ihren Herkunftsländern bei sowie vor allem die nach wie vor starke Zuwanderung aus diesen, außer aus Mexiko insbesondere aus Puerto Rico, das 1898 von Spanien an die USA überging und heute den Status eines "commonwealth in free association with the USA" hat.

Sowohl die Westexpansion als auch die Immigration hatten bedeutende sprachliche Auswirkungen. Es kam durch sie zu einer Verstärkung des multilingualen Charakters der Sprachsituation, wobei die dominierende Sprache jedoch eindeutig das Englische blieb. Für das Englische selbst hatte die Westexpansion zur Folge, daß sich die drei an der Atlantikküste entstandenen regionalen Varianten nun nach Westen hin ausbreiteten, so das *Northern American English* entlang der Nordgrenze der USA als *Inland Northern* bis in das Gebiet jenseits der Großen Seen und das *Southern American English* über die Gebiete am Golf von Mexiko bis nach Texas. Der größte Teil des mittleren Westens aber geriet unter den Einfluß des *Midland American English*, da die mittelatlantischen Staaten das Haupttor für die Besiedlung des Landesinneren waren. Westlich des Mississippi verloren sich die Unterschiede zwischen den drei Varianten jedoch, und es bildete sich eine relativ homogene Ausgleichsform heraus, die als *General American English* bezeichnet worden ist (vgl. dazu genauer S. 111).

Neben der relativ schwach ausgebildeten regionalen Differenzierung machte sich im Englischen der USA immer deutlicher eine soziale bzw. sozioethnische Differenzierung bemerkbar. So entwickelten sich in den großen städtischen Ballungszentren urbane Nonstandardvarianten (*urban dialects*). In bezug auf den Standardgebrauch orientierte man sich allerdings in den USA noch bis weit ins 19. Jahrhundert hinein an der Norm, die für ihn in England galt. Jedoch wurde die Diskrepanz zwischen dieser und den tatsächlich verwendeten Sprachformen immer größer und nahm der Standard in den USA besonders im mündlichen Gebrauch allmählich spezielle Merkmale an, die schließlich so regelmäßig auftraten, daß sie für das Amerikanische Englisch eine eigene hochsprachliche Norm konstituierten, ein spezifisch amerikanisches Standardenglisch. Dieses *American Standard English* unterschied sich vom *English Standard English* vor allem durch eine breitere soziale Basis und unterlag daher einem Demokratisierungsprozeß, der es offener machte gegenüber Ansätzen zu innovativer Sprachverwendung, wie sie sich etwa aus der Situation der "frontier" ergaben und z.B. in den Erzählungen von Bret Harte und Mark Twain Ausdruck fanden. Endgültig setzte sich das Bewußtsein sprachlicher Eigenständigkeit in den USA jedoch erst im 20. Jahrhundert durch. Nun gingen einige Amerikaner wie z.B. der Journalist H. L. Mencken sogar so weit, daß sie von einer "American language" sprachen. Dementsprechend wurde 1923 in die Verfassung des Staates Illinois ein Passus aufgenommen, in dem es hieß: "The official language of the State of Illinois shall be known hereafter as the 'American' language, and not as the 'English' language."

Auswirkungen auf das Englische in den USA hatte auch die Verstärkung der multilingualen Sprachsituation, die sich aus dem Zuwachs an nichtenglischsprachiger Bevölkerung infolge Eingliederung fremder Territorien bzw. Zuwanderung aus anderen Ländern ergab. Der starke Druck zur Assimilation an die dominierende englische Sprachgemeinschaft als Voraussetzung für den sozialen und beruflichen Aufstieg zwang die Sprecher anderer Sprachen zur Erlernung des Englischen und führte zur Entstehung von ethnisch markierten Varianten des Englischen als Zweitsprache, die schließlich zur Muttersprache der Sprecher werden und für sie gegenüber der Standardvariante auch ein gewisses "covert prestige" als Symbol ihrer ethnischen Identität sowie als Mittel zum Ausdruck von Gruppensolidarität gewinnen konnten (vgl. z.B. das *Chicano English*).

Der ständig wachsende Zustrom von Immigranten mit anderer Sprache und Kultur ließ bei immer mehr Amerikanern aber auch die Befürchtung aufkommen, daß er die Einheit der Nation gefährden und separatistische Entwicklungen auslösen könnte. Dies führte zu einem Umschwung der bis dahin relativ liberalen Haltung zur Bewahrung der Sprache und Kultur von Minderheiten. Nachdem bereits 1906 der Nachweis von Grundkenntnissen der englischen Sprache zur Vorbedingung für den Erwerb der US-amerikanischen Staatsbürgerschaft gemacht worden war, häuften sich nun in den Bundesstaaten Gesetze, die das Englische zum alleinigen Unterrichtsmedium erklärten und damit den bis dahin recht zahlreichen Schulen sprachlicher Minderheiten, vor allem denen der Deutschen, die rechtliche

Grundlage entzogen. Darüber hinaus nahmen immer mehr Staaten (bis 1988 bereits 17) in ihre Verfassung bzw. ihre *State Statutes* einen Passus auf, in dem sie das Englische zur Staatssprache bestimmten. Außerdem wurde die Registrierung von Wählern nun vielfach davon abhängig gemacht, daß sie einen Abschnitt der (in englischer Sprache formulierten) Verfassung vorlesen konnten. Diese Praxis wurde erst 1970 unter dem Druck der Bürgerrechtsbewegung mit der "Federal Voting Rights Act" für ungesetzlich erklärt. Bereits mit der "Civil Rights Act" (1964) hatten auch die sprachlichen Rechte der Minderheiten eine gewisse offizielle Anerkennung gefunden. 1968 wurde speziell dazu die "Bilingual Education Act" erlassen. Sie sollte verhindern, daß Angehörige ethnischer Minderheiten auf Grund mangelnder Kenntnis des Englischen geringere Bildungschancen haben, und gestattete daher, sie so lange in der Muttersprache zu unterrichten, bis sie des Englischen hinreichend mächtig waren. Damit bot dieses Gesetz zugleich in gewissem Umfang die Möglichkeit, die Sprache und Kultur von Minderheiten zu pflegen, doch bestand das Hauptziel der auf seiner Basis initiierten und mit Bundesmitteln unterstützten Programme eher darin, den Prozeß der Assimilation der betreffenden ethnischen Gruppen zu beschleunigen. Das bewahrte das Gesetz allerdings nicht vor heftiger Kritik seitens der Gegner bilingualer Bildungsmöglichkeiten, da sie es als indirekte Unterstützung eines multikulturellen Gesellschaftskonzepts werteten, das ihrer Auffassung nach lediglich Tendenzen zur "divisiveness", d.h. separatistischen Bestrebungen, Vorschub leistet und damit die Einheit der Nation gefährdet. Derartige Ansichten wurden keineswegs nur von Vertretern der *White Anglo-Saxon Protestants* (WASPs) geäußert, sondern auch von Angehörigen ethnischer Gruppen, die sich bereits voll assimiliert haben und das nun ebenfalls von allen anderen erwarten. So kam es 1982 schließlich dazu, daß dem Senat der Entwurf eines Zusatzartikels zur Verfassung, das sog. "English Language Amendment", vorgelegt wurde, mit dem das Englische zur offiziellen Sprache der Vereinigten Staaten bestimmt und der Kongreß ermächtigt werden sollte, alle zur Durchsetzung dieser Bestimmung notwendigen gesetzlichen Maßnahmen zu treffen. Trotz mehrmaliger Vorlage in überarbeiteten Fassungen ist der betreffende Artikel aber bislang nicht zur Abstimmung gekommen.

3.1.2.2. Die gegenwärtige Sprachsituation und Sprachpolitik in den Vereinigten Staaten von Amerika

Einwohnerzahl (1990): 248 709 873
Hauptstadt: Washington, D.C.

Auf Grund der in Abschnitt 3.1.2.1. skizzierten Besiedlungs- und Einwanderungsgeschichte bildet die Bevölkerung der USA eine ethnisch wie sprachlich sehr heterogene Kommunikationsgemeinschaft und ist die Sprachsituation hier folglich multilingual. Dennoch dominiert in der US-amerikanischen Kommunikationsgemeinschaft im offiziellen wie im nichtoffiziellen Bereich als Verständigungsmittel eindeutig das Englische, da es nicht nur die mit Abstand höchste Zahl an Muttersprachlern hat und als einzige Sprache gleichmäßig über das gesamte Territorium der USA verbreitet ist, sondern auch mindestens *de facto*, auf bundesstaatlicher Ebene sogar zum Teil schon *de jure* die offizielle Sprache des Landes ist und daher im Grunde von allen Sprechern beherrscht werden muß. Nach dem Zensus von 1990 sprachen 99,2% der fünf und mehr Jahre alten Bürger der USA Englisch, und zwar 86,2% als Muttersprache, 7,8% als Erstsprache und 5,2% als Zweitsprache.

Die Sprachen, die nächst dem Englischen in den Vereinigten Staaten am häufigsten als primäre Sprache vorkommen, sind nach derselben Quelle das Spanische (mit ca. 17,3 Mill. fünf und mehr Jahre alten Sprechern bes. im Südwesten und in Florida sowie in New York City, Chicago und Detroit), das Französische (mit ca. 1,7 Mill. bes. in Neuengland sowie in Louisiana und Florida), das Deutsche (mit ca. 1,5 Mill. bes. in Montana, Minnesota, North Dakota, South Dakota, Pennsylvania und allen städtischen Ballungszentren), das Italienische (mit ca. 1,3 Mill. bes. in den städtischen Ballungszentren von New York, New Jersey, Pennsylvania und Neuengland [ca. 75%] sowie in Chicago, Detroit, New Orleans, Denver und San Francisco), das Chinesische (mit ca. 1,2 Mill. bes. in Kalifornien sowie in New York City, Boston und Chicago), das Tagalog (mit ca. 840 000 bes. auf Hawaii und an der Pazifikküste), das Polnische (mit ca. 720 000 bes. in Chicago und Detroit), das Koreanische (mit ca. 620 000 bes. in Kalifornien), das Vietnamesische (mit ca. 500 000 bes. an der Pazifikküste), das Portugiesische (mit ca. 429 000 bes. in Neuengland und in Kalifornien), das Japanische (mit ca. 427 000 bes. in Hawaii und Kalifornien sowie in Seattle, New York City, Chicago, Philadelphia und Houston), das Griechische (mit ca. 388 000 bes. in Neuengland sowie in New York City, Chicago, Detroit, Los Angeles und San Francisco), das Arabische (mit ca. 355 000), das Hindi und Urdu (mit ca. 331 000 bes. in der Nordostregion und an der Westküste), das Russische (mit ca. 241 000 bes. in der Nordostregion) und das Jiddische (mit ca. 213 000 bes. in New York City, Fort Lauderdale/Miami, Philadelphia, Boston und Chicago).

Hinzu kommen die Sprachen der Ureinwohner, d.h. der Indianer (mit [1980][2] ca. 333 000 Sprechern bes. in Michigan, Minnesota, Montana, Wyoming, Oklahoma, Kansas [Algonkin], in Alabama, Mississippi, Oklahoma, Florida [Muskogisch], in North Carolina, New York State, Oklahoma [Irokesisch], in Arizona, New Mexico, Utah, Oklahoma, Alaska [Athapaskisch], in Montana, Nebraska, Wisconsin [Siouanisch] und in Utah, Kalifornien, Nevada, Arizona [Utah-Aztekisch]) sowie der Inuit (mit ca. 30 000 Sprechern bes. in Alaska und auf den Alëuten).

Insgesamt hatten 1990 13,8% der fünf und mehr Jahre alten Bürger der USA eine andere Sprache als das Englische zur Muttersprache. Auf Grund der unterschiedlichen Verteilung der einzelnen Sprachen gibt es in den Vereinigten Staaten Gebiete mit stark multilingualem Charakter (wie z.B. New York City und Chicago) sowie auch fast unilinguale Gebiete (wie z.B. in Nebraska, Alabama oder West Virginia). In den multilingualen Gebieten ergeben sich überdies unterschiedliche Kombinationen des Englischen mit anderen Sprachen.

Die in den Vereinigten Staaten mit Abstand wichtigste Sprache neben dem Englischen ist das Spanische. Seine Sprecher, die *Hispanics*, gliedern sich in drei Gruppen: (1) die Chicanos (*Mexican Americans*), die vor allem im Südwesten der

USA leben und je nach ihrer Herkunft sowie sozialen Stellung mexikanisches Standardspanisch, eine Variante des sog. Südwestspanisch oder eine regionale Nichtstandardvariante sprechen; (2) die Puertoricaner, die vor allem in New York City und Umgebung (im "urban Northeast") wohnen und das Spanische von Puerto Rico sprechen; (3) die Kubanoamerikaner, die sich auf Florida (insbesondere auf das Gebiet um Miami) konzentrieren und kubanisches Spanisch sprechen. Alle von den *Hispanics* verwendeten Varianten des Spanischen weisen bereits einen mehr oder minder starken Einfluß des Englischen auf. Außerdem gibt es auch schon Varianten, die Mischungen aus Elementen beider Sprachen darstellen, wie z.B. das *Tex-Mex* in Texas oder das *Spanglish* in Florida (vgl. z.B. *tenga un nice day, vamos de shopping, tu necesitas un three-way switch*).

Die starke Bewahrung des Spanischen erklärt sich bei den Chicanos aus einer tiefen Verwurzelung in der bereits vor der Ankunft der "Anglos" ausgeprägten spanisch-amerikanischen Kultur, aus den engen Kontakten mit dem Nachbar- und häufig auch Heimatland Mexiko sowie aus dem ständigen Zustrom legaler und illegaler mexikanischer Immigranten. Bei den Puertoricanern ergibt sie sich primär daraus, daß ihre Heimatinsel fest mit den USA assoziiert ist und das Spanische dort zudem den Status einer offiziellen Sprache hat, bei den Kubanoamerikanern (überwiegend Emigranten im Gefolge der kubanischen Revolution) dagegen vor allem daraus, daß sie sich weitgehend auf ein relativ kleines Gebiet konzentrieren und dort eine wirtschaftlich wie kulturell fast autarke Sprechergemeinschaft bilden.

Welch bedeutende Rolle das Spanische noch für die *Hispanic Americans* spielt, geht nicht zuletzt daraus hervor, daß es eine ganze Reihe von regionalen bzw. lokalen Tageszeitungen und noch mehr Wochenschriften in dieser Sprache gibt sowie auch über 600 Rundfunkstationen und mehr als ein Dutzend Fernsehsender, die in ihr senden. Außerdem ist das Spanische im Rahmen bilingualer Bildungsprogramme in gewissem Umfang auch Unterrichtsmedium an öffentlichen Schulen.

Bei der Mehrzahl der US-Bürger genießt das Spanische jedoch ein sehr geringes "overt prestige", da seine Sprecher nach den Schwarzen und den Indianern die einkommensschwächste Gruppe der Bevölkerung bilden. Dagegen hat es (wie zum Teil auch die von ihm beeinflußten Varianten des Englischen [vgl. S. 116ff.]) für viele der *Hispanic Americans* selbst ein gewisses "covert prestige" als Symbol ihrer ethnischen Identität und als Mittel zum Ausdruck von Gruppensolidarität. Jedoch ist auch für diese Bevölkerungsgruppe die Beherrschung des Englischen unerläßlich und zeichnet sich in ihr ebenso eine Tendenz zur Anglisierung ab wie in den anderen nichtenglischsprachigen Gruppen. Deren Muttersprachen haben eine noch geringere Bedeutung. Sie werden von den Sprechern oft nur noch als Zweitsprache verwendet oder auch ganz aufgegeben, sofern sie nicht durch den Zustrom neuer Immigranten gestärkt werden (wie z.B. in jüngster Zeit besonders die südostasiatischen Sprachen). In den meisten von ihnen gibt es ebenfalls regionale bzw. lokale Zeitungen und/oder Zeitschriften sowie Sendungen örtlicher Rundfunkstationen, und einige von ihnen werden auch als Unterrichtsmedium im Rahmen bilingualer Bildungsprogramme verwendet.

Besonders prekär ist in den USA die Lage der Sprachen der Ureinwohner, der

Indianer und der Inuit. Einige der Indianersprachen (z.B. Delaware, Osage, Pawnee, Wichita) haben kaum noch 100 Sprecher, die zudem fast sämtlich der ältesten Generation angehören, und sind daher vom Aussterben bedroht. Die Ursachen dafür liegen zum einen in der physischen Dezimierung der Indianerstämme durch Vertreibung aus ihren angestammten Gebieten und Ansiedlung in Reservationen, zum anderen in der lange Zeit vom *US Bureau of Indian Affairs* betriebenen rigorosen Anglisierungspolitik. Erst in jüngster Zeit ist das Interesse an den Indianersprachen wieder gestiegen, wie das "American Indian Language Renewal" zeigt, und erhielten die indianischen Kommunen mit der "Indian Self-Determination and Education Assistance Act" mehr Möglichkeiten, den Fortbestand ihrer Sprachen durch Gründung eigener Schulen oder Entwicklung bilingualer Programme für die öffentlichen Schulen zu sichern. Die Bedingungen dafür sind am günstigsten bei Vorhandensein relativ großer Sprechergemeinschaften, wie z.B. im Falle der Navajos, die etwa so viele Sprecher haben wie alle anderen Indianerstämme zusammen. Kleine Sprechergemeinschaften bedürfen zur Realisierung derartiger Bestrebungen in starkem Maße öffentlicher Unterstützung, die jedoch von der Bundesregierung häufig verweigert wird, wenn sich herausstellt, daß die Entwicklung entsprechender Bildungsprogramme nicht bloß dem problemloseren Übergang der Schüler zur Beherrschung des Englischen, sondern auch der Pflege der Sprache und Kultur der Indianer dient.

Insgesamt gesehen bewegt sich die Sprachpolitik in den Vereinigten Staaten nach wie vor zwischen zwei Extremen: einer liberalen Richtung, die weitgehend ohne reglementierende Festlegungen auszukommen sucht, und einer militanten Richtung, deren Bestreben es ist, den Status des Englischen als dominierende und daher für den offiziellen Bereich allein in Frage kommende Sprache auch rechtlich abzusichern. Stärkster Befürworter von gesetzlichen Verfügungen zur Anerkennung des Englischen als offizielle Sprache der Vereinigten Staaten ist die 1983 gegründete Organisation *U.S. English*. Sie wendet sich besonders gegen die *Hispanics* und wirft ihnen vor, daß sie nicht Englisch lernen, die bilingualen Unterrichtsprogramme zur Pflege des Spanischen mißbrauchen sowie mit dem Beharren auf spanischsprachigen Wahlzetteln, Hinweisschildern usw. lediglich Abgrenzung vom "mainstream" demonstrieren wollen und so die Gefahr der "divisiveness" heraufbeschwören. Auf der Ebene der Bundesstaaten hat diese Organisation auch bereits beträchtliche Erfolge erzielt. So kann in den Staaten, die Englisch zur Staatssprache erklärt haben (vgl. S. 106), dessen ausschließliche Verwendung im offiziellen Bereich nun theoretisch eingeklagt werden. Jedoch wurde dazu in einem Bundesgerichtsentscheid vom Januar 1988 festgestellt, daß derartige Erklärungen vorwiegend nur symbolischen Charakter hätten und daß Versuche, daraus etwa ein Verbot des Gebrauchs anderer Sprachen im behördlichen Bereich abzuleiten, rechtswidrig seien, weil sie gegen Bürgerrechtsgesetze auf Bundesebene verstießen.

Es gibt jedoch in den USA auch Organisationen, die das von *U.S. English* u.a. propagierte "English-Only"-Konzept energisch zurückweisen und ihm ein "English-Plus"-Konzept entgegensetzen, da sie der Meinung sind, daß "the national interest can best be served when all members of our society have full access to effective opportunities to acquire strong English language proficiency plus mastery of a second or multiple languages" (*EPIC Events* 1, March/April 1988: 2). Zur Propagierung und Durchsetzung dieses Konzepts gründeten das *National Immigration, Refugee and Citizenship Forum* und das *Joint National Committee for Languages* einen Dachverband mit dem Namen *English Plus Information Clearinghouse* (EPIC), dessen Grundsatzerklärung von 47 weiteren Organisationen unterstützt wurde.

Darüber hinaus wurde von verschiedenen Bürgerrechtsorganisationen als Gegenstück zum "English Language Amendment" (vgl. S. 106) ein "Cultural Rights Amendment" zur Verfassung vorgeschlagen, mit dem die sprachlichen und kulturellen Rechte von Minderheiten garantiert werden sollen, doch hat auch dieser Vorschlag gegenwärtig wenig Aussicht auf Annahme.

Aus der Sicht der einzelnen Sprecher stellt sich die beschriebene Sprachsituation nach dem Stand von 1990 wie folgt dar: Rund 199 Mill. Sprecher im Alter von fünf und mehr Jahren sind unilinguale Englischsprecher. Fast 30 Mill. Sprecher sind bilingual und haben dann gewöhnlich eine andere Sprache als Muttersprache. Von diesen Sprechern verwenden 12,1 Mill. (vor allem Angehörige der ersten Immigrantengeneration) das Englische als Zweitsprache und 17,8 Mill. bereits als Erstsprache. Der Bilinguismus ist somit einseitig, und es gibt keine nennenswerten Gruppen von Sprechern mit Englisch als Muttersprache, die eine andere Sprache als Zweitsprache oder gar als Erstsprache verwenden. Die häufigsten Sprachkombinationen sind Englisch/Spanisch (9 Mill.) bzw. Spanisch/Englisch (6,8 Mill.), Englisch/Französisch (1,3 Mill.), Englisch/Deutsch (1,2 Mill.), Englisch/Italienisch (0,9 Mill.), Englisch/Tagalog (560 000), Englisch/Chinesisch (ca. 500 000) und Englisch/Polnisch (ca. 455 000). Außerdem gab es 1990 in den USA etwa 1,91 Mill. fünf und mehr Jahre alte unilinguale Nichtenglischsprecher. Davon sprachen ca. 1,46 Mill. Spanisch und rund 108 000 Chinesisch.

Das Englische selbst hat sich in den Vereinigten Staaten zu einer besonderen nationalen Variante entwickelt, dem Amerikanischen Englisch, das inzwischen zum Hauptkonkurrenten des Englischen Englisch als Leitnorm für den Standardbereich geworden ist und heute einen erheblichen Einfluß auf das Englische in den übrigen Teilen der Welt ausübt. Wie andere nationale Varianten weist auch das Amerikanische Englisch eine interne Differenzierung in hochsprachliche und nichthochsprachliche Subvarianten auf.

Im hochsprachlichen Bereich gliedert sich das Amerikanische Englisch entlang der Ostküste der USA in mindestens drei große regionale Typen: das *Northern*, das *Midland* und das *Southern American English* (vgl. dazu Abschnitt 3.1.1.). Diese Grobeinteilung geht auf H. Kurath zurück, ist jedoch besonders hinsichtlich des *Midland American English* nicht unumstritten. Letzteres wird häufig noch einmal unterteilt in ein *North Midland American English* (im Tal des Delaware [mit Philadelphia] und des Susquehanna sowie im oberen Tal des Ohio [mit Pittsburgh] und im Norden von Westvirginia) und ein *South Midland American English* (im Gebiet des oberen Potomac und des Shenandoah, im Süden von Westvirginia, im Osten von Kentucky und Tennessee sowie im Westen von North und South Carolina). Auch für die beiden anderen Typen gibt es weitere Untergliederungen, von denen besonders die Abgrenzung des Sprachgebiets im östlichen Neuengland vom Gebiet des *Inland Northern American English* westlich des Connecticut River wichtig ist.

Die genannten regionalen Typen unterscheiden sich besonders hinsichtlich der Aussprache, in geringerem Maße auch hinsichtlich der Lexik, jedoch kaum in bezug auf die Grammatik. Westlich des Mississippi verlieren die regional markierten Varianten ihre Konturen und gehen in Ausgleichsformen auf, in denen lautliche Merkmale des *North Midland American English* und des *Inland Northern American English* dominieren. Sie bildeten die Basis für die Entstehung einer weitgehend überregionalen Variante des Amerikanischen Englisch, die als *General American English* bezeichnet worden ist.[3] Eine dieser Variante entsprechende Aussprache wird auch als *Network English* bezeichnet, da sie von den Sprechern der großen überregionalen Fernsehgesellschaften und in Nachrichtensendungen gewöhnlich auch von Sprechern lokaler Fernsehstationen verwendet wird. Während diese Aussprache weithin positiv bewertet wird, lösen die deutlich regional markierten Aussprachevarianten bei den Sprechern anderer Varianten häufig negative Assoziationen aus. So verbindet man mit einem südlichen Akzent nicht selten Merkmale wie schwerfällig, zurückgeblieben oder reaktionär und hält man Sprecher mit dem für das östliche Neuengland (speziell Boston) typischen Akzent für kalt, intellektuell und überheblich. Allerdings wird das offiziell von den meisten Amerikanern sowie auch von der Mehrzahl der Dialektologen bestritten. Sie weisen statt dessen mit Nachdruck darauf hin, daß die unterschiedlichen Aussprachevarianten gleichwertig sind. Das hängt offensichtlich damit zusammen, daß die hochsprachliche Norm in den USA nicht von einer kleinen tonangebenden Elite getragen wird, sondern eine breitere soziale Basis hat und daher stärker einer gewissen "Demokratisierung" unterliegt. Gleichzeitig läßt sich aber auch beobachten, daß jüngere Sprecher, vor allem solche mit College-Bildung und einem hohen Maß an sozialer Mobilität (sog. *yuppies*, d.h. "young (upwardly mobile) urban professionals"), zunehmend regionale Ausspracheformen zugunsten überregionaler aufgeben und daß die unvermindert starke Tendenz zur (Sub-) Urbanisierung des Landes generell die Entwicklung einer einheitlichen Standardaussprache begünstigt (vgl. Hartman 1985).

Wie im hochsprachlichen Bereich weist das Amerikanische Englisch auch im nichthochsprachlichen – abgesehen von den bereits genannten großräumigen Unterschieden – eine angesichts der Weite des Landes bemerkenswert geringe regionale Differenzierung auf.

Da es in den USA kaum zur Herausbildung einer sprachliche Eigenheiten fördernden und bewahrenden Dorfstruktur kam, jedoch von Beginn an eine starke Tendenz zur Urbanisierung gab, finden sich hier nichthochsprachliche regionale Varianten eher in Form von Stadtmundarten (*urban dialects*) als in Form von ländlichen Dialekten (*rural dialects*) im strengen Sinne des Wortes.

Eines der wenigen Beispiele für einen **rural dialect** ist das **Appalachian English**, das in abgelegenen Gebieten der Appalachen, vor allem im Monroe County und Mercer County (Westvirginia), von der "working-class rural population" gesprochen wird (vgl. Wolfram/Christian 1976). Außerdem kommen Restformen dieses Dialekts in Michigan vor, wohin im Zweiten Weltkrieg viele Bewohner der ökonomisch unterentwickelten Appalachen-Region zur Arbeit in den Rüstungsbetrieben zogen.

Kennzeichnend für das *Appalachian English* sind z.B. in der A u s s p r a c h e :
- [-i] statt [-ə] und [-ər] statt [-o] im unbetonten Auslaut (z.B. in *sody, extry, Virginny; tobaccer, yeller*);
- [-ɪz] statt [-s] als Pluralendung nach [-sp, -st, -sk] (z.B. in *waspes, testes, deskes*);
- die Verwendung von [t] als Zungenlöselaut, besonders nach [s] (z.B. in *oncet, acrosst*);
- die Tilgung von [l] vor [p, b, f] (z.B. in *he'p, wo'f*);
- die Bewahrung eines archaischen [h] in betonter Stellung (z.B. in *hit, hain't*);
- der Gebrauch von *a* statt *an* als Form des Artikels vor Vokal im Anlaut des folgenden Wortes (z.B. *a apple*);

in der G r a m m a t i k :
- die Generalisierung der regelmäßigen Pluralbildung (z.B. *deers, wifes; mens, oxens*);
- Besonderheiten bezüglich der Bildung der Steigerungsformen von Adjektiven (z.B. *awfulest, beautifulest, baddest; worser, more older, most stupidest*);
- die Reduzierung des Formenbestands der mit Vokalwechsel gebildeten Verben (z.B. *Finally the state come* [statt *came*] *by, That's all I seen of him*);
- der Gebrauch von perfektivem *done* (z.B. *I done forget when it opened*);
- die Verwendung von *a-* vor dem *ing*-Partizip in der Expanded Form (z.B. *John come a-runnin'*);

in der L e x i k :
> *learn* statt *teach* (z.B. *It didn't* learn *him anything*), *come and* take up ('live') *with us, she* got ('became') *sixteen, trees that are* pert' *near* ('almost') *square, get* blessed out / fussed at ('scolded'), *I'm* not *for sure* ('certain').

Hinsichtlich der Existenz von Stadtmundarten bzw. urbanen Nonstandardvarianten gibt es deutliche Unterschiede zwischen den städtischen Ballungsgebieten im Westen der USA und denen im Nordosten. Während im Westen wie auch im mittleren Westen die Sprachformen der Großstädte im wesentlichen denen der sie umgebenden Regionen entsprechen,[4] haben sich im Nordosten (in dem Gebiet, das sich von Baltimore über Washington, Philadelphia, New York City, Boston, Detroit und Chicago bis nach Minneapolis erstreckt) schon seit längerem **urban dialects** herausgebildet, die sich deutlich von den Sprachvarianten in der Umgebung dieser Städte unterscheiden. Sie sind am stärksten ausgeprägt in den Innenstädten und verlieren ihre besonderen Merkmale mit zunehmender Entfernung vom Stadtzentrum, strahlen jedoch auch schon auf die Umgebung aus, wie z.B. die Stadtmundart von New York City auf die angrenzenden Gebiete von Connecticut und New Jersey sowie auf das Hudsontal. Wenn sich heute auch gewisse Tendenzen zu einer noch deutlicheren Abgrenzung der *urban dialects* von den Sprachvarianten ihrer Umgebung wie voneinander beobachten lassen, so kann das als Ausdruck eines neuen Zugehörigkeits- und Identitätsbedürfnisses gedeutet werden, daß sich nicht zuletzt als Reaktion auf die verstärkte Zuwanderung von Sprechern aus anderen Regionen (z.B. aus dem Süden) und von Immigranten ergibt.

Hauptträger der *urban dialects* bzw. urbanen Nonstandardvarianten sind die wenig mobilen Teile der städtischen Bevölkerung. Ihre Sprachformen zeichnen sich außer durch für den Nonstandardgebrauch im Englischen allgemein charakteristische Merkmale (vgl. Abschnitt 2.1.2.) durch eine Reihe von lokalen Besonderheiten aus, die hier jedoch nicht im einzelnen beschrieben, sondern nur kurz angedeutet werden können. Dazu gehören z.B. die Differenzierungen, die sich aus dem sog. *Northern Cities Chain Shift* hinsichtlich der Aussprache von Vokalen ergeben haben. So finden sich in einem Gebiet, das vom westlichen Neuengland über den Staat New York bis nach Ohio, ins nördliche Pennsylvania sowie nach Michigan, Indiana und Illinois hineinreicht, unterschiedliche Stufen eines Prozesses, in dem velare Vokale gesenkt und nach vorn verlagert sowie palatale Vokale gehoben werden (/ɔ → a → æ → ɛ → i/; z.B. *got* [gæt], *Ann* [iən]). Welche Stufe dabei jeweils erreicht wird, hängt von der Region wie auch von sprecherbedingten Faktoren ab, wobei die fortgeschrittensten Stufen offenbar bei jüngeren weiblichen Sprechern in Buffalo zu beobachten sind. Weitere Aussprachebesonderheiten finden sich vor allem in New York (z.B. *third* [θɔɪd], *dog* [dʊɔg]). Daneben gibt es auch lexikalische Besonderheiten (z.B. *rubber binder* [Minneapolis] und *gum band* [Philadelphia] statt *rubber band*). Generell können solche Varianten wohl weniger traditionell dialektologisch betrachtet werden, etwa als fest umrissene Norm, die einer klar definierten Sprechergruppe in einem durch Isoglossen deutlich abgegrenzten Gebiet zuzuweisen ist, als vielmehr im Sinne eines probabilistischen Modells, bei dem sich mit einem gewissen Grad an Wahrscheinlichkeit vorhersagen läßt, welche Sprecher aus welcher Region mit bestimmtem soziolinguistischem Profil (bezogen auf soziale Zugehörigkeit, Bildungsgrad, Alter und Geschlecht) in welcher Kommunikationssituation gegenüber welchen Partnern welche sprachlichen Formen verwenden.

Zu den regional bzw. lokal geprägten nichthochsprachlichen Varianten kommen besonders in den Großstädten oft noch ethnisch bedingte. Deren bedeutendste ist gegenwärtig zweifellos das **Black English**[1]. Um die Entstehung und den Status dieser Sprachvariante hat es lange Zeit eine mit ungewöhnlicher Heftigkeit geführte wissenschaftliche und politische Auseinandersetzung gegeben. Die sog. "Dialektologen" vertraten die Auffassung, *Black English* sei nichts weiter als eine nichthochsprachliche Variante des *Southern American English*, deren Entstehung sich daraus erkläre, daß die im 17. und 18. Jahrhundert eingeführten schwarzen Sklaven von ihren Aufsehern auf den Plantagen ein Englisch lernten, wie es für ungebildete Dialektsprecher typisch war. Dementsprechend suchten die Vertreter dieser Auffassung alle Merkmale des *Black English* auf englische Dialekte zurückzuführen. Einen völlig anderen Standpunkt vertraten dagegen die sog. "Kreolisten". Sie lehnten es strikt ab, das *Black English* nur als "uneducated American English" zu betrachten, und verglichen es statt dessen mit kreolischen Sprachformen der Karibik sowie mit dem *Sea Island Creole* (oder *Gullah*), das noch von über 100 000 Sprechern in einem Küstenstreifen zwischen dem nördlichen Florida und South Carolina sowie auf den ihm vorgelagerten Inseln gesprochen wird. Das führte sie zu der Annahme, daß das *Black English* ein im Prozeß der Dekreolisierung befindliches kreolisches Englisch sei und als solches eine eigenständige Sprache darstelle, deren Besonderheiten auf ein westafrikanisches Substrat zurückgingen. Diese erstmals 1967 von W. Stewart vorgetragene Annahme gewann bald politische Bedeutung, denn sie wurde von der Black-Power-Bewegung aufgegriffen, da sie deren Konzept von einer eigenständigen schwarzen Kultur mit starken afrikanischen Wurzeln stützte. In den siebziger Jahren erfuhr die Auseinandersetzung zwischen den beiden Interpretationen des *Black English* eine Zuspitzung auf Grund der bildungspolitischen Implikationen, die sich aus ihnen ableiten ließen. So forderten die Anhänger der kreolistischen These nun von den Bildungsbehörden, schwarze Schüler, die *Black English* sprachen, nicht einfach als ungebildet und den schulischen Anforderungen nicht gerecht werdend einzustufen, sondern sie ebenso zu behandeln wie Angehörige sprachlicher Minderheiten, denen nach der "Bilingual Education Act" besondere Förderung unter Berücksichtigung ihrer Muttersprache zustand. Dem wurde jedoch von besonnenen Realisten entgegengehalten, daß eine Anerkennung des *Black English* als eigene Sprache den Belangen der schwarzen Bevölkerung nicht dienlich wäre, sondern lediglich die Ghettosituation, in der sie sich ohnehin meist schon befindet, auch auf den sprachlichen Bereich ausdehnen würde.

Auf Grund unzureichender Belege für die frühen Entwicklungsphasen des *Black English* konnte bislang weder die eine noch die andere Hypothese über die Entstehung und den Status dieser Variante eindeutig verifiziert oder widerlegt werden, und möglicherweise haben auch beide bis zu einem gewissen Grade ihre Berechtigung. So hat es wahrscheinlich auf Großplantagen durchaus kreolische Sprachvarianten gegeben, während auf den zahlreichen kleinen und mittleren Plantagen mit nicht mehr als zehn Sklaven dafür keine Entwicklungsbedingungen vorhanden waren und daher die englischen Dialekteinflüsse überwogen. Vielleicht wurden bestimmte hinsichtlich ihrer Herkunft umstrittene Merkmale des *Black English* auch gerade dadurch gestärkt, daß sie in beiden bestimmenden Einflüssen zu finden waren. Meist wird das *Black English* heute als eine voll entwickelte Nonstandardvariante des Amerikanischen Englisch betrachtet, die eine Reihe von Gemeinsamkeiten mit anderen nichthochsprachlichen Varianten aufweist, sich aber zugleich deutlich von ihnen unterscheidet und diesbezüglich ihre Wurzeln in der ethnischen Herkunft und besonderen Geschichte ihrer Sprecher hat. Allerdings reicht es offensichtlich nicht aus, das *Black English* lediglich als eine ethnische Variante des Englischen zu charakterisieren, sondern muß zugleich seine soziale Geltung berücksichtigt werden. Schließlich gibt es heute auch eine schwarze Oberschicht, die in der Regel *American Standard English* spricht, so daß das *Black English* weitgehend nur die Sprachform der unteren Schichten der schwarzen Bevölkerung ist. Dementsprechend muß es genauer definiert werden als eine sozioethnische Nonstandardvariante des Amerikanischen Englisch, die charakteristisch ist für die Schwarzen niederen sozialen Status und von diesen generell oder doch zumindest zur Kommunikation untereinander verwendet wird. Das trifft nach Schätzungen für etwa 75% der schwarzen Bevölkerung (d.h. ca. 20 Mill.) zu.

Gegenwärtig geht es bei der Diskussion um diese Sprachvariante weniger um ihre umstrittene Herkunft als um die Frage, ob sie sich als eigenständige Variante stabilisiert und damit noch weiter vom ("weißen") Standardenglisch entfernt oder ob es nicht vielmehr Anzeichen für eine allmähliche Konvergenz der beiden Varianten und damit schließlich für ein Ende des *Black English* gibt (vgl. Butters 1989). Diese Frage kann letztlich allein von der Realität beantwortet werden, wobei eingedenk der engen Beziehungen zwischen sprachlichen und sozialen Entwicklungen eine völlige sprachliche Konvergenz ohne stärkere soziale Integration zumindest schwer vorstellbar erscheint.

Im Bereich der A u s s p r a c h e weist das *Black English*, mehr oder minder deutlich bei den einzelnen Sprechern ausgeprägt, folgende Besonderheiten auf:
– einen Zusammenfall von /ɪ/ und /ɛ/ vor Nasal in /e/ (z.B. *tin/ten* [ten]);
– eine Diphthongierung von /æ/ mit Hebung des Ausgangselements zu [ɛə/eə/ɪə] oder sogar [iə] (z.B. *bad* [bɛəd ~ biəd]);
– eine Monophthongierung von /aɪ/ (auch vor Fortis) zu [a:] (z.B. *nice* [na:s]);
– einen Ersatz von Vokal + Nasal durch nasalierten Vokal (z.B. *rum/run/rung* [rə̃]);
– den Gebrauch von /r/ nur vor Vokal (non-rhotic accent), jedoch nicht zwischen Vokalen (z.B. *during* [duɪn]);
– einen Ersatz von /θ-, ð-/ durch [t-, d-] (z.B. *think* [tɪŋk], *this* [dɪs]) sowie von /-θ-, -θ/ durch [-f-, -f] und von /-ð-/ durch [-v-] (z.B. *nothing* ['nəfn], *south* [sæʊf], *brother* ['brəvə]);
– eine weitgehende Tilgung von Endkonsonanten (z.B. *bit/bid/big* [bɪ]), insbesondere auch nach vorangehendem Konsonant (z.B. *test* [tɛs]), sowie von /l/ vor Konsonant und vor Pause (z.B. *help* [hɛp], *will* [wɪ]);
– das "g dropping" (z.B. *talkin'* [-ɪn]);
– eine Tendenz zur Verlagerung des Akzents in endbetonten Wörtern oder Namen auf die erste Silbe (z.B. ˈ*police*, ˈ*Detroit*);
– eine höher reichende, weniger monoton wirkende Intonation;
– einen häufigen Einsatz der Kopfstimme (Falsett).

Zu den Besonderheiten des *Black English* im Bereich der G r a m m a t i k gehören u.a.:
– der Gebrauch von Substantiven nach Zahlwörtern in der Singularform (z.B. *Two boy jus' lef'*);
– die Verwendung eines Substantivs oder eines Personalpronomens vor einem Substantiv zum Ausdruck einer possessiven Funktion (z.B. *that woman hat*, *they book* statt *that woman's hat*, *their book*);
– der Gebrauch von *they* statt *there* mit einer Form von *be* (z.B. *They ain't room for him*);
– ein Zusammenfall der Formen der Present und der Past Tense infolge Tilgung des Endkonsonanten (z.B. *I/you/he work* statt *work/works/worked*);
– die Verwendung von *been* bzw. *done* zur Kennzeichnung eines inklusiven bzw. eines exklusiven (Present/Past) Perfect (z.B. *I been known that, I been had it a long time*; *I done forget it*);
– der Gebrauch von *gonna/gwin* (< *going to*) zum Ausdruck einer Zukunftsorien-

tierung (z.B. *He gonna come*);
– die Weglassung der Präsensformen von *be* in unbetonter Stellung vor einem Prädikativum bei Wiedergabe eines aktuell gültigen Sachverhalts und der Gebrauch der Form *be* zum Ausdruck eines habituellen Geschehens (z.B. *He tired* statt *He's tired* 'now' – *He be tired* 'always');
– die Verwendung von *ain't* als verneinte Form von *be* und *have* (Hilfsverb) im Präsens (z.B. *He ain't comin' back*; *He ain't done it*) sowie weiterer Nonstandardformen.

Im Bereich der L e x i k gehen einige Besonderheiten des *Black English* auf westafrikanische Einflüsse zurück, so z.B.:
– der Gebrauch von *bad* oder *mean* mit positivem Bezug (z.B. *I'm bad* [Song von Michael Jackson]);
– die Verwendung von *skin* in *give sb. some skin* 'reaffirm the truth or appropriateness of something a person has said by palm slapping' (vgl. Mandingo *i golo don m bolo* 'put your skin on my hand');
– Lehnübersetzungen wie die Verben *bad mouth* 'talk about somebody negatively' (vgl. Mandingo *da-jugu* 'bad mouth') oder *fat mouth* 'talk too much, especially about things one doesn't know anything about' (vgl. Mandingo *da-ba* 'big fat mouth').

Vgl. ferner:
– Bezeichnungen für Schwarze: *head* (neutral), *boot* (neutral/apprec.); *Tom / Uncle Tom / Dr. Tom / Aunt Thomasina* (nach Beecher-Stowes Roman *Uncle Tom's Cabin*) / *oreo* (nach einem Gebäck, das außen schwarz, innen weiß ist) (sehr derog.) 'those abandoning black culture for whiteness'; *high-yellow* ['jɛlɑ] / *bright* (derog.) 'light-skinned black person'; *elites* ['ilɑrts] / *boojy* (< *bourgeoisie*) (derog.) 'elitist blacks whose money and position make them think they are white';
– Bezeichnungen für Weiße: *gray/paddy/ofay* (relativ neutral), *Charley/Charles/Chuck / the Man / honky* (derog.) 'white male'; *cracker* (derog.) 'white racist'; *silks / pink toes* (apprec.) 'white female';
– Bezeichnungen für Essen und Kleidung: *brew* 'beer', *chitlins* (< *chitterlings*) 'intestines of a pig prepared for food', *grits* 'food in general', *pluck* 'wine'; *strides/kicks* 'shoes', *gators* 'alligator shoes (very popular as a symbol of success among black men)', *rags/threads* 'fine clothes';
– andere Lexeme: *one's bag* 'one's specialty' (z.B. *What's your bag?*), *booger bear* 'ugly female', *fox/stallion/star* 'beautiful female'; *call oneself* (+ V-*ing*) 'intend to' (z.B. *Girl, what you call yo'self doin'?*), *ig / put the ig on* 'ignore somebody', *may like* (< *make like*) 'pretend' (z.B. *She may like she was sick*); *like to* 'almost' (z.B. *Momma like to dropped the baby*); *that's all she wrote* 'the end of something'.

Die nächst dem *Black English* bedeutendste sozioethnische Variante des Amerikanischen Englisch ist das **Hispanic American English**. Entsprechend den drei Hauptgruppen der *Hispanic Americans* (vgl. S. 107f.) gliedert es sich in drei Subvarianten: das *Chicano English*, das *Puertoriqueño English* und das *Cubano English*, von denen hier lediglich das **Chicano English** als die Variante mit den meisten Sprechern kurz betrachtet werden soll. Das Englisch der Chicanos galt lange Zeit (wie das *Hispanic American English* allgemein) bloß als durch Interferenz des Spanischen bedingtes "defective English" und genoß daher nur ein geringes Ansehen. Dabei wurde jedoch übersehen, daß es neben den erst in jüngster Zeit aus Mexiko gekommenen, noch primär Spanisch sprechenden Immigranten mittlerweile auch schon eine in die Millionen gehende Gruppe von Chicanos gibt, die bereits in den USA geboren wurden und kaum noch oder sogar überhaupt nicht mehr Spanisch sprechen können. Diese Sprecher haben das *Chicano English* nicht selten schon als Muttersprache erworben und verwenden es in einer Form, deren Besonderheiten sich nur noch zum Teil auf einen Einfluß des Spanischen zurückführen lassen und bereits als Ausprägungen einer eigenen Norm angesehen werden können.

Besonderheiten der A u s s p r a c h e des *Chicano English* sind u.a.:
- die nichtkontrastive Verwendung der Vokale [i] und [ɪ] (z.B. *feel* wie *fill* [fil ~ fɪl]);
- die Ersetzung von /ʌ/ durch /ɑ/ (z.B. *drug* [drɑg]);
- eine besonders vor Nasalen vorkommende Diphthongierung von /ɛ/ zu [eɪ] (z.B. *friend* [freɪn]);
- die Ersetzung von /θ, ð/ durch /t, d/ (z.B. *think* [tɪŋ], *this* [dɪs]), von /h/ im Anlaut durch [x] (z.B. *he* [xi]), von /v/ im Inlaut durch [b] (z.B. *never* ['nɛbə]) sowie von /v, z, dʒ/ im Auslaut durch [f, s, tʃ] (z.B. *love* [lɑf], *lose* [lus], *language* ['læŋwɪtʃ]);
- eine undifferenzierte Verwendung von [tʃ] und [ʃ] (z.B. *check* [ʃɛk ~ tʃɛk], *show* [tʃo ~ ʃo]);
- die Vereinfachung von Konsonantenfolgen im Auslaut, insbesondere die Tilgung von /t/ und /d/ (z.B. *start* [stɑr], *second* ['sɛkən]);
- Endbetonung (/ˌ-'-/) statt Anfangsbetonung (/'-ˌ-/) in Determinativkomposita (z.B. ˌmini'skirt) und Anfangsbetonung (/'--/) statt Doppelbetonung (/'-'-/) in "phrasal verbs" (z.B. 'show up);
- Abweichungen von der sonst im Amerikanischen Englisch üblichen Intonation wie ein hoher Stimmeinsatz am Sprechtaktanfang oder ein Angleiten bzw. An- und Abgleiten der Stimme als neutrale Form der Intonation in Aussagesätzen.

An Charakteristika des *Chicano English* im Bereich der G r a m m a t i k sind in erster Linie zu erwähnen der Schwund der Verbendung *-ed* nach alveolaren Konsonanten (z.B. *They closed the school* [deɪ 'klos ...]), die mehrfache Verneinung (z.B. *I don' have no pain*), die Verwendung der Wortfolge der direkten Frage in indirekten Bestimmungsfragen (z.B. *I ask myself what would I do*), Besonderheiten im Gebrauch von Präpositionen (z.B. *concerned of* [statt *concerned about*], *take care about* [statt *take care of*], *arrive to* [statt *arrive at*], *leave to* [statt *leave for*]) und die Verwendung von *more* anstelle von *more often* (z.B. *More I use English*).

In bezug auf die L e x i k weist das *Chicano English* kaum Besonderheiten auf, da sich Lehnwörter aus dem Spanischen in großer Zahl auch in den anderen Varianten des Amerikanischen Englisch im Südwesten der USA finden. In der amerikanischen Literatur werden zur sprachlichen Charakterisierung von Chicanos häufig Stereotype wie *regard me here* für *look at me here, tranquilize yourself* für *calm down* oder *on the instant* für *at once* sowie der Gebrauch von *ever* für *always* (z.B. *He will ever take a back seat*) benutzt, doch mangelt es dafür an echten Belegen.

Das *Chicano English* kann heute als eine sozioethnische Variante des Amerikanischen Englisch betrachtet werden, die von ihren Sprechern besonders nach Aufgabe des Spanischen als Muttersprache auch bewußt als Zeichen ihrer ethnischen und kulturellen Identität sowie zum Ausdruck von Gruppensolidarität verwendet wird.

Wie das *Chicano English* galten auch die Varianten des **American Indian English** lange Zeit nur als gebrochenes, ungebildetes Englisch. Dieser Eindruck wurde noch bestärkt durch Reisebeschreibungen und Romane, in denen Formen von indianischem Pidgin-Englisch vorkamen, die z.B. folgende Merkmale aufwiesen:

– einen Schwund von Vokalen im Auslaut (wie z.B. in *ver* statt *very*);
– die Ersetzung von /ð/ durch /d/ und von /θ/ durch /t/ (gelegentlich, z.B. in *three*, auch durch /d/) sowie von /f, v/ durch /p, b/ (vgl. *Pilip* statt *Philip*) und von /r/ durch /l/ (vgl. *locks* statt *rocks*);
– die Vermeidung bestimmter Konsonantenfolgen durch Auslassung von Konsonanten (wie z.B. /l/ in *Ingismon* statt *Englishman*) oder Einschub von Vokalen (wie z.B. in *Petelus* statt *Petrus*);
– die Verwendung von *been* als Past Tense von *be* (z.B. *He been here*);
– die Verdoppelung des Verbs zum Ausdruck des Andauerns einer Handlung (z.B. *travel-travel*);
– die Weglassung der Kopula *be* (z.B. *He cross*);
– die Verwendung von *no* zur Verneinung (z.B. *He no run away*);
– Besonderheiten der Lexik wie z.B. *heap* 'very' oder *savvy* (< span. *sabe*) 'know'.

Erst in jüngster Zeit hat sich die Forschung näher mit dem gegenwärtig von den Indianern gesprochenen Englisch, vor allem mit dem im Südwesten der USA, beschäftigt und dabei festgestellt, daß die Abweichungen vom *American Standard English* auch hier bereits bestimmte Regelmäßigkeiten erkennen lassen und daß einiges sogar für die Herausbildung einer panindianischen Variante des Englischen spricht. Die weitere Entwicklung des *American Indian English* dürfte wesentlich vom sprachlichen Selbstverständnis der Indianer abhängen, d.h. davon, wieweit sie – konfrontiert mit dem Aussterben vieler ihrer Sprachen und dem unvermeidlichen Übergang zum Englischen – nicht wenigstens in der Bewahrung einer eigenen Form des Englischen noch eine Möglichkeit zum Ausdruck ihrer ethnischen Identität sehen.

3.1.2.3. Besonderheiten des Amerikanischen Englisch

In der folgenden Darstellung wird gewöhnlich nur auf Besonderheiten des *American Standard English* eingegangen.

Die A u s s p r a c h e des *American Standard English* ist nicht einheitlich (vgl. S. 110f.), doch ist die dominierende Form für den Standard zweifellos die des *General American English*. Sie steht deshalb auch im Mittelpunkt der folgenden Darstellung.

Das *General American English* weist ein beträchtliches Maß an Variation auf. Jedoch finden sich die unten angeführten lautlichen Merkmale bei den weitaus meisten Sprechern dieser Variante, so daß sie für sie als charakteristisch angesehen werden können.

RP	General American English
e	ɛ *bet*
ʌ	vor r: ɜr bzw. ɚ *hurry* sonst: ə *cut*
ɑ:	+ -f, -θ, -s bzw. f, s, n, m + Kons.: æ *staff, bath, pass;* *after, ask, dance, example* sonst: ɑ *calm, father*
ɒ	bes. vor Verschlußlaut (seltener vor /g/), Affrikate und m, n, l: ɑ *stop, lodge, bomb, contact, column* sonst meist: ɔ *cough, long*
eɪ əʊ	e(ɪ) *lay, laid, late* o(ʊ) *no, code, coat*
ɪə, ɛə, ʊə	ɪr, ɛr, ʊr *peer, pair, poor*
ju:	nach dentalem oder alveolarem Kons.: u *enthusiasm, presume, student, duty, new*
w	\<w\>: w *wet* \<wh\>: ʍ ~ hw *whet*
l/ɫ	(dunkles) ɫ *lick, miller, milk, mill*
r/∅ (non-rhotic accent)	(retroflexes) r (rhotic accent) *red, tree, very, farm* [fɑrm], *far* [fɑr]
- t -	vor unbetontem Vokal: - ṭ - (Lenisierung) *city, writer* (≈ *rider*)

Die Quantität der einfachen Vokale (Monophthonge) hat im *General American English* nicht mehr eine distinktive Funktion, sondern variiert dort nur noch entsprechend ihrer Stellung (längere Aussprache vor Pause oder Lenis, kürzere Aussprache vor Fortis). Deshalb wird sie in der Transkription nicht vermerkt.

Wie die Gegenüberstellung zeigt, betreffen die Unterschiede zwischen der RP und dem *General American English* weniger das Phoneminventar als die für die beiden Ausspracheformen geltenden phonotaktischen Regeln sowie die phonetische Realisierung der Phoneme. Die Unterschiede im Phoneminventar beschränken sich darauf, daß es im *General American English* keine zentrierenden Diphthonge (/ɪə, ɛə, ʊə/) und statt der drei Phoneme /ɒ, ɔ:, ɑ:/ nur zwei (/ɔ, ɑ/) gibt. Ersteres erklärt sich daraus, daß /r/ hier in allen Stellungen gesprochen wird (rhotic accent) und nicht durch Vokalisierung zu [ə] mit dem vorangehenden Vokal zu einem Diphthong verschmolzen ist. Die Reduzierung der Zahl der offenen Hinterzungenvokale auf zwei ist darauf zurückzuführen, daß im *General American English* statt /ɒ/ vor Verschlußlauten (seltener jedoch vor /g/) und Affrikaten sowie vor /m, n/ und /l/ gewöhnlich /ɑ/ gesprochen wird (*bomb* hier somit den gleichen Vokal wie *balm* hat), vor Engelauten sowie vor /ŋ/ und /r/ dagegen /ɔ/ (so daß *long* dann im Vokal mit *thought* übereinstimmt). Ausgehend vom nördlichen Mittelwesten (Nordmichigan, Minnesota, Wisconsin) verbreitet sich in jüngster Zeit überdies ein Zusammenfall von /ɑ/ und /ɔ/ in [ɑ], womit auch der Unterschied in der Aussprache von Wörtern wie *cot* und *caught* oder *knotty* und *naughty* verlorengeht.[5]

Um Unterschiede in den phonotaktischen Regeln handelt es sich bei der Verwendung von /æ/ statt /ɑ/ (z.B. in *staff*) bzw. von /u/ statt /ju/ (z.B. in *duty*) sowie beim Gebrauch von /r/ auch vor Konsonant und Pause, d.h. in allen Stellungen (rhotic accent).

Unterschiede hinsichtlich der phonetischen Realisierung finden sich z.B. bei den Diphthongen /eɪ/ und /oʊ/ sowie bei den Phonemen /l/, /r/ und /t/. Statt /eɪ/ und /oʊ/ werden im *General American English* Monophthonge (/e/ bzw. /o/) verwendet, die nur vor Pause und vor Lenis (z.B. in *lay*, *laid* bzw. *no*, *code*) schwach diphthongiert erscheinen. /l/ wird in dieser Variante des Amerikanischen Englisch durchweg mehr oder weniger dunkel gesprochen. /r/ ist hier nach Vokal ein retroflexer (d.h. mit zurückgebogener Zungenspitze gesprochener) Laut. Diese Artikulation kann sich auf die Aussprache des vorangehenden Vokals dahingehend auswirken, daß er mit dem /r/ zu einer Art retroflexem Vokal verschmilzt. Außerdem kommt es vor /r/ nicht selten zum Zusammenfall von /æ/ mit /ɛ/ (vgl. z.B. [ɛr] in *marry* wie in *merry* und *Mary*). /t/ wird im Inlaut vor unbetontem Vokal lenisiert ([- ț -]) bzw. als eine Art "tapped consonant" gesprochen, der dem "one-tap r" im Englischen Englisch ähnlich ist (vgl. ˈatom [- ț -], aber aˈtomic [-t-]). Dadurch geht der Unterschied zwischen Wörtern wie *writer* und *rider* oder *hearty* und *hardy* weitgehend verloren. Mit Einschränkung gilt die Lenisierung auch für [-p-] und [-k-]. In dem für breite Sprechergruppen charakteristischen lässigen Aussprachestil findet sich häufig die Anwendung der Dreikonsonantenregel beim Hinzutreten der Pluralendung [-s] zu auslautendem [-kt] bzw. [-pt] (vgl. *fact* [fækt] – *facts* [fæks], *script* [skrɪpt] – *scripts* [skrɪps]) sowie die Vereinfachung von intervokalischem [-nt-] zu [-n-] (vgl. z.B. *winter* [ˈwɪnᵊr], *international* [ˌɪnᵊrˈnæʃᵊnᵊl]).

Das *Southern American English* unterscheidet sich vom *General American English* deutlich dadurch, daß es noch weitgehend ein "non-rhotic accent" ist, d.h. /r/ nur vor Vokal hat (allerdings gewöhnlich nicht vor Vokal des folgenden Wortes, so daß hier kaum ein "linking /r/" auftritt).[6] Daneben fällt im *Southern American English* vor allem eine Dehnung der Vokale /ɪ, ɛ, æ, ʊ, ʌ, ɑ/ in betonten einsilbigen Wörtern (besonders vor Lenis) auf, die sie zentrierenden Diphthongen ähnlich macht (vgl. z.B. *bid* [bɪ·əd]). Dieses "southern breaking" ist wohl die Hauptursache dafür, daß die Sprechweise im Süden schleppend wirkt und man vom "southern drawl" spricht. Dagegen wird der verengende Diphthong /aɪ/ im *Southern American English* (besonders vor Lenis und Pause) zu [a(ː)] monophthongiert. Die dem entsprechende Aussprache von *nice white rice* als [naːs wa:t ra:s] galt lange Zeit als typisch SAmE "nonstandard", findet sich jedoch jetzt auch schon bei Standardsprechern. Statt /aʊ/ hat das *Southern American English* einen Diphthong mit [æ] als Ausgangsvokal bzw. die monophthongische Aussprache [a:/æ:] (vgl. z.B. *south* [sæʊθ], *now* [næʊ, næ: ~ na:]). /eɪ/ und /oʊ/ erscheinen in dieser Variante des Amerikanischen Englisch dagegen stets als Diphthonge. Die Opposition "/ɪ - ɛ/" wird in ihr vor Nasalen durch Hebung von /ɛ/ zu /ɪ/ neutralisiert (vgl. z.B. *pen* wie *pin* [pɪn]). Besonders vor Fortis verschmelzen im *Southern American English* Vokale mit Nasalen oft zu nasalierten Vokalen, was als "nasal twang" bezeichnet wird (vgl. z.B. *can't* [kæ̃ə̃t]).

Das *Northern American English* ist im Gebiet östlich des Connecticut River (d.h. in Neuengland mit Boston als Zentrum) ein "non-rhotic accent" (mit "linking /r/" sowie "intrusive /r/") und stimmt auch sonst weitgehend mit der RP überein, so daß die für das *General American English* charakteristischen Lautungen hier fast durchweg nicht gelten. Lediglich /æ/ statt /ɑ/ scheint sich besonders vor /s + Kons./ (wie z.B. in *cast*, *mask*) auch in dieser Variante durchzusetzen. Zu den Spezifika des *Northern American English* gehört, daß hier /ɔ/ oft mit /ɒ/ zusammenfällt und dieser Vokal zur Länge neigt (vgl. z.B. *caught* wie *cot* [kɒ(:)t], *Boston* [ˈbɒ:stən]) sowie daß an die Stelle des velaren /ɑ/ ein palatales [a:] tritt (vgl. z.B. *aunt* [a:nt] oder *Park your car in Harvard Yard* [ˈpa:k jə ˈka:rm ˈha:vəd ↘ja:d]).

Im Gegensatz zum *Northern American English* in Neuengland ist das *Inland Northern American English* ein "rhotic accent". Charakteristisch für diese Variante sind der Zusammenfall von /ɔ/ und /ɒ/ in [ɑ] (vgl. z.B. *caught* wie *cot* [kɑt]), der immer mehr auch auf das *General American English* übergreift, sowie eine Senkung von /ɪ/ zu /ɛ/ vor /l/ (z.B. *milk* [mɛlk]).

Neben den für seine Aussprachevarianten allgemein geltenden Merkmalen weist das *American Standard English* noch Besonderheiten bezüglich der Aussprache einzelner Lexeme bzw. Lexemgruppen auf; vgl. z.B. /i/ statt /aɪ/ in *either*, *neither* bzw. statt /e/ in *leisure*, /ə/ statt /aɪ/ in Wörtern auf *-ile* wie *fragile*, *missile*, *juvenile*, /æ/ oder /a/ statt /ɒ/ in *wrath* sowie /sk/ statt /ʃ/ in *schedule*. Der Buchstabe <z> hat im Amerikanischen Englisch den Namen [zi] (statt EngE [zed]).

Darüber hinaus fällt im Amerikanischen Englisch eine starke Tendenz zur Schriftbildaussprache auf, d.h. zur Angleichung der Lautung an die Schreibung; vgl. z.B. *clerk* [klɚk], *lieutenant* [luˈtɛnənt], *shone* [ʃon], *tomato* [təˈmeʈo], *trait* [tret], *vase* [ves] (statt EngE [klɑ:k], [lefˈtenənt], [ʃɒn], [təˈmɑ:təʊ], [treɪ], [vɑ:z]). Diese Tendenz dürfte nicht zuletzt mit dem Fehlen einer einheitlichen Standardlautung und der daraus erwachsenden Unsicherheit in Aussprachefragen zusammenhängen. Außerdem entspricht sie der im Amerikanischen Englisch allgemein zu verzeichnenden Neigung zu größerer Regelmäßigkeit im sprachlichen Ausdruck.[7]

Auch hinsichtlich der Wortbetonung weist das Amerikanische Englisch einige Besonderheiten auf. So haben hier Wörter auf *-ary*, *-ery* oder *-ory* anders als z.B. im Englischen Englisch einen Nebenton auf der vorletzten Silbe, wenn zwischen ihr und der Haupttonsilbe mindestens eine unbetonte Silbe vorhanden ist; vgl. z.B. *secretary* ['sɛkrə‚tɛri] (EngE ['sekrət(ə)ri]), ebenso: 'ceme‚tery, 'terri‚tory etc.; vgl. auch 'cere‚mony sowie – mit Vorverlagerung des Haupttons – 'labora‚tory ['læbrə‚tɔri] (EngE gewöhnlich [lə'bɒrətri]). Dies kann mit der Bewahrung eines älteren Betonungsmusters erklärt werden, aber auch einfach damit, daß die für das Englische generell charakteristische Tendenz zu einem "stress-timed rhythm", d.h. zu annähernd gleichem Zeitabstand zwischen den betonten Silben, im Amerikanischen Englisch auf Grund des relativ langsamen Sprechtempos noch stärker zur Geltung kommt als in anderen Varianten des Englischen.

Außerdem gibt es zwischen dem Englischen Englisch und dem Amerikanischen Englisch bei einer Reihe von Wörtern Unterschiede hinsichtlich der Lage des Haupttons (die zugleich Einfluß auf deren Lautung haben können); vgl. z.B. EngE /-'-/ (z.B. *dic'tate*) – AmE /'--/: 'dictate und andere Verben auf *-ate*, bei denen die erste Silbe nicht etymologisch gesehen ein Präfix ist (wie z.B. in EngE/AmE *re'late*): 'migrate, 'rotate, 'vibrate etc., vgl. auch EngE /‚--'-/ (z.B. ‚maga'zine) – AmE /'---/: 'magazine, 'margarine; EngE /'--/ (z.B. 'detail) – AmE /-'-/ (vor allem bei Wörtern französischer Herkunft, wo die Originalbetonung bewahrt wird): *de'tail*, ebenso *ca'fé, cli'ché, fron'tier, ga'rage* (aber: EngE/AmE 'depot), ebenso EngE /'---/ (z.B. 'matinée) bzw. /-'--/ (z.B. *a'ttaché*) – AmE /‚--'-/: ‚mati'née, ‚negli'gee; ‚atta'ché, ‚expo'sé, ‚fian'cée. In abgeleiteten Wörtern kann die vom Englischen Englisch abweichende Lage des Haupttons auch morphologisch motiviert (d.h. durch die Betonung der Basis bedingt) sein; vgl. z.B. *advertisement* (< *advertise* ['ædvə(r)taız]): AmE [‚ædvər'taızmənt] gegenüber EngE [əd'vɜ:-tızmənt].

Hinsichtlich der Intonation fällt auf, daß die Tonhöhenunterschiede in neutraler Rede im Amerikanischen Englisch geringer sind als in der RP des Englischen Englisch, die daher auf Amerikaner ziemlich aufdringlich und leicht affektiert wirkt, während Engländer wiederum die Intonation des Amerikanischen Englisch als recht monoton und phlegmatisch wirkend empfinden. Dieser Eindruck entsteht dadurch, daß die betonten Silben vor dem Nukleus hier in einer mittleren Tonlage gesprochen werden und nicht wie in der RP nach einem hohen Stimmeinsatz auf der ersten betonten Silbe stufenweise absteigen. Außerdem erfolgt der Tonabfall bzw. -anstieg im Nukleus im Amerikanischen Englisch eher abrupt, während die Stimme dort in der RP deutlich nach unten bzw. oben gleitet.

Was die S c h r e i b u n g angeht, so ist das Amerikanische Englisch die einzige Variante des Englischen, für die eine vom Englischen Englisch abweichende eigene Rechtschreibnorm entwickelt worden ist. Ihr Initiator war Noah Webster, der mit seinen Reformvorschlägen vor allem deshalb Erfolg hatte, weil er sie am rechten Ort zur rechten Zeit unterbreitete (vgl. S.101), wobei er allerdings nicht in allen Punkten seine Vorstellungen durchsetzen konnte.

Generell zeichnen sich in der amerikanischen Orthographie folgende Tendenzen ab:
– eine Tendenz zur Vereinfachung der Schreibung durch Verzicht auf überflüssige Buchstaben sowie durch stärkere Annäherung des Schriftbilds an die Lautung (vgl. z.B. AmE *catalog, program, center, check, draft, jail* statt EngE

catalogue, programme, centre, cheque, draught, gaol) und
– eine Tendenz zu größerer Regelmäßigkeit (vgl. z.B. den Verzicht auf die von
   der allgemeinen Regel abweichende Verdoppelung von <-l> bei unbetonter
   Silbe: AmE *traveled* [wie *visited*] statt EngE *travelled*).
Zu den wichtigsten regulären Unterschieden zwischen der englischen und der
amerikanischen Orthographie gehören:

EngE	AmE
<-our> (als Endung) *colour*	<-or> *color*
<-re> *centre*	<-er> *center*
<-ence> *defence*	<-ense> *defense*
<-ise/-ize> *nationalise/-ize* (< *national*) (als Suffix) aber: *surprise*	<-ize> *nationalize* aber: *surprise*
Verdoppelung von <-l> auch bei unbetonter Silbe: *travel – travelled, travelling; traveller*	keine Verdoppelung von <-l> bei unbetonter Silbe: *travel – traveled, traveling; traveler*

Weitere vereinfachte Schreibungen (z.B. *donut, lite, thru* statt *doughnut, light, through*) finden sich z.B. als Blickfang in Werbetexten (vgl. *Open all nite!*), aber mitunter auch schon in offiziellen Texten (z.B. auf Verkehrsschildern: *No thru traffic*). Dem Englischen Englisch entsprechende Schreibungen wie *glamour* und *theatre* (letztere vor allem in Theaternamen, z.B. *Blackwood Theatre*) können als Prestigevarianten interpretiert werden.

Ein oft zu Mißverständnissen Anlaß gebender Unterschied zwischen dem Amerikanischen und dem Englischen Englisch sowie anderen Varianten des Englischen betrifft die Schreibung von Datumsangaben. Während in letzteren gewöhnlich die Zahl für den Tag der für den Monat vorausgeht, ist das im Amerikanischen Englisch genau umgekehrt (vgl. z.B. EngE *6-12-90* – AmE *12-6-90* für 'December 6, 1990').

Hinsichtlich der I n t e r p u n k t i o n gibt es nur geringfügige Unterschiede zwischen dem Amerikanischen und dem Englischen Englisch. So verwendet man bei Abkürzungen von Anredeformen bzw. Titeln im Amerikanischen Englisch immer einen Punkt, während dies im Englischen Englisch gewöhnlich nur der Fall ist, wenn der letzte Buchstabe der Abkürzung nicht mit dem letzten des abgekürzten Wortes identisch ist (vgl. z.B. EngE/AmE *Capt.* [< *Captain*], aber: EngE *Mr/Mrs/Dr* – AmE *Mr./Mrs./Dr.*). In persönlichen Briefen folgt der Anrede im Amerikanischen Englisch (wie im EngE) ein Komma, in Geschäftsbriefen dagegen ein Doppelpunkt. Bei Aufzählungen wird im Amerikanischen Englisch in der Regel vor *and* oder *or* ein Komma gesetzt, während es im Englischen Englisch dort nicht stehen muß. Anführungszeichen werden im Amerikanischen Englisch meist doppelt geschrieben, im Englischen Englisch dagegen vorzugsweise einfach.

Außer in der Aussprache und der Schreibung weist das Amerikanische Standardenglisch vor allem Besonderheiten in der L e x i k auf. Sie erklären sich zum

Teil aus der Bewahrung älterer, im Englischen Standardenglisch nicht mehr gebräuchlicher Lexeme bzw. Sememe oder aus dem Eindringen von ursprünglich regional bzw. sozial markierten Lexemen in den Standard, vor allem aber aus der Schaffung zahlreicher neuer Bezeichnungen durch Entlehnung, Bezeichnungsübertragung, Wortbildung oder Bildung von Phraseologismen. Nicht wenige dieser Bezeichnungen sind inzwischen auch in andere Varianten des Englischen oder sogar in den all seinen Varianten gemeinsamen Kernwortschatz eingedrungen, so daß unterschieden werden muß zwischen Lexemen bzw. Sememen, die zwar im Amerikanischen Englisch entstanden sind, aber nicht auf diese Variante beschränkt blieben (wie z.B. *cafeteria, prairie, (ham)burger, ranch, squaw; carousel* 'moving belt for suitcases at an airport'), und Lexemen bzw. Sememen, die nach wie vor charakteristisch für das Amerikanische Englisch sind (wie z.B. *alumnus, ashcan, auto(mobile); bill* 'banknote', *busy* 'engaged [telephone line]', *condominium* '(a flat in) a block of flats of which each one is owned by the people living in it'). Nur letztere können noch als Amerikanismen gelten und sind damit Gegenstand der folgenden Betrachtung.

Beispiele für die Bewahrung von Lexemen bzw. Sememen im Amerikanischen Englisch, die im Englischen Englisch überhaupt nicht mehr oder allenfalls noch in dialektalem Gebrauch bzw. in archaischer oder poetischer Verwendung vorkommen, sind:[8]

> *bug* 'any small insect', *deck* 'set of playing cards', *fall* 'autumn', *forfend* 'protect by precautions', *(I) guess* (infml.) '(I) suppose', *platter* 'large plate', *rendition* 'performance of a play or piece of music', *sidehill* 'hillside'

Zu den Lexemen bzw. Sememen, die aus der regional bzw. sozial markierten Lexik des Englischen Englisch in das Amerikanische Standardenglisch eingedrungen sind, gehören:

> *candy* 'various types of boiled sugar, sweets, or chocolate', *checkers* 'draughts', *duff* 'the partly decayed organic matter on the forest floor', *ladybug* 'small round beetle, usually red with black spots', *lummox* 'clumsy or stupid person', *mean* 'unwell, indisposed', *raft* 'a large number or amount', *rooster* 'domestic cock', *sense* 'understand'

Bei den **Entlehnungen** aus anderen Sprachen im Amerikanischen Englisch handelt es sich vor allem um Übernahmen aus den Indianersprachen sowie aus den Sprachen anderer in Nordamerika eingedrungener Kolonialmächte, insbesondere aus dem Spanischen, dem Französischen und dem Niederländischen.

Lehnwörter aus den Indianersprachen sind z.B.:

> *cayuse* ['kaɪˌjus] 'small American Indian pony used by cowboys', *pone* 'bread made of maize', *potlatch* 'wild party or revel', *succotash* ['səkəˌtæʃ] 'dish of green maize and beans boiled together'

Andere indianische Lehnwörter (wie z.B. *hickory, hominy, moccasin, moose, raccoon, skunk, squaw, tomahawk, wigwam*) sind in das "common core vocabulary" des Englischen eingegangen, ebenso Lehnübersetzungen wie die Komposita *firewater* und *paleface* oder die Phraseologismen *be on the warpath* und *bury the hatchet*.

Aus dem Spanischen wurden z.B. übernommen:

arroyo [ə'rɔɪo(ʊ)] 'brook, stream; gully', *bastos* 'leather lining of a saddle', *buckaroo* 'cowboy', *bonanza* 'something very profitable', *carajo* 'ox driver', *huelga* 'labour strike', *loco* 'weed the eating of which causes cattle to act as if drugged' (vgl. auch das davon abgeleitete Slangwort *loco* 'crazy'), *paisano* [paɪ'sɑno(ʊ)] 'fellow countryman, friend', *quirt* '(strike with a) leather whip', *wrangler* (< span. *cabballerango* unter Anlehnung an engl. *wrangle*) 'cowboy'; vgl. auch bereits in den "common core" des Englischen eingegangene Lehnwörter wie *cafeteria, canyon, lasso, mosquito, ranch, rodeo, sombrero* und *tornado*

Beispiele für Entlehnungen aus dem Französischen sind u.a.:

bureau 'chest of drawers', *butte* [bjut] 'steep hill with a flat top, standing alone', *coulée/coulee* ['kuli] 'steep ravine', *depot* ['dipo(ʊ)] 'railway station or bus station', *lagniappe* [lɑ'njæp] 'thing given as bonus or gratuity', *levee* ['lɛvi] 'embankment of a river (natural or built to prevent flooding); landing place', *picayune* [pɪkə'jun] (infml.) 'of small or trifling value; petty'; vgl. auch bereits dem "common core" angehörende Lehnwörter wie *cent, bayou, gopher, prairie* und *rapids*

Aus dem Niederländischen wurden z.B. entlehnt:

caboose [kə'bus] 'guard's van, small car, usually at the end of a freight train, for the workmen or crew', *cookie* 'sweet biscuit', *kermis* ['kɜrmɪs] 'charity bazaar', *stoop* 'porch or small verandah in front of a house', *vendue* [vɛn'du] 'public auction'

Aus den Sprachen späterer Einwanderer finden sich im Amerikanischen Englisch relativ wenige Entlehnungen, da deren Sprecher unter starkem Assimilationsdruck standen und ihre Sprachen mehr oder weniger rasch zugunsten des Englischen aufgaben. Als Beispiele für Übernahmen aus diesen Sprachen seien hier nur einige Entlehnungen aus dem Deutschen angeführt:

fest 'festival or special occasion' (vgl. auch Bildungen wie *filmfest, funfest, gabfest*), *hex* 'witch; magic spell; practise witchcraft (on), bewitch', *liverwurst*, *loafer* (< dt. *Läufer*) 'moccasin-like shoe for casual wear', *rathskeller* 'beer-saloon or restaurant in a basement', *wiener(wurst)* (auch *weiner*) ['vinər] 'frankfurter'; vgl. auch bereits zum "common core" gehörende Entlehnungen wie *frankfurter, (ham)burger*

Lehnübersetzungen aus dem Deutschen (falls nicht nur lautliche Angleichungen von Lehnwörtern) sind *beergarden* und *cookbook*. Um eine Lehnbedeutung handelt es sich wahrscheinlich bei *dumb* 'stupid' (vgl. dt. *dumm*).

Entlehnungen aus den westafrikanischen Sprachen, die von den Vorfahren der schwarzen Bevölkerung gesprochen wurden, blieben meist auf das *Black English Vernacular* (vgl. S. 116) beschränkt oder drangen über das Amerikanische Standardenglisch bis in den "common core" des Englischen vor (wie z.B. *banjo* und *jazz*). Soweit sie nur im Amerikanischen Standardenglisch vorkommen, ist ihre Verwendung dort in der Regel auf das *Southern American English* begrenzt (wie im Falle von *goober* 'peanut' oder *jigger* 'the larval form of certain mites, esp. the red bug').

Bezeichnungsübertragungen liegen z.B. bei den folgenden Lexemen vor:

(turkey) buzzard 'American carrion vulture (Cathartes aura)', *clapboard* 'narrow board that overlaps the one below it, used for covering the outside of a wooden building', *corn* 'maize', *creek* 'small narrow stream', *daisy* 'Chrysanthemum leucanthemum, the American whiteweed or oxeye daisy', *robin* 'large North American thrush', *stampede* 'unconcerted movement of many persons by common impulse', *suspenders* 'straps to suspend trousers from shoulders'

Zu den Besonderheiten des Amerikanischen Englisch in der **Wortbildung** gehören Ableitungsmodelle mit affixartigen Wortbildungselementen; vgl. z.B.:

heli- 'helicopter' + N: *helibus, helilift, heliport*

para- '(dropped by) parachute' + N: *paradiver, paradoctor, paratroops; parabomb, paramine*

N + *-(a)thon* (< *marathon*) 'N carried on for an abnormal length of time, large-scale event or operation': *danceathon, talkathon, walkathon*; vgl. auch: *telethon* 'very long television programme, esp. to raise money for a charity'

N + *-cade* (< *cavalcade*) 'procession of Ns': *autocade, motorcade, camelcade*

N + *-cide* (< *suicide*) 'death caused by N': *autocide, scubacide* (zu *scubadiving*)

N + *-(e)teria* (< *cafeteria*) 'self-service establishment where one gets N': *booketeria, fruiteria, gaseteria, snacketeria*; V + *-(e)teria* 'self-service establishment where one can V': *washeteria*

N + *-gate* (< *Watergate*) 'scandal involving charges of corruption and usually of cover-up connected in some way with N': *Cartergate, Contragate, Hollywoodgate, Irangate*

N + *-scape* (< *landscape*) 'work of art presenting N': *bodyscape, desertscape, riverscape, seascape, streetscape*

Einen Sonderfall stellen die Bildungen mit dem Ableitungselement *-burger* dar, das durch Assoziation der ersten Silbe von *hamburger* (< *Hamburger steak*) mit engl. *ham* entstand und dementsprechend auch mit Bezeichnungen für andere Arten von Zutaten kombiniert wurde; vgl.:

N + *-burger* 'roll, sandwich, etc., containing N / having N on top of it; food resembling a hamburger': *beefburger, cheeseburger, chiliburger, fishburger, steakburger*

Die Bildung *jumboburger* 'large hamburger' erklärt sich als Kompositum aus dem Adjektiv *jumbo* 'very large of its kind' und der Kurzform *burger* für *hamburger*.

Einen spezifischen Wortbildungstyp stellen im Amerikanischen Englisch Ableitungen mit der Struktur "N + *-dom*" dar, deren Basen als Bezeichnungen für Interessengebiete aufgefaßt werden können. Sie haben die Bedeutung 'group of people united by a common interest in N'; vgl. z.B. *baseballdom, bookdom, filmdom, newspaperdom, oildom*.

Weitere Besonderheiten des Amerikanischen Englisch im Bereich der Wortbildung ergeben sich daraus, daß bei miteinander konkurrierenden Modellen oder

Typen hier andere bevorzugt werden als im Englischen Englisch. So hat das Amerikanische Englisch nicht selten ein Kompositum nach dem Modell "V + N", wo im Englischen Englisch das Modell "(V + -ing) + N" gewählt wurde; vgl. z.B. AmE *cook-stove, dial tone, fry-pan, lead article, quake grass, rowboat, sailboat, workday/workweek* gegenüber EngE *cooking-stove, dialling tone, frying-pan, leading article, quaking-grass, rowing-boat, sailing-boat, working day/week.*

Außerdem begegnet im Amerikanischen Englisch des öfteren ein Kompositum, wo im Englischen Englisch ein Phraseologismus gebildet wurde; vgl. z.B. AmE *barbershop, barbwire, music box* gegenüber EngE *barber's shop, barbed wire, musical box*; vgl. aber andererseits auch AmE *driver's license, driver's seat* – EngE *driving licence, driving seat.*

Eine Reihe von Ableitungsmodellen bzw. -typen sind im Amerikanischen Englisch weitaus produktiver als in anderen Varianten des Englischen; vgl. z.B.:

de- + N + -Ø$_v$ 'remove N from ..., deprive ... of N': *defat, degrease, dehusk, derat, dewax*

intra- + N 'existing / carried on within N': *intracity, intraparty, intrastate*

N + -*age* 'Ns (taken) collectively, body of Ns': *readerage, trackage, wordage*

V + -*ee* 'person who is / has been V-ed': *cursee, draftee, flunkee, separatee*

N + -*eer* (meist derog.) 'person who is concerned/associated with N': *chariteer, conventioneer, jargoneer, sloganeer*

N + -*ery* 'place where one makes/sells N': *beanery, cakery, sweetery*

N + -*ese* (oft derog.) 'style/jargon characteristic of N': *Broadwayese, cablese, childrenese, filmese, telegraphese*

Auch mit suffixartigen Wortbildungselementen, deren Verwendung nicht auf das Amerikanische Englisch beschränkt ist, weist diese Variante in der Regel eine größere Zahl von Bildungen auf; vgl. z.B.:

N + -*ville* 'place where Ns live / are found; place associated with N': *flatsville, Movieville, squaresville*

A (< N) + -*wise* 'from the point of view of N': *atomic-wise, managerial-wise, military-wise*

Äußerst produktiv ist das Amerikanische Englisch auch auf dem Gebiet der Nullableitung. Nicht wenige der hier nach diesem Muster gebildeten Verben wirken in anderen Varianten des Englischen noch als ungewöhnlich, namentlich dann, wenn sie von einem eindeutig nominal markierten Substantiv abgeleitet sind; vgl. z.B. *date* (infml.) 'make social engagements with', *propaganda* 'spread by / subject to propaganda', *vacation* 'take a vacation'. Außerdem finden sich im Amerikanischen Englisch auffallend viele substantivische Nullableitungen von "phrasal verbs". Sie kommen besonders häufig im informellen Wortschatz und im Slang sowie auch im Fachwortschatz vor und werden dort nicht selten synonymen "hard words" vorgezogen, da sie hinsichtlich ihrer Bedeutung leichter erschließbar sind; vgl. z.B.:

face-off 'public meeting of presidential candidates', *holdover* 'relic; elected official or performer/performance continuing beyond the original term/ engagement', *lay-down* (sl.) 'failure', *layover* 'break in a journey, esp. in waiting for a connection', *ripoff* 'thief', *takeout* '(meal bought from a) shop or restaurant from which food can be taken away to be eaten elsewhere', *shut-in* 'person confined indoors by illness', *standout* 'person or thing that is distinctive or outstanding', *tryout* 'trial or test, as of an actor or athlete', *walkup* 'block of flats having no lift'

Ganz allgemein kann das Amerikanische Englisch heute als das "centre of creativity" für die Wortbildung im Englischen angesehen werden.

Auch bezüglich der Bildung von **Phraseologismen** erweist sich das Amerikanische Englisch als sehr kreativ. Das gilt sowohl für die Abwandlung schon vorhandener Wortverbindungen als auch für die Bildung neuer und zeigt sich besonders deutlich im Bereich des informellen Wortschatzes und des Slangs. Abwandlungen bereits existierender Phraseologismen sind z.B.:

blow one's horn (infml.) (statt ... *one's trumpet*) 'praise oneself', *blow one's lid/stack* (infml.) (statt ... *one's top*) 'lose one's temper', *fall on deaf ears* (statt ... *on barren ground*) '(of words) be futile', *lock the barn door after the horse is stolen* (statt ... *the stable door* ...) 'take precautions too late', *play hookey* (infml.) (statt ... *truant*) 'stay away from school without permission', *put sb. on* (infml.) (statt *have* ...) 'deceive'

Neubildungen sind z.B.:

be in Dutch with sb. (infml.) 'be in trouble/disfavour with sb.', *be in the hole* 'be in (usually financial) difficulties', *be on the anxious bench/seat* 'be in a state of anxiety', *cop/fink out* (sl.) 'evade responsibility', *get the nod* (infml.) 'be chosen', *get the pink slip* (infml.) 'be laid off', *gum up the works / gum sth. up* (infml.) 'make sth. inoperable', *hit/strike pay dirt* (infml.) 'discover sth. of value', *hole up* (sl.) 'go into hiding', *make like sb. or sth.* (infml.) 'behave like / imitate sb. or sth.', *ream out* (infml.) 'scold severely', *scare up* (infml.) 'manage to prepare or find'

In der G r a m m a t i k sind die Unterschiede zwischen dem Amerikanischen und dem Englischen Englisch sowie anderen Varianten des Englischen auf der Standardebene (besonders im schriftlichen Sprachgebrauch) am geringsten. Außerdem handelt es sich hier meist eher um Unterschiede in der Häufigkeit bestimmter miteinander konkurrierender Formen oder Verwendungsweisen als um grundsätzliche Divergenzen zwischen den Varianten.

Ein Teil der grammatischen Besonderheiten des Amerikanischen Englisch betrifft die Formenbildung des Verbs, wobei sich hier wiederum die für diese Variante charakteristische Tendenz zu größerer Regelmäßigkeit im sprachlichen Ausdruck bemerkbar macht. Beispiele dafür sind

– die Bevorzugung von regelmäßig mit *-ed* [-d/-t] gebildeten Präterital- und Partizipialformen bei den Verben vom Typ *burn/spill* und *lean/leap* (*burned, spilled; leaned* [lind], *leaped* [lipt]) gegenüber den im Englischen Englisch noch dominierenden Formen mit *-t* [-t] (*burnt, spilt; leant* [lent], *leapt* [lept]) (siehe hierzu auch Abschnitt 2.1.3.);

– die Verwendung der regelmäßig gebildeten Partizipialform *gotten* neben der unregelmäßigen Form *got* mit einer Verteilung, die sich nach den verschiedenen Bedeutungen des Verbs *get* richtet: 'erhalten/werden/gelangen' → *gotten* (z.B. *I've gotten bad news, She's gotten better, He's gotten home*), aber 'haben/müssen' → *got* (z.B. *Now you've got real problems, We've got to hurry*) (vgl. die damit mögliche – im Englischen Englisch nicht gegebene – Differenzierung zwischen *I've gotten a job* und *I've got a job* oder *She's gotten* ['managed'] *to finish it* und *She's got* ['has'] *to finish it*);

– die weitgehende Verallgemeinerung von *will* als Hilfsverb zur Bildung eines nichtmodalen Futurs (z.B. *We'll tell you all about it*) außer in sehr formeller Ausdrucksweise (z.B. *We shall overcome ...* oder *Shall we live to see it?*);

– die durchgängige Verwendung der *do*-Umschreibung bei *have* als Vollverb ('besitzen' etc.) und *have to* (z.B. *Do you have time to come?, Do I have to go now?*) sowie bei *dare, need* und *used to* (z.B. *I do not dare to ask him, Does he need to know?, He did not use(d) to work on Saturdays*).

Andere grammatische Besonderheiten des Amerikanischen Englisch betreffen die Verwendung bestimmter Verbformen, z.B.

– die in der gesprochenen Umgangssprache schon recht häufige Verwendung der Past Tense in Funktionen, in denen das Englische Englisch gewöhnlich das Present Perfect hat (z.B. *Did the children come home yet?, You are at home so often, were you fired?* statt *Have the children come home yet?, ..., have you been fired?*);

– den Gebrauch der Expanded Form bei Verben bzw. Verbbedeutungen, für die er sonst noch nicht üblich ist (z.B. *He was wanting to make changes in the house*)[9];

– die Verwendung der Präsensform des Konjunktivs (eines "mandative subjunctive") nach Ausdrücken des Forderns, Vorschlagens oder Beschließens, und zwar nicht nur in förmlicher Ausdrucksweise, sondern auch in der gesprochenen Umgangssprache (vgl. z.B. *They requested that he be given another chance, He insisted that she take driving lessons*);

– die Wahl der Singularform des Verbs nach Kollektiva in der Singularform (z.B. *committee, government* oder *team*) auf Grund rein formaler Kongruenz (z.B. *His team was working round the clock* statt – wie im Englischen Englisch bevorzugt – *His team were working ...*).

Darüber hináus fallen im Amerikanischen Englisch speziell aus der Sicht des Englischen Englisch u.a. auf:

– die umgangssprachlich weit verbreitete, jedoch auf informelle Gesprächssituationen beschränkte Verwendung der Form des Adjektivs in adverbialer Funktion (z.B. *She looks real nice, He wants the title bad*);

– der Gebrauch des Artikels vor Substantiven wie *university* oder *hospital*, auch wenn damit weniger das durch sie bezeichnete Gebäude gemeint ist als der Zweck, dem es dient (vgl. z.B. *He went to a/the university, She is in the hospital*), sowie in einer Reihe von weiteren Fällen, in denen er im Englischen Englisch nicht üblich ist (z.B. *on the average, in the future*);

– der Gebrauch von *half* nach dem Artikel (z.B. *a half hour*).

Recht deutliche Unterschiede gibt es zwischen dem Englischen Englisch und dem Amerikanischen Englisch auch im Bereich der Präpositionen; vgl. z.B.:

EngE	AmE	
at	on	*a knock on the door*
in	on	*on the street*
for	in	*She hadn't seen him in weeks*
inside	inside of	*inside of his mind*
out of	out	*look out the window*
round	around	*He lives around the corner*
to	of/before	*a quarter of/before eleven*
past	after	*ten after five* (aber: *half / a quarter past five*)

Unterschiedlich ist auch der Gebrauch von Präpositionen nach bestimmten Verben bzw. Adjektiven; vgl. z.B.:

EngE	AmE
cater for all tastes	*cater to all tastes*
chat to	*chat with*
half our money goes on food	*half our money goes for food*
the house is on sale	*the house is for sale* ('zu verkaufen')
be in a sale	*be on sale* ('Sonderangebot')
different from/to	*different from/than*

Vgl. außerdem:

EngE	AmE
cater at a wedding	*cater a wedding*
protest against the war	*protest the war*
he works in the evening	*he works evenings*
be at home	*be home*
he wrote to his father	*he wrote his father*
meet, visit	*meet with, visit with*

Der Gebrauch von AmE *through* ('bis einschließlich') ist eindeutiger als der von EngE *to* (vgl. AmE *The exhibition opens (from) Monday through Friday* – EngE *The exhibition opens from Monday to Friday*).

Anmerkungen

1 In jüngster Zeit wird in den USA aus Gründen der "political correctness" statt *Black English* meist die Bezeichnung *African American English* verwendet.

2 Zahlenangaben für 1990 lagen uns nur in bezug auf die Sprecher des Navaho (148 530) vor.

3 Die Bezeichnung *General American English* wird heute in der US-amerikanischen Dialektologie weitgehend vermieden, da sie häufig auch als Synonym für *Midland American English* verwendet wurde, eine dadurch suggerierte Dominanz dieser regionalen Form des Amerikanischen Englisch jedoch als nicht zutreffend angesehen wird.

4 Erst in jüngster Zeit beginnt sich in Los Angeles eine von der Sprachform der Umgebung divergierende Nonstandardvariante zu entwickeln, wie das etwas früher schon in San Francisco und der gesamten Bay Area geschah.

5 Die tatsächliche Verteilung von /ɑ/ und /ɔ/ kann hier nur sehr grob dargestellt werden. Genauere Angaben dazu finden sich u.a. bei Bauer et al. (1980): 133f.

6 Es gibt jedoch die Auffassung, daß diese Charakterisierung eine unzulässige Vergröberung der tatsächlichen Verhältnisse darstelle und daß die Variation im /r/-Bereich auch im *Southern American English* größer sei als gemeinhin angenommen (vgl. dazu Wells 1982: 542-545).

7 Als weitere mögliche Ursache für die Häufigkeit von Schriftbildaussprachen im Amerikanischen Englisch wird verschiedentlich angeführt, daß Generationen von Amerikanern in der Schule das Lesen nach der Methode des silbenweisen Nachsprechens von Wörtern erlernten.

8 Die Formulierung der Bedeutungen beruht auf den Angaben im COD, im CDEL und in *Webster's New World Dictionary of American English*.

9 Derartige Formen sind allerdings im Standardgebrauch noch umstritten, wobei es vom Sprecher wie auch vom jeweils vorliegenden konkreten Fall abhängt, ob sie bereits akzeptiert werden oder nicht. Wenn der im Englischen allgemein zu beobachtende Prozeß der Ausdehnung des Gebrauchs der Expanded Form im Amerikanischen Standardenglisch bereits weiter fortgeschritten ist als im Englischen Standardenglisch, so könnte das vielleicht auch durch den sprachlichen Einfluß irischer Immigranten bedingt sein. Mit ziemlicher Sicherheit gilt das für die in *South-Midland*-Gebieten häufig zu hörende Form *I've been knowing her for years.*

Literaturhinweise

Geschichte: vgl. 7.2. und 7.4. sowie 7.5.: Dillard 1975b, Dillard 1985, Dillard 1992, Galinsky 1985[2], Marckwardt 1980[2], Schneider 1981, Schneider 1982

Sprachsituation und Sprachpolitik: vgl. 7.2. sowie 7.5.: Adams/Brink 1990, Baugh 1983, Bogue 1985, Butters 1989, Conklin/Lourie 1978, Conklin/Lourie 1983, Crawford 1992, Dillard 1972, Dillard 1975a, Dillard 1975b, Dillard 1980, Ferguson/Heath 1981, Fishman 1966, Fishman 1986, Kloss 1977, Marckwardt 1980[2], McDavid 1975, McDavid 1980, Newman 1975, Reed 1977[2], Simpson 1986, Švejcer 1978, Švejcer 1983, Veltman 1983, Viereck 1975, Wolfram/Fasold 1974

Besonderheiten des Amerikanischen Englisch: vgl. 7.2. und 7.3. sowie 7.5.:

Aussprache und Schreibung: Bauer/Dienhart/Hartvigson/Jakobsen 1980, Bronstein 1960, Galinsky 1951, Hartman 1985, Kurath 1964, Kurath/McDavid 1961, Meyer 1987, Oomen 1982, Pike 1945, Thomas 1958, Wittig 1956

Lexik und Grammatik: Algeo 1986, Algeo 1988, Allen 1966, Dušková 1976, Ehrman 1966, Francis 1958, Galinsky 1952, Galinsky 1975[3], Gold 1969, Ilson 1985, Kirchner 1970/72, Lawendowski/Pankhurst 1975, Marckwardt 1980[2], Marckwardt/Quirk 1964, Mencken 1936[4], Mills 1990

Black English: Baugh 1983, Butters 1989, Dillard 1972, Dillard 1975a, Fasold 1972, Labov 1972, Luelsdorff 1975, Mufwene 1983, Smitherman 1977

Chicano English: Metcalf 1979, Ornstein-Galicia 1984, Penfield/Ornstein-Galicia 1985

American Indian English: Craig 1991, Leap 1977

3.1.3. Das Englische in Kanada

3.1.3.1. Zur Geschichte des Englischen in Kanada

Mit der Proklamierung der Vereinigten Staaten von Amerika wurde der britische Einfluß in Nordamerika auf den Bereich des heutigen Kanada reduziert. Großbritannien faßte nun die ihm verbliebenen Gebiete Quebec, New Brunswick und Nova Scotia sowie das Hudson Bay Territory unter dem Namen *British North America* zu einer Kronkolonie zusammen und betrieb dort eine Politik der bewußten Abgrenzung von den USA. Außerdem setzten die Briten jetzt alles daran, ihre Dominanz gegenüber den Franzosen weiter zu festigen. So verstärkten sie ihre Bemühungen, die Zahl der englischsprachigen Siedler durch eine gezielte Einwanderungspolitik zu erhöhen. Dem kam die Immigration von rund 40 000 Loyalisten vor allem aus dem nördlichen und mittleren Osten der USA entgegen, führte sie doch zu einem erheblichen Anwachsen der anglophonen Bevölkerung in der Kronkolonie und damit auch zu einer Veränderung der Sprachsituation zugunsten des Englischen. Der größte Teil der Zuwanderer ließ sich am oberen St.-Lorenz-Strom sowie am Ontariosee nieder und bildete damit den Kern der Bevölkerung der heutigen Provinz Ontario. Außerdem siedelten sich Gruppen von Loyalisten in Nova Scotia an, von wo viele von ihnen aber bald in andere Landesteile (insbesondere nach Quebec und New Brunswick oder weiter nach Westen) fortzogen.

In der überwiegend französischsprachigen Provinz Quebec führte die Einwanderung der Loyalisten zu heftigen Konflikten zwischen Anglophonen und Frankophonen, da letztere sich nun in ihrer Existenz als ethnische Gruppe bedroht fühlten. Um die Spannungen abzubauen und auch den Forderungen der Loyalisten nach einer "legislative assembly" nachzukommen, erließ die britische Regierung im Jahre 1791 die "Constitution Act". Damit wurde Quebec in die (vor allem von Loyalisten besiedelte) englischsprachige Provinz Upper Canada (heute Ontario) und die überwiegend französischsprachige Provinz Lower Canada (heute Quebec) geteilt, und beide erhielten einen eigenen Gouverneur sowie ein eigenes Parlament.

1790 lebten in Upper Canada ca. 30 000 Anglokanadier und in Lower Canada ca. 100 000 Frankokanadier sowie etwa 10 000 Anglokanadier. In den folgenden Jahrzehnten kam es in beiden Provinzen zu einem raschen Anwachsen der Bevölkerung, so daß bereits 1812 Lower Canada etwa 330 000 Einwohner und Upper Canada etwa 75 000 Einwohner hatte. Während sich das Bevölkerungswachstum in Lower Canada vor allem aus einer hohen Geburtenrate innerhalb der frankophonen Bevölkerungsgruppe ergab, war es in Upper Canada bis etwa 1815 auch durch eine starke Einwanderung aus den USA bedingt. Erst nach 1815 führten strenge Restriktionen der Landvergabe an Immigranten aus den USA zu einem Rückgang der Einwanderung aus diesem Gebiet. Das wurde jedoch durch ein Ansteigen der Einwanderung aus Großbritannien kompensiert. Zwischen 1812 und 1850 kamen von dort rund 800 000 Immigranten. Dadurch veränderte sich die ethnische Struktur der Bevölkerung endgültig zugunsten der Anglokanadier, die bis in die zwanziger Jahre des 19. Jahrhunderts in der Minderheit gewesen waren.

Mit Beginn des 19. Jahrhunderts war es den Anglokanadiern überdies gelungen, ihre Dominanz in der Wirtschaft des Landes erheblich auszubauen und damit ihre politische Vormachtstellung auch ökonomisch zu stützen. Das führte in Lower Canada zu massiven Protesten und erstmals zur Entstehung nationalistischer Tendenzen unter den Frankokanadiern, die sich gegen die Kontrolle der Wirtschaft dieser Provinz durch die anglophone Minderheit zur Wehr setzten. Der Konflikt zwischen den beiden Bevölkerungsgruppen nahm nun immer stärker auch soziale Züge an. Sprachlich wirkte sich das in einem zunehmenden Assimilationsdruck auf die Frankokanadier aus, von denen nicht wenige die Verwendung des Französischen zugunsten des Englischen aufgaben. Der Widerstand der Frankokanadier gipfelte 1837 in einem Aufstand, der von kleineren Erhebungen für größere politische und wirtschaftliche Unabhängigkeit im anglokanadischen Upper Canada begleitet wurde. Auf Grund dieser Entwicklung beschloß die britische Regierung eine Neuordnung der Kolonialverwaltung. So erließ sie 1840 die "Union Act", durch die Upper mit Lower Canada wieder zu einer Provinz, der *Province of Canada*, vereinigt und das Englische dort zur alleinigen offiziellen Sprache erklärt wurde. Der frankophonen Bevölkerung blieben danach lediglich einige Sonderrechte im Bildungswesen erhalten.

Die Wiedervereinigung der beiden Provinzen führte zu einem Aufschwung ihrer ökonomischen Entwicklung und förderte die Industrialisierung des Landes. Jedoch erwies sich das Fehlen einer zentralen Administration für ganz Kanada in bezug auf die weitere Erschließung des Westens und Nordwestens durch Ausbau des Eisenbahn- und Telegrafenwesens sowie die Schaffung eines einheitlichen Absatzmarktes als ernsthaftes Hindernis. Hinzu kamen Annexionsbestrebungen seitens der USA, die in der Zeit des Bürgerkriegs stark zunahmen. All dies ließ den Zusammenschluß der britischen Kolonien in Nordamerika immer dringlicher erscheinen. Daher wurde am 1. Juli 1867 die "British North America Act" verkündet. Sie begründete die kanadische Konföderation und verlieh ihr den Status eines Dominions[1]. Es umfaßte zunächst die vier Provinzen Ontario, Quebec, Nova Scotia und New Brunswick. 1869 wurde ihm das Hudson Bay Territory angegliedert, aus dem die Provinzen Manitoba (1870) sowie Alberta und Saskatchewan (1905) hervorgingen. 1871 trat auch British Columbia der Konföderation bei. 1873 folgte ihm Prince Edward Island und 1949 schließlich Neufundland.

Die "British North America Act" enthielt zugleich Festlegungen zur Sprachpolitik. So erkannte sie dem Französischen gleiche Rechte wie dem Englischen als offizielle Sprache im Parlament und vor Gericht zu, wobei sich die Verpflichtung zur Zweisprachigkeit allerdings auf die Ebene der Konföderation und auf das Gebiet der Provinz Quebec beschränkte.

Die Gründung der kanadischen Konföderation ermöglichte in den letzten Jahrzehnten des 19. Jahrhunderts die Inangriffnahme großer Verkehrsprojekte wie des Baus der "Intercolonial Railway" und der "Canadian Pacific Railway", mit denen der Westen Kanadas erschlossen und zugleich der ökonomische Einfluß der USA verringert werden sollte. Der damit verbundene große Bedarf an Arbeitskräften wurde durch verstärkte Immigration abgedeckt, die durch Gesetze wie die

"Homestead Act" mit dem Versprechen kostenloser Landvergabe stimuliert wurde. Das rasche Anwachsen der Einwanderungsrate sowie die zunehmende Binnenwanderung der Kanadier nach Westen führten zu einem Anstieg der Bevölkerung in den Westprovinzen von 250 000 im Jahre 1890 auf 1 550 000 im Jahre 1910.

Die starke Einwanderung, die 1913 mit rund 400 000 Immigranten ihren Höhepunkt erreichte, bewirkte eine Veränderung der ethnischen Struktur der Bevölkerung, da neben Immigranten aus Großbritannien und den USA nun erstmals auch Einwanderer aus nichtenglischsprachigen Ländern (Österreich-Ungarn, Italien, der Ukraine, Deutschland und Skandinavien) in größerer Zahl nach Kanada kamen.

Nachdem die Einwanderung aus nichtenglischsprachigen Ländern infolge Restriktionen zwischen 1930 und 1945 zurückgegangen war, nahm sie nach dem Zweiten Weltkrieg wieder erheblich zu, wobei gemäß den Festlegungen der "Immigration Act" von 1910 zunächst weiter Einwanderer aus europäischen Ländern bevorzugt wurden, da sie sich soziokulturell rascher assimilierten. Seit den sechziger Jahren kam es jedoch ähnlich wie in den USA auch zu einer immer stärkeren Immigration aus dem asiatischen Raum sowie aus Mittel- und Südamerika, so daß die ethnische Zusammensetzung der Bevölkerung nun noch heterogener wurde.

Die Einwanderer ließen sich vor allem in den wirtschaftlich stärksten Provinzen Ontario und Quebec nieder, glichen sich aber sprachlich auch in letzterer aus ökonomischen Gründen eher der anglophonen als der frankophonen Bevölkerung an. Das ergab neuen Zündstoff für die Auseinandersetzungen zwischen Anglound Frankokanadiern. Daher setzte die kanadische Regierung 1963 eine "Royal Commission on Bilingualism and Biculturalism" ein. Ihre Empfehlungen bildeten die Grundlage für die 1969 verabschiedete "Official Languages Act". Darin wurden das Englische und das Französische zu gleichberechtigten offiziellen Sprachen auf Bundesebene erklärt, was in der 1981 beschlossenen kanadischen Verfassung noch einmal bekräftigt wurde. Nach der darin enthaltenen "Canadian Charter of Rights and Freedoms" sind alle Institutionen der Bundesregierung verpflichtet, ihre Dienste in beiden Sprachen anzubieten. Außerdem wird der jeweiligen frankophonen oder anglophonen Minderheit das Recht auf eine Schulausbildung in ihrer Sprache garantiert, sofern sie zahlenmäßig stark genug ist, um eine Finanzierung des Unterrichts mit öffentlichen Mitteln zu rechtfertigen. Jedoch stieß die Umsetzung der gesetzlichen Bestimmungen in die Praxis auf erhebliche Schwierigkeiten, und es mußten dabei oft Kompromisse eingegangen werden. So kam es z.B. zur Erscheinung des sog. "institutionellen Bilinguismus", mit dem eine Verpflichtung der Staatsbeamten zur Zweisprachigkeit dadurch umgangen wurde, daß die Behörden sowohl anglophone als auch frankophone Beamte einstellten, um das verfassungsmäßige Recht der Bürger auf Dienstleistungen in beiden offiziellen Sprachen zu sichern. Außerdem wurde die Verfassung nicht von Quebec unterzeichnet, da es seinen besonderen Status in ihr nicht gebührend berücksichtigt fand und daher die politische Unabhängigkeit anstrebte. In dieser Provinz war zur Zurückdrängung des wirtschaftlichen Einflusses der Anglokanadier und US-Amerikaner sowie zur Bewahrung der nationalen Identität insbesondere nach dem Wahlsieg der separatistischen *Parti Québécois* (1976) eine Reihe von sprachpolitischen Verordnungen erlassen worden, die dem zunehmenden Übergang der Frankokanadier wie vor allem auch der Immigranten zum Englischen entgegenwirken sollten. So wurde dort 1977 in dem Gesetz Nr. 101 die "Charte de la langue française" verkündet, die das Französische entgegen den Bestimmungen der "Official Languages Act" in Quebec zur alleinigen offiziellen Sprache erklärte und seine Verwendung nicht nur im öffentlichen Dienst, sondern – mit gewissen Einschränkungen – auch in den privaten Unternehmen, im Informationssektor sowie im Bildungswesen vorschrieb. Als Reaktion auf dieses Gesetz, das erst 1988 vom Obersten Gericht als verfassungswidrig aufgehoben wurde, wanderten viele hochqualifizierte Anglokanadier und eine Reihe anglokanadischer Unternehmen aus Quebec ab, was zu einer Schwächung der Wirtschaft der Provinz führte und letztlich den Ausschlag dafür gab, daß sich die Mehrheit ihrer Bevölkerung im "Quebec-Referendum" von 1980 gegen eine Abspaltung von der Konföderation aussprach. Immerhin bewirkte das Gesetz 101 jedoch, daß das Französische heute im Regierungs- und Verwaltungsapparat der Provinz dominiert und daß ein großer Teil der Wirtschaft nunmehr von Frankokanadiern kontrolliert wird.

1987 kam es zum sog. "Meech Lake Accord", nach dem Quebec durch einen Zusatz zur Verfassung ausdrücklich der Status einer "distinct society" zugestanden und die Existenz zweier Sprachgemeinschaften als Wesensmerkmal der kanadischen Konföderation anerkannt werden sollte. Als diese Provinz daraufhin die kanadische Verfassung unterzeichnete und auf die Forderung nach politischer Unabhängigkeit verzichtete, schien der Konflikt zwischen Anglo- und Frankokanadiern zunächst einmal beigelegt. Außerdem wurde 1988 eine Neufassung der "Official Languages Act" verabschiedet, mit der die sprachpolitischen Festlegungen der Verfassung (speziell das Recht auf zweisprachigen Verkehr mit den Behörden, auf Gebrauch beider Sprachen am Arbeitsplatz und auf eine englisch- oder französischsprachige Ausbildung an allen öffentlichen Bildungseinrichtungen) auch auf die einzelnen Provinzen und Territorien ausgedehnt wurden. Fortschritte hinsichtlich der Zweisprachigkeit von Beamten und eine generelle Zunahme des Bilinguismus in bestimmten Gebieten, insbesondere in der National Capital Region (Ottawa-Hull), sowie die Ergebnisse demoskopischer Umfragen zur Zweisprachenpolitik der Regierung schienen danach auf einen Erfolg dieser Politik hinzudeuten, doch brach der Konflikt in unverminderter Schärfe wieder aus, als die 1990 fällige Ratifizierung des "Meech Lake Accord" am Veto der anglophonen Provinzen Manitoba und Neufundland scheiterte. Dort waren nach Neuwahlen Regierungen an die Macht gekommen, die der Ansicht militanter anglophoner Kreise nachgaben, daß eine Förderung des Französischen in keinem Verhältnis zur Anzahl der Frankokanadier in diesen Provinzen stünde. Dem suchte die Bundesregierung nun durch eine Neufassung des Zusatzartikels zur Verfassung Rechnung zu tragen, die den Status der Provinz Quebec als "distinct society" auf die Gebiete der Sprache, der Kultur und des Rechtswesens einschränkte. Dieser sog. "Charlottetown Accord" wurde jedoch in einer Volksabstimmung im Oktober 1992 mit 55% Gegenstimmen ebenfalls abgelehnt. Das führte in Quebec erneut zu Forderungen nach staatlicher Unabhängigkeit, die in einem dort durchgeführten Referendum im Oktober 1995 nur mit knapper Mehrheit zurückgewiesen wurden.

3.1.3.2. Die gegenwärtige Sprachsituation in Kanada

Einwohnerzahl (1991): 26 994 045
Hauptstadt: Ottawa

Aus der in Abschnitt 3.1.3.1. skizzierten Besiedlungs- und Einwanderungsgeschichte ergab sich für Kanada eine ethnisch sehr heterogene Zusammensetzung seiner Bevölkerung. Jedoch heben sich in ihr die Gruppen der Anglokanadier und der Frankokanadier (die sog. "charter groups") durch ihre Größe und gesellschaftliche Rolle deutlich von den anderen ethnischen Gruppen ab. 1991 machten die Anglokanadier rund 38% und die Frankokanadier rund 25% der Bevölkerung aus. Von den in Kanada lebenden Angehörigen anderer ethnischer Gruppen waren am stärksten die Deutschen (3,4%), die Italiener (2,8%), die Chinesen (2,2%), die Ureinwohner (d.h. Indianer, Inuit und Métis [Abkömmlinge von Frankokanadiern und Indianern]) (1,7%), die Ukrainer (1,5%) und die Niederländer (1,3%) vertreten. Hinsichtlich ihrer Hauptwohngebiete sind die einzelnen ethnischen Gruppen unterschiedlich über das Land verteilt. Während die Anglokanadier außer in Quebec und in den Northwest Territories überall die größte Bevölkerungsgruppe bilden, konzentrieren sich die Frankokanadier auf Quebec (wo sie rund 77% der Bevölkerung ausmachen) und Ontario sowie den Nordosten von New Brunswick. Von den übrigen ethnischen Gruppen sind die Deutschen ähnlich wie in den USA relativ gleichmäßig über das Land verteilt, die Italiener dagegen auf die Großstädte von Ontario und Quebec (Toronto bzw. Montreal) und die Ukrainer überwiegend auf die Prärieprovinzen Alberta (Edmonton), Saskatchewan und Manitoba (Winnipeg) konzentriert, während die etwa 575 Stämme der indianischen Bevölkerung (die zu rund 65% in über 2200 Reservaten leben) vor allem in den Prärieprovinzen, in Ontario und in British Columbia, die Inuit hauptsächlich in den Northwest Territories (Nunavut) und die Métis überwiegend in den Prärieprovinzen ansässig sind.

Aus der multiethnischen Zusammensetzung der Bevölkerung erklärt sich auch die Vielfalt der in Kanada vertretenen Sprachen. Gegenwärtig werden dort mehr als 100 als Muttersprache gesprochen, davon allein rund 60 von den Ureinwohnern. Die Zahl der Sprecher der einzelnen Sprachen weicht jedoch auf bezeichnende Weise von der Zahl der Angehörigen der ihnen entsprechenden ethnischen Gruppen ab. So wurde 1991 das Englische von etwa 61% der Gesamtbevölkerung als "mother tongue" angegeben, obwohl die ethnische Gruppe der Anglokanadier nur rund 38% der Bevölkerung umfaßte, wohingegen das Französische im gleichen Jahr für etwa 24% der Kanadier die Muttersprache war, obwohl die ethnische Gruppe der Frankokanadier rund 25% der Bevölkerung ausmachte. Mit weitem Abstand folgten diesen beiden Sprachen das Italienische (1,9%), das Chinesische (1,8%), das Deutsche (1,7%), indische Sprachen (Urdu, Hindi, Gudscharati, Pandschabi und Tamil; ca. 1%) sowie mit Sprecherzahlen zwischen 0,78%

und 0,5% das Portugiesische, das Polnische, das Ukrainische, das Spanische, die Sprachen der Ureinwohner und das Niederländische.

Etwa 75% der Bevölkerung Kanadas lebten 1991 in Gebieten, in denen Sprecher mit Englisch als Muttersprache eindeutig dominierten. In den atlantischen Provinzen Neufundland, Prince Edward Island und Nova Scotia belief sich deren Anteil auf über 90%. Eine entgegengesetzte Polarisierung zeigte sich in der Provinz Quebec, wo die Zahl der Sprecher mit Französisch als Muttersprache (81,6%) sogar die der Kanadier französischer Herkunft (77%) übertraf. Damit stellt die Provinz Quebec ein Sondergebiet dar, für das die im übrigen Territorium Kanadas geltenden Verhältnisse nicht zutreffen und das deshalb hinsichtlich seiner Sprachsituation auch gesondert behandelt werden muß.

Außerhalb Quebecs hat die eindeutige Dominanz des Englischen einen starken Assimilationsdruck zur Folge, der noch dadurch verstärkt wird, daß die Anglokanadier bzw. Anglophonen im Handel, im Finanzwesen und in der Industrie sowie im politischen und militärischen Bereich die führenden Positionen innehaben und die Beherrschung des Englischen daher eine Voraussetzung für den wirtschaftlichen und sozialen Aufstieg darstellt. Das wird besonders deutlich, wenn man das Verhältnis zwischen Muttersprache und "home language" (d.h. im häuslichen Bereich primär verwendeter Sprache) betrachtet. 1991 war das Englische schon für 69% der Bevölkerung die "home language", obwohl nur 61% es als Muttersprache angaben. Für das Französische lauteten die entsprechenden Zahlen dagegen 23,9% und 24,5%, wobei es in 96% der Fälle als "home language" durch das Englische abgelöst worden war. Das galt vor allem außerhalb Quebecs und war bei jüngeren Sprechern stärker ausgeprägt als bei älteren.

Aufschlußreich für die Rolle des Englischen und des Französischen in Kanada ist auch deren Verwendung als sekundäre Sprache. Von der Mehrheit der bilingualen Sprecher wurde das Englische als sekundäre Sprache angegeben und wird es in dieser Funktion fast durchweg als Zweitsprache ohne wesentliche funktionale Beschränkungen verwendet. Das Französische spielt als Zweitsprache eine viel geringere Rolle und unterliegt auf Grund der dominierenden Stellung des Englischen in Bereichen wie Wissenschaft und Technik hinsichtlich seiner Verwendung auch gewissen funktionalen Beschränkungen. Bei einem Teil der Beamten des öffentlichen Dienstes ergibt sich sein Gebrauch als Zweitsprache aus den gesetzlichen Bestimmungen, die von den Behörden Zweisprachigkeit fordern, doch zeugen zahlreiche Beschwerden beim "Commissioner of Official Languages" davon, daß diesen Bestimmungen vor allem in überwiegend anglophonen Gebieten nur zögernd Folge geleistet wird. In solchen Gebieten hat das Französische eher den Charakter einer Fremdsprache, die in der Schule erlernt, aber kaum außerhalb des Unterrichts verwendet wird.

Betrachtet man das sprachliche Potential der einzelnen Sprecher, so zeigt sich die dominierende Stellung des Englischen hier darin, daß 1991 rund 53,5% der Gesamtbevölkerung Kanadas unilinguale Englischsprecher waren. Demgegenüber gab es nur 14,6% unilinguale Sprecher des Französischen, die vorwiegend auf das Innere der Provinz Quebec konzentriert waren. Der Anteil der unilingualen Sprecher mit einer anderen Sprache beschränkte sich auf 1,3%. Bei den rund 30,6% der Bevölkerung, die mehr als eine Sprache sprechen, unterscheidet man zwischen "offiziellem Bilinguismus" (Englisch + Französisch bzw. Französisch + Englisch), "regionalem Bilinguismus" (andere Muttersprache + Englisch bzw. Französisch) und "nichtoffiziellem Bilinguismus" (zwei nichtoffizielle Sprachen), wobei letzterer meist nur vereinzelt auftritt und für weniger als 0,1% der Bevölkerung gilt, so daß er gesellschaftlich nicht ins Gewicht fällt. Am bedeutsamsten ist der offizielle Bilinguismus, der bei rund 16,3% der Sprecher anzutreffen ist. Davon sprechen etwa 41,5% das Englische als primäre Sprache und das Französische als Zweitsprache sowie etwa 50,5% das Französische als primäre Sprache und das Englische als Zweitsprache, die übrigen Sprecher eine andere primäre Sprache sowie Englisch und Französisch als Zweitsprachen. Besonders aufschlußreich ist, daß von den Sprechern, die sowohl Englisch als auch Französisch beherrschen, nur 30,25% das Englische, dagegen 57% das Französische als Muttersprache haben. Von den ca. 13,8% Sprechern mit regionalem Bilinguismus verwenden etwa 95% das Englische, nur 5% das Französische als Zweitsprache. Der Grad der Beherrschung der Zweitsprache ist dabei unterschiedlich. Er reicht von funktional eingeschränkter bis zu voller kommunikativer Kompetenz. Erstere findet sich vor allem hinsichtlich der Verwendung des Französischen (z.B. bei bilingualen Beamten, deren Französischkenntnisse oft nur für den Gebrauch im offiziellen Bereich ausreichen), letztere vorwiegend bei Sprechern, die in den Übergangszonen zwischen weitgehend anglophonen und frankophonen Gebieten leben (wie z.B. im "bilingual belt" entlang der *Soo-Moncton Line*) und daher mehrsprachig aufgewachsen sind.

Die Einstellung der Sprecher zu den in Kanada verwendeten Sprachen kommt außerhalb Quebecs darin zum Ausdruck, daß das Englische als Zweitsprache dominiert und daher ein relativ einseitiger Bilinguismus besteht. So beherrschten 1991 38,6% der Sprecher mit Französisch als Muttersprache auch das Englische, während nur 8,2% der Sprecher mit Englisch als Muttersprache auch des Französischen mächtig waren. Das Englische genießt vor allem unter Immigranten mit anderen Muttersprachen, den sog. "Allophonen", ein hohes "overt prestige", was nicht zuletzt dadurch begründet ist, daß anglophone Kanadier in den höheren Einkommensgruppen stärker vertreten sind als frankophone und seine Beherrschung daher als Voraussetzung für den sozialen Aufstieg angesehen wird. So gingen von den außerhalb Quebecs lebenden Kanadiern, die ihre Muttersprache als "home language" aufgaben, mehr als 92% zum Englischen über. Andererseits sehen viele Frankokanadier in der Dominanz des Englischen eine Bedrohung ihrer kulturellen Identität. Die Bereitschaft zur Akzeptanz der sprachlichen und kulturellen Eigenständigkeit der jeweils anderen "charter group" wächst nur allmählich und findet sich eher in Quebec und in den Provinzen des Ostens als in den Westprovinzen, wo das vielen Anglokanadiern als Problem noch gar nicht voll bewußt geworden ist und dementsprechend wenig Verständnis dafür besteht.

Wesentlich anders als im übrigen Kanada ist die Sprachsituation in Quebec. Hier erhöhte sich von 1971 bis 1991 der Anteil der Sprecher mit Französisch als Muttersprache von 80,7% auf 82,4%, und 1991 gaben sogar 83,6% das Französische als "home language" an. Dagegen sank der Anteil der Sprecher mit Englisch als Muttersprache in Quebec im gleichen Zeitraum (vorrangig durch Abwanderung) von 13,1% auf 9,6%. Dennoch wurde 1991 auch hier von 117 000 Sprechern das Englische und nur von 48 000 Sprechern das Französische statt der Muttersprache als "home language" angegeben. Besonders hoch ist in Quebec der Anteil bilingualer Sprecher. Er stieg zwischen 1971 und 1991 von 27,6% auf 40% der Bevölkerung und lag damit hier um 10% höher als der Landesdurchschnitt. Über ein Drittel aller bilingualen Sprecher Kanadas lebt in Quebec. Von diesen Sprechern hatten 1991 rund 63,9% das Französische und nur rund 12,8% das Englische als Muttersprache, doch war damit der Anteil der Bilingualen an den Sprechern mit Englisch als Muttersprache in Quebec immerhin von 37% (1971) auf 58,4% gestiegen. Diese wie auch andere Veränderungen zugunsten des Französischen sind zweifellos ein Ergebnis der rigorosen Sprachpolitik der Provinzregierung, welche die anglophone Bevölkerung hier in eine Situation brachte, die in gewissem Maße mit der Lage der frankophonen Bevölkerung außerhalb Quebecs vergleichbar ist.

Außer in Quebec ist in Kanada jedoch das Englische die klar dominierende Sprache, und es herrscht dort eine Sprachsituation, die trotz gesetzlicher Gleichstellung des Englischen und des Französischen durch den Konflikt zwischen Anglophonen und Frankophonen geprägt ist. Dieser Konflikt hält ungeachtet vielfältiger sprachpolitischer Bemühungen zu seiner Beilegung bis in die Gegenwart an und stellt den Bestand der kanadischen Konföderation immer wieder in Frage.

Was die Stellung des in Kanada gesprochenen Englisch im Gesamtgefüge der Erscheinungsformen dieser Sprache angeht, so ist nach wie vor umstritten, ob es als eigenständige nationale Variante oder nur als Subvariante eines nordamerikanischen Englisch (neben den US-amerikanischen Subvarianten) anzusehen ist. Für die letztere Annahme spricht vor allem, daß das Englische in Kanada hinsichtlich der Aussprache bis auf wenige Besonderheiten starke Übereinstimmungen mit dem *Inland Northern American English* aufweist und sich die Unterschiede hier weitgehend auf die Lautung einzelner Wörter beschränken, die nicht selten neben der AmE noch eine EngE Aussprachevariante haben. Fast ausschließlich auf das Englische in Kanada beschränkt ist allerdings das sog. "Canadian raising" (vgl. dazu Abschnitt 3.1.3.3.).

Eine Konkurrenz zwischen Einflüssen des Amerikanischen und des Englischen Englisch macht sich außer in der Aussprache auch in der Schreibung sowie in Teilbereichen der Lexik bemerkbar, wobei das daraus resultierende spezifische Nebeneinander von AmE und EngE Formen (wie z.B. in *tire centre* mit AmE *tire* [statt EngE *tyre*] neben EngE *centre* [statt AmE *center*] oder in der Verwendung von AmE *creek* neben EngE *brook* für 'small fresh-water stream') von vielen als eigentliches Charakteristikum des Kanadischen Englisch angesehen wird. Dazu kommen als weitere Gründe für eine Anerkennung des Englischen in Kanada als eigenständige nationale Variante ein gewisser Bestand an "Canadianisms" (d.h. ausschließlich auf Kanada beschränkten Lexemen oder Sememen) im Wortschatz sowie nicht zuletzt das zumindest bei einem Teil der Kanadier ausgeprägte Bewußtsein kulturell-sprachlicher Autonomie (insbesondere in Hinblick auf den übermächtigen Einfluß ihrer US-amerikanischen Nachbarn).

Trotz der riesigen territorialen Ausdehnung des Landes weist das Kanadische Englisch nur eine geringe regionale Differenzierung auf. Das gilt besonders für die Aussprache. Eher finden sich schon regionale Unterschiede in der Lexik.

Traditioneller Auffassung nach gliedert sich das Kanadische Englisch in vier regionale Subvarianten: das Englische an der Atlantikküste (mit Neufundland als eigenem Sprachgebiet), das Englische in Quebec (mit Montreal und den Eastern Townships als Zentren), das Englische im Tal des Ottawa (d.h. in der National Capital Region) und das *General Canadian (English)* westlich von Toronto bis zum Pazifik. Neueren Untersuchungen zufolge stellt letzteres jedoch eher eine sozial determinierte Variante dar, die als speziell urbane Sprachform der gebildeten Oberschicht auch vorzugsweise in Rundfunk und Fernsehen verwendet wird und damit bestimmte Funktionen eines überregionalen Standards erfüllt (vgl. Bailey 1991: 21). Außerdem werden nun als weitere regional markierte Subvarianten des Kanadischen Englisch die Sprachformen im fernen Westen (British Columbia), im arktischen Norden (Yukon, Northwest Territories, Nord-Quebec, Labrador), in den Prärieprovinzen (Alberta, Saskatchewan, Manitoba) sowie im südlichen Ontario angesehen. Im Westen unterliegt das Lower Mainland mit Vancouver als Zentrum starkem Einfluß des Amerikanischen Englisch, doch finden sich hier auch spezifisch kanadische regionale Besonderheiten, und zwar vor allem in Form von Entlehnungen aus den Sprachen der an der Pazifikküste ansässigen Indianerstämme (wie z.B. *kokanee* 'land-locked salmon', *salt-chuck* 'the ocean', *skookum* 'big, strong') sowie von regional markierten Sememen englischer Lexeme (wie z.B. *canal* 'long inlet from the sea', *slough* [slu] 'inlet, lagoon, body of residuent water'). In der Provinzhauptstadt Victoria ist dagegen nach wie vor ein starker Einfluß des Englischen Englisch spürbar (so z.B. im Gebrauch von *pram* statt der sonst im Kanadischen Englisch üblichen Bezeichnungen *baby carriage* oder *baby buggy*). Im arktischen Norden treten gehäuft Entlehnungen aus den Sprachen der Inuit auf (wie z.B. *angakok* 'shaman', *kabloona* 'non-Inuit person, White, European', *tupik* 'tent of animal skins, used as a summer dwelling'), außerdem bei einigen englischen Lexemen spezifische Sememe (z.B. bei *Outside* das Semem 'the civilized parts of Canada south of the Arctic, civilization'). Charakteristisch für diese Region ist auch die Verwendung von *down North* (statt *up North*) für die Gebiete im hohen Norden (entsprechend der Richtung der Flüsse, die hier in die arktische See münden). In den Prärieprovinzen finden sich einige regional markierte Bezeichnungen für Erscheinungen aus dem Bereich ihrer Hauptwirtschaftszweige, der Viehzucht und der Ölindustrie (z.B. *chuck* 'food', *roundup* 'periodic gathering of livestock', *stampede* 'rodeo'; *oil borer* [statt östl. KanE / AmE *oil driller*]). Charakteristisch für dieses Gebiet ist ferner die Verwendung von *bluff* in der Bedeutung 'grove of trees'.

Der Sprachgebrauch im Süden von Ontario, im am dichtesten besiedelten Gebiet Kanadas, wird nicht selten eher als repräsentativ für das Kanadische Englisch schlechthin denn als regional markiert angesehen. Hier lassen sich allenfalls einige spezifische Präferenzen bezüglich bestimmter Aussprache-, Schreib- und Lexikvarianten feststellen, wie z.B. der Gebrauch von *serviette* statt *napkin*.

Deutlicher regional markiert ist der archaische Züge aufweisende Sprachgebrauch im Ottawa Valley (z.B. die Verwendung von *mind* in der Bedeutung 'remember' sowie das "Canadian raising" auch vor Lenes). Hier haben sich auch schottisch-irische Formen gehalten (wie z.B. *cow byre* 'cow-shed'; *he's after telling me all about it* 'he has told me all about it'). In Quebec finden sich im Englischen der anglophonen Minderheit Lehnbedeutungen aus dem Kanadischen Französisch (wie z.B. *professor* 'school teacher', *souvenir* 'memory').

Am deutlichsten macht sich die regionale Differenzierung auf Grund der hier relativ langen Besiedlungsgeschichte im Sprachgebrauch der atlantischen Provinzen bemerkbar. Das gilt speziell für das Englische in Neufundland (das *Newfie* oder *Newfoundlandese*), das sowohl Ansätze zu einem eigenen regionalen Standard als auch vielfältige Dialektformen aufweist. An Aussprachebesonderheiten finden sich hier z.B. die Verwendung von zentriertem /ɔ̈/ statt /ə/ in Wörtern wie *strut* sowie von /e/ statt /eɪ/ in Wörtern wie *face*, das "Canadian raising" auch vor Lenes, der Ersatz von /θ,ð/ durch /t,d/ bzw. /f,v/ sowie das "h dropping". Als lexikalische Besonderheit des *Newfoundland English* wurde *outport* für 'any coastal settlement other than St. John's, usually isolated and small' in ganz Kanada bekannt, ebenso die Verwendung von *maid* für 'young woman'. Der reiche dialektale Wortschatz dieser Variante wurde im *Dictionary of Newfoundland English* (1982) aufgezeichnet, der des Englischen im Gebiet der Prince Edward Island im *Dictionary of Prince Edward Island English* (1988).

Außer der regionalen weist das Kanadische Englisch auch eine soziale Differenzierung auf, für die neben Unterschieden hinsichtlich der sozialen Stellung und des Bildungsgrads (durch die sich z.B. die Sprecher des *General Canadian (English)* von anderen Sprechern abheben) auch Unterschiede hinsichtlich des Alters und des Geschlechts bedeutsam sind. Solche Unterschiede geben zudem nicht selten den Ausschlag bei der Wahl zwischen AmE und EngE Varianten in Aussprache, Schreibung oder Lexik, wobei sich als Tendenz abzeichnet, daß jüngere männliche Sprecher meist offener für Einflüsse des Amerikanischen Englisch sind, während ältere und weibliche Sprecher noch die Formen des Englischen Englisch bevorzugen.

3.1.3.3. Besonderheiten des Kanadischen Englisch

Zu den wichtigsten Besonderheiten des Kanadischen Englisch in der A u s s p r a - c h e gehören aus der Sicht der RP:

RP	Kanadisches Englisch
e	ɛ *bet*
ʌ	vor r: ɜ *hurry* sonst: ə *cut*
ɑ:	+ -f,-θ,-s bzw. f,s,n,m + Kons.: æ *staff, bath, pass; after, ask, dance, example* sonst: ɑ *calm, father*
ɒ ɔ:	*cot, don, contact, column, cough, long* ɒ ~ ɑ *caught, dawn*
aɪ, aʊ	əi, əu + Fortis ("Canadian raising") *white, out* aɪ, aʊ + Lenis *wide, loud*

eɪ	e(ɪ) *lay, laid, late*
əu	o(ʊ) *no, code, coat*
ɪə, ɛə, ʊə	ɪr, ɛr, ʊr *peer, pair, poor*
l/ɫ	(dunkles) ɫ *lick, miller, milk, mill*
r/∅ (non-rhotic accent)	(retroflexes) r (rhotic accent) *red, tree, very, farm* [fɑrm], *far* [fɑr]
- t -	vor unbetontem Vokal: - t̬ - (Lenisierung) *city, writer* (≈ *rider*)

Die hier angeführten kanadischen Entsprechungen für die RP-Laute stimmen bis auf wenige Ausnahmen mit denen des *General American English* überein. Eine dieser Ausnahmen ist der sog. "*thought-lot* merger", der ebenso im *Inland Northern American English* vorkommt und auch schon auf das *General American English* übergreift, sich dort jedoch noch nicht durchgesetzt hat. Als Folge dieses im Kanadischen Englisch durchgängig auftretenden Phonemzusammenfalls werden Wörter, die sich im Englischen Englisch und zum Teil auch im Amerikanischen Englisch im Vokal unterscheiden (wie z.B. *calm* /ɑ:/, *cot* /ɒ/, *caught* /ɔ:/), jeweils mit demselben Vokal gesprochen (*calm, cot, caught* /(ɒ ~) ɑ/). Eine Besonderheit, die sich fast nur im Kanadischen Englisch findet, ist das sog. "Canadian raising". Diachronisch betrachtet handelt es sich bei der damit bezeichneten Verwendung von [əi] und [əu] statt [aɪ] bzw. [au] vor Fortis jedoch nicht um eine Hebung des Ausgangselements dieser Diphthonge, sondern eher um die Bewahrung einer älteren Zwischenstufe ihrer Entwicklung, die vor Lenis auch im Kanadischen Englisch schon weitergegangen ist, da die Vokale in dieser Stellung länger gesprochen werden und daher stärker zur Veränderung neigen. Das "raising" erfolgt bei vielen Sprechern zugleich vor Nasal + Fortis (wie z.B. in *mount* [məunt] gegenüber *mound* [maund]) und gelegentlich sogar unter Vernachlässigung von Morphemgrenzen (wie z.B. in *high school* [ˈhəiskul]). Daß es auch in Wörtern wie *writer* [ˈrəit̬ ər] auftritt, kann als Beweis dafür angesehen werden, daß die intervokalisch lenisierten Verschlußlaute noch Allophone der entsprechenden Fortes sind, die unabhängig von ihrer phonetischen Realisierung in einer phonologischen "Tiefenstruktur" die Hebung bewirken. Wenn [əi] und [əu] in Neufundland sowie im Ottawa Valley auch vor Lenis statt [aɪ] bzw. [au] verwendet werden, so beruht das auf der dort noch stärkeren Bewahrung älterer Sprachformen.

Das Kanadische Englisch unterscheidet sich vom *General American English* auch dadurch, daß es nach dentalem oder alveolarem Konsonanten nicht durchgängig [u] statt [ju] hat, sondern bezüglich dieser beiden Alternanten eine von Wort zu Wort divergierende regionale oder soziale Verteilung bzw. Häufigkeit aufweist. So wird z.B. *new* von der Mehrheit der Sprecher hier [nju] gesprochen, während bei *student* (besonders von jüngeren Sprechern) die Aussprache [ˈstudənt] vorgezogen wird.

Ebenso tritt eine Reihe von Einzelwörtern in Aussprachevarianten auf, von denen jeweils die eine dem Amerikanischen und die andere dem Englischen Englisch entspricht (vgl. z.B. *lieutenant* [luˈtɛnənt/lɛfˈtɛnənt], *either* [ˈiðər/ˈaɪðər], *leisure* [ˈliʒər/ˈlɛʒər], *schedule* [ˈskɛdʒul/ˈʃɛdjul], *vase* [ve(ɪ)s/vɑz]). Auch hier bevorzugen jüngere Sprecher eher die amerikanische Variante. Darüber hinaus finden sich im Kanadischen Englisch für einige Wörter Aussprachen, die weder im *General American English* noch in der RP vorkommen (wie z.B. *khaki* ['kɑrki] neben (GAmE) ['kæki] bzw. (RP) ['kɑːki] oder *salmon* ['sɑmən] neben (GAmE/ RP) ['sæmən]).

Ein ähnlich heterogenes Bild wie die Lautung bietet die S c h r e i b u n g des Kanadischen Englisch. Hier gilt zwar offiziell die Norm des Englischen Englisch, wird in der Praxis aber auch ein Nebeneinander von EngE und AmE Schreibvarianten geduldet, wobei sich im einzelnen unterschiedliche Präferenzen abzeichnen. Das betrifft sowohl Schreibungen wie *colour/color*, *centre/center* oder *traveller/traveler*, die auf generellen Unterschieden zwischen den Rechtschreibnormen des Englischen und des Amerikanischen Englisch beruhen, als auch wieder Einzelfälle wie z.B. *tyre/tire*.

Die L e x i k des Kanadischen Englisch weist gleichfalls das für diese Variante typische Nebeneinander von Elementen des Englischen und des Amerikanischen Englisch auf (vgl. z.B. *biscuit, braces, porridge, tap* wie im EngE neben *fall, gas, windshield, mailman* wie im AmE). Eine wesentliche Ursache für die Entstehung landesspezifischer Lexik war auch hier wieder die Notwendigkeit, Bezeichnungen für bislang unbekannte Erscheinungen zu finden. Das geschah in nicht geringem Maße durch **Entlehnung**. Ein beträchtlicher Teil der so gewonnenen Lexeme kam aus den Indianersprachen, vor allem aus dem Algonkin. Dabei handelte es sich meist um Bezeichnungen für Erscheinungen der Fauna und Flora sowie der Topographie des Landes bzw. der Kultur und Lebensweise der Indianer; vgl. z.B.:[2]

> *amisk* 'aquatic rodent of North America formerly of first importance in the fur trade and long used as an emblem of Canada', *atikameg* 'widely distributed North American food fish', *backmatack* (bes. in den Maritimes) 'any of several evergreens, especially the common larch, or tamarack; also, the wood of such trees', *bogan* (bes. in den Maritimes) 'still creek or bay branching from a stream', *hoo(t)chinoo* 'a kind of home brew', *kokanee* 'dwarf landlocked salmon native to Southern British Columbia', *mocock* 'box or container made of birch-bark, often used to hold maple sugar, wild rice, berries, etc.'; vgl. außerdem Lehnübersetzungen wie *goose month* 'the month in which the spring migration of geese occurs, roughly from mid-March to mid-April'

Ein Teil der Entlehnungen aus den Indianersprachen gelangte über das Französische in das Kanadische Englisch; vgl. z.B.:

> *babiche* 'strips of leather, or thongs, made from the hide of the moose, caribou, etc., for laces, threads, netting, etc.', *sagamité* 'broth or soup of boiled meat, fish, etc.', *tullibee* 'a species of whitefish'; vgl. auch die schon zum "common core" gehörenden Lexeme *caribou* und *toboggan*

Auch der Name *Canada* ist wahrscheinlich über das Französische aus dem Irokesischen (*kanata* 'village, community') ins Kanadische Englisch eingedrungen. Weitere Entlehnungen stammen aus den Sprachen der Inuit; vgl. z.B.:

> *angakok/angekok* (S. 140), *komatik* 'dog-sledge used by the Inuit', *kossack* 'sealskin or deerskin jacket', *muktuk/maktuk* 'whaleskin used for food by the

143

Inuit', *tupek/tupik* (S. 140) sowie bereits zum "common core" des Englischen gehörende Lexeme wie *anorak, igloo, kayak* oder *parka*

Fast die Hälfte aller Entlehnungen im Kanadischen Englisch kommt aus dem Französischen; vgl. z.B.:

> *cap(e)lin* 'small, edible marine fish much used as bait by cod fishermen', *coureur de bois* 'French Canadian woodsman or Métis who traded with Indians for furs', *gaspereau* 'the alewife fish', *Métis/metis* 'offspring or descendant of a French Canadian and a North American Indian', *mush* (< *marche*) 'travel by or with a dog-sled; travel on foot or on snowshoes', *outarde* 'wild goose, esp. the Canada goose', *voyageur* 'boatman employed by one of the early fur-trading companies; woodsman, guide, trapper, or explorer, esp. in the North'; vgl. außerdem Lehnbedeutungen wie *piece* 'pack of goods or furs weighing about 90 pounds' sowie Lehnübersetzungen wie *crow-beater* (< *batteur de corbeaux*) 'the eastern kingbird' oder *snow apple* (< *pomme de neige*) 'juicy fall apple'

Nur sehr wenige Entlehnungen im Kanadischen Englisch stammen aus anderen Sprachen, wie z.B. *baidarka* 'kayaklike skin boat' aus dem Russischen, *snoose* 'a kind of snuff, usually chewed' aus dem Skandinavischen oder *baccalao* 'codfish' aus dem Portugiesischen.

Von den durch Eigenbildung geschaffenen Kanadaismen geht ein Teil auf **Bezeichnungsübertragung** zurück; vgl. z.B.:

> *bank* 'one of the more elevated portions of the submerged plateau lying off the Atlantic coast of Canada', *colo(u)r* 'evidence of gold, traces of gold', *flood* 'build up a rink surface by applying water and allowing it to freeze', *ice* (Neufundland) 'the seal-hunting grounds on the edge of the icefields in the North Atlantic', *land* 'enter or be permitted to enter Canada as a landed immigrant', *premier* 'chief minister of a province', *prime minister* 'principal minister of Canada', *province* 'administrative division of Canada', *riding* 'parliamentary constituency in Canada', *sheet* 'the strip of ice on which a game of curling can be played'

Die meisten eigenen Bezeichnungen im Kanadischen Englisch sind durch **Wortbildung** entstanden; vgl. z.B.:

> Komposita: *bakeapple* '(dried) cloudberry', *beaver meadow* 'a meadow, often swampy, lying behind an old beaver dam and praised by early settlers for its fertility', *ice-jam* 'pile-up of ice-cakes, in a river or other narrow watercourse', *lumberman* 'person who deals in lumber', *maple cake* 'block or mould of maple sugar', *snow devil* 'whirling column of snow', *snow tractor* 'a kind of snowmobile', *timber-cruise* 'a survey of a tract of forest to determine the quality and quantity of timber on it'
>
> Ableitungen: *pre-Loyalist* (hist.) 'of or pertaining to the period prior to the arrival of the Loyalists in Canada'; *outporter* (Neufundland) 'native or resident of an outport', *timber-cruiser* 'a man who goes on a timber-cruise', *mushing* (North) 'travelling on foot or snowshoe'

Spezifisch kanadische **Phraseologismen** sind z.B. *beat the path/track/trail* 'break a trail by going in front of a dog team', *end of steel* 'the farthest point to which railway service extends; the terminus of a railway', *Land of the Midnight Sun* 'the Far North', *landed immigrant* 'a person admitted to Canada as a potential settler and citizen of the country', *New Canadian* 'an immigrant settled in Canada who has become or intends to become a Canadian citizen'.

In bezug auf die G r a m m a t i k gibt es im Kanadischen Englisch kaum Besonderheiten. Jedoch verwendet nach dem *Survey of Canadian English* die Mehrheit der Kanadier als Perfektpartizip von *drink* nicht *drunk*, sondern *drank* (vgl. *He has drank three glasses of milk*) und gebrauchen etwa zwei Drittel der Sprecher nach *different* die Quasipräposition *than* statt *from* oder *to* (vgl. *My book is different than yours*). Das entspricht ebenso amerikanischem Usus wie die gleichfalls im Kanadischen Englisch anzutreffende Verwendung von *on* statt *in* in *on the street* oder von *of* bzw. *before* (neben *to*) in *a quarter of/before six*. Auch sonst ist hier gelegentlich ein Einfluß des Amerikanischen Englisch spürbar. Durch das Französische beeinflußt sind Bezeichnungen vom Typ *Air Canada* oder *Transport Canada*, die auf ökonomische Weise der Verpflichtung zur Zweisprachigkeit Rechnung tragen.

Anmerkungen

1 Ein Dominion war ursprünglich ein weitgehend souveränes Staatswesen mit eigenem Parlament und eigener Regierung, dessen Gesetzgebung jedoch der Bestätigung durch das britische Parlament in London bedurfte und als dessen Staatsoberhaupt der britische Monarch (vertreten durch einen Governor General) fungierte. Das Aufsichtsrecht Londons wurde erst 1931 mit dem "Statute of Westminster" aufgehoben, das faktisch das *British Commonwealth of Nations* als freiwilligen Zusammenschluß der unabhängig gewordenen ehemaligen Kolonialländer mit Großbritannien begründete. Es nennt sich seit 1947 nur noch *Commonwealth of Nations* und umfaßt heute 51 Staaten mit über einer Milliarde Einwohnern. Die britische Königin ist lediglich für einen Teil von ihnen, die sog. *Queen's Realms*, noch "Head of State", hat jedoch weiterhin für alle eine wichtige Funktion als "Head of the Commonwealth".
2 Die Formulierung der Bedeutungen beruht auf den Angaben im *Concise Dictionary of Canadianisms*, im COD und in *Webster's New World Dictionary of American English*.

Literaturhinweise

Geschichte: vgl. 7.2. und 7.4. sowie 7.5.: Baeyer 1980, Chambers 1975, Clarke 1993, McConnell 1978, Scargill 1977
Sprachsituation und Sprachpolitik: vgl. 7.2. sowie 7.5.: Avis 1973, Bourhis 1984, Bourhis 1994, Cobarrubias/Gendron 1984, Darnell 1971, Darnell 1976, Endleman 1995, Esman 1985, Joy 1972, Lachapelle/Henripin 1982, Lamy 1977, Meisel 1978, Rudnyckyj 1973, Rudnyckyj 1990, Thees 1988
Besonderheiten des Kanadischen Englisch: vgl. 7.2. und 7.3. sowie 7.5.: Bähr 1981, Bailey 1991, Chambers 1975, Clarke 1993, Dodds de Wolf 1992, Goetsch 1963, Görlach 1987, Lougheed 1986, McConnell 1979, Orkin 1970, Scargill 1974, Warkentyne 1971

3.2. Das Englische in der Karibik

3.2.1. Zur Geschichte des Englischen in der Karibik

Die Verbreitung des Englischen in der Karibik[1] war auf Grund der besonderen geographischen Gegebenheiten und der wechselvollen Geschichte dieses Gebiets ein sehr heterogener Prozeß, der häufig diskontinuierlich verlief und sich wegen der zahlreichen lokalen Besonderheiten in einem gedrängten Überblick nur schwer nachzeichnen läßt.

Wirklich Fuß fassen konnte das Englische hier erst Anfang des 17. Jahrhunderts. Zwar hatten bereits in der zweiten Hälfte des 16. Jahrhunderts zahlreiche englische (wie auch französische und niederländische) Freibeuter ausgedehnte Fahrten in die Karibik unternommen, um den dort herrschenden Spaniern einen Teil der aus ihren Kolonien gewonnenen Schätze abzujagen, doch kam es zu einer dauerhaften englischen Ansiedlung in diesem Gebiet erst 1623, als sich Teilnehmer eines an der Küste Guyanas fehlgeschlagenen Kolonisierungsversuchs auf der Insel St. Christopher (heute gewöhnlich St. Kitts genannt) niederließen. Von dort aus wurden die benachbarten Inseln Nevis und Barbuda (1628), Antigua (1632), Montserrat (1633) und Anguilla (1650) besiedelt, die jedoch hinsichtlich ihrer wirtschaftlichen Bedeutung wie auch ihrer Rolle bezüglich der Verbreitung des Englischen bald hinter Barbados, der zweiten englischen Kolonie in der Karibik (1627), zurückstanden.

Die wirtschaftliche Grundlage all dieser Ansiedlungen war zunächst der Tabakanbau. Er wurde mit Hilfe von meist zwangsverpflichteten weißen Kontraktarbeitern (*indentured servants*) aus England und Irland betrieben, die – wie die ersten englischen Siedler auch – verschiedene Varianten des Frühneuenglischen in die Kolonien mitbrachten. In den vierziger Jahren des 17. Jahrhunderts wich der Tabakanbau dem profitableren Anbau von Zuckerrohr, der auf großen Plantagen erfolgte. Er löste einen hohen Arbeitskräftebedarf aus, den man durch Einfuhr von Sklaven aus Westafrika deckte. Sprachliche Folge dieser Entwicklung war die Entstehung von Pidgin-Formen und später von kreolischen Formen des Englischen mit westafrikanischem Substrat, die sich in der Kommunikation der Sklaven mit den weißen Aufsehern herausbildeten und ihnen dann auch zur Verständigung untereinander dienten. Ähnliche Prozesse vollzogen sich in den französischen und niederländischen Besitzungen, wo sich kreolische Formen des Französischen bzw. Niederländischen entwickelten.

Die weißen Kontraktarbeiter fanden in der Großplantagenwirtschaft keine Beschäftigung mehr und verließen daher Barbados sowie andere Inseln, um ihr Glück in neugegründeten englischen Kolonien in der Karibik zu suchen, so z.B. in Suriname (1651) an der Küste Guyanas, wo es ebenfalls zur Herausbildung einer Plantagenwirtschaft mit schwarzen Sklaven kam. 1667 überließen die Engländer Suriname als Ausgleich für die von ihnen einverleibte Kolonie *Nieuwe Nederland* (vgl. Abschnitt 3.1.1.) den Niederländern, die bereits seit 1618 in Guyana ansässig waren. Die englischen Ansiedler und ihre Sklaven verließen daraufhin Suriname. Das hatte sprachlich zur Folge, daß sich das dort entstandene kreolische Englisch mangels weiteren Kontakts mit dem Englischen zu einer eigenständigen Sprache entwickelte: dem *Sranan*, das für Sprecher karibischer Kreol-Varianten, die in Kontakt mit dem Englischen blieben, nicht mehr verständlich ist. Die ausgesiedelten englischen Kolonisten und ihre Sklaven fanden eine neue Heimstatt im ehemals spanischen Jamaika, das 1655 von den Engländern erobert worden war. Es entwickelte sich in der Folgezeit zum Zentrum des Zuckerrohranbaus, wobei der Anteil der schwarzen Sklaven an der Gesamtbevölkerung ständig zunahm, bis er Mitte des 18. Jahrhunderts über 90% ausmachte. Dies förderte eine relativ eigenständige Entwicklung der kreolischen Sprachformen der Sklaven, die sich immer mehr vom Englischen der Weißen, insbesondere vom Standardenglischen, unterschieden.

Etwas anders verlief die Entwicklung auf den Bahamas, die ab 1648 zunächst von den Bermudainseln aus besiedelt wurden und seit 1670 mit Carolina auf dem nordamerikanischen Festland eine gemeinsame Kolonie bildeten. Da die schlechtere Bodenqualität auf den Bahamas keine Großplantagenwirtschaft zuließ, ergab sich hier ein annähernd ausgeglichenes Zahlenverhältnis von Weißen und schwarzen Sklaven, die zudem oft auf kleinen Farmen, in der Fischerei und bei der Salzgewinnung eng zusammenarbeiteten und daher auch sprachlich stärkeren Kontakt miteinander hatten. Das erklärt, daß das kreolische Englisch auf den Bahamas (ebenso wie das *Gullah* an der Küste von South Carolina) seiner englischen Basis näher blieb als etwa das auf Jamaika. Nach dem Unabhängigkeitskrieg und der Gründung der Vereinigten Staaten von Amerika siedelten sich auf den Bahamas königstreue amerikanische Pflanzer mit ihren Sklaven an, und zwar besonders auf den noch unbewohnten südlichen Inseln. Sie versuchten, Baumwollplantagen anzulegen, mußten das jedoch auf Grund der schlechten Bodenqualität sowie wegen Schädlingsplagen bald wieder aufgeben. Das hatte zur Folge, daß die südöstlichen Inseln der Bahamas fortan fast nur noch von Schwarzen bewohnt waren, die infolge relativ starker sprachlicher Isolierung noch längere Zeit bestimmte Züge der kreolischen Sprachformen des amerikanischen Südens bewahrten. Außerdem führte es dazu, daß Tausende von Sklaven in andere Kolonien verkauft wurden, so z.B. nach Trinidad. In dieser ehemals spanischen, 1797 aber von den Briten eroberten Besitzung trafen die englischsprachigen Siedler und ihre Sklaven auf eine recht komplexe Sprachsituation. Auf Grund eines starken Zustroms französischer Pflanzer und ihrer Sklaven von den 1763 unter britische Herrschaft geratenen, ehemals französischen Inseln Dominica, St. Vincent und Grenada sowie auch – nachdem dort 1794 die Aufhebung der Sklaverei verkündet worden war – aus Guadeloupe, Martinique und St. Domingue (dem heutigen Haiti) hatte in Trinidad *de facto* das Französische die Rolle der offiziellen Sprache übernommen und sprach hier die Mehrheit der Sklaven wie auch der freien Bevölkerung nun ein kreolisches Französisch, während das Spanische nur noch von einer kleinen Minderheit verwendet wurde. Das Französische behielt seine dominierende Stellung bis ins 19. Jahrhundert hinein, wurde jedoch auf Grund des Zustroms von weiteren englischsprachigen Siedlern aus Barbados, von demobilisierten schwarzen Soldaten des British West India Regiments sowie von entflohenen Sklaven aus den Südstaaten der USA zunehmend durch das Englische und seine kreolischen Formen zurückgedrängt. Als das Englische schließlich 1823 in

147

Trinidad zur offiziellen Sprache erklärt wurde, leitete das den völligen Schwund der französischen und spanischen Sprachformen in diesem Gebiet ein.

Das Englische verbreitete sich jedoch nicht nur in den britischen Kolonien, sondern auch in anderen Gebieten der Karibik, so z.B. auf Providence Island. Dort war der Versuch, eine puritanische Kolonie mit Siedlern aus England, den Bermudas und der Massachusetts Bay zu gründen, zwar von den Spaniern vereitelt worden, doch blieben an der nahegelegenen mittelamerikanischen Mosquitoküste einige englische Handelsplätze erhalten. Sie wurden in der Folgezeit zu Stützpunkten für englische Freibeuter, die sich mit den dort ansässigen Miskito-Indianern gegen die Spanier verbündeten. Der durch Mischehen noch enger gewordene Kontakt der Engländer mit den Indianern führte dazu, daß diese eine Pidgin-Form des Englischen als Zweitsprache annahmen. Die Verbreitung des Englischen an der Ostküste Mittelamerikas wurde noch verstärkt durch englische Holzfäller, die dort Blauholzbäume zur Gewinnung von Farbstoffen für die britische Textilindustrie schlugen, sowie durch einen wachsenden Zustrom von Siedlern und Sklaven aus Jamaika. Deren Siedlungen wurden zwar immer wieder von den Spaniern attackiert und 1780 nach einem mißglückten Angriff der Briten auf Spanisch-Mittelamerika bis auf ein Gebiet um den Belize-Fluß völlig zerstört, doch hielten sich dort wie weiter südlich neben dem Pidgin-Englisch der Miskito-Indianer auch Formen eines kreolischen Englisch und ergaben sich daraus wahrscheinlich wechselseitige Einflüsse. Den Zusammenbruch des spanischen Kolonialreichs in Mittelamerika (1821) nutzte Großbritannien zur Aneignung des Belize-Gebiets als Kolonie Britisch-Honduras, doch blieb das Englische auch außerhalb dieses Gebiets verbreitet, so z.B. auf den Islas de la Bahia (Bay Islands; heute Honduras), in Providencia und San Andrés (Providence und St. Andrews; heute Kolumbien) sowie in Bluefields (heute Nikaragua).

Die Aufhebung der Sklaverei in den britischen Kolonien im Jahre 1834 führte zu einer Krise des Systems der Plantagenwirtschaft. Viele frei gewordene Sklaven verließen nun ihre bisherigen Wohnsitze und zogen in andere Kolonien, so z.B. von Barbados nach Trinidad und auf ehemals französische Inseln der Kleinen Antillen sowie in die 1814 um den Demerara-Fluß auf einst niederländischem Gebiet entstandene Kolonie Britisch-Guyana, wo sie sprachlich kreolische Formen des Französischen bzw. des Niederländischen zurückdrängten. Als Ersatz für die Sklaven wurden in der Folgezeit Kontraktarbeiter aus den indischen Besitzungen Großbritanniens verpflichtet. Sie kehrten nach Ablauf ihrer Verträge häufig nicht nach Indien zurück, sondern wurden in der Karibik ansässig. Das führte besonders auf Trinidad und noch stärker in Britisch-Guyana dazu, daß sie einen relativ hohen Anteil an der Bevölkerung gewannen und ihre Sprachen (vorwiegend Hindi) Eingang in die Sprachsituation fanden, obwohl sie meist rasch das kreolische Englisch zumindest als Zweitsprache übernahmen. Eine weitere sprachliche Folge der Aufhebung der Sklaverei sowie der zunehmenden Vermischung der Bevölkerung und des wachsenden Einflusses der offiziellen Sprachform war, daß ein Prozeß der Dekreolisierung (d.h. der allmählichen Annäherung der kreolischen Formen des Englischen an das Standardenglisch) einsetzte.

Seit der Mitte des 19. Jahrhunderts wurde in der Karibik und in Mittelamerika immer deutlicher ein politischer, wirtschaftlicher und kultureller Einfluß der

Vereinigten Staaten spürbar. Verkehrsbauten, die mit nordamerikanischem Kapital finanziert wurden, brachten zahlreiche Arbeitskräfte aus den britischen Besitzungen in der Karibik und damit Sprecher kreolischer Formen des Englischen in die mittelamerikanischen Staaten, so z.B. zum Eisenbahnbau nach Puerto Limón (Kostarika) oder zum Bau des Panamakanals nach Panama City, Colón und Bocas del Toro (Panama). 1898, nach ihrem Sieg im Spanisch-Amerikanischen Krieg, annektierten die USA Puerto Rico und führten dort eine äußerst restriktive Sprachpolitik ein, der zufolge als Unterrichtsmedium in den Schulen bis 1952 nur das Amerikanische Englisch zugelassen war. 1917 erwarben sie von Dänemark die Virgin Islands, wo das Dänische nur als Sprache der Verwaltung eine Rolle gespielt und sich als Hauptkommunikationsmittel schon ein kreolisches Englisch gegenüber französischen und niederländischen kreolischen Sprachformen durchgesetzt hatte. Mit dem zunehmenden Einfluß der USA in der Karibik wurde das Amerikanische Englisch auch immer mehr zu einem Konkurrenten für das Englische Englisch in den britischen Kolonien. Letztere errangen in den sechziger bis achtziger Jahren dieses Jahrhunderts ihre Unabhängigkeit, verblieben jedoch im britischen *Commonwealth of Nations*.

3.2.2. Die gegenwärtige Sprachsituation und Sprachpolitik in den anglophonen Ländern der Karibik

Unabhängige Staaten

Antigua and Barbuda
Einwohnerzahl (1991):[2] 63 880; Hauptstadt: St. John's

The Commonwealth of the Bahamas
Einwohnerzahl (1991): *259 000; Hauptstadt: Nassau

Barbados
Einwohnerzahl (1991): *258 000; Hauptstadt: Bridgetown

Belize
Einwohnerzahl (1991): 189 392; Hauptstadt: Belmopan

Commonwealth of Dominica
Einwohnerzahl (1991): 71 183; Hauptstadt: Roseau

State of Grenada
Einwohnerzahl (1991): 94 806; Hauptstadt: Saint George's

Co-operative Republic of Guyana
Einwohnerzahl (1991): *802 000; Hauptstadt: Georgetown

Jamaica
Einwohnerzahl (1991): 2 374 193; Hauptstadt: Kingston

The Federation of Saint Kitts and Nevis
Einwohnerzahl (1991): *39 000; Hauptstadt: Basseterre

Saint Lucia
Einwohnerzahl (1991): 136 041; Hauptstadt: Castries

Saint Vincent and the Grenadines
Einwohnerzahl (1991): 107 598; Hauptstadt: Kingstown

Republic of Trinidad and Tobago
Einwohnerzahl (1991): *1 249 000; Hauptstadt: Port-of-Spain

Abhängige Gebiete

Anguilla (Großbritannien)
Einwohnerzahl (1991): 7019; Regierungssitz: The Valley

The British Virgin Islands (Großbritannien)
Einwohnerzahl (1991): 16 644; Hauptstadt: Road Town

Cayman Islands (Großbritannien)
Einwohnerzahl (1990): *27 000; Hauptstadt: George Town

Montserrat (Großbritannien)
Einwohnerzahl (1987): *11 900; Hauptstadt: Plymouth

Commonwealth of Puerto Rico (USA)
Einwohnerzahl (1991): *3 554 000; Hauptstadt: San Juan

The Turks and Caicos Islands (Großbritannien)
Einwohnerzahl (1990): 12 350; Verwaltungssitz: Cockburn Town

Virgin Islands of the United States (USA)
Einwohnerzahl (1990): 101 809; Hauptstadt: Charlotte Amalie

In allen hier aufgeführten Staaten und Gebieten fungiert das Englische als offizielle Sprache, wenngleich es in den Verfassungen dazu in der Regel keine Festlegungen gibt. Lediglich in der Verfassung von Trinidad und Tobago findet sich die Bestimmung, daß niemand Mitglied des Parlaments werden kann, der des Englischen nicht mächtig ist.

In vielen der Staaten und Gebiete ist die Sprachsituation bi- bzw. multilingual, wobei dann neben dem Englischen vor allem das Spanische (z.B. in Belize, Jamaika und Puerto Rico) und das Französische bzw. ein französisches Kreolisch (z.B. auf den Bahamas sowie auf Dominica, Saint Lucia und Saint Vincent) eine Rolle spielen, außerdem Hindi (besonders auf Trinidad und in Guyana) sowie auf Dominica auch Reste des Inselkaribischen. Das hat jedoch gesetzlich nur Anerkennung gefunden in Puerto Rico, wo das Spanische ebenfalls als offizielle Sprache gilt, sowie in Trinidad und Tobago, wo Angeklagte vor Gericht einen Dolmetscher verlangen können, wenn sie das Englische nicht ausreichend beherrschen.

Das Englische tritt im karibischen Raum jeweils als ein Komplex unterschiedlicher Formen auf, dessen Zusammensetzung im einzelnen zwar differiert, der sich jedoch in der Regel als ein Kontinuum darstellt, das von den Varianten des kreolischen Englisch über verschiedene Zwischenstufen bis zu einer Standardvariante reicht, die sich meist noch am Englischen Standardenglisch, in Puerto Rico und auf den Virgin Islands sowie in jüngster Zeit zunehmend auch schon in weiteren Gebieten dagegen am Amerikanischen Standardenglisch orientiert. Dabei spielen die kreolischen Varianten speziell im nichtoffiziellen Bereich nach wie vor eine dominierende Rolle, doch sind sie immer stärker einem Dekreolisierungsprozeß unterworfen. Er trägt dazu bei, daß die Grenzen zwischen den einzelnen

Sprachvarianten sehr fließend sind und sie sich wechselseitig beeinflussen.[3] Relativ deutlich abgegrenzt ist die an der Spitze des Kontinuums stehende "fremde" Standardvariante, die sich noch weitgehend an einem externen Vorbild orientiert. Daneben entwickeln sich jedoch – zunächst vor allem im mündlichen Gebrauch – heimische, national geprägte Standardvarianten, die als Norm für den offiziellen Bereich zunehmend mit dem "foreign standard" konkurrieren. So wird z.B. für Jamaika häufig die Existenz zweier Standards konstatiert, "the one acknowledged traditionally and reflecting metropolitan norms, the other, actually emergent, promulgated in the writing and speech of the majority of prominent Jamaicans" (Shields 1989: 42).

Die einzelnen Sprecher verfügen je nach ihrer sozialen Stellung sowie ihrem Bildungsgrad über unterschiedliche Ausschnitte aus dem jeweiligen sprachlichen Kontinuum und setzen die von ihnen beherrschten Varianten entsprechend der kommunikativen Situation ein. So beherrschen Sprecher des "foreign standard" in der Regel sowohl die volle Breite der stilistischen Varianten dieser Standardform als auch mehr oder minder gut die jeweilige Variante des kreolischen Englisch, die sie nicht selten ganz bewußt zur Erzielung bestimmter pragmatischer Effekte einsetzen. Sprecher des sich herausbildenden nationalen Standards (den sie meist erst als "adoptive English" in der Schule erworben haben) verfügen dagegen oft nur über dessen formelle Variante, die sie dann in allen Situationen verwenden, die einen Standardgebrauch erfordern, während sie im nichtoffiziellen, privaten Bereich kreolisches Englisch sprechen.

Neben dem noch stark extern orientierten "foreign standard" und der mit ihm konkurrierenden nationalen Standardvariante (die auch als *Colloquial English* charakterisiert wird; vgl. Roberts 1988: 31ff.) sowie den Varianten des *Creole English* wird des öfteren noch ein *Radio and Television English*, ein *Erudite English* und ein *Rasta English* unterschieden.

Das **Rasta English** ist die Form des Englischen, die von den *Rastafarians* verwendet wird, einer ursprünglich auf Jamaika beschränkten Sekte, die einem ethnisch-religiösen Afrika-Zentrismus huldigt und deren Name sich von dem Titel *Ras Tafari*[4] des von ihnen als geistiges und weltliches Oberhaupt verehrten Kaisers Haile Selassie I. von Äthiopien (1892-1975) herleitet. Das *Rasta English* ist zum einen gekennzeichnet durch den Gebrauch bestimmter Wörter (z.B. *love*, *hate*, *burn*, *wail* oder *dread*) in einer neuen assoziationsreichen Bedeutung, zum anderen durch Neuprägungen wie *downpress* (statt *oppress*, das als 'up-press' interpretiert wurde) oder die vielen sog. "I-words" (z.B. *Iniverse* statt *universe*, *I-man* oder *I and I*), mit denen sprachlich eine mystische Einheit von Subjekt und Universum beschworen werden soll. Seine Wurzeln hat das *Rasta English* im kreolischen Englisch. Es wurde durch jamaikanische Emigranten auch in die USA und nach Großbritannien gebracht, wo die ihm zugrundeliegende Ideologie mit dem Aufschwung der Black-Power-Bewegung viele Anhänger gewann und wo es in Zusammenhang mit der Verbreitung der Reggae-Musik (z.B. durch "Bob Marley and the Wailers") besonders in der jungen Generation Verbreitung fand.

Das *Erudite English* dient dazu, den Eindruck von Bildung beim Hörer zu erwecken, und zeichnet sich durch gehäufte Verwendung von "hard words" (d.h. von schwer verständlichen Wörtern lateinischer oder griechischer Herkunft) sowie durch Einsatz gelehrter Zitate aus der Bibel und der schönen Literatur aus. Das *Radio and Television English* weist – außer in den Nachrichtensendungen, wo der "foreign standard" dominiert – Züge des dem nationalen Standard entsprechenden *Colloquial English* sowie in Unterhaltungs- und Musiksendungen auch Einflüsse des *Rasta English* auf. In der Presse findet sich ein Spektrum von Varianten, das von "foreign English" in den Meldungen ausländischer Nachrichtenagenturen über national gefärbtes *Colloquial English* in den Lokalnachrichten bis zu stark vom *Creole English* beeinflußtem Englisch in Leserbriefen reicht.

Was die Einstellung der Sprecher zu den in der Karibik vertretenen Varianten des Englischen angeht, so differiert sie vor allem hinsichtlich der Anerkennung einer national geprägten Variante als Standardform sowie hinsichtlich der Haltung zum *Creole English*. Für große Teile der Gebildeten ist nach wie vor nur eine am Englischen bzw. Amerikanischen Standardenglisch orientierte Variante des Englischen ein "decent English", wobei die tatsächlich von ihnen verwendete Sprachform jedoch nicht selten eher der Variante entspricht, die von anderen Gebildeten als eigenständige nationale Standardform angesehen und bewußt angestrebt wird. Das *Creole English* wird von einigen der Sprecher, die sich an einem externen Vorbild orientieren, als ein von Ungebildeten verballhorntes Englisch aufgefaßt, das eine "caricature of language" darstellt und das man daher bestenfalls scherzhaft verwenden könne. Für andere Standardsprecher stellt es dagegen eine eng mit der karibischen Geschichte und Kultur verbundene, im nichtoffiziellen, privaten Bereich durchaus akzeptable Variante dar. Für die Sprecher, die überhaupt nur über diese Variante verfügen, ist sie zugleich Ausdruck ihrer sozioregionalen Identität und genießt damit ein hohes "covert prestige", was es Sprechern, die sie nicht oder nur in Ansätzen beherrschen, schwermacht, von ihnen akzeptiert zu werden. Das zeigte sich z.B. bei in Großbritannien aufgewachsenen Kindern von jamaikanischen Auswanderern, die der Nichtakzeptanz durch die Briten und zunehmender Ausländerfeindlichkeit durch Rückkehr nach Jamaika zu entrinnen suchten. Sie wurden dort nun ebenfalls als Fremde behandelt, da die von ihnen gesprochenen kreolischen Sprachformen in Großbritannien eine Entwicklung erfahren hatten, die sie dem *Jamaican Creole* immer unähnlicher machte.

Sprachpolitische Festlegungen gibt es in den anglophonen karibischen Staaten (abgesehen von den auf S. 150 erwähnten Bestimmungen) nur im Bildungswesen. So gilt in den Schulen gewöhnlich als Unterrichtsmedium wie als von den Schülern anzustrebende Norm das Englische bzw. das Amerikanische Standardenglisch. Besonders in Jamaika gab es jedoch in jüngster Zeit auch Diskussionen über eine mögliche Verwendung von kreolischem Englisch im Unterricht.

3.2.3. Besonderheiten des Englischen in der Karibik (am Beispiel des Jamaikanischen Englisch)

Die folgende Darstellung der Besonderheiten des Jamaikanischen Englisch berücksichtigt neben der Variante des *Colloquial Jamaican English*, der nationalen Standardform, in gewissem Umfang auch das *Jamaican Creole*.

Im Bereich der A u s s p r a c h e gehören aus der Sicht der RP zu den auffälligsten Besonderheiten des Jamaikanischen Englisch:

RP	Colloquial Jamaican English	Jamaican Creole
e	ɛ	ɛ *bet*
æ ɒ	a ɒ ~ ɑ	*hat* a *hot*
æ/ɑː + Nasal		häufig: ã *man* [mã], *can't* [kjã]
ʌ	(zentriertes) ɔ̈	ɔ̈ ~ a *cut*
ɑː	aː	aː *glass*
ɔː	ɔː	häufig: aː *law, bought*
ɜː	ɔ̈r	ɔ̈(r) *bird* [bɔ̈(r)d], *fir* [fɔ̈r]
eɪ	eː	iɛ *late*
əʊ	oː	uɔ *coat*
ɔɪ	ɔɪ	aɪ *choice*
aʊ	ɒʊ ~ ɔʊ	ɔʊ *house*
ɪə ɛə	e:(r)	*beard* [beː(r)d], *beer* [beːr] *scarce* [skeː(r)s] *bear* [beːr]	iɛ(r)	*beard* [biɛd], *beer* [biɛr] *scarce* [skiɛs], *bear* [biɛr]
(j)ʊə	(j)oːr	(j)oːr *poor* [poːr], *cure* [kjoːr]
-ə- ~ -ɪ- ~ ∅	nichtreduzierter Vokal ~ -a- ~ -ɪ-	nichtreduzierter Vokal ~ -a- ~ -ɪ- *useless* [-lɛs], *wonderful* ['wɔ̈ndaful], *orange* [-ɪndʒ], *flannel* ['flanɪl]
-ə	-ə ~ -a	-a *daughter* ['daːta]
w	vor iː, ɪ, eː, ɛ ɥ (labiopalataler Halbvokal) *when*	
l/ɫ	(helles) l	(helles) l *lick, miller, milk, mill*
r/∅ (non-rhotic accent)	<-r + Kons.> ∅ ~ r *beard* [beː(r)d] <-r> betont: r *beer* [beːr] unbetont: ∅	<-r + Kons.> ∅ *beard* [biɛd] <-r> betont: r *beer* [biɛr] unbetont: ∅ *better* ['bɛta]
-ɪŋ	häufig: -ɪn	-ɪn *runnin'*
v	v	auch: b *never* ['nɛba]
θ, ð	θ, ð	t, d *think, this*
k, g	k, g	vor offenem Vokal auch: kj, gj *card, gap*

Hinsichtlich der Aussprache des <r> nimmt das Englische in Jamaika eine Zwischenstellung zwischen dem nichtrhotischen Englisch auf Trinidad und Tobago und dem rhotischen Englisch auf Barbados ein. Am Morphemende hat hier <r> in betonter Silbe (wie z.B. in *beer*) die Entsprechung /r/, in unbetonter Silbe (wie z.B. in *better*) dagegen die Entsprechung /Ø/. Vor Konsonant (wie z.B. in *beard*) ist es im *Jamaican Creole* durchweg stumm, kann es im *Colloquial Jamaican English* aber gelegentlich auch die Entsprechung /r/ haben. Das ist dort sogar die Regel in Wörtern mit /ɜ/ wie *bird* oder *nurse*.

Nach Konsonanten neigen auslautendes /t/, /d/ und /k/ im *Jamaican Creole* regelmäßig und im *Colloquial Jamaican English* häufig zum Schwund (vgl. z.B. *craft* [kra:f], *best* [bɛs], *tact* [tak], *child* [tʃaɪl], *wind* [wɪn], *mask* [ma:s]); zum Schwund von /t/ und /d/ in den Past-Tense-Formen siehe auch S. 155. Im *Jamaican Creole* schwindet auch /s/ vor Konsonant im Anlaut (vgl. z.B. *screw* [kru:], *starve* [ta:v]).

Besonders auffällig, aber schwer zu beschreiben sind die suprasegmentalen Besonderheiten des Englischen in Jamaika. Der Rhythmus scheint hier (wie im Englischen der Karibik allgemein) im Gegensatz zum Englischen und zum Amerikanischen Englisch weniger "stress-timed" (durch etwa gleiche Abstände zwischen den betonten Silben mit entsprechender Reduktion der unbetonten gekennzeichnet) als vielmehr "syllable-timed" (durch ein gleiches Zeitmaß für alle Silben charakterisiert) zu sein. Ob letzteres die Ursache für das Auftreten nichtreduzierter Vokale anstelle von /ə/ ist oder ob umgekehrt das Fehlen der Vokalreduktion den Eindruck eines "syllable-timed rhythm" vermittelt, ist umstritten. Eine weitere suprasegmentale Besonderheit des Jamaikanischen Englisch besteht darin, daß eine unbetonte Endsilbe hier (besonders in emphatischer Redeweise) oft höher gesprochen wird als die vorangehende betonte Silbe. Das erweckt nicht selten den Eindruck einer Verlagerung der Betonung auf die betreffende Silbe (wie z.B. in *ki'tchen*, *edu'cate*).

Im Bereich der L e x i k sind im Jamaikanischen Englisch eine Reihe von Entlehnungen aus anderen Sprachen zu verzeichnen, so z.B. *calalu* 'vegetable' und *duppy* 'ghost' aus westafrikanischen Sprachen, *matapee* 'basket' aus dem Arawakischen, *bateau* 'boat' aus dem Französischen, *brigah* 'disdainful of others' aus dem Portugiesischen und *mantilla* 'head covering for a woman' aus dem Spanischen. Lehnübersetzungen aus westafrikanischen Sprachen sind z.B. *corn stick* 'corn cob' und *suck teeth* 'disparage'. Außerdem begegnen im Jamaikanischen Englisch englische Lexeme mit einer sonst für sie nicht üblichen Bedeutung; vgl. z.B. *carry* 'take, transport' (wie in *I'll carry you home*), *foot* 'leg and foot', *licks* 'a beating', *look for* 'visit', *mash up* 'destroy, ruin' (wie in *mash up a marriage*), *passage* 'money to pay the fare with', *stain* 'taste sour, be sticky', *tall* 'long (of hair)'. Besondere Wortbildungen sind z.B. *facety* 'cheeky' sowie die aus dem *Rasta English* stammenden Prägungen *overstand* 'understand' und *downpress* 'oppress'. Im *Rasta English* finden sich auch *Babylon* 'oppressive modern civilization', *deaders* 'meat' und *dreadlocks* 'Rasta-type of ringlets'.

In der G r a m m a t i k zeichnen sich das *Jamaican Creole* wie die von ihm beeinflußten Nonstandardvarianten des Jamaikanischen Englisch durch eine starke

Vereinfachung der Morphologie aus, so z.B. durch das Fehlen von Morphemen zur Kennzeichnung des Plurals und der possessiven Form beim Substantiv (vgl. *five book*; *this man brother* 'this man's brother') oder zur Markierung der 3.Pers.Sing.Präs. und des Präteritums beim Verb (vgl. *He like it, He walk home las' night*). Das Präteritum kann statt dessen durch analytische Mittel expliziert werden (z.B. *He did walk home las' night / He bin walk home las' night*). Außerdem fehlt in den nichthochsprachlichen Varianten des Jamaikanischen Englisch oft die Kopula (vgl. *He my brother, He going home now*) und haben sie auch keine besondere Passivkennzeichnung (vgl. *That thing use a lot* 'that thing is used a lot'). Resultative Passivbedeutungen können in ihnen zwar mit Hilfe des Verbs *get* ausgedrückt werden, doch bleibt auch dann das Partizip unmarkiert (vgl. *The car get/got mash up*). Als "question-tag" wird stereotyp *right* verwendet (vgl. *You know it, right?*). Auffällig ist schließlich auch der Gebrauch von seriellen Verben (vgl. *Child, run come go bring those hats*). In den standardnäheren Varianten zeigen sich Abweichungen vom Englischen bzw. Amerikanischen Standardenglisch hinsichtlich des Artikelgebrauchs (vgl. z.B. *... if the final game today between Trinidad and Tobago and Barbados ends in Ø draw* [Mair 1992: 89]) sowie der Verwendung von Präpositionen (z.B. *be employed to* [statt *by*]) und von Tempusformen (vgl. z.B. die Nichtperfektform nach *since* in *Since March 1989 we are suffering the most frequent unscheduled power cuts* [Mair 1992: 85]). Relativ häufig findet sich auch (z.B. in Zeitungstexten) die Erscheinung des "proximity concord" (vgl. *The area around both piers* have *silted up, Incomplete investigations by the police* has *forced another postponement* [Mair 1992: 82, 84]).

Anmerkungen

1 Unter Karibik werden hier im weiteren Sinne sowohl die zwischen Nord- und Südamerika gelegenen Westindischen Inseln als auch die an das Karibische Meer angrenzenden Küstengebiete Mittel- und Südamerikas verstanden.
2 Zahlenangaben aus dem *Fischer Weltalmanach 1994* und *1995* (* = geschätzt).
3 Deshalb spricht man mit Bezug auf die Sprachsituation in der Karibik auch von einem "postkreolischen Kontinuum".
4 *Ras* heißt 'Fürst' und *Tafari* war der ursprüngliche Name von Haile Selassie.

Literaturhinweise

Geschichte: vgl. 7.2. sowie 7.5.: Cassidy 1961, Holm 1983, Holm 1986
Sprachsituation und Sprachpolitik: vgl. 7.2. sowie 7.5.: Craig 1981, Görlach/Holm 1986, Holm 1983, Roberts 1988, Shields 1989
Besonderheiten des Englischen in der Karibik: vgl. 7.2. und 7.3. sowie 7.5.: Allsopp 1992, Cassidy 1961, Görlach/Holm 1986, Holm 1980, Mair 1992, Roberts 1988, Taylor 1977, Winer 1993

4. Das Englische in Australien und Neuseeland

4.1. Das Englische in Australien

4.1.1. Zur Geschichte des Englischen in Australien

Australien wurde erst im 17. Jahrhundert von portugiesischen, holländischen und britischen Seefahrern entdeckt. Es war zu jener Zeit von etwa 300 000 Ureinwohnern (*Aborigines* bzw. *Aboriginals*) bewohnt, die in ca. 500 Stämmen lebten und etwa 200 mehr oder minder stark voneinander abweichende Sprachen verwendeten. Die Holländer nannten den neuen Kontinent *Neuholland*. Die Bezeichnung *Australien* geht auf den britischen Seefahrer Flinders zurück und kam erst 1817 offiziell in Gebrauch.

1770 erklärte James Cook das Gebiet um die Botany Bay zum Besitz der britischen Krone und gab ihm den Namen *New South Wales*. 1786 beschloß die britische Regierung, in diesem Gebiet eine Sträflingskolonie zu errichten, da die Kolonien in Nordamerika nach Erklärung ihrer Unabhängigkeit (1776) als Verbannungsort für Kriminelle oder politische Sträflinge nicht mehr in Frage kamen.

Die Besiedelung von New South Wales begann 1788, als ca. 700 Sträflinge sowie etwa 300 Offiziere und Soldaten mit nur sehr wenigen Frauen in der Nähe des heutigen Sydney landeten und dort Port Jackson als erste ständige britische Niederlassung auf dem neuen Kontinent gründeten. In der Folgezeit entstanden in Australien noch fünf weitere britische Kolonien, und zwar Tasmanien (1825, bis 1853 Van Diemen's Land), Western Australia (1829), South Australia (1836), Victoria (1851) und Queensland (1859). Sie dienten zum Teil ebenfalls als Verbannungsort für Strafgefangene. Insgesamt wurden bis 1868 ca. 160 000 Sträflinge nach Australien deportiert. Dazu kamen seit 1793 auch freie Siedler, z.B. englandtreue Nordamerikaner (Loyalisten) und besonders viele Iren, doch dauerte es bis 1830, ehe es für Briten möglich wurde, ohne besondere Genehmigung nach Australien einzuwandern. Die Zahl der freien Siedler übertraf die der Sträflinge und ihrer Nachkommen daher erst nach 1840. Eine wichtige Folge der von Anfang an gelenkten Immigration war, daß die Einwanderer überwiegend den unteren Schichten angehörten und zudem durchweg englisch sprachen. Letzteres änderte sich erst um die Mitte des 19. Jahrhunderts, als in New South Wales und in Victoria Gold gefunden wurde und der Goldrausch auch Einwanderer aus nichtenglischsprachigen Ländern nach Australien lockte, die jedoch ebenfalls meist aus den unteren Schichten stammten. Aus Furcht vor einer zu starken Zunahme chinesischer Immigranten, die besonders in den siebziger Jahren des 19. Jahrhunderts auf die Goldfelder Queenslands strömten, wurde 1901 die "Federal Immigration Restriction Act" erlassen, die Nichtweiße von der Einwanderung ausschloß. Diese inoffiziell unter dem Namen "White Australia" bekanntgewordene Einwanderungsgesetzgebung war bis in die siebziger Jahre gültig.

1901 vereinigten sich die australischen Kolonien zum *Commonwealth of Australia*[1], das den Status eines Dominions erhielt. Es gliederte sich seiner Entstehung entsprechend in sechs Bundesstaaten (New South Wales, Tasmania, Western Australia, South Australia, Victoria und Queensland), zu denen noch zwei Bundesterritorien kamen: das Northern Territory und das Australian Capital Territory (das Territorium der Hauptstadt Canberra).

Erst nach 1947 führte der immer größere Bedarf an Arbeitskräften zu einer starken Einwanderung nichtbritischer Europäer nach Australien, von denen jedoch auch sprachlich eine rasche Assimilation erwartet wurde. Nach dem Ende des Vietnamkriegs wurden 1975 mit dem Erlaß der "Racial Discrimination Act" zudem die strengen Immigrationsbeschränkungen für Bürger asiatischer Staaten gemildert, womit die "White-Australia"-Politik auch offiziell ein Ende fand. Zugleich konzentrierte man sich vor allem in wirtschaftlicher Hinsicht nun immer mehr auf Japan und die USA, was zu einer Lockerung der Bindungen an Großbritannien führte. Anfang der achtziger Jahre waren daher bereits ca. 20% der Australier in einem nichtenglischsprachigen Land geboren oder hatten einen nichtbritischen Elternteil.

Da die Einwanderer in der Frühphase der Besiedelung fast ausschließlich und später zumindest noch zu großen Teilen von den Britischen Inseln oder aus Nordamerika kamen, war die eindeutig dominierende Sprache in Australien von Anfang an das Englische. Es wurde schnell auch zur Erstsprache der nichtanglophonen Einwanderer, die einem starken Assimilationsdruck ausgesetzt waren und deren Sprachen deshalb bisher keinen nachhaltigen Einfluß auf die Sprachsituation im Lande hatten. Ähnliches gilt für die Sprachen der Ureinwohner, die auf Grund der bis weit in unser Jahrhundert hinein betriebenen Ausrottungspolitik gegenüber den *Aborigines* sowie wegen deren geringen sozialen Ansehens entweder bereits ausgestorben oder zum Teil noch vom Schwund bedroht sind.

Die Form des Englischen in Australien wurde primär durch die soziale und regionale Herkunft der frühen englischsprachigen Siedler geprägt. Sie gehörten überwiegend den unteren Schichten an und stammten hauptsächlich aus den Städten Südostenglands und des östlichen Mittellands (insbesondere aus London), zu einem erheblichen Teil (etwa 25%) aber auch aus Irland. Letzteres wirkte sich jedoch kaum auf die Entwicklung des Englischen in Australien aus, weil die irischen Einwanderer das Englische zumindest als Zweitsprache beherrschten und überdies wegen ihres widerspenstigen Charakters so über die Kolonie verteilt wurden, daß sie keine Irisch oder Irisches Englisch sprechenden Gemeinschaften bilden konnten. Die Formen des Englischen, die die Immigranten in die neue Umgebung mitbrachten, trugen aus den genannten Gründen meist mehr oder minder stark nichthochsprachliche Züge und entsprachen im wesentlichen den urbanen Nonstandardvarianten ihrer Herkunftsorte. Zusammen mit den Sprachgewohnheiten der Seeleute verschmolzen sie bei den in Australien geborenen Nachfahren der ersten Siedler zu einer Ausgleichsform, aus der sich das *Broad* und das *General Australian English* entwickelten (vgl. Abschnitt 4.1.2.).

Ein kleiner Teil der Einwanderer (Offiziere, Kolonialbeamte und einige der politischen Gefangenen) gehörte der Mittelschicht oder sogar der Oberschicht an und sprach Varianten des Englischen Standardenglisch, das auch in Australien speziell im Schriftverkehr zum Vorbild für die Verwendung des Englischen im offiziellen Bereich wurde und die Grundlage für das spätere *Cultivated Australian English* (vgl. Abschnitt 4.1.2.) bildete.

Obwohl die Siedler unterschiedliche Varianten des Englischen nach Australien mitbrachten und die Besiedelung des Kontinents später auch von verschiedenen Stellen aus erfolgte, weist das Australische Englisch heute einen erstaunlich geringen Grad an regionaler Differenzierung auf. Die Ursachen dafür sind vor allem darin zu sehen, daß die ersten neuen Siedlungen lediglich Außenposten von Sydney waren und die spätere Besiedelung anderer Orte direkt vom Mutterland aus durch hinsichtlich ihrer sozialen und regionalen Herkunft weitgehend homogene Sprechergruppen erfolgte, so daß sich das Australische Englisch in den verschiedenen Gebieten zeitlich nur leicht versetzt auf etwa gleicher Grundlage entwickelte. Dabei hielt auch die schon in den urbanen Varianten Englands vorhandene Tendenz zur Nivellierung regionaler Unterschiede an. Sie wurde noch gefördert durch die große Mobilität der Bevölkerung, das Fehlen einer "village structure" sowie die früh einsetzende starke Urbanisierung des Landes und damit Konzentration seiner Bewohner auf wenige Ballungszentren, darüber hinaus auch durch die große Ähnlichkeit der Sozialstruktur und der Lebensweise in den einzelnen Kolonien. Außerdem sahen sich die Neuankömmlinge bald zur sprachlichen Anpassung gezwungen, wenn sie nicht als "new chums" (d.h. "newly arrived immigrants") und damit Außenstehende gelten wollten. Trotzdem ist nicht zu übersehen, daß es besonders im Wortschatz auch einige regionale Unterschiede gibt, doch steht deren Erforschung erst am Anfang.

Ist das Australische Englisch regional bemerkenswert homogen, so trifft das sozial weit weniger zu. Jedoch unterscheidet sich seine soziale Differenzierung von der des Englischen Englisch auf Grund des in Australien entstandenen spezifischen Sozialgefüges mit liberaleren Normen und Aufstiegschancen selbst für ehemalige Sträflinge sowie einer darauf beruhenden stärkeren Tendenz zur "Demokratisierung" der Standardnorm sowohl hinsichtlich ihrer Striktheit als auch hinsichtlich der Unmittelbarkeit ihres Bezugs zur sozialen Gliederung der Sprecher (vgl. Abschnitt 4.1.2.).

Kaum beeinflußt wurde das Australische Standardenglisch durch die Sprachen der Ureinwohner oder anderssprachiger Einwanderer. Dagegen unterlag es zunehmend einer Einwirkung des Amerikanischen Englisch. Sie erfolgte zunächst indirekt durch Verwendung von Bezeichnungen, die bereits in den nordamerikanischen Kolonien benutzt worden waren (wie z.B. *block, bushranger, landshark, location, section, township*), später auch direkt, durch Übernahme von Lexik aus dem Sprachgebrauch nordamerikanischer Einwanderer, die besonders während der Zeit des Goldrauschs nach Australien kamen (vgl. z.B. *bowie-knife, claim, digger, dirt* 'the alluvial soil or gravel from which gold is separated by washing', *(gold-)rush, pan off/out, prospect* [v]). Heute ist der amerikanische Einfluß auf Grund der führenden Rolle der USA stärker denn je.

4.1.2. Die gegenwärtige Sprachsituation und Sprachpolitik in Australien

Einwohnerzahl (1991): 17 317 800
Hauptstadt: Canberra

Die gegenwärtig in Australien herrschende Sprachsituation kann als weitgehend unilingual gekennzeichnet werden, da in ihr das Englische eindeutig dominiert und die übrigen Sprachen entweder vom Schwund bedroht sind oder sich noch nicht so weit etabliert haben, daß man sie schon als festen Bestandteil des für die australische Kommunikationsgemeinschaft charakteristischen Sprachpotentials ansehen kann. Ersteres gilt für die Sprachen der *Aborigines*, letzteres für die der Einwanderer aus nichtenglischsprachigen Ländern (z.B. für das Griechische, Italienische, Serbokroatische, Deutsche, Niederländische, Französische und Vietnamesische). Allerdings sind hier nach der Beendigung der "White-Australia"-Politik und der Hinwendung zu einer Politik des Multikulturismus sowie nach der Anerkennung der Existenz von ethnischen Gemeinschaften durch Einrichtung eines *Ethnic Communities Council* Veränderungen zu erwarten. Auf jeden Fall hat die Regierung inzwischen die Notwendigkeit erkannt, den Status des Englischen und der anderen in Australien gesprochenen Sprachen neu zu bestimmen, und sich mit dem kürzlich gegründeten *National Languages and Literacy Institute of Australia* dafür auch schon eine Behörde geschaffen.

Der Anteil der *Aborigines* an der Gesamtbevölkerung Australiens betrug 1991 etwa 1,3%. Sie haben noch mehr als 50 Sprachen, die allerdings jeweils nur von relativ wenigen Sprechern in meist entlegenen Landesteilen wie dem Northern Territory verwendet werden. Außerdem sind diese Sprecher gewöhnlich zweisprachig, da sie neben ihrer Muttersprache meist noch eine Variante des *Aboriginal English* beherrschen, das bei entsprechender Schulbildung bis an die Standardform des Australischen Englisch heranreichen kann. Maßnahmen zum Erhalt und zur Pflege der Sprachen der *Aborigines*, zu denen auch die Varianten des *Aboriginal English* gerechnet werden, gibt es erst seit jüngerer Zeit. So wird seit 1973 von der australischen Regierung im Northern Territory eine bilinguale Bildungspolitik verfolgt. Außerdem wurde eine ganze Reihe von Institutionen und Organisationen zur Vertretung der bildungspolitischen und kulturellen Belange der Ureinwohner gegründet, darunter 1982 die *Aboriginal Languages Association*, die von den *Aborigines* selbst geleitet wird und sich die Förderung und Erforschung ihrer Sprachen wie auch der durch sie beeinflußten Varianten des Englischen zum Ziel gesetzt hat. Trotz dieser Bemühungen ist jedoch damit zu rechnen, daß die Sprachen der *Aborigines*, die nur mehr von Erwachsenen gesprochen werden, schwinden und daß die von ihnen noch primär zur Kommunikation verwendeten Sprachen nur im Rahmen eines funktional differenzierten Bilinguismus mit Englisch als Zweitsprache überleben werden.

Die Sprachen der Einwanderer aus nichtenglischsprachigen Ländern waren bisher meist auf mehr oder weniger stark voneinander isolierte kleine Sprechergruppen beschränkt und wurden daher mitunter schon in der ersten, auf jeden Fall aber in der zweiten oder dritten Generation durch das Englische als Erst- bzw.

Muttersprache verdrängt. Erst in jüngster Zeit sind in einigen Großstädten stärkere geschlossene Gemeinschaften von Sprechern solcher Sprachen entstanden. Diese bemühen sich zum Teil, durch spezielle Schulen die Sprache und Kultur ihrer Herkunftsländer zu bewahren. Im wesentlichen ist der Gebrauch dieser Sprachen jedoch auf den häuslichen Bereich beschränkt. Lediglich in Städten mit größeren geschlossenen Siedlungsgebieten für bestimmte ethnische Gruppen werden sie in Geschäften oder in Restaurants auch schon öffentlich verwendet. Außerdem gibt es bereits multilinguale Fernseh- und Rundfunksender, und Zeitungen und Zeitschriften erscheinen in mehr als zwanzig Sprachen. Die australische Regierung trägt der sich verändernden Situation dadurch Rechnung, daß sie nun im Gegensatz zu früher anstrebt, jedem Australier eine weitere Sprache zu vermitteln. Möglicherweise wird sich diese neue multikulturelle Sprach- und Nationalitätenpolitik auch nachhaltiger auf die Sprachsituation auswirken.

Das Englische hat sich in Australien zu einer für dieses Land spezifischen Variante entwickelt, dem Australischen Englisch, das heute nach dem Englischen und dem Amerikanischen Englisch am weitesten kodifiziert ist und für den südpazifischen Raum in gewissem Maße auch schon die Rolle einer Leitnorm übernommen hat. Während es regional nur eine geringe Variation aufweist, zeigt es sozial – speziell hinsichtlich der Aussprache – eine recht deutliche Differenzierung, und zwar in ein *Cultivated*, ein *General* und ein *Broad Australian English*, wobei die Übergänge zwischen diesen Subvarianten jedoch fließend sind und sie eher nur Markierungspunkte in einem sprachlichen Kontinuum darstellen.

Das *Cultivated Australian English* orientierte sich lange am Englischen Standardenglisch und hier hinsichtlich der Aussprache an der RP, gegenüber der es nur geringfügige Abweichungen aufweist. Es gilt vielfach noch immer als Vorbild für den Sprachgebrauch im offiziellen Bereich, wird jedoch nur von einer kleinen Minderheit gesprochen, die sich vor allem aus Angehörigen der Oberschicht, aber auch aus Vertretern anderer sozialer Gruppen (hier speziell Frauen) zusammensetzt. Das *General Australian English* ist die Sprachform der Mehrheit der Bevölkerung und bildet die Hauptbasis für die Entwicklung einer Standardaussprache des Australischen Englisch. Das *Broad Australian English* wird stärker auf dem Lande als in den Städten verwendet. Es trägt Züge einer Nonstandardvariante, ist jedoch nicht in dem Maße wie entsprechende Formen des Englischen Englisch stigmatisiert und kann daher auch in offiziellen Situationen gebraucht werden. Diese Erscheinungsform des Australischen Englisch ist oft zu seiner Karikierung auf der Bühne oder in der Literatur als sog. *Strine* herangezogen worden, wobei man sich der Übertreibung von Aussprachegewohnheiten wie Elisionen oder Assimilationen (z.B. *Money* für *Monday* oder *baked necks* für *bacon and eggs*) bediente.

Die Tatsache, daß das *General* und das *Broad Australian English* auf Grund bestimmter Eigenheiten im Vokalismus außerhalb Australiens oft mit dem Cockney bzw. anderen urbanen Nonstandardvarianten assoziiert und abfällig beurteilt wurden, führte bei vielen Australiern lange Zeit zu sprachlicher Verunsicherung oder sogar zu Minderwertigkeitskomplexen, die noch durch die Erinnerung an die Entstehung des Landes als Strafkolonie verstärkt wurden. Erst nach dem Zweiten Weltkrieg ließ das wachsende Nationalgefühl bei den Australiern auch ein

Bewußtsein sprachlicher Eigenständigkeit aufkommen. Diese Entwicklung fand ihren Ausdruck z.B. darin, daß es in der *Australian Broadcasting Corporation* zunehmend zu einer "Australianisierung" der Aussprache kam, d.h. dazu, daß sie sich vom Vorbild der RP löste und immer mehr in Richtung auf das *General Australian English* hin bewegte. Auch in bezug auf die Lexik und andere Bereiche der Sprache ist das Englische Standardenglisch nun nicht mehr der alleinige Maßstab für den "korrekten" Sprachgebrauch, wozu in erheblichem Maße das Erscheinen von umfangreichen Wörterbüchern des Australischen Englisch und das 1966 erstmalig von der Regierung herausgegebene *Style Manual for Authors, Editors and Printers* beigetragen haben.

Außer den erwähnten sozialen Varianten gibt es im Australischen Englisch auch sozioethnische Varianten. Dazu gehören vor allem die des *Aboriginal English*. Sie werden – insbesondere von den *Aborigines* in Nordaustralien – oft sogar als Erstsprache verwendet, und zwar in einer bis an die Standardform des Australischen Englisch heranreichenden "high variety" zur Kommunikation mit den Weißen sowie in einer "low variety" zum Verkehr untereinander. In den Städten benutzen die *Aborigines* dieselben sozialen und funktionalen Varianten des Australischen Englisch wie die Weißen, wobei jedoch für sie des öfteren das in der Schule erlernte *Standard Australian English* nicht den Charakter einer anzustrebenden Prestigenorm hat. Außerdem gibt es in Australien noch eine Reihe von Pidgin- bzw. Kreolsprachen, deren bekannteste das *Kriol* und das *Torres Strait Broken* sind. Ersteres wird in Nordaustralien von der älteren Generation noch als Zweitsprache, von den folgenden Generationen jedoch bereits als Muttersprache gesprochen, während letzteres unter den Bewohnern der Torres Strait Islands und den *Aborigines* der angrenzenden Küstenregion, die jünger als 35 Jahre sind, schon als Erstsprache Verwendung findet.

4.1.3. Besonderheiten des Australischen Englisch

Im Bereich der A u s s p r a c h e sind die Besonderheiten des Australischen Englisch durch die soziale und regionale Herkunft der ersten Siedler sowie dadurch bedingt, daß die Sprecher des *General* und des *Broad Australian English* bestimmte Lautentwicklungen des Englischen im Südosten Englands nicht mehr nachvollzogen haben.

Die lautlichen Besonderheiten des Australischen Englisch betreffen im wesentlichen nur die phonetische Realisierung der Phoneme, kaum das Phonemsystem selbst. Aus der Sicht der RP fällt an der Lautung des Australischen Englisch vor allem auf, daß die kurzen Vokale /ɪ, e, æ, ɒ/ durchweg etwas geschlossener gesprochen werden ([ị, ẹ, ɛ̣, ọ], vgl. *pit, pet, pat, pot*) und daß die langen Monophthonge /i:, u:/ sowie die verengenden Diphthonge besonders im *Broad Australian English*, aber auch schon im *General Australian English* eine ähnliche Verschiebung ihrer Lautqualität aufweisen wie im Cockney (vgl. S. 41). Letzteres ist der Hauptgrund dafür, daß Australier nicht selten für Cockneysprecher gehalten werden.

Die im folgenden aufgeführten Aussprachebesonderheiten finden sich allenfalls ansatzweise im *Cultivated Australian English*, deutlicher schon im *General Australian English* und sind voll ausgeprägt im *Broad Australian English*.

RP	General/Broad Australian English
i:	ıi ~ əi *bee*
eɪ	ʌɪ *bay*
aɪ	ɒɪ *buy*
ɔɪ	oɪ *boy*
u:	ʊu ~ əu *boot*
əʊ	ʌʊ *boat*
aʊ	æʊ *out*
ɑ:	a: *car, park* bes. vor /Nasal + Kons./ des öfteren: æ *chance, example* seltener vor /s + Kons./ und vor /f/: æ *grasp, paragraph*
ɔ: (~ ɒ) + l, r	oft: ɒ *fault, floral*, auch in *auction*
ɪə, ɛə	vor Kons.: ɪə, eə *beard, scarce* im Auslaut: i:ə ~ əɪə, e:ə *beer, bare* vor /r/: ɪ: ~ i:, e: *weary, vary*
ʊə (~ ɔ:)	u:ə ~ ɔ: *poor, secure* vor /r/: ʊ: ~ u: *security*
-ɪ- (unbetont)	außer vor /k, g/ in Suffixen/Endsilben meist: -ə- *bus*es, *teach*es, *wait*ed, *big*gest; *vill*age, *separ*ate, *waitr*ess, *hatch*et, *end*less, *star*let, *dark*ness, *sol*id, *rac*ist, *rabb*it, auch in *is, it, him*; in <be-, de-, pre-, re->: i: ~ ə *begin, detain, prefer, refer*
-ɪ ~ -i	-i(:) ~ əi *happy*
-t- (zwischen Vokalen)	manchmal: d *butter*

Darüber hinaus haben im Australischen Englisch einzelne Wörter eine spezielle Aussprachevariante; vgl. z.B. *Australian* [-ˈstra:-], *basic* [ˈbæsɪk], *chassis* [ˈʃæzi(:)] oder *immediate* [əˈmi:di:ət]. Auch fällt auf, daß hier Wörter wie *brimstone* oder *steadfast* häufig mit einem starktonigen statt einem reduzierten Vokal in der zweiten Silbe erscheinen: [ˈbrɪmstʌun] statt [ˈbrɪmstən], [ˈstedfa:st] statt [ˈstedfəst] (vgl. auch [-dʌɪ] statt [-dɪ] in *Monday, yesterday* oder [-lænd] statt [-lənd] in *Queensland*). Das kann seine Ursache in einer Schriftbildaussprache haben oder aber darin, daß infolge des für das Australische Englisch typischen langsamen Sprechtempos auf der betreffenden Silbe ein leichter Nebenton liegt. Den Hauptton auf der ersten Konstituente statt auf der zweiten hat im Australischen Englisch *headmaster*.

Hinsichtlich der Intonation unterscheidet sich das Australische Englisch wenig vom Englischen Englisch, doch sind die Tonhöhenunterschiede hier geringer als in der RP, deren starke Tonbewegung auf viele Australier affektiert wirkt. Eine Besonderheit des Australischen Englisch scheint der "high rising tone" zu sein, d.h. die Verwendung von steigender Intonation (wie sie in Entscheidungsfragen vorkommt) in Aussagesätzen, die nicht als Entscheidungsfragen gemeint sind. Diese Intonation hat die Funktion von "tags" wie *right?* oder *you know?*, mit denen sich der Sprecher vergewissern will, ob er verstanden worden ist (vgl. Guy/Vonwiller in Collins/Blair 1989: 23f.). Sie wird vorwiegend von Jugendlichen verwendet und gilt nur bedingt als akzeptabel, scheint sich jedoch weiter zu verbreiten (vgl. ebd.: 33).

In der O r t h o g r a p h i e gibt es gewisse Schwankungen zwischen EngE und AmE Schreibungen, die regional bedingt sind bzw. von den Schreibkonventionen der Zeitungsverlage abhängen. In der Regel werden aber die EngE Schreibungen verwendet. Lediglich in dem Parteinamen *Labor Party* hat sich die AmE Schreibung in ganz Australien durchgesetzt. In Verben wie *centralise* wird *-ise* gegenüber *-ize* bevorzugt.

Neben der Aussprache weist im Australischen Englisch vor allem die L e x i k deutlicher eigene Konturen auf.

Ein Teil der für das Australische Englisch spezifischen Lexeme ergab sich daraus, daß Bezeichnungen gefunden werden mußten für bislang unbekannte Erscheinungen der Tier- und Pflanzenwelt sowie der Kultur und Lebensweise der *Aborigines*; vgl. z.B.:[2]

Bezeichnungen für Tiere und Pflanzen: *boongar(r)y* 'tree-kangaroo of North Queensland (Dendrolagus lumholtzi)', *bush-fly* 'persistent Australian fly of the family Calliphoridae', *kookaburra* 'laughing jackass (Dacelo gigas), giant kingfisher, noted for its loud discordant cry', *mopoke/morepork* 'boobook owl', *wallaby* 'any of various small species of kangaroo'; *button-grass* 'name applied to bog-sedge with button-shaped flower and to various fodder grasses with finger-like inflorescences', *fire-wheel tree* 'tall tree (Stenocarpus sinuatus) with brilliant red flowers', *guinea-flower* 'name for shrubs of genus Hibbertia, having showy golden flowers', *swamp-gum* 'any of various eucalypts found esp. in swampy sites'

Bezeichnungen für Erscheinungen der Kultur und Lebensweise der *Aborigines*: *gunyah* 'Aboriginal hut, bush hut', *ko'radji/co'radgee* 'Aboriginal medicine-man', *waddy* 'Aboriginal war-club', *wurley* 'Aboriginal hut'

Hinzu kamen Bezeichnungen für neue Erscheinungen im Lebensbereich der britischen Siedler sowie für Besonderheiten der historischen Entwicklung und der politischen Struktur des Landes; vgl. z.B.:

bushy/-ie (infml.) 'dweller in the bush (as opposed to a townsman)', *dogger* 'dingo-hunter', *outbacker* 'dweller in the back country of Australia'; *First-Fleeter* 'person who came to Australia in 1788 with the First Fleet', *premier* 'chief minister of an Australian State Government', *Prime Minister* 'principal minister of the Australian Commonwealth Government'

Einige Bezeichnungen wurden aus den Sprachen der *Aborigines* übernommen; vgl. neben den schon genannten z.B.:

> *billabong* 'waterhole in a dried-up river system; river branch forming backwater', *bunyip* 'fabulous monster inhabiting swamps and lagoons of the interior of Australia', *gunyang* 'kangaroo-apple', *humpy* 'Aboriginal hut; any small or primitive hut or shanty', *wompoo* 'bright-coloured pigeon', *woomera* 'Aboriginal throwing-stick for propelling a dart or spear; short club used as missile'

Entlehnungen wie *boomerang, budgerigar, dingo, kangaroo* oder *koala* sind in den "common core" des Englischen eingegangen.

Die soziale und regionale Herkunft der frühen Siedler macht sich in der Lexik des Australischen Englisch darin bemerkbar, daß sie eine ganze Reihe von Lexemen enthält, die aus englischen Dialekten stammen; vgl. z.B.:

> *boomer* dial.: 'anything very large of its kind' > AusE: 'large male kangaroo', *darg* 'a day's work, a definite amount of work', *fossick* 'search for gold by digging out crevices with a knife or pick or by digging in abandoned workings etc.', *joss* 'foreman, employer', *knockback* 'repulse, rebuff', *larrikin* 'hooligan', *poddy* 'hand-fed calf, lamb, etc.', *ringer* 'fastest shearer in the shed, stockman'

Besonders seit dem Zweiten Weltkrieg unterliegt das Australische wie das Englische Englisch einem starken Einfluß durch das Amerikanische Englisch; vgl. z.B.: *apartment* 'flat', *cent, dollar, elevator* 'lift', *pump* 'bowser', *radio*. Nicht selten konkurriert ein Lexem AmE Herkunft mit einem EngE Herkunft bzw. einem spezifisch AusE Lexem wie z.B. *expressway/freeway* mit *motorway, guy* mit *bloke/chap/fellow, jerk* 'stupid or naive person' mit *drongo/dill* oder *pal/buddy* (als Anredeform) mit *cobber/mate* (vgl. Taylor in Collins/Blair 1989: 240).

Andere lexikalische Besonderheiten des Australischen Englisch erklären sich daraus, daß bestimmte Lexeme dort eine Bedeutungserweiterung oder -verengung erfahren bzw. infolge Bezeichnungsübertragung eine zusätzliche Bedeutung erhalten haben (wie z.B. *paddock* bzw. *station*); vgl. z.B.:

> *creek* 'small stream, (esp.) flowing intermittently, brook', *half-caste* 'person of mixed Aboriginal and non-Aboriginal parentage or descent', *hump* 'ridge in a road to prevent speeding', *lightwood* 'tree with light wood, in Australia chiefly two species of acacia, *A. implexa* and *A. melanoxylon*', *margin* 'extra amount over what is usually paid as wage etc.', *paddock* 'field, meadow, fenced piece of land of any size', *plate* 'plate of cakes, sandwiches, etc. taken by women as a contribution to a meal, celebration, etc.', *property* 'a rural landholding which is used for stock-raising or crop-growing', *station* 'privately owned sheep- or cattle-run with its buildings, large pastoral or mixed farming estate' (vgl. *cattle-station, sheep-station*), *township* 'small town, small settlement', *village* 'suburban development'

Eine nicht geringe Rolle spielt im Australischen Englisch bei der Schaffung neuer Bezeichnungen auch die **Wortbildung**. Hier fällt besonders die beträchtliche Zahl von Ableitungen mit dem Suffix *-er* sowie – speziell in der als informell oder Slang markierten Lexik – mit den hypokoristischen Suffixen *-ie/-y* und *-o* auf, die bei mehrsilbigen Stammwörtern gewöhnlich an eine Kurzform des

Stamms angefügt werden (wie in *mossie* < *mosquito* oder *milko* < *milkman*); vgl. z.B.:

> Ableitungen: Suffixableitungen: *bathers* 'swimming costume', *battler* 'one who struggles to make a living, underdog', *walloper* (sl.) 'policeman', *washer* 'face-cloth'; *dagger* 'one who removes dags', *dogger* 'dingo-hunter', *outbacker* 'dweller in the back country of Australia', *possumer* 'possum-hunter', *scrubber* 'animal that lives in the scrub; domestic animal (e.g. bullock) that has run wild' – *beachie* (sl.) 'beach fisherman', *bullocky* 'bullock-driver', *bushy/-ie* 'dweller in the bush (as opposed to a townsman)', *folkie* (sl.) 'folk-singer', *footie* 'football', *guvvie* (infml.) 'a dwelling built at public expense', *kindy/-ie* 'kindergarden', *milkie* 'milkman', *mossie/mozzie* 'mosquito', *pollie* 'politician', *surfie* (sl.) 'surfer', *trammie* 'tram driver or conductor', *wharfie* 'watersider, stevedore'; *roughie* (sl.) 'outsider', *smartie* (sl.) 'clever person, trickster' – *Commo* (sl.) 'communist', *garbo* (sl.) 'dustman, collector of rubbish', *journo* (sl.) 'journalist', *milko* (sl.) 'milkman', *nasho* (sl.) '(a man who undergoes) compulsory military training as introduced under the National Service Act of 1951'; *afto/arvo* (sl.) 'afternoon', *compo* (sl.) 'compensation, esp. for injury while at work', *smoko* (infml.) 'smoking break';
> Nullableitungen: *bush* 'camp in the bush', *kangaroo* 'hunt kangaroos', *paddock* 'enclose or fence in a sheep-run etc., shut up in a paddock', *shanghai* 'shoot with a shanghai (catapult)', *waddy* 'strike, beat, or kill with a waddy'; *overland* 'go overland from one part of Australia to another, drive (stock) for a great distance'; *burn-off* 'land cleared for cultivation by burning its vegetation', *lay-by* 'reservation of an article by payment or deposit and regular instalments'; *blue-tongue* 'lizard (genus Tiliqua) with a cobalt-blue tongue'
> Komposita: *brush-wallaby* 'any of several species of the genus Wallabia, found esp. in the coastal brush', *gum-nut* 'hardened flower-cup of Eucalyptus gummifera', *station-hand* 'worker on a station', *stock-horse* 'horse trained to carry a stockrider' (ferner *stock-hut, stockman, stock-route* etc.), *swamp-cuckoo* 'coucal' (ferner *swamp-gum, swamp-hen, swamp-oak* etc.); *swing-gate* 'special type of gate which while opening one way for sheep or cattle to pass closes another'; *running postman* 'coral-pea', *stinging-tree* 'any of several trees and shrubs of the genus Dendrocnide, characterised by stinging hairs esp. on the leaves'; *herd testing* (local) 'testing of dairy herds to estimate the quantity and quality of milk'; *gully-raker* 'cattle-thief, stock-whip'
> Kürzungen: *enamel (orchid), kinder(garden), milli(-milli)* 'written message', *partridge (quail)*

Außerdem finden sich im Australischen Englisch auch spezifische **Phraseologismen**; vgl. z.B.:

> *the back of beyond* 'far outback', *up the bush* 'up-country, away from the city', *get the strength of* 'obtain the full facts about', *go bush* 'go into the bush, leave the city, run wild', *(as) mad as a (cut) snake* 'crazy, eccentric', *as miserable as a bandicoot* 'wretched', *native bear* 'koala', *swing the gate* 'be a fast and expert shearer', *on thirds* '(sharefarming) for one third of the profit', *throw off at* 'deride', *whip the cat* 'have regrets'

Besonders viele Eigenheiten weist das Australische Englisch im Bereich der informellen Lexik und des Slangs auf; vgl. z.B.:

blue duck 'something that does not come off', *bluey* 'red-headed person', *bobby dazzler* 'outstanding person or thing', *bodger* 'something worthless', *burl* 'attempt, try, test' (*give it a burl*), *chook* 'chicken, fowl', *cobber* 'companion, mate, friend', *Croweater* 'South Australian', *dinkum* 'honest, genuine, real', *dip one's lid* 'raise one's hat, salute, honour', *get into holts with* 'quarrel with, get at cross purposes', *have tickets on oneself* 'be conceited', *new chum* 'a newly arrived immigrant', *on the pig's back* 'in a fortunate position', *pommy/-ie* 'a British person, esp. a recent immigrant', *ratbag* 'eccentric or unpleasant person, unruly horse', *razor gang* 'committee to reduce government spending', *sheila* 'young woman, girl', *stickybeak* 'inquisitive person', *switch-girl* 'girl or woman operating a telephone switchboard'

Eine weitere Eigenheit des Australischen Englisch ist der sog. *Rhyming Slang*, der auf einen Einfluß des Cockneys (siehe S. 42f.) zurückzuführen ist (vgl. z.B. *potato peeler* für *sheila*, *comic cuts* für *guts*). Ebenfalls einem Einfluß des Cockneys werden die besondere Form australischer Flüche sowie das Auftreten von *mate* und anderen Anredeformen (z.B. *guvnor, chum, cock*) in Fragen wie *What time is it, mate?* zugeschrieben.

Hinsichtlich der G r a m m a t i k stimmt das Australische Englisch weitgehend mit dem Englischen Englisch überein. Was sich hier an Besonderheiten beobachten läßt, gehört meist in den informellen mündlichen Bereich oder in den des Nonstandards, wie z.B. die Verwendung von *she/her* statt *it/everything* und von *but* statt *though/however* (vgl. *She'll* [statt *it/everything'll*] *be right, She'll be jake* ['everything will be fine'] – *The job's still not done; I'll finish her this arvo, but* [statt *though/however*]; zit. nach Trudgill/Hannah 1994[3]: 20; Quirk et al. 1985: 22). In bezug auf den neutralen Standardgebrauch lassen sich zwischen dem Australischen und dem Englischen Englisch lediglich einige Unterschiede in der Häufigkeit des Auftretens von miteinander konkurrierenden Formen feststellen. Beispiele dafür sind (vgl. Trudgill/Hannah 1994[3]: 19 sowie auch Newbrook 1992: 1ff.)

– der überwiegende Gebrauch der Singularform des Verbs nach Kollektiva (besonders Bezeichnungen für Sportmannschaften) sowie die Verwendung von anaphorischem *it/its* und *which* statt *they/their* bzw. *who* in solchen Fällen (z.B. *Collingwood, which is the champion, has won its last three games* [statt ..., *who are the champion, have won their last three games*]);

– die häufige Verwendung von *will* statt *shall* im Futur (z.B. *I will go*);

– die Bevorzugung von *have got* gegenüber *have* zum Ausdruck des Besitzes (z.B. *I have got a new car*);

– das häufige Auftreten von epistemischem *mustn't* anstelle von EngE *can't* (z.B. *He mustn't be in*);

– die im Vergleich zum Englischen Englisch häufigere Verwendung des Infinitivs statt einer *ing*-Form nach bestimmten Verben (z.B. *Some people delay to pay taxes* [statt ... *delay paying taxes*]).

Abschließend sei noch ein Textauszug angeführt, der speziell einige der lexikalischen Besonderheiten des Australischen Englisch illustriert.

The truck picked him up in the cool of the morning and sped away. The Causeway crossed, they headed south through the sand of the coastal spinifex belt for Boodarrie. He made himself comfortable on the loading, and was lost in thought. Have to see the Boodarrie blackfellers on the way back to Port Hedland. Sam Mitchell was at Boodarrie, he must see him, Sam would be a sure striker, and a valuable man. Boodarrie lay somnolent in the morning sunshine, a sprawl of sheds round the homestead, all surrounded by the sea of spinifex and poverty bush. Dooley was warm and happy. He was doing good work, stirring the people, and it was going on well. He dozed in the warmth, thinking ahead to Munda as the truck droned on through poverty bush and occasional creeks where the pargalyee thickets held the debris of past floods, across scalded claypan country and long stretches of heavy going in sand, to come at last to the Yule River and Mundabullangana.

He waved his thanks to the whitefeller driving the truck and made his way to the blackfellers' camp. Same as all station camps, he thought sourly. Old rusty sheets of iron, bags, boughs. The whitefellers said blackfellers' camps were dirty. Yes, that was true. But in the old times, the hunting parties camped each night at a different place as they ranged the country foodgathering. Ordure and kangaroo guts, all the dirt of a single day and night, was left, open to the sun and the wind, and perhaps no one camped on that same spot for a year or more. And now, tied down to station work, the whitefellers said they were dirty. How could their camps be otherwise? No chance to keep dry in the raintime, no place to wash clothes, no good things of any sort. He knew again that McLeod was right; the time for enduring was past, now came the time for struggle.

The camp was a disappointment. The only people there were the old people, four men, almost blind; foolish old men who did not recognise him and held out shaking skinny clawlike hands and mumbled to him for tobacco. He spoke with them, but they were of no understanding, they were old, deathly old, beyond knowing anything, only waiting for the finish to their miserable lives, and sick at heart he left them. "Shearing Shed" was all they knew of the whereabouts of the working blackfellers. He sighed and took up his swag and set out back along the track towards Port Hedland. He felt weary by sundown, but he pushed on and came to the cooking fire of the mustering camp in the early dark.

(D. Stuart: *Yandi*, Melbourne 1959, S. 56)

Anmerkungen

1 Die Bezeichnung *Commonwealth of Australia* wird heute kaum noch benutzt. Anläßlich des 100. Jahrestags des *Commonwealth* (2001) soll Australien zur Republik erklärt werden.

2 Die Formulierung der Bedeutungen beruht auf den Angaben im *Australian Concise* bzw. *Pocket Oxford Dictionary* sowie in Hughes 1989.

Literaturhinweise

Geschichte: vgl. 7.2. und 7.4. sowie 7.5.: Baker 1981[3], Bradley/Bradley 1992, Collins/
Blair 1989, Eagleson 1967, Hammarström 1980, Ramson 1966, Turner 1972[2]
Sprachsituation und Sprachpolitik: vgl. 7.2. sowie 7.5.: Baker 1981[3], Clyne 1991, Collins/
Blair 1989, Hammarström 1980, Horvath 1985, Ozolins 1993, Ramson 1970
Besonderheiten des Australischen Englisch: vgl. 7.2. und 7.3. sowie 7.5.: Baker 1981[3],
Cervi/Wajnryb 1992, Collins/Blair 1989, Dabke 1976, Eagleson 1967, Hudson 1993,
Leitner 1984, Mitchell/Delbridge 1965[2], Murray-Smith 1989, Newbrook 1992, Turner
1972[2]

4.2.   Das Englische in Neuseeland

4.2.1.   Zur Geschichte des Englischen in Neuseeland

Neuseeland wurde 1642 von dem holländischen Seefahrer A. Tasman entdeckt
und dann noch einmal 1769 von dem Briten J. Cook, der die Inseln für die britische Krone in Besitz nahm. Zu dieser Zeit war das Land bereits seit ca. 500 Jahren
von den polynesischen Maori bewohnt worden.

Die Besiedlung Neuseelands durch die Briten begann um 1800 im äußersten
Norden der North Island und erfolgte zunächst von Australien (New South Wales)
aus, anfangs nur sporadisch vor allem durch Händler und Walfänger. Die erste
permanente Siedlung wurde 1814 als Missionsstation in Rangihoua angelegt.
1840 erkannten die Maori im Vertrag von Waitangi die britische Herrschaft an,
und noch im gleichen Jahr setzte im heutigen Wellington die offizielle Besiedlung
des Landes durch die Briten ein. 1841 wurde Neuseeland administrativ von New
South Wales getrennt und zu einer Kronkolonie erklärt, die durch die
"Constitution Act" von 1852 Selbstverwaltung erhielt. Bis 1843 landeten dort 53
Schiffe mit 19 000 Einwanderern. Weitere Einwanderungsschübe folgten in den
Jahren 1861 bis 1867, als in Neuseeland Gold gefunden wurde und das Goldgrä-
ber aus Kalifornien und Australien anzog, sowie nach 1882, als die Weidewirt-
schaft einen größeren Aufschwung nahm. Viele der neuen Siedler kamen aus
Australien und Kanada.

Die politische Entwicklung Neuseelands war zunächst durch bewaffnete Auseinandersetzungen zwischen den weißen Siedlern und den Maori (1843-48 und
1860-71) gekennzeichnet, die zu einer starken Reduzierung der einheimischen
Bevölkerung führten. 1907 erhielt Neuseeland den Status eines Dominions, 1947
nahm das neuseeländische Parlament das Statut von Westminster an, womit das
Land zu einer parlamentarischen Monarchie im *Commonwealth* wurde.

Neuseeland war im Gegensatz zu Australien keine Sträflingskolonie, wurde
jedoch – abgesehen von einigen Dänen und Franzosen – zunächst ebenfalls fast
ausschließlich von Briten besiedelt. Sie kamen anfänglich überwiegend aus Australien und nur zu einem geringen Teil direkt aus Großbritannien, wobei sie sich
auch dann hinsichtlich ihrer regionalen und sozialen Herkunft oft wenig von den

Vorfahren der aus Australien eingewanderten Siedler unterschieden. Lediglich auf der South Island ließ sich eine größere Gruppe von Schotten nieder. Die ähnliche regionale und soziale Herkunft der frühen Siedler in den beiden Ländern sowie die engen Kontakte zwischen ihnen führten dazu, daß sich das in Neuseeland gesprochene Englisch nur unwesentlich vom Australischen Englisch unterschied, zumal letzteres hier als für die südliche Hemisphäre "typische" Form des Englischen ein gewisses "covert prestige" gewann.

Anders als in Australien gestaltete sich in Neuseeland das sprachliche Verhältnis zwischen den Briten und den Ureinwohnern, da die Maori schon früh über die Schule Zugang zum Englischen bekamen und zudem britische Beamte sowie Geistliche auch das Maori erlernten (das letzteren seine schriftliche Form verdankt). Die Folge war, daß sich in Neuseeland kaum ein Pidgin-Englisch entwickelte und das Neuseeländische Englisch in beträchtlichem Umfang Wörter aus der Sprache der Ureinwohner entlehnte. Dazu trug auch bei, daß die Maori anders als die *Aborigines* in Australien eine ethnisch relativ geschlossene Gruppe mit nur einer Sprache bildeten und einen höheren Anteil an der Bevölkerung hatten.

Für die Entwicklung des Neuseeländischen Englisch war außerdem bedeutsam, daß Neuseeland sehr lange noch enge Beziehungen zu Großbritannien unterhielt, die erst nach 1973 durch eine immer stärkere Hinwendung zu Australien sowie auch zu den USA gelockert wurden.

4.2.2. Die gegenwärtige Sprachsituation und Sprachpolitik in Neuseeland

Einwohnerzahl (1991): 3 434 950 (davon ca. 326 000 Maori)
Hauptstadt: Wellington

Die Sprachsituation in Neuseeland ist gegenwärtig dadurch gekennzeichnet, daß das Englische die eindeutig dominierende Sprache ist. Es ist für 95% der Bevölkerung die primäre Sprache. Die Maori als größte Minderheit bilden zwar 9,6% der Bevölkerung, doch können nicht einmal mehr 20% von ihnen ihre Muttersprache fließend sprechen, und diese ist selbst in entlegenen ländlichen Gebieten durch das Englische als primäre Sprache ersetzt worden.

Das Englische in Neuseeland zeigt zwar sehr viele Gemeinsamkeiten mit dem Australischen Englisch, ist jedoch mit ihm nicht völlig identisch und steht dem Englischen Englisch noch näher. Während es kaum regionale Unterschiede aufweist, ist es sozial analog dem Australischen Englisch in ein *Cultivated*, ein *General* und ein *Broad New Zealand English* gegliedert, wobei diese Art der Differenzierung hier aber weniger deutlich ausgeprägt ist als in Australien und eher ein Kontinuum darstellt. Das *Cultivated New Zealand English* steht lautlich der RP noch näher als das *Cultivated Australian English*. Dazu trug in nicht geringem Maße der Rundfunk bei, da z.B. bestimmte Nachrichtensendungen der BBC in Neuseeland übernommen wurden und sich die heimischen Rundfunksprecher zum Teil bis heute noch weitgehend an der RP orientieren. Die von diesen Sprechern verwendete Ausspracheform erfreut sich eines hohen Prestiges und spielt eine wesentliche Rolle bei der Herausbildung einer Standardnorm für das Neuseeländische Englisch. Deren Nähe zum Englischen Standardenglisch erklärt sich auch daraus, daß in der Schule Lehrbücher, Grammatiken und vor allem Wörterbücher aus England verwendet wurden. Mitunter wird die RP sogar in das Kontinuum der sozialen Varianten des Neuseeländischen Englisch als Ausspracheform mit dem höchsten Prestige eingegliedert, doch verlor sie an Einfluß nach dem Beitritt Großbritanniens zur Europäischen Gemeinschaft (1973). Er erforderte eine völlige Umorientierung der neuseeländischen Wirtschaft, die zu einer ziemlich abrupten Beendigung des bis dahin besonders engen Verhältnisses zwischen den beiden Ländern und zu einer stärkeren Annäherung Neuseelands an die USA führte. Eine Folge dieser Entwicklung war auch die Stärkung des neuseeländischen Nationalbewußtseins, die sprachlich darin ihren Niederschlag fand, daß die RP in vielen Bereichen durch das *General New Zealand English* ersetzt wurde. Selbst die meisten Sprecher in den Massenmedien gingen nun zum Gebrauch einer dem *Cultivated New Zealand English* nahestehenden Ausspracheform über. Außerdem ist auch in der Sprachform der Medien nicht mehr ein gewisser Einfluß des Amerikanischen Englisch zu übersehen, der ein Reflex der Annäherung Neuseelands an die USA ist.

Wie im Australischen gibt es im Neuseeländischen Englisch kaum regionale Unterschiede, zumal der auf der South Island noch vorkommende, auf schottische Siedler zurückgehende "rhotic accent" im Schwinden zu sein scheint.

Das von den Maori gesprochene Englisch unterscheidet sich – außer bei einigen Sprechern mit ziemlich niedrigem sozialem Status – wenig von dem der weißen Neuseeländer, so daß nach dem bisherigen Forschungsstand kaum von einem spezifischen *Maori English* schlechthin die Rede sein kann.

Die geringe Rolle des Maori hängt wesentlich damit zusammen, daß die Urbevölkerung noch immer nicht voll in die neuseeländische Gesellschaft integriert und sozial benachteiligt ist, obwohl in jüngerer Zeit eine Reihe von Gesetzen verabschiedet worden ist, die die Rassendiskriminierung beseitigen und die soziale sowie kulturelle Gleichstellung der Maori sichern. Dazu gehört z.B. die "Race Relations Act" (1971), zu deren Durchsetzung in Auckland, Christchurch und Wellington *Race Relations Offices* gebildet wurden und die bewirkte, daß Maori heute wichtige Posten in der Verwaltung und in der Kirche innehaben. Außerdem ergriff die Regierung Maßnahmen zur Sicherung der Lebensweise und Kultur der Maori in den Städten. 1987 kam sie schließlich auch der Forderung der Maori nach einer Statuserhöhung ihrer Sprache nach und erließ die "Maori Language Act". Dieses Gesetz billigt dem Maori Funktionen einer offiziellen Sprache zu (so z.B. vor Gericht) und führte zur Bildung der *Maori Language Commission* als Beratungsgremium der Regierung in allen diese Sprache betreffenden Fragen. Damit wurden zumindest *de jure* die Voraussetzungen für die Entwicklung einer bilingualen Sprachsituation in Neuseeland geschaffen. Reale Ansätze dazu sind darin zu sehen, daß es bereits Rundfunk- und Fernsehsendungen in Maori gibt und daß diese Sprache nun auch in der Schule im Rahmen bilingualer Programme gelernt werden kann. Schulen, in denen Maori auf der Grundstufe zumindest in einigen Fächern auch Unterrichtsmedium ist, sind jedoch ganz seltene Ausnahmen. Die Rückbesinnung auf die Kultur der Maori hat zu einer gewissen Maori-

Renaissance geführt, die u.a. in der Wiedereinführung von Maori-Ortsnamen ihren Ausdruck findet. Jedoch kommen die Maßnahmen und Gesetze zur Erhaltung des Maori als lebende Sprache trotz gewisser Erfolge wahrscheinlich zu spät, und es ist zu befürchten, daß es – ähnlich wie das Irische in der Republik Irland – zu einem Identitätssymbol wird, das nur noch in formellen Situationen sowie auf kulturellem Gebiet eine gewisse Rolle spielt.

4.2.3. Besonderheiten des Neuseeländischen Englisch

Die im folgenden beschriebenen Besonderheiten des Neuseeländischen Englisch sind typisch für das *General* und vor allem für das *Broad New Zealand English*. In der A u s s p r a c h e stimmen sie weitgehend mit denen des Australischen Englisch überein (vgl. Abschnitt 4.1.3.) und betreffen wie dort im wesentlichen nur die lautliche Realisierung bestimmter Phoneme, so z.B. die der Vokale /e/ und /æ/, die im Neuseeländischen Englisch meist noch geschlossener sind als im Australischen. Zu den für das Neuseeländische Englisch spezifischen Lautungen gehören:

RP	General/Broad New Zealand English
ɪ	(zentriertes) ï~ ə *bit* vor /l/ auch: ʊ *bill* = *bull*
e	ẹ *bet* vor /l/ auch: ɛ (~ e) *fellow* = *fallow*
æ	ɛ *bat*
ʌ	vor /l + Kons./ auch: ɒ *pulse*
u:	(zentriertes) ü: ~ iü *goose*
ɜ:	(zentriertes) ö̈: ~ ö: *purse*
əʊ	vor /l/ oft: ɒʊ ~ ɒ *bold*
ɪə	iə ~ eə *beer* vor /r/: i: *zero*
ɛə	eə ~ ɪə *bare*
-ɪ ~ -i	-i: *happy*
w	<w>: w *wet* <wh>: des öfteren noch: hw *whet*
l/ɫ ɫ vor Kons., (silb.) ɫ̩	oft: (dunkles) ɫ *lick, miller, milk, mill* oft: ʊ *milk, paddle*

Wie das Australische ist das Neuseeländische Englisch ein "non-rhotic accent".[1]

In bezug auf die Wortbetonung weist es nur geringe Unterschiede zur RP auf. So haben die Wörter *dictator*, *spectator* und *frustrate* hier Anfangsbetonung und die auf *-ary/-ory* auf dieser Endung wie im Amerikanischen Englisch einen Nebenton: ˈdictioˌnaйry, ˈterriˌtory.

Einige Funktionswörter (z.B. *he, she, we* und *been*) werden im Neuseeländischen Englisch immer, andere (z.B. *her, them, was, at, of, as* und die Konjunktion *that*) häufiger als in der RP in der Starktonform gesprochen. Hinsichtlich der Intonation teilt es mit dem Australischen Englisch den "high terminal rise" in Aussagesätzen.

Im Bereich der L e x i k weist das Neuseeländische Englisch gleichfalls viele Übereinstimmungen mit dem Australischen Englisch auf, und zwar nicht zuletzt auch auf der formellen Ebene. Außerdem ist für diese Variante des Englischen eine beträchtliche Zahl von Entlehnungen aus der Sprache der Maori charakteristisch.

Bei einem Teil der für das Neuseeländische Englisch spezifischen Lexik handelt es sich um Bezeichnungen für Erscheinungen der Tier- oder Pflanzenwelt sowie der Kultur und Lebensweise der Maori, wobei letztere oft jüngeren Datums sind und vor allem von den Maori selbst zum Ausdruck ihrer ethnischen Identität mittels der englischen Sprache verwendet werden; vgl. z.B.:[2]

Bezeichnungen für Tiere: *bush canary* 'NZ [= New Zealand] canary-like bird', *kahawai* 'NZ fish resembling salmon', *kaka* 'large olive-brown NZ parrot', *kakapo* 'NZ nocturnal almost flightless parrot', *katipo* 'small red-backed poisonous NZ spider', *kea* 'green NZ parrot said to attack sheep', *korimako* 'bellbird'
Bezeichnungen für Pflanzen: *kahikatea* 'coniferous NZ tree, the white pine', *kaikomako* 'small NZ tree with white flowers and black fruit', *kamahi* 'tall NZ hardwood tree with dark timber', *kanuka* 'small white-flowered evergreen NZ tree, a variety of manuka' (*tall kanuka-dominated scrub*), *karaka* 'NZ tree with orange berries and poisonous seeds', *karo* 'NZ shrub or small tree with five-petalled brown flowers', *kawa-kawa* 'ornamental NZ shrub with aromatic leaves', *king fern* 'large herbaceous NZ fern'
Bezeichnungen für Erscheinungen der Kultur und Lebensweise der Maori: *hakari* 'Maori feast after a ceremonial occasion', *hangi* 'Maori earth-oven; food cooked in an earth-oven; feast consisting of such food', *hui* 'meeting or assembly, social gathering', *kainga* 'settlement or village', *kawa* 'protocol, etiquette on a marae', *kit* 'basket plaited from flax', *kokowai* 'burnt red clay, red ochre', *marae* 'courtyard of a Maori meeting-house, forum or centre of social life of Maoris', *pa(h)* 'Maori settlement, village (*Hukanui Pa*), or marae (*Maketu Pa*), in 19c. fortified (*Gate Pa*)', *piupiu* 'Maori skirt of grass or flax', *taipo* 'NZ evil spirit', *tauiwi* 'foreign race, applied to non-Maoris in New Zealand', *whare* 'NZ house or hut', *whata* 'Maori food store raised on posts'
vgl. außerdem: *aroha* 'affection, love (e.g. *his aroha for the Maori people*); sympathy (e.g. *please offer my warmest aroha to Miss G.*)', *ka pai* 'exclamation of pleasure or approval', *kia ora* 'exclamation of good will used as a greeting (e.g. by telephone operators)', *korero* 'talk or conversation; conference', *Pakeha/pakeha* 'white New Zealander as opposed to a Maori'

Wie die Beispiele zeigen, handelt es sich hier meist um **Entlehnungen** aus dem Maori. Das gleichfalls entlehnte *kiwi* ['ki:wi:] gehört als Bezeichnung des Wappentiers Neuseelands sowie Spitzname für die Neuseeländer schon zum "common core" des englischen Wortschatzes.

In jüngster Zeit macht sich im Neuseeländischen Englisch immer stärker ein Einfluß des Amerikanischen Englisch bemerkbar; vgl. z.B. *gas, kerosene, movie, muffler* neben bzw. statt EngE *petrol, paraffin, film, silencer*.

Außerdem gibt es im Neuseeländischen Englisch Lexeme, die dort (wie zum Teil auch im Australischen Englisch) durch Bedeutungserweiterung bzw. -verengung oder durch Bezeichnungsübertragung eine andere oder zusätzliche Bedeutung erhalten haben; vgl. z.B.:

> *block* [auch:] 'an area of bush reserved by licence for a trapper or hunter', *borough* 'urban area as administrative unit in local government', *dairy* [auch:] 'local shop selling groceries (incl. milk) and other goods', *floodgate* [auch:] 'free-standing fence made to rise and fall with the level of the water', *go* [auch:] 'chance, deal' (z.B. *a fair go*), *gun* [auch:] 'fast shearer', *hut* [auch:] 'shelter for mountaineers, skiers, etc.', *jug* [auch:] 'container of beer sold in a bar for customers to pour their own glasses from', *unit* [auch:] 'suburban electric train'

Bezüglich der **Wortbildung** zeichnen sich im Neuseeländischen Englisch ähnliche Tendenzen ab wie im Australischen. So gibt es hier ebenfalls viele als informell oder Slang markierte Ableitungen mit dem hypokoristischen Suffix *-ie/-y*. Meist kommen diese Bildungen in beiden Varianten vor, wie z.B. *dunny* (sl.) 'lavatory; outside earth closet', *fleecy/-ie* 'person who picks up fleeces in a shearing shed', *foxie* 'fox-terrier', *hostie* (infml.) 'air hostess'. Auf das Neuseeländische Englisch beschränkt sind dagegen z.B *gummy* 'gum-digger' und *spottie* 'young (esp. fallow) deer'. Seltener begegnen dort Ableitungen mit *-o* wie z.B. *fleece-o* neben *fleecy/-ie*. Vgl. außerdem an Wortbildungen im Neuseeländischen und zum Teil auch im Australischen Englisch:

> Komposita wie *bush hen* 'flightless NZ rail', *farm bike / farm trike* 'two-/three-wheeled motorcycle for use on farms', *hand-piece* 'part of a shearing machine held in the hand', *sandshoe* 'light shoe, usu. of canvas, worn for sports or as casual wear', *state house* 'council house'; *hut-keeper* 'person who looks after huts on a station during working hours'; *dosing strip* 'area of land set aside for identification and treatment of dogs with hydatids', *freezing works* 'place where animals are killed and the carcasses prepared and frozen for export', *heading dog* 'dog trained to drive sheep towards their owner', *marching girl* 'girl trained to march in formation';
> Nullableitungen wie *huntaway* 'dog trained to drive sheep forward', *run-off* 'separate area of land where young animals etc. are kept';
> Kürzungen wie *bach* (< *bachelor*), *fibro* (< *fibro-cement*) 'mixture of asbestos and cement used as a building and insulating material'

Schließlich gibt es auch für das Neuseeländische bzw. das Neuseeländische und das Australische Englisch spezifische **Phraseologismen**; vgl. z.B.:

> *boots and all* (infml.) 'with no holds barred, wholeheartedly', *a box of fluffy ducks* (infml.) 'excellent, very well, fine', *break it down* (infml.) 'stop it, come off it', *come to light with* (infml.) 'produce, come up with', *do one's bun* (sl.) 'lose one's temper', *eyes out* (infml.) 'at top speed, flat out', *good `on you* (infml.) 'expression of approval', *jack up* (sl.) 'fix, arrange; put right', *on the outer* (sl.) 'neglected, unpopular, penniless', *put the hard word on* 'ask (a person) for a loan or (a woman) for sexual favours'

Im Bereich der G r a m m a t i k unterscheidet sich das Neuseeländische Englisch faktisch nicht vom Australischen. Eine Besonderheit ist hier jedoch vielleicht die häufigere Verwendung von *will* anstelle von *shall* mit der Bedeutung 'sollen', die an das Schottische Englisch erinnert; vgl. z.B. *Will I close the window?* (Trudgill/Hannah 1994[3]: 26).

Anmerkungen

1 Lediglich im Süden der South Island wird /r/ – bedingt durch schottische Einwanderer – auch in allen Stellungen gesprochen, doch scheint diese Aussprache im Schwinden begriffen zu sein.

2 Die ursprüngliche Aussprache der Lehnwörter aus dem Maori entspricht ziemlich genau ihrer Schreibung; vgl. z.B.: *hui* ['huːi], *kahawai* ['kahawai], *taipo* ['taipɔ]. <wh> steht in solchen Wörtern dann für /f/ wie in *whare* ['fare], *whata* ['fata] (siehe dazu wie zu den Bedeutungsangaben das *New Zealand Pocket Oxford Dictionary*).

Literaturhinweise

Geschichte: vgl. 7.2. und 7.4. sowie 7.5.: Gordon/Deverson 1985, Hüttermann 1992, Turner 1972[2]

Sprachsituation und Sprachpolitik: vgl. 7.2. sowie 7.5.: Deverson 1989, Holmes 1978, Turner 1972[2]

Besonderheiten des Neuseeländischen Englisch: vgl. 7.2. und 7.3. sowie 7.5.: Bauer 1986, Bell/Holmes 1990, Deverson 1991, Gordon/Deverson 1985, Holmes 1995, Turner 1972[2], Wall 1961[4]

5. Das Englische in Afrika

Afrika weist hinsichtlich seiner Bevölkerung eine außerordentlich große ethnische Vielfalt auf und damit auch eine sehr starke sprachliche Differenzierung. Nicht selten werden dort bereits in einem einzigen Land über hundert verschiedene Sprachen verwendet, die zwar oft zum Teil mehr oder weniger eng miteinander verwandt sind, von denen jedoch meist keine derart weit als Muttersprache und/oder überregionale Verkehrssprache verbreitet wie auch in dem Maße entwickelt ist, daß sie problemlos die Rolle der offiziellen Sprache oder gar der Nationalsprache übernehmen könnte. Dies ist zugleich ein wesentlicher Grund dafür, daß sich die mit der Kolonisierung in Afrika etablierten europäischen Sprachen auch nach dem Ende der Kolonialzeit als Kommunikationsmittel im offiziellen Bereich halten konnten und daß sie dort generell fast überall an Bedeutung eher gewonnen als verloren haben, obwohl sie für die überwiegende Mehrheit der Sprecher auf den Status einer Zweitsprache beschränkt blieben und sich nur in Ausnahmefällen auch als Muttersprache verbreiten konnten.

Das Interesse der Europäer an Afrika begann mit der Suche nach einem Seeweg nach Indien und der Entwicklung des Ostindienhandels sowie mit der Einführung der Plantagenwirtschaft in Mittel- und Nordamerika und dem daraus resultierenden Bedarf an Arbeitskräften, der Westafrika zum Zentrum des Sklavenhandels werden ließ. Dort faßte das Englische auch zuerst Fuß, wobei daran außer Seeleuten anfänglich vor allem Händler und Missionare beteiligt waren. Im Verkehr zwischen ihnen und der heimischen Bevölkerung bildeten sich Varianten von Pidgin-Englisch heraus, die schließlich – insbesondere nach der Repatriierung befreiter Sklaven aus der Karibik und aus Nordamerika – für einen (kleinen) Teil der Bevölkerung sogar zur Muttersprache wurden und damit den Charakter von Kreolischem Englisch annahmen.

Die eigentliche Kolonisierung Afrikas durch die Briten vollzog sich endgültig erst im 19. bzw. zu Anfang des 20. Jahrhunderts. Sie begann im 17. Jahrhundert mit der Errichtung von Stützpunkten in Westafrika (vgl. Abschnitt 5.1.1.), erstreckte sich dann im 19. Jahrhundert auch auf Südafrika (vgl. Abschnitt 5.2.) und fand ihren Abschluß in Ostafrika (vgl. Abschnitt 5.3.1.). Sprachlich hatte sie zur Folge, daß das Englische nun in Afrika auch in seiner Standardform weitere Verbreitung fand und in dieser Form – mitunter zusammen mit einer anderen europäischen Sprache – die Rolle der "official language" übernahm. Dazu trugen außer der kolonialen Administration vor allem die Schule sowie auch die Kirche bei. Jedoch wurden die heimischen Sprachen bzw. das Pidgin-Englisch damit nicht völlig aus dem öffentlichen Bereich verdrängt, sondern behielten dort zumindest auf der untersten Ebene oft nicht unwichtige Funktionen. Außerdem blieb das Englische weitgehend auf die Rolle einer Zweitsprache beschränkt und unterlag daher einem mehr oder minder starken Einfluß durch die verschiedenen Muttersprachen der Sprecher und zum Teil auch durch das von ihnen schon vorher erlernte Pidgin-Englisch. Hinzu kam, daß es immer stärker kontextualisiert, d.h.

an die jeweiligen regionalen Bedingungen und Bedürfnisse der Kommunikation angepaßt wurde. Beides zusammen führte dazu, daß sich in ihm, besonders in Westafrika, allmählich spezifisch afrikanische Varianten herausbildeten. Nur in wenigen Ländern Afrikas konnte sich das Englische in nennenswertem Maße auch als Muttersprache etablieren. Das war vor allem in den *settler colonies* der Fall, wo es in größerem Umfang zur Einwanderung von anglophonen Siedlergruppen kam, d.h. besonders in Südafrika sowie in Simbabwe, Namibia und Kenia, beschränkte sich jedoch selbst dort im wesentlichen auf die Nachfahren dieser Gruppen. Zur Muttersprache einer größeren Zahl von Schwarzen wurde es nur in Liberia (vgl. S. 178).

In allen ehemals von den Briten beherrschten Ländern Afrikas hielt sich das Englische aus nationalen wie internationalen Gründen auch über das Ende der Kolonialzeit hinaus als Kommunikationsmittel im offiziellen Bereich, obwohl das gesetzlich meist nicht ausdrücklich Anerkennung fand und es in Tansania sogar *de jure* in dieser Funktion weitgehend durch das Swahili abgelöst wurde. Jedoch führte seine Beibehaltung im offiziellen Bereich nicht dazu, daß es nun auch von großen Teilen der Bevölkerung einigermaßen gut beherrscht wird. Vielmehr gilt das nach wie vor meist nur für eine kleine privilegierte Oberschicht, während die überwiegende Mehrheit der Sprecher allenfalls rudimentäre Kenntnisse des Englischen besitzt und dadurch von bestimmten Berufen und sozialen Positionen weitgehend oder völlig ausgeschlossen ist.

Insgesamt gesehen zeichnet sich auf Grund der skizzierten Sprachsituation für das Englische in den anglophonen Ländern Afrikas (d.h. in den Ländern, in denen es noch immer eine wesentliche Rolle als Kommunikationsmittel im offiziellen wie auch im nichtoffiziellen Bereich spielt) mehr oder minder deutlich jeweils ein Kontinuum von Erscheinungsformen ab. Das reicht in der Regel von (gewöhnlich am Englischen Englisch orientierten) "native" bzw. "near-native standard varieties" über Ansätze zu eigenen "national standards" sowie noch stärker von den heimischen oder auch von anderen europäischen Sprachen bzw. vom Pidgin-Englisch beeinflußte Nonstandardvarianten bis zu vielfältigen Formen von "broken English", die durch eng begrenzte Kommunikationsbedürfnisse und eine entsprechend eingeschränkte, oft generell mangelhafte Kompetenz bedingt sind. Dazu kommen vor allem in Westafrika noch Varianten des Pidgin-Englisch bzw. Kreolischen Englisch, deren Verwendung sich nicht selten bis in die Bereiche der lokalen Verwaltung, der Polizei und der Armee, des elementaren Bildungswesens sowie der Kirche und der Massenmedien erstreckt.

Wieweit künftig auch bestimmten heimischen Sprachen eine Rolle als überregionales oder sogar nationales Kommunikationsmittel im öffentlichen Bereich zugewiesen werden kann und sollte, ist in den meisten afrikanischen Staaten noch weitgehend ungeklärt. Auf jeden Fall aber wird sich das Englische in ihnen als offizielle Sprache auf Dauer nur dann halten können, wenn es die für den internen Gebrauch notwendige Kontextualisierung erfährt. Außerdem werden sich Sprecher des Englischen als Muttersprache daran gewöhnen müssen, daß – speziell im intranationalen Verkehr – immer mehr Sprecher in Afrika zwar "native proficiency", jedoch nicht unbedingt auch "speaking like a native" anstreben (vgl. Angogo/Hancock 1980: 81), d.h. einer Form des Englischen den Vorzug geben, die sich nicht mehr ausschließlich an einer externen muttersprachlichen Leitnorm orientiert, sondern durchaus auch gewisse nationale oder doch zumindest afrikanische Züge erkennen läßt und damit letztlich Ansätze zur Herausbildung einer in Grenzen eigenen Norm zeigt.

Im folgenden wird etwas näher auf die Geschichte, die Funktionen und die Besonderheiten des Englischen in den verschiedenen Teilen Afrikas eingegangen, wobei jedoch von einer detaillierten Beschreibung der Sprachsituation in jedem einzelnen Land sowie der dort vorkommenden Subvarianten des Englischen aus Raumgründen abgesehen werden muß.

5.1. Das Englische in Westafrika

5.1.1. Zur Geschichte des Englischen in Westafrika

Europäer landeten erstmals in der zweiten Hälfte des 15. Jahrhunderts an der Küste Westafrikas. Es waren portugiesische Seefahrer, die einen Weg nach Indien suchten. Ihnen folgten Händler und Missionare. Nach der Entdeckung und Besiedlung Amerikas wurde Westafrika zum Zentrum des Sklavenhandels, und es entstand dort entlang der Küste eine Reihe von festen Stützpunkten.

Auch die Engländer zeigten seit dem Ende des 15. Jahrhunderts Interesse an diesem Teil Afrikas, Um die Mitte des 16. Jahrhunderts gelangten sie in das Gebiet der sog. Goldküste, des heutigen Ghana. 1588 erwarben englische Kaufleute von den Portugiesen Gambia, und im 17. Jahrhundert entstanden dort die ersten englischen Forts, die den Beginn der Kolonisierung dieser Region durch die Briten markierten.

War Westafrika anfänglich vor allem Ausgangspunkt für die Deportation von Schwarzen als Arbeitssklaven nach Amerika, so wurde es später auch zum Repatriierungsgebiet für befreite Sklaven. Das begann 1787 mit der von Quäkern initiierten Gründung der Siedlung Freetown im heutigen Sierra Leone. Sie wurde 1808, nach dem Verbot des Sklavenhandels (1807), von der britischen Regierung zur Kronkolonie erklärt und bildete zunächst den Hauptzufluchtsort für befreite Sklaven (sog. *recaptives*) sowie Rückwanderer aus Nordamerika und der Karibik. 1821 kam dazu als weiteres Repatriierungsgebiet Liberia, das bereits 1847 den Status einer unabhängigen Republik erlangte und als einziges Land Schwarzafrikas nicht kolonialer Herrschaft unterworfen wurde.

1821 wurden alle von den Briten gegründeten Handelsniederlassungen in Westafrika von der britischen Regierung übernommen, und es begann damit die endgültige Kolonisierung der betreffenden Gebiete. Sie endete mit der offiziellen Errichtung der Kolonien Gambia (1843), Goldküste (1874), Sierra Leone (1896, nach Inbesitznahme weiterer an Freetown angrenzender Gebiete) und Nigeria (1914, durch Zusammenschluß zweier bereits 1900 geschaffener britischer Protektorate). Nigeria wurden 1919 noch Gebiete der ehemals deutschen Kolonie Kamerun angegliedert, die 1922 offiziell vom Völkerbund teils Großbritannien, teils Frankreich als Mandatsgebiet zugesprochen wurde.

Erst im Zuge der Auflösung des britischen Kolonialreichs nach dem Zweiten Weltkrieg erlangten die von Großbritannien beherrschten Gebiete Westafrikas wieder ihre Unabhängigkeit, und es entstanden dort folgende Staaten: 1957 Ghana (durch Vereinigung der ehemaligen Kolonie *Gold Coast* mit *British Togoland* und weiteren Gebieten), 1960 Nigeria, 1961 Sierra Leone und 1965 Gambia (das von 1982 bis 1989 formal mit Senegal zur *Confederation of Senegambia* verbunden war). In Britisch-Kamerun entschied sich 1961 der nördliche Teil für einen Verbleib bei Nigeria, der südliche dagegen für einen Zusammenschluß mit dem bereits 1960 unabhängig gewordenen französischen Mandatsgebiet zu einer föderativen Republik. Aus ihr ging 1972 die *United Republic of Cameroon* hervor, die seit 1983 nur noch *Republic of Cameroon* heißt.

Sprachlich hatte das Eindringen der Briten in Westafrika zunächst zur Folge, daß sich dort entlang der Küste im Verkehr mit der heimischen Bevölkerung Varianten von Pidgin-Englisch entwickelten, die schließlich für einige Sprechergruppen sogar zur Muttersprache wurden und damit den Charakter von Kreolischem Englisch annahmen. Spätestens mit der Einführung der britischen Administration verbreitete sich das Englische in Westafrika aber auch in seiner Standardform. In dieser Form erhielt es die Funktion der offiziellen Sprache und wurde der heimischen Bevölkerung vor allem durch die von der Kolonialverwaltung eingerichteten Schulen vermittelt. Dort war es in den oberen Klassen auch durchweg Unterrichtsmedium, während in den unteren in dieser Funktion die Muttersprache der Schüler oder Pidgin-Englisch dominierte. Darüber hinaus spielten die heimischen Sprachen eine gewisse Rolle im Bereich der lokalen Verwaltung.

Durch seine Verwendung im offiziellen Bereich gewann das Englische einen hohen Prestigewert und wurde seine Beherrschung zum Statussymbol sowie vor allem zur Voraussetzung für den beruflichen und sozialen Aufstieg. Jedoch blieb sein Gebrauch im wesentlichen auf eine kleine, meist eng mit den Briten verbundene privilegierte Oberschicht beschränkt, deren Vertreter ihre Ausbildung nicht selten in Großbritannien genossen hatten.

Eine gewisse Sonderentwicklung nahm unter den anglophonen Ländern Westafrikas auch sprachlich Liberia, da sich das Englische hier besonders hinsichtlich der Aussprache nicht in einer am Englischen Englisch orientierten Variante, sondern in einer durch das Amerikanische Englisch, speziell das *Southern American English*, geprägten Form verbreitete und für die Nachkommen der *Americo-Liberians*, eine zahlenmäßig zwar kleine, aber gesellschaftlich bis in die jüngste Zeit (1980) tonangebende Gruppe, sogar zur Muttersprache wurde.

5.1.2. Die gegenwärtige Sprachsituation und Sprachpolitik in den anglophonen Ländern Westafrikas

offizielle Staatsbezeichnung	Einwohnerzahl (1991)[1]	Hauptstadt	offizielle Sprache(n)
Republic of Cameroon / République du Cameroun	*11 900 000	Jaunde (Yaoundé)	Französisch, Englisch
Republic of the Gambia	*909 000	Banjul	Englisch

Republic of Ghana	*15 336 000	Accra	Englisch
Republic of Liberia	*2 639 000	Monrovia	Englisch
Federal Republic of Nigeria	88 514 501	Abuja (bis 1991: Lagos)	Englisch; seit 1980 begrenzt auch I(g)bo, Haussa, Yoruba
Republic of Sierra Leone	*4 239 000	Freetown	Englisch

Die Sprachsituation in den anglophonen Ländern Westafrikas ist durchweg multilingual, da sie sämtlich ethnisch heterogen sind und ihre Grenzen von den ehemaligen Kolonialmächten oft so willkürlich gezogen wurden, daß in ihnen bestenfalls bestimmte Ethnien dominieren. Das ist zugleich ein wesentlicher Grund dafür, daß hier von den zahlreichen heimischen Sprachen bislang keine voll die Funktion einer offiziellen Sprache übernehmen konnte, sondern diese Rolle nach wie vor dem Englischen bzw. – in Kamerun – dem Englischen und dem Französischen zukommt, auch wenn das nicht jeweils ausdrücklich so in der Verfassung festgelegt ist und man entsprechende gesetzliche Bestimmungen eher vermeidet.

Die heimischen Sprachen haben zwar zum Teil eine gewisse überregionale Geltung und spielen auch eine mehr oder minder große Rolle auf den unteren Ebenen des öffentlichen Bereichs sowie im elementaren Bildungswesen (wo sie meist mindestens bis zur 3. Klasse Unterrichtsmedium sind) und in den Massenmedien (besonders im Rundfunk und in den Zeitungen). Ihr Geltungsbereich ist jedoch durchweg begrenzt und so stark ethnisch eingeengt, daß Versuche, die eine oder andere von ihnen zur Nationalsprache zu entwickeln, die Gefahr von Sprachstreitigkeiten und ethnischen Konflikten heraufbeschwören würden. Das aber bedeutet für das Englische, daß es sich nicht zuletzt auch wegen seines Status als "neutrale" und von allen erst neben der Muttersprache zu lernende Sprache in der Funktion des Kommunikationsmittels für den offiziellen Bereich halten kann. Außerdem trägt dazu bei, daß seine Beherrschung auch sehr vorteilhaft für den internationalen Verkehr ist und daß die heimischen Sprachen in der Regel noch nicht für alle kommunikativen Zwecke hinreichend entwickelt sind.

Als Vorbild für die Verwendung des Englischen im offiziellen Bereich gilt in den westafrikanischen Ländern mit Ausnahme von Liberia noch immer das Englische Standardenglisch. Jedoch unterliegt diese Standardform hier, wo sie ja fast durchweg nur als Zweitsprache vorkommt, mehr oder minder starkem Einfluß durch die verschiedenen Muttersprachen der Sprecher sowie zum Teil auch durch das Pidgin-Englisch bzw. – in Kamerun – durch das Französische. Darüber hinaus erfährt sie Veränderungen, die sich aus ihrer Anpassung an die landesspezifischen Kommunikationsbedürfnisse ergeben, und zwar um so mehr, je größer die Zahl der Kommunikationsbereiche wird, in die sie vordringt. All das macht sich vor allem in der Aussprache sowie in der Lexik bemerkbar und hat zur Folge, daß sich im Gebrauch des Standardenglischen in Westafrika immer deutlicher Besonderheiten abzeichnen, die als Ansätze zur Herausbildung von *national standards* oder doch zumindest einer westafrikanischen Variante des Standardenglischen mit regionalen Subvarianten gewertet werden können. Diese Ansätze haben zwar noch nirgends offiziell Anerkennung gefunden, sind jedoch nach Ansicht nicht weniger, speziell westafrikanischer Linguisten bereits so weit gediehen, daß man z.B. schon von einem *Educated* oder *Standard Nigerian English* bzw. *Ghanaian English* sprechen kann (vgl. dazu z.B. Akere in Pride 1982, Angogo/Hancock 1980, Awonusi 1990, Bamgbose in Kachru 1982, Odumuh 1984, Salami 1968 und Ufomata in Ramsaran 1990 sowie als Gegenmeinung auch Gyasi 1991 und Schmied 1991).[2]

Im nichtoffiziellen Bereich spielen in Westafrika als überregionales, interethnisches Kommunikationsmittel neben einigen heimischen Sprachen sowie den verschiedenen Erscheinungsformen des Standard- und des Nonstandardenglischen auch Varianten des Pidgin-Englisch bzw. des Kreolischen Englisch eine wichtige Rolle, wobei deren Verwendung z.B. in Kamerun nicht selten bis in die unteren Ebenen des offiziellen Bereichs hineinreicht. Kreolisches Englisch findet sich – in Form des *Krio* – besonders in Sierra Leone und hier vor allem in und um Freetown, ist jedoch als Verkehrssprache durch Missionare, Lehrer und Verwaltungsbeamte auch in andere Teile Westafrikas (z.B. Nigeria) eingeführt worden. Mit zunehmender Verbreitung des Standardenglischen unterliegt es allerdings nun wie das Pidgin-Englisch immer stärker einem Prozeß der Anglisierung.

Für den einzelnen Sprecher ergibt sich aus der skizzierten Sprachsituation, daß er, um in allen Bereichen voll kommunikationsfähig zu sein, zwei oder mehr Sprachen beherrschen muß, d.h. neben seiner Muttersprache sowie gegebenenfalls einer weiteren, überregional gültigen heimischen Sprache (z.B. Haussa) und/oder einer Variante des Pidgin- bzw. des Kreolischen Englisch speziell für den öffentlichen Bereich auch die offizielle Sprache, in der Regel das Englische. Bis zu welchem Grade das für ihn zutrifft, wie umfangreich und vielfältig sein aktives und passives sprachliches Potential ist und in welchem Maße er die ihm bekannten Sprachen, vor allem das Englische, auch situationsgerecht einzusetzen vermag, hängt von einer ganzen Reihe von Faktoren ab, insbesondere von seinem Bildungsgrad sowie seinem sozialökonomischen Status und Beruf, aber auch von seinem Alter und Geschlecht, von seinem Wohnort und damit auch seiner sprachlichen Umgebung sowie generell von den für ihn mit alldem verbundenen kommunikativen Bedürfnissen. Welcher Sprache bzw. Sprachvariante er sich jeweils im konkreten Falle bedient, ergibt sich u.a. aus der Art des Kommunikationspartners sowie aus den örtlichen Umständen, dem Thema und dem Förmlichkeitsgrad der Kommunikation (vgl. hierzu auch Schmied 1991: 30-32).

Nach diesen allgemeinen Bemerkungen zur Sprachsituation in Westafrika soll im folgenden noch etwas genauer auf die Situation in **Nigeria**, dem volkreichsten Land des Kontinents, eingegangen werden.

Nigeria wurde 1960 unabhängig und hat, wie schon aus der offiziellen Staatsbezeichnung (*Federal Republic of Nigeria*) hervorgeht, den Status einer Konföderation (mit derzeit [1994] 30 Bundesstaaten). In ihr sind über 250 Völkerschaften vereint, unter denen sich jedoch drei ethnische Gruppen als dominierende Gemeinschaften abzeichnen: die moslemischen Haussa-Fulani im Norden, die unterschiedlichen Glaubensrichtungen anhängenden Yoruba im Südwesten und die christlichen I(g)bo im Südosten. Die Sprachen dieser drei Gruppen (Haussa,

Yoruba und I(g)bo) sind daher von den mehr als 200[3] in Nigeria vorkommenden Sprachen oder Dialekten mit Abstand am weitesten verbreitet und haben seit 1980 in den Regionen, wo sie vorherrschen, neben dem Englischen auch Geltung als Kommunikationsmittel in Teilen des offiziellen Bereichs, nachdem das dem Haussa in den Nordstaaten bereits früher zugebilligt worden war. Die Hauptrolle in diesem Bereich spielt jedoch auch in Nigeria nach wie vor das Englische, obwohl das in der Verfassung des Landes nicht explizit so festgelegt ist, sondern sich dort (im Abschnitt 51) nur ein Passus findet, der seine Verwendung im Parlament erlaubt, dies aber ebenso den drei großen heimischen Sprachen zugesteht, "when adequate arrangements have been made therefor".

Ungeachtet seiner Bedeutung für den Verkehr im offiziellen Bereich wird das Englische in Nigeria allerdings wie in den anderen anglophonen Staaten Westafrikas nur von einer Minderheit der Bevölkerung (nicht sehr viel mehr als 10%) einigermaßen gut beherrscht. Daran hat bislang auch wenig geändert, daß es ab der 4. Klasse in den staatlichen Grundschulen Unterrichtsmedium ist, denn die meisten Schüler verlassen sie "barely literate in English", und ein nicht geringer Teil beendet gegenwärtig selbst die Oberschule mit "little or no control of English whether spoken or written" (Omamor in Schmied 1990a: 48, 49). In den drei ersten Schuljahren findet der Unterricht außer an den englischsprachigen Privatschulen in der Muttersprache der Schüler bzw. der "main local language" statt und ist das Englische nur Unterrichtsfach. Außerdem gilt seit 1977, daß dies nach Möglichkeit auch eine der drei großen heimischen Sprachen sein soll, womit offensichtlich deren Verwendung im offiziellen Bereich gefördert oder sogar die "eventual evolution of a national language" (Jibril in Pride 1982: 74) vorbereitet werden soll.

Wie als Unterrichtsmedium auf den höheren Stufen des Bildungswesens dominiert das Englische in Nigeria (außer auf der lokalen Ebene) auch als Kommunikationsmittel in der Administration und der Rechtsprechung, im gesamtstaatlichen Handel sowie in den Massenmedien, ganz besonders im Fernsehen. Hinzu kommt, daß sich hier eine bedeutende englischsprachige Literatur entwickelt hat mit weltweit bekannten Autoren wie Achebe und Soyinka, die mit der Verleihung des Nobelpreises an letzteren (1986) auch international bereits hohe Anerkennung gefunden hat.

Schließlich spielt das Englische in Nigeria besonders in den Städten auch eine wichtige Rolle als interethnisches Verständigungsmittel und damit "link language". Übernimmt es diese Rolle in den oberen Schichten in Form von Standardvarianten, so in den unteren in Nonstandardvarianten. Außerdem wird namentlich dort noch Pidgin-Englisch gesprochen, das während der Kolonialzeit im Süden des Landes auch durch Missionare und heimische Lehrer verbreitet worden war. Es existiert in Nigeria in verschiedenen Varianten, die durch die regionale Herkunft und damit Muttersprache der Sprecher und/oder deren sozialen Status und Bildungsgrad bedingt sind (vgl. Agheyisi 1988). Seine Verwendung erstreckt sich von der Privatsphäre bis in die Bereiche der lokalen Verwaltung sowie des Rundfunks und Fernsehens (wo es in Nachrichtensendungen und volkstümlichen Unterhaltungsprogrammen benutzt wird) oder der populären Presse und Literatur. In den letztgenannten Bereichen erscheint es allerdings nicht selten in einer Form, die eher als Pseudo-Pidgin-Englisch zu charakterisieren ist. Inoffiziell wird es in einigen städtischen Schulen auf der Grundstufe auch als Unterrichtsmedium verwendet.

Auf der Standardebene zeigt das Nigerianische Englisch besonders hinsichtlich der Aussprache schon recht deutlich Ansätze zur Herausbildung einer eigenen Norm, doch ist die Haltung der Sprecher gegenüber einer spezifisch nigerianischen Standardvariante des Englischen geteilt und hängt wesentlich davon ab, ob man mehr Wert auf Betonung der nationalen Identität und Eigenständigkeit sowie auf "national acceptability" (Omamor in Schmied 1990a: 50) oder auf internationale Verständlichkeit legt. So heißt es dazu bei M. Jibril (in Pride 1982: 83): "Nigerians do not place a high premium on acquiring close imitations of native accents of English, and ... consequently they do not modify their accents significantly even after living in Britain or America for up to eight years; or if they do, they do not disown their original Nigerian accent but rather use it whenever they speak to their fellow Nigerians. Indeed the cultural climate in Nigeria at the present time discourages any tendency towards a perfect, native-like accent, though there is no corresponding aversion to impeccable written English." Jedoch gibt es in Nigeria (wie in anderen Ländern mit Englisch als Zweitsprache) auch dezidierte Gegner der von Jibril beschriebenen Haltung. Außerdem sind dort noch keinerlei Versuche unternommen worden, eine landesspezifische Variante des Standardenglischen zu kodifizieren. *De facto* scheint sich der Sprachgebrauch der meisten gebildeten Sprecher allerdings einer solchen Variante zu nähern.

5.1.3. Besonderheiten des Englischen in Westafrika (bes. des Nigerianischen Englisch)

Am auffälligsten sind die Besonderheiten des Englischen in Westafrika im Bereich der A u s s p r a c h e . Hier wird vor allem im intranationalen Verkehr immer häufiger auch bewußt von einer strikten Orientierung am Vorbild der englischenglischen RP abgegangen, weil eine allzu starke Anpassung an sie leicht als Zeichen von Affektiertheit oder "snobbishness" bzw. als Mangel an Identitätssinn gedeutet werden kann.

Da sich die westafrikanischen Sprachen zum Teil in ihrer Struktur recht ähnlich sind und es möglicherweise auf Grund von weitverbreitetem Bi- bzw. Multilinguismus auch zu einer Art gemeinsamer Substrateinwirkung jeweils mehrerer dieser Sprachen gekommen ist (vgl. Schmied 1991: 53), weisen die Ausprachevarianten des Englischen in Westafrika in mancher Hinsicht Übereinstimmungen auf.

Im Bereich der Vokale gilt das vor allem für die Zahl und Art der Phoneme. Ihre Zahl ist im Westafrikanischen Englisch infolge weniger starker Differenzierung dieses Bereichs in den heimischen Sprachen erheblich geringer als in der RP. Hauptursache dafür ist der Wegfall der Oppositionen vom Typ "/i:/ – /ɪ/", deren Glieder im Westafrikanischen Englisch qualitativ meist gar nicht und quantitativ allenfalls schwach voneinander unterschieden werden (vgl. z.B. *seat* [si:t] – *sit* [si·t], *fool* [fu:l] – *full* [fu·l]). Bezüglich der Art der Vokalphoneme fällt das Fehlen von zentralen Monophthongen (/ɜ:/, /ə/) sowie von zentrierenden Diphthongen (/ɪə, ɛə, ʊə/) auf. Sie werden meist durch Hinterzungenvokale ([ɔ], [a]) oder durch Diphthonge bzw. Vokalverbindungen vom Typ [ia, ɛa, ua] ersetzt (vgl. z.B. *hair* [hɛa, hia]). Von den verengenden Diphthongen sind /aɪ, ɔɪ, aʊ/ im Westafrikanischen Englisch mit der Lautung [ai, ɔi, au] vorhanden, doch handelt es sich hier – wie bei den Entsprechungen der zentrierenden Diphthonge – der phonetischen Realisierung nach eher um Vokalverbindungen (vgl. Wells 1982: 638). Statt der Diphthonge /eɪ/ und /əʊ/ werden gewöhnlich die Monophthonge /e/ und /o/ verwendet. Diese Reduktion des Vokalinventars hat zur Folge, daß es im Westafrikanischen Englisch – besonders auf der Ebene der zwanglosen Umgangssprache sowie generell in der Aussprache von ungebildeten Sprechern – nicht selten zum Zusammenfall von Phonemen und damit zur Homophonie von sonst lautlich unterschiedenen Wörtern kommt.

In der folgenden Gegenüberstellung der Vokale mit denen der RP werden für das Westafrikanische Englisch vorzugsweise die Varianten angeführt, die für das Nigerianische Englisch gelten.

RP	Westafrikanisches, bes. Nigerianisches Englisch
i:	*seat*
ɪ	i *sit*
e	ɛ *bed, let*
æ	*pat*
ɑ:	a *part*
ʌ	*nut*, auch: a
ɒ	ɔ *not*
ɔ:	*nought*
u:	*fool*
ʊ	u *full*
ɜ:	ɔ ~ a *nurse*, auch: ɛ *bird*
ə	a (bzw. Schriftbildaussprache) *ago, never*
eɪ	e *late*
əʊ	o *coat*
ɪə, ɛə, ʊə	ia, ɛa ~ ia, ua ~ ɔ *peer, pair, poor*

Je nach der Muttersprache der Sprecher können sich Variationen der angeführten Lautungen ergeben. So fallen z.B. bei I(g)bo-Sprechern auch die Phoneme /ɛ/ und /e/ zusammen (vgl. [ɛ] in *let* und *late*). Außerdem übertragen solche Sprecher nicht selten die für ihre Muttersprache geltenden Regeln der Vokalharmonie auf das Englische (vgl. z.B. *follow* [ˈfɔlɔ]). Besonders bei Yoruba-Sprechern findet sich dagegen eine Nasalierung der Vokale vor /n/, die oft bis zum Schwund des Nasals führt (vgl. z.B. *ten* [tɛ̃n, tɛ̃]). Darüber hinaus können Ausspracheunterschiede innerhalb Nigerias darauf beruhen, daß das Englische im Süden dieses Landes anders als im Norden nicht vorwiegend durch britische Lehrer, sondern durch afrikanische verbreitet wurde und sich hier stärker Einflüsse des Pidgin-Englisch bemerkbar machen.

Da das Englische in Westafrika wie die dort heimischen Sprachen eher eine Abstufung nach Hoch- und Tiefton als eine Differenzierung zwischen Stark- und Schwachdruck sowie auch eher einen "syllable-timed" als einen "stress-timed rhythm" aufweist, werden die Vokale in unbetonten Silben und Funktionswörtern hier meist nicht abgeschwächt (vgl. z.B. *He's a rascal, you know* ['hi ze 'raskal 'ju no] (mit ['] für einen Hochton); nach Wells 1982: 644). Außerdem ergeben sich aus diesen Spezifika des Westafrikanischen Englisch auffällige Unterschiede zu anderen Varianten des Englischen hinsichtlich des Rhythmus und der Intonation (siehe dazu weiter unten).

Im Bereich der Konsonanten ist das Phonemsystem der westafrikanischen Sprachen stärker differenziert, so daß es hier zwischen dem Westafrikanischen Englisch und der RP nur wenige Unterschiede hinsichtlich des Phoneminventars gibt. Der wichtigste betrifft die Phoneme /θ, ð/ (z.B. in *think, this*), die oft durch /t, d/, im vom Haussa beeinflußten *Northern Nigerian English* auch durch /s, z/ ersetzt werden. Bezüglich der phonetischen Realisierung der Konsonantenphoneme fällt besonders auf, daß die starken Verschlußlaute im Anlaut (z.B. in *pin, tin, kin*) häufig nicht aspiriert sind und daß die Aussprache von /r/ erheblich variiert. Bezüglich der Verteilung von /r/ gehört das Englische in Westafrika (einschließlich des *vernacular Liberian English* [vgl. Wells 1982: 635]) jedoch wie die RP zu den "non-rhotic accents", während es sonst von ihr im Bereich der Konsonanten gerade hinsichtlich der Distribution und Kombination der Phoneme am stärksten abweicht, so z.B. durch

– eine (speziell bei Yoruba-Sprechern zu beobachtende) Tendenz zur Auslautverhärtung (z.B. in *nose* [nos], *big* [bik]) sowie
– die Vermeidung von ungewohnten Konsonantenverbindungen durch Weglassung von Konsonanten (z.B. in *books* [bus], *notes* [nos] oder in *ground* [graun], *past/passed* [pas]) bzw. (speziell bei Haussa-Sprechern) durch Einschub von Vokalen (z.B. in *screw* ['sukuru], *silk* ['silik] oder in Wörtern mit silbischem Sonorant im Auslaut wie *apple* ['apul], *lesson* ['lɛsɔ̃n]).

Hinzu kommen auch hier Schriftbildaussprachen wie [mb] statt [m] für <mb> (z.B. in *plumb, plumber*) oder [ŋg] statt [ŋ] für <ng> (z.B. in *sing, singer*, aber nicht in der Endung *-ing* [vgl. Ufomata in Ramsaran 1990: 215]). Jedoch werden solche Ausspracheformen von gebildeten Sprechern in der Regel vermieden.

Außer Divergenzen im Bereich der Laute finden sich im Westafrikanischen Englisch auch Abweichungen vom Englischen Englisch hinsichtlich der Lage des Wortakzents, der – da die meisten westafrikanischen Sprachen Tonsprachen sind – hier eher durch einen Hochton als durch einen Starkdruck auf der hervorgehobenen Silbe zum Ausdruck kommt (vgl. z.B. 'success, 'condition; cha'racter, main'tenance; ˌcongratu'late, ˌinvesti'gate, ˌferti'lize, ˌrecog'nize und weitere Wörter auf *-ate* bzw. *-ize*; co'lleague etc. sowie auch analoge Betonungen wie *am'biguity* zu *am'biguous* oder *in'famous* zu *'famous* und *pro'testant* zu *pro'test* [siehe dazu Schmied 1991: 64]).

Bezüglich der Intonation macht sich die Verwendung von "tone" statt "stress" zur Hervorhebung in einer sägeblattähnlichen Kontur statt einer eher stufenförmig oder gleichmäßig absteigenden wie in der RP sowie im Fehlen von "contrastive tonicity" bemerkbar (vgl. Wells 1982: 643).

In der L e x i k hat neben reiner Interferenz vor allem die Notwendigkeit der Kontextualisierung des Englischen, d.h. seiner Anpassung an die spezifischen Bedingungen und Bedürfnisse der Kommunikation in Westafrika, zur Entstehung von Bezeichnungen geführt, die charakteristisch für das Westafrikanische Englisch insgesamt oder auch nur für eine bzw. einige seiner Varianten sind.

Durch **Entlehnung** aus den heimischen Sprachen gelangten z.B.[4] in das Westafrikanische bzw. das Nigerianische Englisch Lexeme wie

abura 'tree of tropical West Africa (Mitragyna ciliata), from which a soft pale wood is obtained; also, the wood of this tree', *agidi* 'fermented corn flour in paste form', *akara* 'bean cake' (vgl. *akara balls* 'fried bean cakes'), *amala* 'yam paste', *danfo* 'minibus', *foofoo/fufu* 'fermented cassava paste', *gar(r)i* 'cassava flour', *iroko* 'hardwood tree of the genus Chlorophora; also, its timber, sometimes called West African or Nigerian teak', *kalabule* 'black market' (zur Vermeidung des Gebrauchs von *black* mit negativer Bedeutung [vgl. Schmied 1991: 85]), *kola* (mit Bedeutungsübertragung) 'bribe' (in *give kola*), *kora* 'West African stringed instrument resembling a harp', *lappa* 'woman's shawl or skirt', *oba* '(Yoruba) chief or ruler', *oga* 'headman, master', *okrika* 'second-hand clothing'

Weitere Bezeichnungen wurden durch Verwendung von im Englischen schon vorhandenen Lexemen mit Bezug auf neue Denotate (d.h. durch Bezeichnungsübertragung) gewonnen, womit die betreffenden Lexeme eine zusätzliche Bedeutung erhielten bzw. eine Bedeutungsänderung erfuhren; vgl. z.B.:

balance [auch:] '(small) change (of money)', *bluff* [auch:] 'dress fashionably, show off' (z.B. *He bluffs too much*), *branch (at)* 'stop off (at), go via', *corner* [auch:] 'bend in a road', *gallops* 'potholes', *globe* [auch:] 'electric bulb', *hear* [auch:] 'understand (a language)' (z.B. *Do you hear me?*, *I hear French*; vgl. auch *hear a smell* wie in: *I hear a smell. Is something burning in the kitchen?*), *"(I'm) sorry"* als Ausdruck von Mitgefühl oder Mitleid, *stay* [auch:] 'live, reside', *stranger* 'guest'

Dazu kamen (zum Teil als Lehnübersetzungen) spezifisch westafrikanische bzw. nigerianische **Wortbildungen** und **Phraseologismen**, z.B.:

Präfixableitungen: *enstool/destool* 'place (a chief) on / remove (him) from the stool (as a symbol of his office)' (wie *enskin/deskin* analog zu *enthrone/dethrone*) – Suffixableitungen: *arrangee* 'person who arranges illegal money exchanges', *decampee* 'person who switches to a different political party', *designee* 'person appointed to an office or other important position', *invitee* 'guest'; *booker* 'person who collects passengers at a lorry station', *coaster* 'resident of West Africa of European origin'; *coloured television, second handed* – Nullableitungen: *paste* 'brush one's teeth with toothpaste', *yellowcard* 'show a player the yellow card' – Komposita: *bush deer* 'gazelle', *bush meat* 'meat of any wild animal', *head-load* 'goods on sb.'s head', *head-tie* 'woman's head-dress or head-gear', *lorry station* 'space provided for all kinds of passenger vehicles, bus station'; *chew(ing)-stick* 'stick for cleaning one's teeth', *sleeping-room* 'bedroom'; vgl. ferner: *been-to* (infml., leicht derog.) 'person who has *been to* Europe or North America, esp. during part of his education', *go-slow* 'traffic jam'

Phraseologismen: *cope up with* 'cope with', *plan up* 'draw up a plan', *take in* (infml.) 'become pregnant' (z.B. *She has just taken in*), *voice out an opinion* 'voice an opinion'; *have long legs* 'have influence', *put/pour sand in one's gar(r)i* 'interfere with one's good luck', *smell pepper* 'face a rough time, suffer', *wash sth.* (e.g. *the car/house*) 'celebrate sth. (e.g. the buying of a car/house) by *washing* it down with drinks'

Darüber hinaus läßt sich bei Gebildeten in Westafrika wie in Indien mitunter auch eine Tendenz zur umgangssprachlichen Verwendung von Lexemen lateinischer oder griechischer Herkunft (sog. "hard words") beobachten, die schriftsprachlichen, formellen Charakter tragen und daher in einem informellen Gespräch unangemessen wirken. Der Gebrauch derartiger Lexik (wie auch von "bookish" oder "stilted" wirkenden grammatischen Formen) dürfte wesentlich damit zusammenhängen, daß das Englische als Zweitsprache ja primär Kommunikationsmittel für den offiziellen Bereich ist und daß die Sprecher es daher oft nur für diesen Bereich hinreichend beherrschen. Außerdem kann ein solcher Sprachgebrauch seine Ursache darin haben, daß sie das Englische vorwiegend anhand von schriftlichen, womöglich älteren literarischen Texten gelernt haben bzw. daß sie eine vermeintlich saloppe oder zu stark national gefärbte Ausdrucksweise vermeiden wollen.

Besonderheiten des Westafrikanischen bzw. Nigerianischen Englisch in der G r a m m a t i k zeigen sich weit deutlicher in der gesprochenen Sprache (hier vor allem im informellen Bereich) als in der geschriebenen. Beispiele[5] für derartige Besonderheiten sind u.a.

– der Gebrauch von Substantiven, die sonst keine Numerusdifferenzierung aufweisen, in der Pluralform (z.B. *advices, equipments, furnitures, informations, luggages*);

– eine den gemeinhin für das Englische geltenden Regeln nicht entsprechende (möglicherweise eigenen Regeln folgende) Weglassung oder – seltener – Setzung des Artikels (z.B. *Aircraft is fully booked, He gave me tough time – The life after death is a reality, the day in the question*) bzw. die Verwendung von *one* anstelle des unbestimmten Artikels (z.B. *I bought one fine car*);

– Besonderheiten im Gebrauch der Präpositionen wie die Wahl einer anderen Präposition (z.B. *Mr Olu is the principal for* [statt *of*] *our school, On* [statt *In*] *the long run ...; congratulate for* [statt *on*], *get in/inside* [statt *on*] *a train, get down from* [statt *off*] *a bus*), die Hinzufügung einer Präposition (z.B. *discuss about sth., demand for a trial*) oder die Weglassung der Präposition (z.B. *protest* [against] *sth., side* [with] *a person*);

– der Ersatz von *each other* durch *themselves* bzw. das Fehlen dieses Pronomens (z.B. *They really love themselves; They enjoyed, We saw this morning*);

– die Verwendung der unmarkierten Form des Adjektivs mit der Funktion des

Komparativs (z.B. *It is the youths who are skilful in performing tasks than the adults*);

– der Gebrauch der unmarkierten Form des Verbs anstelle einer markierten Tempusform bei zeitlich eindeutigem Kontext (z.B. *Ocol protest his wife and insult her*[6]) sowie die Verwendung des Present Perfect anstatt der Past Tense (z.B. *I have gone to Jos two years ago*) oder von *would* statt *will* (z.B. *You would please buy this book for me, This is to inform you that there would be a meeting tomorrow*);

– der Gebrauch von *have* und einiger weiterer sonst aspektloser Zustandsverben in der Expanded Form zum Ausdruck eines zeitweiligen Zustands (z.B. *I am having a cold*);

– das Fehlen von *to* beim Infinitiv nach bestimmten Verben (z.B. *They enabled him do it*);

– die stereotype Verwendung von *is it* bzw. *isn't it* (unabhängig vom vorangehenden Satz) oder von *not so* als "question-tag" (z.B. *We should leave now, is it?, It doesn't matter, isn't it / not so?*);

– ein vom sonst üblichen abweichender Gebrauch von *yes* bzw. *no* in Antworten auf negative Entscheidungsfragen (z.B. *Hasn't he come home yet? – Yes* [= 'he hasn't come ...'] / *No* [= 'he has come ...']);

– die Wiederaufnahme des Subjekts durch ein sog. "resumptive pronoun", oft (aber nicht ausschließlich) zum Zwecke der Rhematisierung (z.B. *The politicians and their supporters, they don't often listen to advice; A person who has no experience, can he be a good leader?*).

Nicht wenige der angeführten Besonderheiten erklären sich aus dem Einfluß der heimischen Sprachen, der um so stärker durchschlägt, je geringer der Bildungsgrad des Sprechers und je informeller die Gesprächssituation ist.

Wie andere Varianten auch unterliegt das Nigerianische Englisch heute zunehmend einem Einfluß durch das Amerikanische Englisch (vgl. Awonusi 1994).

Noch weitgehend unerforscht sind die Eigenheiten des Westafrikanischen bzw. Nigerianischen Englisch auf der Text- oder Diskursebene, wo sich noch deutlicher als in der Lexik der spezifische ethnische und soziokulturelle Hintergrund der Sprecher bemerkbar machen dürfte (vgl. dazu erste Beobachtungen in Schmied 1991: 91-96).

Anmerkungen

1 Zahlenangaben aus dem *Fischer Weltalmanach 1994* (* = geschätzt).

2 Nach T. Ufomata (in Ramsaran 1990: 214) findet sich eine spezifisch nigerianische Variante des Standardenglischen sogar schon bei "native English speakers who acquire it after living in Nigeria for a number of years".

3 Die Angaben zur Zahl der in Nigeria vorkommenden Sprachen schwanken in der Literatur zwischen 200 und über 400, was wohl hauptsächlich damit zusammenhängt, daß es oft schwierig ist zu entscheiden, ob eine Sprachform noch als Dialekt oder schon als eigenständige Sprache anzusehen ist.

4 Die Beispiele zur Lexik wurden überwiegend Awonusi 1990, Bamgbose bzw. Bokamba in Kachru 1982 und Todd/Hancock 1986 sowie dem OEDS und dem CDEL entnommen.

5 Die Belege zu den grammatischen Besonderheiten des Westafrikanischen bzw. Nigerianischen Englisch stammen aus Bamgbose und Bokamba in Kachru 1982 sowie vor allem aus Todd/Hancock 1986 und Trudgill/Hannah 1994[3].

6 Das Fehlen der Präteritalendung kann hier zusätzlich dadurch bedingt sein, daß der Verbstamm jeweils schon auf einen ihr entsprechenden Konsonanten ([-t]) endet (vgl. Schmied 1991: 66).

Literaturhinweise

Geschichte: vgl. 7.2. und 7.4. sowie 7.5.: Schmied 1991, Todd 1982
Sprachsituation und Sprachpolitik: vgl. 7.2. sowie 7.5.: Adekunle 1972, Adekunle 1974, Agheyisi 1988, Angogo/Hancock 1980, Awonusi 1986, Awonusi 1990, Bamgbose 1973, Brauner 1984, Brauner et al. 1985, Desai 1993, Gyasi 1990, Jibril 1986, Mazrui 1975, Odumuh 1984, Salami 1968, Schmied 1990a, Schmied 1991, Spencer 1971, Todd 1982, Ubahakwe 1979
Besonderheiten des Englischen in Westafrika: vgl. 7.2. und 7.3. sowie 7.5.: Adegbija 1989, Ahulu 1994, Awonusi 1990, Awonusi 1994, Bamiro 1994a, Bamiro 1994b, Bamiro 1995, Gyasi 1991, Jowitt 1991, Kujore 1985, Odumuh 1987, Pemagbi 1989, Schmied 1991, Sey 1973, Spencer 1971, Ufomata in Ramsaran 1990: 212-216

5.2. Das Englische in Südafrika

Nach Südafrika gelangte das Englische erstmals 1795, als die Briten zeitweilig das Kap der Guten Hoffnung besetzten, das strategisch wichtig war für den Seeweg nach Indien. Dort gab es bereits eine niederländische Kolonie, die 1652 von der Niederländisch-Ostindischen Kompanie an der Stelle des heutigen Kapstadt gegründet und dann nach blutigen Kämpfen gegen die in diesem Teil Afrikas heimischen bzw. ansässig gewordenen Stämme der Buschmänner, der Khoi-Khoin (der sog. Hottentotten) und der Bantus auf die umliegende Region ausgedehnt worden war. Darüber hinaus hatten sich im Kapland auch schon Deutsche und Franzosen (Hugenotten) niedergelassen, doch bildeten sie zur Zeit der Ankunft der Briten mit den Niederländern bereits eine weitgehend homogene Gruppe. Da die weißen Siedler am Kap überwiegend aus Bauernfamilien stammten, nannten sie sich selbst *Buren* (ndl. *boer* 'Bauer'). Als Verständigungsmittel diente ihnen eine Form des Niederländischen, die sich allmählich zu einer eigenständigen, spezifisch afrikanischen Variante dieser Sprache, dem Afrikaans, entwickelte.

Nachdem die Briten 1806 das Kapland endgültig in ihren Besitz gebracht hatten, eroberten sie nach kriegerischen Auseinandersetzungen mit den Buren schließlich auch die von diesen neugegründeten Republiken Natal und Transvaal sowie den Oranjefreistaat. 1910 wurden die nunmehr vier britischen Kolonien zur *Union of South Africa* zusammengeschlossen, die den Status eines Dominions erhielt, 1961 jedoch als *Republic of South Africa* aus dem *Commonwealth of Nations* ausschied (vgl. dazu genauer Abschnitt 5.2.1.).

Außer den schon genannten entstanden im Süden Afrikas in der zweiten Hälfte des 19. Jahrhunderts weitere britische Kolonien. Aus ihnen gingen nach der Beendigung der Kolonialherrschaft folgende Staaten hervor: 1964 Sambia (ehemals Nordrhodesien), 1966 Malawi, Botsuana und Lesotho (ehemals Njassaland, Betschuanaland bzw. Basutoland), 1968 Swasiland und 1980 Simbabwe (ehemals Südrhodesien). Dazu kam 1990 noch Namibia (ursprünglich Deutsch-Südwestafrika), das von 1920 bis 1966 offiziell als Mandatsgebiet Südafrika zugeordnet war und danach weiterhin unter dessen Verwaltung gestanden hatte.

Außer in Südafrika fand das Englische in dieser Region fast nur Verbreitung als Zweitsprache und blieb als Muttersprache im wesentlichen auf die Nachfahren der anglophonen Siedler beschränkt. Überall jedoch wurde ihm die Rolle der offiziellen Sprache zuerkannt, die es lediglich in Südafrika und dessen Mandatsgebiet mit dem Niederländischen bzw. dem Afrikaans teilen mußte. Erst nach dem Ende der Kolonialherrschaft fand es in dieser Rolle auch Konkurrenten in den heimischen Sprachen und wurde damit in einigen der südafrikanischen Länder auf den Status der "co-official" oder "second official language" zurückgedrängt. Das geschah speziell da, wo jeweils eine der afrikanischen Sprachen eindeutig dominiert, d.h. in Lesotho und in Swasiland sowie in Botsuana, das die heimische Sprache, das Tswana, zur Nationalsprache erklärte. Außerdem mußte das Englische die Rolle der offiziellen Sprache nun auch in Malawi mit einer afrikanischen Sprache teilen. In den übrigen stark multilingualen Ländern des südlichen Afrikas, d.h. in Sambia und in Simbabwe sowie jetzt ebenso in Namibia, fungiert es jedoch allein als Kommunikationsmittel für den offiziellen Bereich, und die heimischen Sprachen sind dort erst sehr begrenzt verwendbar. Darüber hinaus hat das Englische in diesen Ländern auch noch eine wichtige Funktion als interethnisches Verständigungsmittel im nichtoffiziellen Bereich.

Im folgenden beschränken wir uns aus Raumgründen auf die Betrachtung der Geschichte sowie der Funktionen und der Besonderheiten des Englischen im Gebiet der heutigen Republik Südafrika. Der Terminus *Südafrika* bezieht sich daher nun speziell auf dieses Gebiet.

5.2.1. Zur Geschichte des Englischen in Südafrika

Die permanente Besetzung Südafrikas durch die Briten begann erst 1806 mit der endgültigen Eroberung des Kaplands, das von den Niederländern 1814 auch offiziell an sie abgetreten wurde. 1820 traf dort die erste größere Gruppe von britischen Siedlern ein. Diese stammten überwiegend aus den unteren Schichten und kamen aus verschiedenen Teilen Großbritanniens, doch setzte sich unter ihnen bald eine Sprachvariante durch, die vornehmlich Züge der "lower-middle- (or lower-)class speech of the Home Counties" trug (Lanham in Bailey/Görlach 1982: 325). Aus ihr entwickelte sich das auch vom Afrikaans beeinflußte *Cape English*, das dem heutigen *Extreme South African English* zugrunde liegt.

Obwohl die Briten zunächst nur einen Anteil von ca. 10% an der weißen Bevölkerung hatten, suchten sie sofort das öffentliche Leben in der Kapkolonie nach ihren Vorstellungen zu gestalten und die Buren zu anglisieren. So erklärten sie schon 1822 das Englische zur künftigen offiziellen Sprache in der Kolonie. Damit aber wurde der Gebrauch des Niederländischen auf den nichtoffiziellen sowie den kirchlichen Bereich zurückgedrängt, und die Buren waren nun gezwungen, Englisch zu lernen. Dies wiederum hatte zur Folge, daß die Entwicklung des Afrikaans als spezifische Variante des Niederländischen beschleunigt wurde und daß sich in Südafrika eine von ihm beeinflußte Zweitspracheform des Englischen herausbildete: das *Afrikaans English*.

Zu den wichtigsten ökonomischen Maßnahmen, die von den Briten in der ersten Hälfte des 19. Jahrhunderts am Kap getroffen wurden, gehörten die Abschaffung der Sklaverei (der Hauptstütze der burischen Landwirtschaft), die Einführung eines Steuersystems und die Aufhebung der gesetzlichen Arbeitsbeschränkungen für Schwarze und Mischlinge. Diese Maßnahmen wurden von den Buren als Bedrohung ihrer Existenzgrundlage angesehen und führten neben der Suche nach neuem Land sowie einem Streben nach Autonomie dazu, daß viele von ihnen die Kapkolonie verließen und auf den "Großen Treck" (1836-1838) in das Landesinnere gingen, wo sie nach Unterwerfung der dort ansässigen Bantustämme (der Zulus) 1838 die Republik Natal gründeten.

Die Briten suchten nach Konsolidierung ihrer Herrschaft am Kap ebenfalls weitere Teile Südafrikas unter ihre Kontrolle zu bringen. Ihr erstes Ziel war die Burenrepublik Natal, die sich östlich der Kapkolonie entlang der Küste Südafrikas erstreckte. Mit der Eroberung von Natal sollte die Vorherrschaft über die Buren endgültig gesichert und zugleich eine günstigere Ausgangsbasis für das Vordringen in das Innere Südafrikas gewonnen werden. Natal wurde daher 1843 von den Briten annektiert und der Kapkolonie angegliedert. Die Buren zogen sich daraufhin weiter in das Landesinnere zurück und gründeten dort die vier Republiken Potchefstroom, Lydenburg, Zoutpansberg und Utrecht. Diese vereinigten sich 1858 zur *Südafrikanischen Republik* (Transvaal), deren Souveränität von den Briten zur Sicherung ihrer Herrschaft über Natal zunächst auch anerkannt wurde. Als weitere Burenrepublik wurde 1854 der Oranjefreistaat gegründet.

Die britische Besiedlung Natals vollzog sich in der Zeit von 1848 bis 1862. Sie war nur durch erneute Zuwanderung aus Großbritannien möglich und brachte Siedler in diesen Teil Südafrikas, die sich von denen in der Kapregion sowohl durch ihre soziale als auch durch ihre regionale Herkunft unterschieden, da sie zu einem größeren Teil "middle or higher in social class" waren (Lanham in Bailey/Görlach 1982: 325) und in der Mehrheit aus Mittelengland bzw. aus Yorkshire oder Lancashire kamen. Ihrem sozialen Status entsprechend hielten diese Siedler stärker an den Traditionen des Mutterlands fest. Auch hatten sie nur wenig Kontakt mit den Buren, so daß sie ethnisch eine recht homogene Siedlergemeinschaft blieben. Sprachlich orientierten sich die den oberen Schichten angehörenden Siedler weiter am Englischen Standardenglisch, doch entstand auch in Natal eine besondere Variante des Englischen, das *Natal English*. Es wich weniger deutlich vom Englischen Englisch ab als das *Cape English* und bildete den Ausgangspunkt für die Entwicklung des *Respectable South African English*.

Zur Deckung des Arbeitskräftebedarfs auf den Plantagen in Natal wurden in der Folgezeit auch Kontraktarbeiter aus Indien nach Südafrika geholt. Die meisten von ihnen erlernten bald zusätzlich zu ihrer Muttersprache das Englische, womit eine weitere Zweitsprachevariante, das *South African Indian English*, entstand, das große Ähnlichkeit mit dem in Indien gesprochenen *Indian English* aufweist, jedoch nicht mit ihm identisch ist.

Hatten die Briten an Südafrika zunächst kaum wirtschaftliches Interesse gezeigt, so änderte sich das rasch, als man 1867 in Griqualand am Oranje und wenig später auch in Transvaal Diamantenfelder entdeckte. Um sie ungehindert abbauen zu können, wurden diese beiden Gebiete 1871 bzw. 1878 von den Briten annektiert, doch konnte Transvaal 1881 von den Buren zurückgewonnen werden.

Die eigentliche "Mining Revolution" als Periode besonders rascher Industrialisierung, die alle weißen Siedlungsgebiete erfaßte, setzte jedoch erst 1886 ein, als am Witwatersrand in Transvaal große Goldvorkommen entdeckt wurden. In kurzer Zeit entstanden dort nun aus vormals kleinen Ansiedlungen Städte (wie z.B. Johannesburg, das 1889 schon 50 000 Einwohner zählte). Auch wurden die Häfen am Kap und in Natal ausgebaut sowie fast gleichzeitig drei Eisenbahnlinien von den Hafenstädten zu den Abbaugebieten angelegt. All dies führte zu einem starken Zustrom von Immigranten (insbesondere von Bergarbeitern und Bergbauingenieuren) aus Großbritannien, Australien und den USA. Außerdem wuchs die Mobilität der in Südafrika ansässigen Bevölkerungsgruppen, da sich der Bedarf an Arbeitskräften nicht allein mit Einwanderern decken ließ. Der Drang weißer Arbeitskräfte in die Städte wurde noch dadurch verstärkt, daß viele Siedler auf Grund von Dürreperioden und Viehseuchen ihre Farmen aufgeben mußten. In der Mehrheit waren die Lohnarbeiter jedoch Schwarze aus allen Teilen Südafrikas und den angrenzenden Protektoraten Großbritanniens (Betschuanaland, Basutoland und Swasiland). Infolge dieser Entwicklung bildete sich in den Städten rasch eine neue Sozialstruktur heraus, wobei sich als wesentliche Voraussetzung für den beruflichen und sozialen Aufstieg auch die Beherrschung des Englischen erwies, da die Industrieunternehmen fast ausnahmslos von Englischsprachigen geleitet wurden. Das bekamen besonders die Buren zu spüren, die aus den ländlichen Gebieten der Burenrepubliken in die Städte zogen, jedoch auf Grund mangelnder Ausbildungsmöglichkeiten auf dem Lande oft keinen Beruf erlernt hatten und zudem über nur geringe Englischkenntnisse verfügten. Sie wurden zu Arbeitskräften der untersten Lohngruppen und standen damit oft auf einer Stufe mit den von ihnen verachteten Schwarzen und Mischlingen.

Auf die Sprachsituation in Südafrika hatte die Industrialisierung folgende Auswirkungen:

– Das Englische wurde zur dominierenden Sprache in der Industrie, im Handel und im öffentlichen Verkehr. Das Niederländische bzw. Afrikaans verlor weiter an Bedeutung, so daß sich von den Weißen in der Regel nur die Buren zur Zweisprachigkeit gezwungen sahen und es zu einem stark einseitigen Bilinguismus kam.

– Das *Natal English* gewann an Prestige, da sich die Natal-Siedler der neuen Entwicklung besser gewachsen zeigten als die Kap-Siedler. Das *Cape English* erfuhr dagegen eine Abwertung, zumal es auch stärker vom Afrikaans beeinflußt worden war und sich weiter vom Englischen Englisch entfernt hatte.

– Schwarze und Mischlinge bevorzugten nun als Zweitsprache statt des Afrikaans das Englische, was zur Entstehung neuer Zweitsprachevarianten des Englischen,

des *South African Black English* und des *Coloured English*, führte.
- Unter den in Südafrika lebenden Indern, die jetzt ebenfalls Lohnarbeiter wurden bzw. ihren Lebensunterhalt im Handel oder im Dienstleistungsgewerbe verdienten, verbreitete sich das *South African Indian English*.
- Zum Verständigungsmittel der Bergleute im Verkehr miteinander wurde das *Fanakalo*, eine unter den Plantagenarbeitern in Natal entstandene Pidginsprache.

Die Buren fühlten sich durch die Unternehmungen der Briten in ihren Republiken, besonders in Transvaal, politisch, militärisch, wirtschaftlich und kulturell bedroht. So kam es nach der britischen Annexion von Transvaal (1878) 1880/81 zu einer ersten militärischen Auseinandersetzung, die damit endete, daß diese Burenrepublik wieder begrenzte Unabhängigkeit erlangte. Außerdem entstanden nun in ganz Südafrika unter den Buren politisch-kulturelle Vereinigungen wie z.B. die *Genootskap van regte Afrikaners* (1875) und der *Afrikaner Bond* (1890), die sich für die Verteidigung bzw. Wiedererlangung der nationalen Identität einsetzten und die Gleichberechtigung des Afrikaans gegenüber dem Englischen forderten.

In den neunziger Jahren verschärften sich die Auseinandersetzungen zwischen den Briten und den Buren. Nach einem erneuten britischen Versuch, Transvaal zu annektieren (1895), weitete sich der Konflikt zwischen den beiden weißen Siedlergruppen so stark aus, daß es zu einem zweiten britisch-burischen Krieg, dem "Boer War" (1899-1902), kam. Er endete damit, daß Transvaal und der Oranjefreistaat britische Kolonien wurden, führte jedoch nicht dazu, daß die Buren auch ihre nationale Identität verloren. Vielmehr wurde ihnen bereits im "Frieden von Vereeniging" (1902) das Recht zugestanden, in der Schule und – soweit notwendig – auch vor Gericht weiterhin das Niederländische zu verwenden.

In der Folgezeit erwies es sich zur Sicherung der weißen Vorherrschaft wie auch aus wirtschaftlichen Gründen für die Briten sogar als unumgänglich, mit den Buren zu einer einvernehmlichen Regelung für Südafrika zu gelangen. Daher nahmen sie mit ihnen Verhandlungen über die Schaffung einer Union der vier britischen Kolonien in Südafrika auf. In ihnen gelang es den Buren, eine Reihe von Zugeständnissen zu erzielen, darunter auch die Aufnahme eines Passus in die Verfassung der Union, die "South Africa Act" (1910), in dem das Englische und das Niederländische für ganz Südafrika zu gleichberechtigten offiziellen Sprachen erklärt wurden.

1910 wurden die Kapkolonie, Natal, Transvaal und die *Orange River Colony* (der ehemalige Oranjefreistaat) zur *Union of South Africa* zusammengeschlossen, die den Status eines britischen Dominions erhielt. Danach gingen die Machtkämpfe zwischen den Briten und den Buren jedoch weiter. So übten die Buren bald Kritik an der Sprachenregelung, da die tatsächlich von ihnen verwendete Sprachform, das Afrikaans, nicht anerkannt worden war und die in der Verfassung verankerte Gleichstellung des Niederländischen mit dem Englischen von den Briten nicht als Verpflichtung zur Zweisprachigkeit interpretiert wurde. Es entstanden daher erneut burische Vereinigungen in der Tradition des *Afrikaner Bond*, darunter als wichtigste die *Nasionale Party*. Nachdem diese Partei 1924 an die Macht gekommen war, setzte sie mit der "Union Act" (1925) die Anerkennung des Afrikaans statt des Niederländischen als offizielle Sprache durch und veranlaßte, es so weit zu entwickeln, daß es diese Rolle auch voll übernehmen konnte. Jedoch blieb die Dominanz des Englischen in Südafrika davon unberührt.

Immer stärker machten sich unter den burischen Nationalisten schließlich Bestrebungen bemerkbar, die völlige Unabhängigkeit von Großbritannien zu erlangen und aus dem *Commonwealth* auszuscheiden, doch scheiterten sie zunächst am Widerstand der noch immer mächtigen Briten. Erst als sich das britische Kolonialreich nach dem Zweiten Weltkrieg aufzulösen begann, ergaben sich für die Durchsetzung dieser Ziele günstigere Bedingungen. So trugen das immer stärkere Drängen der afrikanischen Völker auf Entlassung aus der Kolonialherrschaft und die damit zunehmende Furcht der Weißen vor einem von Schwarzen regierten Südafrika nicht wenig dazu bei, daß die *Nasionale Party* 1948 erneut einen Wahlsieg errang und nun darangehen konnte, ihre schon vorher konzipierte Apartheid-Politik durch eine Fülle von gesetzlichen Bestimmungen zu legalisieren und systematisch in die Praxis umzusetzen. Sprachpolitisch zielten diese Bestrebungen darauf ab, die schwarze Bevölkerung durch Zwang zur Beherrschung beider offiziellen Sprachen auf einem niedrigen sprachlichen Niveau zu halten und sie an der Ausbildung eines gemeinsamen Kommunikationsmittels auf der Basis der Bantusprachen zu hindern (vgl. Abschnitt 5.2.2.).

In bezug auf die beiden offiziellen Sprachen waren die Bemühungen der Nationalisten durch die Hoffnung bestimmt, den seit dem vorigen Jahrhundert bestehenden "Taalstryd" (Sprachenstreit) nun zugunsten des Afrikaans zu entscheiden und das Englische in Südafrika in eine untergeordnete Rolle abzudrängen. Dies ließ sich jedoch nicht direkt, durch explizite restriktive Maßnahmen, realisieren, sondern nur indirekt, durch eine verstärkte Förderung des Afrikaans (vgl. Abschnitt 5.2.2.).

Der Wandel im politischen Kräfteverhältnis zwischen den beiden Gruppen von Weißen erlaubte den Nationalisten schließlich, ihre Autonomiebestrebungen voll durchzusetzen und zu erreichen, daß sich Südafrika 1961 mit der "Declaration of Republic" zur *Republic of South Africa / Republiek van Suid-Afrika* (RSA) erklärte und aus dem *Commonwealth of Nations* ausschied, indem es den mit der Statusänderung erforderlichen Neuantrag auf Mitgliedschaft nicht stellte.[1] Den unmittelbaren Anstoß zu diesem letzten Schritt hatte allerdings erst die Commonwealth-Konferenz im März desselben Jahres gegeben, auf der sich die afrikanischen und die asiatischen Staaten sowie Kanada wegen der Apartheid-Politik gegen eine weitere Mitgliedschaft Südafrikas ausgesprochen hatten. Für die Entwicklung des Englischen ergab sich aus der völligen politischen Loslösung von Großbritannien eine Stärkung der Tendenz zur Herausbildung eines eigenen *national standard* oder doch zumindest einer eigenen nationalen Standardaussprache, des *Respectable South African English*, das nun zunehmend gegenüber dem noch ganz am Englischen Standardenglisch orientierten *Conservative South African English* an Verbreitung gewann.

Bezüglich der Schwarzen verfolgte die RSA eine Politik, die darauf abzielte, sie möglichst weitgehend nicht nur von den Weißen, sondern auch voneinander zu isolieren, d.h. zu tribalisieren. Diese Politik gipfelte in der Schaffung von zehn Reservaten für die einzelnen Stammesgruppen, der sog. *Bantustans* bzw. *Home-*

lands, die offiziell aus dem Staatsgebiet der RSA herausgelöst wurden und ein mehr oder weniger begrenztes Maß an Autonomie erhielten. Vier dieser Territorien (Transkei, Bophuthatswana, Venda und Ciskei) wurden sogar zu unabhängigen "national states" erklärt, fanden jedoch international keine Anerkennung. Die Rolle der offiziellen Sprache wurde in ihnen wie in den übrigen *Homelands* neben dem Afrikaans und dem Englischen jeweils auch der von der Mehrheit ihrer Bevölkerung verwendeten Bantusprache zugestanden, was die Tribalisierung noch förderte.

Die Aufteilung Südafrikas in ein "weißes Südafrika" mit der Kapprovinz, Natal, Transvaal und dem Oranjefreistaat sowie ein "schwarzes Südafrika" mit den zehn *Homelands* bzw. "national states" wurde erst 1994 aufgehoben, als man nach dem Ende des Apartheid-Regimes eine Umgliederung des Landes in neun Provinzen vornahm. Außerdem wurden nun in Abschnitt 3.1 der neuen Verfassung neben dem Afrikaans und dem Englischen auch neun afrikanische Sprachen als "official languages at the national level" anerkannt: Ndebele, Nordsotho, Südsotho, Swazi, Tsonga, Tswana, Venda, Xhosa und Zulu. Welche praktischen Maßnahmen und Konsequenzen sich daraus ergeben werden, bleibt noch abzuwarten.

5.2.2. Die Sprachsituation und Sprachpolitik in der Republik Südafrika

Einwohnerzahl (1991):[2] 26 288 390
Hauptstadt: Pretoria (Sitz der Regierung) – Kapstadt (Sitz des Parlaments)

Nach der 1950 erlassenen "Population Registration Act" gliederte sich die Bevölkerung der RSA in die Gruppen der Weißen, der Schwarzen, der *Coloureds* (d.h. Mischlinge) und der *Asians* (meist Bürger indischer Abstammung), wobei die Schwarzen die große Mehrheit bildeten. Der Anteil der Weißen betrug Ende der achtziger Jahre etwa 18%, die Zahl der *Coloureds* belief sich auf knapp 9% und die der *Asians* auf ca. 3%.

Hinsichtlich der von diesen Gruppen verwendeten Sprachen ergibt sich folgendes Bild: Die Schwarzen haben als Muttersprache meist eine Bantusprache, sonst eine andere afrikanische Sprache oder auch Englisch bzw. Afrikaans, wobei die Bantusprachen zwar verschiedenen Untergruppen angehören, aber zum Teil so eng verwandt sind, daß sich ihre Sprecher mühelos miteinander verständigen können. Bei den Weißen richtet sich die Muttersprache in der Regel danach, ob sie burischer oder britischer Abstammung sind. Für ca. 58% von ihnen ist sie daher das Afrikaans, für etwa 39% das Englische. Die *Coloureds* haben als primäre Sprache gewöhnlich das Afrikaans, weit seltener das Englische. Die *Asians* verwenden zwar im familiären und im religiösen Bereich zum Teil noch die Sprache ihrer Herkunft, d.h. vor allem eine indische Sprache wie das Hindi, das Gudscharati, das Tamil oder das Urdu, doch ist ihre primäre Sprache meist schon das Englische.

Die Sprachsituation in der RSA ist somit multilingual. Als offizielle Sprachen galten dort aber bislang nur das Englische und das Afrikaans, die nach der Verfassung von 1983 einander völlig gleichgestellt waren. Lediglich in den *Homelands* war daneben auch schon jeweils eine von neun Bantusprachen als offizielles Kommunikationsmittel zugelassen, und zwar diejenige, die in ihnen dominierte.

Auf das sprachliche Potential der einzelnen Sprechergruppen wirkte sich diese Sprachsituation dahingehend aus, daß sie meist bilingual oder sogar multilingual sind. Für die Englischsprecher ist die Zweitsprache gewöhnlich das Afrikaans, für die Afrikaanssprecher das Englische. Letzteres gilt auch für die Sprecher der übrigen Sprachen, soweit sie nicht zur Erlernung des Afrikaans gezwungen wurden. Die Bantusprachen hatten bislang allenfalls für ihre Sprecher selbst auch die Rolle einer Zweitsprache. Erworben wurde die Zweitsprache meist nicht in der natürlichen Kommunikation miteinander, sondern erst im Schulunterricht, da es infolge der Apartheid-Politik zwischen den einzelnen Bevölkerungsgruppen – außer in den ländlichen Gebieten – relativ wenig enge persönliche Kontakte gab.

Die Sprachpolitik der südafrikanischen Regierung schien zwar möglichst gerechte Lösungen für die aus der multilingualen Sprachsituation erwachsenden Probleme anzustreben, ordnete sich jedoch in ihr Apartheid-Konzept ein und diente faktisch der Sicherung der Macht der afrikaanssprachigen Weißen. So richteten sich ihre sprachpolitischen Maßnahmen nicht nur gegen die Schwarzen und die *Coloureds*, sondern im Grunde genommen auch gegen die englischsprachigen Weißen.

Das Afrikaans, das dem Englischen an Bedeutung für den offiziellen Bereich lange Zeit nachstand, gewann dort erheblich an Bedeutung durch den Umstand, daß die südafrikanischen Regierungen nach 1948 ausschließlich von afrikaanssprachigen Weißen gebildet wurden und daher bemüht waren, die Rolle dieser Sprache als offizielles Kommunikationsmittel durch großzügige Förderungsmaßnahmen zu stärken sowie die Sprecher der anderen Sprachen dazu zu zwingen, sie zu erlernen und auch zu verwenden.

Der Gebrauch des Englischen wurde zwar nicht direkt durch sprachpolitische Maßnahmen eingeschränkt, doch bedeutete schon die strikte Durchsetzung des Paritätsprinzips im offiziellen Bereich für diese Sprache eine Zurückdrängung in bestimmten Kommunikationssphären, insbesondere in denen der Administration und des Bildungswesens.

In bezug auf die Schwarzen dienten der südafrikanischen Regierung sprachpolitische Maßnahmen auch dazu, das Bewußtsein ethnischer Unterschiede zwischen ihnen aufrechtzuerhalten bzw. zu stärken. So ordnete sich die Anerkennung von jeweils nur einer Bantusprache in jedem *Homeland* als zu fördernde und offiziell zugelassene Sprache letztlich in die von ihr verfolgte Politik der Tribalisierung bzw. Retribalisierung ein, die ihren deutlichsten Ausdruck in der Schaffung der "national states" fand.

Im Bereich der staatlichen Administration lief die völlige Gleichstellung der beiden offiziellen Sprachen *de facto* insofern auf eine zunehmende Zurückdrängung des Englischen hinaus, als die Forderung nach Beherrschung des Afrikaans hier dazu führte, daß Bewerber für eine Stellung im öffentlichen Dienst nun vorwiegend aus dem Kreis der afrikaanssprachigen Weißen kamen.

Den sprachpolitischen Bestimmungen im Bereich des Bildungswesens wurde das "Prinzip des Unterrichts in der Muttersprache" zugrunde gelegt, nach dem für alle Schüler bis zur 6. Klasse die Muttersprache das Unterrichtsmedium, die offiziellen Sprachen dagegen nur Unterrichtsfach sein sollten (sofern sie nicht mit der Muttersprache identisch waren). Die *Coloureds* konnten zwischen Englisch und Afrikaans als Unterrichtsmedium wählen oder sich auch für beide Sprachen in dieser Funktion entscheiden. Die *Asians* gingen meist auf englischsprachige Schulen. Besonders hart waren durch die Sprachregelung im Bildungswesen die Schwarzen betroffen. Da sie keine der beiden offiziellen Sprachen als Muttersprache hatten, erhielten sie schon auf der Grundstufe Unterricht in Englisch und Afrikaans, so daß ein hoher Prozentsatz ihrer Ausbildung allein auf das Erlernen von Sprachen entfiel. Ab Klasse 7 sollte der Unterricht für sie dann zu je 50% auf Englisch und auf Afrikaans erfolgen, doch konnte das schon auf Grund mangelnder lehrtechnischer Voraussetzungen nicht realisiert werden. Außerdem bevorzugten die schwarzen Kinder selbst, sofern sie trotz ungünstiger sozialer Bedingungen die 7. Klasse überhaupt erreichten, gewöhnlich das Englische als Unterrichtsmedium, da es ihnen eher den Zugang zu den höheren Bildungseinrichtungen ermöglichte, die überwiegend englischsprachig sind. Während dem in den *Homelands* Rechnung getragen wurde, unternahm die südafrikanische Regierung in den von ihr kontrollierten Schulen 1974 den Versuch, für die Schwarzen auf der Oberstufe nur noch Afrikaans als Unterrichtsmedium zu verwenden. Das führte zu einer Reihe von Unruhen, die 1976 in Soweto ihren Höhepunkt erreichten und bewirkten, daß nun auch das Englische als alleiniges Unterrichtsmedium auf der Oberstufe zugelassen wurde.

Im Bereich der Hochschulbildung wurde die Verwendung des ursprünglich dort dominierenden Englisch nach 1948 durch die Gründung dreier afrikaanssprachiger Universitäten eingeschränkt. Heute gibt es in der RSA acht englischsprachige und fünf afrikaanssprachige Universitäten sowie drei, in denen beide Sprachen Unterrichtsmedium sind.

Bezüglich des Sprachgebrauchs in den Massenmedien ist zwischen den staatlich kontrollierten Medien Rundfunk und Fernsehen sowie der privat verlegten Presse zu unterscheiden. Während für erstere hinsichtlich der Verwendung des Englischen und des Afrikaans bislang strikte Paritätsbestimmungen galten, gab es im Bereich der letzteren kaum halb so viele Publikationsorgane in Afrikaans wie in Englisch. Hinzu kam, daß die afrikaanssprachige Presse als Sprachrohr der Regierung bei den Nichtweißen kaum Beachtung fand. Überhaupt nur eine geringe Rolle spielten bislang im Bereich der Massenmedien die afrikanischen Sprachen, sieht man davon ab, daß die *South African Broadcasting Corporation* auch Programme in allen offiziell anerkannten Bantusprachen ausstrahlte.

Insgesamt ergibt sich bezüglich der Verbreitung der in der RSA verwendeten Sprachen bzw. Sprachvarianten sowie ihres sozialen Ansehens folgendes Bild: Afrikaans wird von ca. 5 Millionen Menschen als Mutter- bzw. Erstsprache und von etwa 4 Millionen als Zweitsprache gesprochen, wobei es als Muttersprache in zwei Varianten existiert: dem Standard-Afrikaans der Weißen und dem Kleurling-Afrikaans der *Coloureds* (das als Nonstandardform gilt). Afrikaans wird vor allem in ländlichen Gebieten verwendet, da die Landwirtschaft der traditionelle Erwerbszweig der Weißen burischer Abstammung ist. Durch die seit 1948 bestehende Vorherrschaft der afrikaanssprachigen Weißen im staatlichen Bereich sowie deren damit verbundenen sozialen Aufstieg hat es aber auch weitere Verbreitung in den Städten gefunden. Außerdem gewann es dadurch eine stärkere Position im Bereich der Industrie und des Handels, ohne allerdings das Englische dort aus seiner dominierenden Rolle verdrängen zu können. In Städten wie Johannesburg, Kapstadt oder Port Elizabeth wird es infolge dieser Entwicklung nun in etwa gleichem Umfang verwendet wie das Englische. Seit jeher dominiert es im Oranjefreistaat.

Die Etablierung des Afrikaans im offiziellen Bereich und sein damit gewachsenes soziales Ansehen wirkten sich auf die Haltung der nichtafrikaanssprachigen Bevölkerung gegenüber dieser Sprache und ihren Sprechern auf unterschiedliche Weise aus. Die englischsprachigen Weißen erkannten den Anspruch des Afrikaans auf Gleichstellung mit dem Englischen weitgehend an, behielten jedoch, soweit sie sich nicht aus beruflichen Gründen zu seiner Beherrschung gezwungen sahen, ihre traditionell gleichgültige Haltung gegenüber der Forderung nach Zweisprachigkeit bei. Für die durch die Apartheid-Politik stark beeinträchtigten Nichtweißen verbanden sich mit dem Afrikaans dagegen bald negative Assoziationen, da es für sie die Sprache derjenigen wurde, die hauptsächlich für diese Politik verantwortlich waren. So erschien es ihnen zunehmend als "Sprache der Unterdrükkung", während das Englische für sie im Vergleich dazu Züge einer "Sprache der Emanzipation" gewann und auch deshalb vom ANC verwendet wurde. Für die afrikaanssprachigen Weißen selbst ist das Afrikaans die "Sprache der nationalen Befreiung" sowie ein wesentliches Symbol ihrer nationalen und kulturellen Identität.

Das Englische wird in der RSA von ca. 3 Millionen Menschen als Mutter- bzw. Erstsprache sowie von zwei- bis dreimal so vielen als Zweitsprache verwendet. Es ist in allen Landesteilen verbreitet, besonders aber in den Städten, und stellt trotz des sozialen Aufstiegs des Afrikaans in nicht wenigen Bereichen *de facto* noch immer die dominierende Sprache dar, so im Bereich der Wissenschaft und Technik sowie der Wirtschaft und des Handels, mit Einschränkung auch im Bereich des Bildungswesens (speziell des höheren Bildungswesens) und der Presse. Außerdem ist es das Hauptkommunikationsmittel für die RSA im internationalen Verkehr. Daher genießt das Englische bei allen Bevölkerungsgruppen ein hohes Ansehen und spielt eine solch bedeutende Rolle als Zweitsprache. Lediglich von radikalen Vertretern der *Afrikanerdom*-Ideologie wird es noch immer als "Sprache des Feindes" betrachtet. Alle anderen Weißen burischer Abstammung sind dagegen bestrebt, es möglichst gut als Zweitsprache zu beherrschen. Wesentlich für die positive Einstellung der Nichtweißen zum Englischen ist vor allem, daß es ihnen den Zugang zu höherer Bildung und zur internationalen Kommunikation eröffnet. Außerdem ist es die einzige Sprache in der RSA, die so weit von Vertretern aller Bevölkerungsgruppen beherrscht wird, daß sie generell als Verständigungsmittel zwischen ihnen dienen kann.

Als Muttersprache existiert das Englische heute in der RSA in zwei Standardvarianten, dem *Conservative* und dem *Respectable South African English*, sowie in einer Nonstandardvariante, dem *Extreme South African English*. Das *Conser-*

vative South African English orientiert sich noch so weitgehend am Englischen Standardenglisch mit der Ausspracheform der RP, daß es sich kaum von ihm unterscheidet. Es wird vor allem noch von sozial höhergestellten Sprechern der älteren Generation verwendet, die weiterhin enge Bindungen an Großbritannien haben, und gilt für viele auch nach wie vor als der "authentic standard". Es wird jedoch besonders im mündlichen Gebrauch zunehmend durch das *Respectable South African English* abgelöst, das sich auf der Basis des *Natal English* im Gebiet um Johannesburg entwickelt hat (vgl. Abschnitt 5.2.1.). Diese Variante trägt zumindest im Bereich der Aussprache bereits Züge eines *national standard* und ist für die jüngere Generation namentlich im informellen Kommunikationsbereich auch schon die vorherrschende Standardform des Südafrikanischen Englisch. Die Nonstandardvariante des ·*Extreme South African English* geht auf das *Cape English* zurück (vgl. Abschnitt 5.2.1.). Sie weist so starke Einflüsse des Afrikaans auf, daß sie sich nicht selten kaum noch vom *Afrikaans English* unterscheiden läßt, ist jedoch im Gegensatz zu ihm eine muttersprachliche Variante.

Außer als Muttersprache kommt das Englische in der RSA noch in verschiedenen Varianten als Zweitsprache vor, so bei den afrikaanssprachigen Weißen und *Coloureds* als *Afrikaans English* bzw. *Coloured English*, die beide dem *Extreme South African English* nahestehen und auch wie dieses nur ein geringes Ansehen haben. Darüber hinaus begegnet bei den Schwarzen ein von ihrer jeweiligen Muttersprache beeinflußtes *South African Black English* und bei den meist aus Indien stammenden *Asians* ein spezielles *South African Indian English*, das für sehr viele Sprecher dieser Herkunft jedoch schon zur Erstsprache oder sogar zur Muttersprache geworden ist.

Bantusprachen werden in der RSA von ca. 18 Millionen Menschen als Muttersprache gesprochen. Sie hatten bislang auf Grund der Isolierung und Degradierung ihrer Sprecher durch die Apartheid-Politik keinerlei Bedeutung für die gesamtstaatliche Kommunikation und genossen bei den Angehörigen der übrigen Bevölkerungsgruppen wie auch bei nicht wenigen Schwarzen selbst nur ein geringes soziales Ansehen. Deshalb wurden sie auch bisher von Sprechern anderer Sprachen nur selten als Zweitsprache erlernt. Nach dem Wandel der politischen Situation eröffnen sich für sie jedoch nun völlig neue, bislang ungeahnte Perspektiven.

5.2.3. Besonderheiten des Südafrikanischen Englisch

Die folgenden Ausführungen zu den Besonderheiten des Südafrikanischen Englisch beschränken sich weitgehend auf die Betrachtung der Merkmale, die charakteristisch sind für das *Respectable South African English*, d.h. für den *national standard* des Englischen in Südafrika. Er unterscheidet sich vom Englischen Standardenglisch bislang vor allem im Bereich der A u s s p r a c h e , wobei die Unterschiede jedoch kaum das Phoneminventar, sondern eigentlich nur dessen phonetische Realisierung betreffen. Besonders auffällig sind hier aus der Sicht der RP die Aufspaltung des Vokals /ɪ/ in zwei weitgehend komplementär verteilte

Varianten sowie die fast durchweg geschlossenere und/oder zentrierte Aussprache der Monophthonge. Vgl.:

RP	Respectable South African English
(betontes) ɪ	im Anlaut (bzw. nach "glottal stop"), nach /h/ und in der Umgebung von velaren Konsonanten (/k, g, ŋ/) sowie auch vor /ʃ, ʒ, tʃ, dʒ/: (geschlosseneres und weiter vorn gesprochenes) ɪ (~ i) *inn*; *hit*; *kick*, *big*, *king*; *fish*, *vision*, *ditch*, *bridge* sonst meist: (zentriertes) ï̈ (~ ə) *sit*, *bid*, *tin*, *minute*

(unbetontes) ɪ
   -ɪ-
   -ɪ ~ -i
	
	 -ə- *villages*, *wanted*
	 -i: *city*

e	(geschlosseneres) ẹ *bet*, *bed*
æ	(geschlosseneres) æ̣ (~ ɛ) *bat*, *bad*
ɑ:	(weiter hinten gesprochenes) ɑ: (~ ɒ: [ExtrSAfrE]) *palm*, *park*
ɒ	(geschlosseneres und zentriertes) ọ̈ *not*, *nod*
ɔ:	o: *paw*, *pork*
ʊ	(zentriertes) ü ~ ü *put*, *good*
u:	bes. nach /j/: (zentriertes) ü: *due*, *few*
ɜ:	(zentriertes) ö: (~ œ̈:) *hurt*, *bird*
aɪ	(zentriertes) äɪ ~ ä: *fine*, *rise*
ɛə	e: *pair*, *scarce*
r/Ø (non-rhotic accent)	r/Ø (oft "flapped r" oder Engelaut)[3] (non-rhotic accent) *red*, *tree*, *very* / *farm*, *far*
pʰ-, tʰ-, kʰ- (aspiriert)	bes. ExtrSAfrE: p͇-, t͇-, k͇- (nichtaspiriert) *pin*, *tin*, *kin*

Lehnwörter aus dem Afrikaans behalten im *Respectable South African English* oft noch Merkmale ihrer ursprünglichen Aussprache; vgl. z.B.: *sjambok* ['ʃʌmbok, 'ʃæmbʌk, -bɒk], *gogga* ['xoxɐ, 'xɒxə], *veld(t)* [felt, velt].

Bezüglich der Intonation fällt im Südafrikanischen Englisch auf, daß sie dort flacher und monotoner ist als in der RP.

Im Bereich der L e x i k resultieren die Besonderheiten des Südafrikanischen Englisch in erster Linie aus einem Einfluß des Niederländischen bzw. des Afrikaans in Form von **Lehnwörtern** und **Lehnbildungen**, die der Anpassung des Englischen an die spezifischen Bedingungen und Bedürfnisse der Kommunikation in Südafrika dienten. Daher handelt es sich bei diesen Lexemen vor allem um Bezeichnungen für Erscheinungen aus dem Bereich der Topographie, der Fauna und Flora, der Lebensweise sowie der Politik, speziell der Apartheid-Politik; vgl. z.B.:[4]

berg wind 'hot dry northerly wind blowing from the interior to coastal districts', *kloof* [klu:f] 'steep-sided ravine or valley in South Africa', *koppie* 'small hill', *krans* [krɑ:ns] 'precipitous or overhanging wall of rocks', *veld(t)* 'open country, grassland', *vlei* [fleɪ] 'hollow in which water collects during the rainy season'

baboon spider (nach Afr *bobbejaan spinnekop*) 'variety of large spider with a big body, dark brown to black in colour, with very hairy legs', *boomslang* ['buːmslʌŋ, -slæŋ] 'large venomous tree-snake', *wildebeest* ['vɪldəˌbiːᵊst, 'wɪldɪˌbiːst] 'gnu'; *botterblom* 'species of Gazania', *wonderboom* ['vɒndəˌbuːm] 'evergreen spreading tree with branches that take root and form new trees'

dorp 'village or small township', *rondavel* [rɒn'dɑ:vel, 'rɒndɑ:vəl] 'round tribal hut with a thatched conical roof; similar building, esp. as a holiday cottage or as an outbuilding on a farm', *stoep* [stʊp, stu:p] 'terraced veranda in front of a house'; *biltong* ['bɪltɒŋ] 'boneless meat salted and dried in strips', *braaivleis* ['braɪˌfleɪs] 'picnic at which meat is cooked over an open fire, barbecue', *koeksister* ['kʊkˌsɪstə] 'small cake of sweetened dough, usually dipped in syrup'; *measuring stick* (nach Afr *maatstok*) 'measuring rod'

Afrikaner [afriˈkɑːnə, ˌæfrɪˈkɑːnə] 'Afrikaans-speaking white person in South Africa, esp. one of Dutch descent', *Boer* [bʊə, 'bəʊə, bɔ:] 'South African of Dutch descent', *verkrampte* [fərˈkramtə, fəˈkræmptə] '(person) politically or socially conservative or reactionary, esp. as regards apartheid', *verligte* [fərˈləxtə, fəˈlɪxtə] '(person) progressive or enlightened, esp. as regards apartheid'; *baasskap* ['bɑːskap, -skɑ:p] 'domination, esp. of non-Whites by Whites'

vgl. ferner Lexeme wie *lekker* (infml.) 'pleasing, enjoyable, or likeable' sowie bereits zum "common core" gehörende Wörter wie *apartheid* [əˈpɑːt(h)eɪt, -(h)aɪt, -aɪd] oder *trek*

Erst über das Niederländische bzw. das Afrikaans sind nicht selten auch Lexeme aus anderen Sprachen in das Südafrikanische Englisch gelangt; vgl. z.B.:

aus dem Portugiesischen: *kraal* [krɑ:l] 'village of huts enclosed by a fence; enclosure for cattle or sheep', *mealie* 'ear of maize', *piccanin* (infml.) 'Black African child'

aus dem Malaiischen: *bobotie* [bʊˈbʊti] 'South African dish consisting of curried mincemeat with a topping of beaten egg baked to a crust', *loerie/lory* ['luri/'lɔ:ri] 'any of various brightly-coloured Australasian parrots of the subfamily Loriinae', *sjambok* 'heavy whip of rhinoceros or hippopotamus hide'

aus den Bantusprachen (hier zum Teil auch unmittelbar): *amandla* 'power', *donga* ['dɒŋə] 'dry water-course; ravine caused by erosion', *gogga* (infml.) 'insect', *impi* 'group of Bantu warriors; band of armed men', *indaba* [ɪnˈdɑːbə] 'conference between or with members of South African native tribes', *induna* [ɪnˈduːnə] 'tribal councillor or headman; African foreman, person in authority', *phutu* 'thick porridge'

Darüber hinaus finden sich in der Lexik des Südafrikanischen Englisch Wörter des Englischen mit einer zusätzlichen oder geänderten Bedeutung; vgl. z.B.:

ban 'place (a person suspected of illegal political activity) under a government order restricting his/her movement and contact with other people', *camp* 'portion of veld fenced off for pasture on farms', *classify* 'assign a person to a particular racial group', *drift* 'ford', *frog* 'frog or toad', *land* 'ground fenced off for tillage', *location* 'area where Blacks are obliged to live, usually on the outskirts of a town or city', *mason* 'bricklayer', *pocket* 'large bag or sack of vegetables or fruit', *robot* 'traffic light'

Außerdem weist das Südafrikanische Englisch auch eigene **Wortbildungen** und **Phraseologismen** auf; vgl. z.B.:

Wortbildungen: *border industry* 'industrial concerns situated on the borders of the African homelands, introduced for the specific purpose of absorbing and encouraging African labour', *exit permit* 'permit granted to opponents of the apartheid regime to leave the country without right of return', *homeland* 'Bantustan', *job reservation* 'restriction of employment to a particular racial group', *passbook / reference book* 'identity document carried by Africans'; *(Cape) Coloured*[5] 'person of racially mixed parentage or descent', *township* 'planned urban settlement of Black Africans or Coloureds'

Phraseologismen: *Black spot* 'area inhabited by Blacks, surrounded by white areas usually having superior natural resources', *Group Area* 'area set aside for enforced habitation by specific groups defined by colour' (vgl. *Grey Area* 'area where the Group Areas law was relaxed'), *national state* 'Bantustan officially considered independent or on its way towards independence'; *protected labour* 'protected menial work for poor Whites'; *cool drink* 'any soft drink'

Die im Zusammenhang mit der Apartheid-Politik entstandenen, nunmehr historischen Bezeichnungen tragen nicht selten euphemistischen Charakter. Sie wurden oft bewußt neutral gehalten (wie z.B. *location* oder *Group Area*) bzw. so gewählt, daß sie positive Konnotationen auslösten (wie z.B. *homeland, township* oder *job reservation*). Vgl. hierzu auch Bezeichnungen für 'apartheid' wie *separate/parallel/independent development* oder *self-determination*.

Mit Abstand am wenigsten unterscheidet sich das Südafrikanische Englisch vom Englischen Englisch hinsichtlich der G r a m m a t i k . Außerdem gehören die in ihm auftretenden grammatischen Besonderheiten in der Regel noch in den Bereich des Nonstandards und begegnen im Standardgebrauch allenfalls in der informellen mündlichen Kommunikation. Mit dieser Einschränkung sind für das Südafrikanische Englisch z.B. folgende grammatische Erscheinungen recht typisch:[6]

– der sog. "associative plural", d.h. Zusatz von *and them* zu Personennamen mit der Bedeutung 'and associates/friends' (z.B. *Mary and them came visiting*);
– die Weglassung von Pronomina als Objekt, wenn dieses bereits genannt wurde (z.B. *I was looking for my comb. – And did you find?*);
– die Verwendung eines "intrusive *it*" (z.B. *We cannot afford it to go*);
– der Gebrauch von adverbialem *with* am Satzende (z.B. *Does he want to go with?*, *Do you want it with?*);
– die Verwendung von *by* statt *at* oder einer anderen lokalen Präposition (z.B. *He*

left it by the house ['at home'], *We bought it by the butcher's, Everybody was by the match*);

– der Gebrauch von "*be busy* + V-*ing*" (auch mit Zustandsverb und nichtpersönlichem Subjekt) zum Ausdruck des "progressive aspect" (z.B. *We were busy listening to the radio, I'm busy working/relaxing, The rinderpest was busy decimating their herds*);

– die Verwendung des Infinitivs statt der Fügung "*of* + V-*ing*" nach Adjektiven wie *capable* (z.B. *This plastic is capable to withstand heat*);

– der stereotype Gebrauch von *not so* oder *is it* als "question-tag" bzw. "all-purpose response" (z.B. *This is the right road, not so?, She had a baby last week. – Is it?*);

– die Verwendung von affirmativem *no* als "sentence initiator" (z.B. *How are you? – No, I'm fine*).

Einige dieser Besonderheiten gehen offensichtlich auf einen Einfluß des Afrikaans zurück.

Abschließend sei hier noch ein Textauszug angeführt, der speziell hinsichtlich der Wortwahl aufschlußreich ist.

> *... Years ago an Afrikaans newspaper editor warned that the time would come when his people would have to recognise that the ANC was the National Party of the black man. That time is now. There can be no doubt that the ANC is the organisation that has captured the hearts and minds of the great mass of the black population.*
>
> *Every reporter who has been in the townships over the past 20 months covering the unrest, talking to the people and sensing the mood of the huge funeral rallies with their flags and banners and revolutionary songs, knows that. This is true not only of the big urban townships but of little dorps all over the country, and increasingly of some 'homelands'. It is a firewind of its own spreading across the veld, raging faster with every teargas canister and shotgun cartridge discharged by the police in their crude attempts to extinguish fire with fire. What it means is that there can be no solution to the racial conflict in this country that is not subscribed to by the ANC. ...* (The Star, 16.4.86)

Anmerkungen

1 1994 trat Südafrika dem *Commonwealth of Nations* wieder bei.
2 Mit Ausnahme der "national states" Transkei, Bophuthatswana, Venda und Ciskei, deren Einwohnerzahl sich 1991 auf etwa 6,4 Millionen belief. – Zahlenangaben aus dem *Fischer Weltalmanach 1995*.
3 Afrikaanssprecher verwenden oft ein gerolltes /r/ und sprechen das /r/ nicht selten auch vor Konsonant und vor Pause ("rhotic" bzw. "semirhotic accent").
4 Die Angabe der Bedeutungen erfolgt meist nach dem COD oder dem CDEL.
5 Hier kann statt einer neuen Wortbildung auch bloß eine Bezeichnungsübertragung vorliegen.
6 Die angeführten Beispiele stammen aus Beeton/Dorner 1975, Trudgill/Hannah 1994[3] und Mesthrie 1993.

Literaturhinweise

Geschichte: vgl. 7.2. und 7.4.

Sprachsituation und Sprachpolitik: vgl. 7.2. sowie 7.5.: Alexander 1990, Brauner et al. 1985, Dirven 1993, Dunjwa-Blajberg 1980, Hauptfleisch 1977, Kingscott 1994, de Klerk / Bosch 1993, Lanham/Macdonald 1979, Lanham/Prinsloo 1978, Mesthrie 1993, Van den Berghe 1968, de Villiers 1976

Besonderheiten des Südafrikanischen Englisch: vgl. 7.2. und 7.3. sowie 7.5.: Lanham 1967, Lass in Ramsaran 1990, Lass/Wright 1986, Mesthrie 1993, Taylor 1991

5.3. Das Englische in Ostafrika

Den Kern dieser anglophonen Region Afrikas bildet das ehemalige *British East Africa*, aus dem nach dem Ende der Kolonialzeit die Staaten Kenia, Uganda und Tanganjika (seit 1964 Tansania) hervorgingen. Außerdem spielt das Englische hier noch eine nicht unbeträchtliche Rolle als Kommunikationsmittel im Bereich der Bildung und des Handels in Äthiopien und in Somalia, auch wenn dort als offizielle Sprache das Amharische bzw. das Somali gilt.

5.3.1. Zur Geschichte des Englischen in Ostafrika

Ostafrika war ursprünglich von dort heimischen Stämmen besiedelt, die insgesamt weit über 100 Sprachen verwendeten, vor allem Bantusprachen (z.B. Kikuyu und Swahili) sowie nilotische (z.B. Luo) bzw. nilohamitische (z.B. Masai) und kuschitische Sprachen (z.B. Somali). Es wurde den Europäern schon früh bekannt, denn 1498 landete dort Vasco da Gama, und danach kontrollierten die Portugiesen 200 Jahre lang von Mombasa und anderen ostafrikanischen Küstenorten aus die Schiffahrt und den Handel im Indischen Ozean. Gegen Ende des 17. Jahrhunderts verloren sie jedoch diese Schlüsselstellung an den Imam von Oman. Nun siedelten sich an der Küste Ostafrikas und auf der Insel Sansibar Araber und Inder an. Unter arabischer Herrschaft entwickelten sich Mombasa und Sansibar zu bedeutenden, miteinander konkurrierenden Zentren, und der Islam wurde in diesem Gebiet zur dominierenden Religion und Kultur. Die Rolle der Lingua franca aber übernahm dort das Swahili. Es verbreitete sich rasch entlang der gesamten ostafrikanischen Küste und über die Karawanenstraßen auch im Innern des Landes, so daß es in Ostafrika anders als in den übrigen Teilen des Kontinents schon vor dem Beginn der Kolonisierung eine einheimische überregionale Verkehrssprache gab und es daher dort später auch nicht zur Herausbildung eines Pidgin-Englisch kam.

Die eigentliche Kolonisierung Ostafrikas begann erst gegen Ende des 19. Jahrhunderts, nachdem sich die europäischen Großmächte auf einer Konferenz in Berlin (1884/85) über ihre Interessengebiete auf dem afrikanischen Kontinent geeinigt hatten. Tanganjika wurde nun deutsches Protektoratsgebiet (Deutsch-

Ostafrika), Kenia zum Kern des *British East African Protectorate*, zu dem als weitere britische Schutzgebiete 1890 Sansibar, 1893 Buganda und bis 1903 auch die übrigen ugandischen Königreiche kamen. Außerdem fiel Großbritannien der Aden gegenüberliegende Küstenstreifen von Somaliland zu, während Italien die Kolonie Eritrea gründete und ganz Äthiopien zu seinem Schutzgebiet erklärte.

Ab 1902 begann Großbritannien, die Ansiedlung von Europäern im klimatisch günstigen Hochland von Kenia zu fördern. Die weißen Siedler gewannen bald starken Einfluß auf die Kolonialverwaltung und setzten ihre Interessen rigoros durch. Sprachlich bedeutete das eine Zurückdrängung des Swahili zugunsten des Englischen. Sie wurde vor allem über das Bildungswesen erreicht. Dort waren überwiegend Lehrer britischer Herkunft tätig, die sich um die Vermittlung des Englischen in seiner Standardform bemühten.

Von großer Bedeutung für die weitere Entwicklung der Kolonien in Afrika war der Erste Weltkrieg. Mit ihm wurden mehr als 1 Million Afrikaner in die militärischen Auseinandersetzungen ihrer Kolonialmächte einbezogen, und damit ergab sich zum ersten Mal die Notwendigkeit, Schwarze für Positionen auszubilden, die bislang Weißen vorbehalten waren. Das führte bei nicht wenigen Afrikanern zu einer gewissen "Europäisierung", vor allem aber dazu, daß sie das Englische erlernten.

Nach dem Ende des Ersten Weltkriegs erhielt Großbritannien vom Völkerbund das Mandat für Tanganjika (das nach dem Zweiten Weltkrieg von den Vereinten Nationen verlängert wurde). Tanganjika wurde 1920 dem *British East African Protectorate* angegliedert, dessen ursprüngliches Gebiet nun den Namen *Kenia* erhielt.

Wie in all ihren Kolonialgebieten war die Herrschaft der Briten auch in Ostafrika durch das Prinzip der "indirect rule" geprägt. Es bestand darin, daß die lokale Verwaltung unter Ausnutzung der Stammeshierarchie weitgehend einer gebildeten afrikanischen Oberschicht übertragen wurde. Damit aber war für diese Schicht die Notwendigkeit verbunden, sich eine gute Beherrschung des Englischen anzueignen. Sie wurde ihr vor allem durch die Missionsschulen vermittelt, deren Einfluß es auch in erster Linie zuzuschreiben ist, daß sich die Verwendung des Englischen in Ostafrika bis heute noch deutlich am Englischen Standardenglisch orientiert.

Der Erwerb des Englischen und die mit dem Genuß europäischer Bildung verbundene Entfremdung führten jedoch unter den Angehörigen der schwarzen Eliteschicht zu einer Identitätskrise. Es bildeten sich bei ihnen Haltungen heraus, die gegen einen weiteren europäischen Einfluß sowie zum Teil auch gegen die Verwendung des Englischen gerichtet waren. Typischer noch war allerdings, daß sie sich des Englischen bedienten, um gegen die europäische Kultur zu polemisieren und für die Bewahrung afrikanischer Traditionen einzutreten.[1]

Nach dem Zweiten Weltkrieg nahm der Konflikt zwischen Europäern und Asiaten einerseits und der afrikanischen Eliteschicht andererseits an Schärfe zu und mündete immer stärker in ein Streben nach Unabhängigkeit. Das führte schließlich dazu, daß in Ostafrika folgende neue Staaten entstanden: 1960 Somalia (durch Vereinigung von Britisch- und Italienisch-Somaliland), 1961 Tanganjika, 1962 Uganda (durch Zusammenschluß von Buganda mit den umliegenden Gebie-

ten) sowie 1963 Kenia. Nach einer Revolution auf Sansibar gegen die Vormachtstellung arabischer Familien auf dieser Insel kam es 1964 zur Vereinigung von
Sansibar und Pemba mit Tanganjika zum heutigen Staat Tansania (dessen
Bezeichnung aus den Anfangssilben der Namen seiner Hauptbestandteile gebildet
wurde: *Tan*ganyika + *Zan*zibar). Bis etwa 1970 gab es zwischen Kenia, Uganda
und Tansania noch eine Zoll-, Währungs-, Steuer- und Postunion, doch vertieften
unterschiedliche politische und ökonomische Orientierungen die zwischen diesen
Staaten bestehenden Differenzen so weit, daß schließlich an einer Union kein
Interesse mehr bestand.

5.3.2. Die gegenwärtige Sprachsituation und Sprachpolitik in Ost-
afrika

offizielle Staatsbe- zeichnung	Einwohnerzahl $(1991)^2$	Hauptstadt	offizielle Sprache(n)
Jamhuri ya Kenya (*Republic of Kenya*)	*25 016 000	Nairobi	Swahili (Englisch)
Jamhuri ya Muunga- no wa Tanzania (*United Republic of Tanzania*)	*25 270 000	Dodoma (früher: Daressalam)	Swahili
Republic of Uganda / Jamhuri ya Uganda	16 671 705	Kampala	Englisch, Swahili

In allen drei Staaten ist die Sprachsituation multilingual, doch gibt es hier anders
als in Westafrika mit dem Swahili eine heimische Sprache, die bereits seit langem
weithin als Lingua franca verwendet wird und daher einen ernsthaften Konkurrenten für das Englische als offizielles oder interethnisches Kommunikationsmittel
darstellt. Das Swahili wird in Tansania von über 90%, in Kenia von ca. 75% und
in Uganda von etwa 25% der Sprecher beherrscht und hat inzwischen besonders
in Tansania und in Kenia auch offizielle Anerkennung gefunden. In Tansania ist
es seit 1967 die einzige offizielle Sprache. In Kenia wurde ihm ein solcher Status
1974 zugesprochen, hat es sich aber in dieser Funktion trotz staatlicher Förderung
noch nicht in gleichem Maße gegenüber dem Englischen durchsetzen können.

Das Englische wurde in den ostafrikanischen Staaten nach der Erringung der
Unabhängigkeit zwar *de jure* zunehmend als offizielles Kommunikationsmittel
zurückgedrängt, behielt dort jedoch *de facto* in nicht wenigen Bereichen eine
dominierende Stellung. Das gilt vor allem für das Bildungswesen. Hier ist es in
Kenia und in Uganda bereits in den höheren Klassen der Grundschule (in den
Städten zum Teil auch schon früher) Unterrichtsmedium und hat in allen drei
Staaten diese Funktion fast durchweg in der Oberschule sowie in den höheren Bil-
dungseinrichtungen. Außerdem spielt es nach wie vor eine wichtige Rolle als
Kommunikationsmittel auf den oberen Ebenen der staatlichen Verwaltung und des
Rechtswesens sowie im Bereich der Massenmedien (speziell der Printmedien) und

des Handels, wozu nicht zuletzt seine Bedeutung für den internationalen Verkehr beiträgt. So gibt es z.B. im Rundfunk einen "home service" in den afrikanischen Sprachen und einen "international service" in englischer Sprache. Selbst in Tansania kam es inzwischen unter dem Druck der realen Bedürfnisse wieder zu einer stärkeren Berücksichtigung des Englischen.

Die Zahl der Englischsprecher beläuft sich gegenwärtig in Kenia und Uganda auf ca. 15-20% der Bevölkerung, in Tansania auf ca. 5%. Muttersprache ist es in diesem Teil Afrikas im wesentlichen nur für eine größere Gruppe von Weißen in Kenia, die jedoch ständig an Umfang abnimmt und heute lediglich noch aus etwa 25 000 Sprechern besteht. Meist wird das Englische in Ostafrika als Zweitsprache verwendet. Außerdem ist sein Gebrauch infolge der Konkurrenz des Swahili weitgehend eingeengt auf den öffentlichen Bereich. Dies wie der vorwiegend höhere soziale Status seiner Sprecher und die Tatsache, daß es in erster Linie durch die Schule verbreitet wird, erklären zugleich, daß sich seine Verwendung hier noch stark am Englischen Standardenglisch orientiert und mitunter unangemessen förmlich wirkt. So ist es denn auch umstritten, ob man überhaupt schon von einer speziell ostafrikanischen Variante des Englischen oder gar von einem Kenianischen oder Tansanischen Englisch sprechen kann. Unverkennbar ist jedoch, daß es in diesem Teil Afrikas ebenfalls bereits Besonderheiten angenommen hat. Sie sind vor allem durch den Einfluß der Muttersprachen der Sprecher sowie durch seine zunehmende Kontextualisierung, d.h. Anpassung an die regionalen Kommunikationsbedürfnisse, bedingt und treten um so stärker auf, je niedriger der soziale Status und der Bildungsgrad der Sprecher sind. Nicht selten werden sie daher auch noch als Abweichungen von der Norm oder doch zumindest als Nonstandardformen angesehen (vgl. Hocking 1974).

5.3.3. Besonderheiten des Englischen in Ostafrika

Besonderheiten zeigt das Englische in Ostafrika vor allem im Bereich der A u s - s p r a c h e . Sie gehen dort in der Regel auf einen Einfluß der Muttersprachen der Sprecher zurück und weisen gewisse Ähnlichkeiten mit dem Englischen in Westafrika auf, die sich aus Gemeinsamkeiten des heimischen Sprachsubstrats erklären. So findet sich auch im Ostafrikanischen Englisch eine starke Reduzierung der Phonemoppositionen im Bereich der Vokale (vgl. S. 182).

RP	Ostafrikanisches Englisch	
iː		*seat*
	i	
ɪ		*sit*
e		*let*
	ɛ ~ e	
eɪ		*late*
æ		*hat*, auch: ɛ
ɑː	a	*heart*
ɜː		*hurt*, auch: ɛ ~ e
ʌ		*hut*

ɒ	*not*, auch: a
ɔ:	o *nought*
əʊ	*note*
u:	*fool*
	u
ʊ	*full*

Weniger auffällig sind die Besonderheiten des Ostafrikanischen Englisch im Bereich der Konsonanten. Hier werden /θ, ð/ (z.B. in *think*, *this*) oft durch /s, z/ oder durch /t, d/ ersetzt und /b, v/ (z.B. in *pub*, *love*) durch /p, f/, wobei dann mitunter auch umgekehrt [b, v] als hyperkorrekte Lautungen für /p, f/ begegnen (z.B. *cup* [kab], *laughing* ['laviŋ]). Bezüglich der phonetischen Realisierung der Konsonantenphoneme fällt auf, daß /p, t, k/ (z.B. in *pin*, *tin*, *kin*) häufig nicht aspiriert werden und daß /r/ vielfach als gerolltes oder als "flapped r" gesprochen wird. Hinsichtlich der Verteilung von /r/ gehört das Englische in Ostafrika zu den "non-rhotic accents", doch kommt es hier des öfteren zu einem Zusammenfall bzw. zu einer Verwechselung von /r/ und /l/ (z.B. *lorry* ['rori ~ 'loli ~ 'roli]). Für die Aussprache von Konsonantenverbindungen ist typisch, daß sie entsprechend den für die heimischen Sprachen geltenden Regeln durch Einschub von Vokalen aufgelöst werden (z.B. *string* ['sitriŋ], *confidence* ['konifidens]). Andererseits verwenden Kikuyu-Sprecher vor stimmhaften Verschlußlauten nicht selten einen homorganen Nasal (z.B. *bad* [mband], *dark* [ndak]).

Die Tatsache, daß das Englische den Sprechern in Ostafrika oft primär rezeptiv als geschriebene Sprache vertraut ist, führt zu Schriftbildaussprachen, wobei die Tendenz zur Verwendung von Starktonvokalen in unbetonter Silbe noch dadurch verstärkt wird, daß die heimischen Sprachen eher einen "syllable-timed" als einen "stress-timed rhythm" haben (vgl. z.B. *half* [half], *comb* [komb], *plumber* ['plamba], *idiom* ['aidjom]).

Außerdem finden sich im Ostafrikanischen Englisch wie im Westafrikanischen auch Abweichungen vom Englischen Englisch hinsichtlich der Lage des Wortakzents (vgl. z.B. *demon'strate*, *exe'cute*, *argu'ment*; *mis'chievous*, *photo'graphy*; *'surprise*).

In der L e x i k gehen die Besonderheiten des Ostafrikanischen Englisch außer auf Interferenz der heimischen Sprachen auch auf die Notwendigkeit zurück, es den regionalen Kommunikationsbedingungen und -bedürfnissen anzupassen. Hauptmittel dazu sind die Entlehnung bzw. Lehnübersetzung, die Verwendung englischer Lexeme mit einer neuen Bedeutung sowie die Wortbildung.

Durch **Entlehnung** aus den heimischen Sprachen sind in das Ostafrikanische Englisch z.B. eingedrungen:

duka 'store, shop', *kangara* 'maize beer', *kuni* 'firewood', *matatu* 'collective taxi', *ndugu* 'brother, comrade', *panga* 'machete', *pombe* 'traditional beer', *shamba* 'cultivated plot of land', *sufuria* 'cooking pot/pan', *ugali* 'cornmeal paste', *uhuru* 'freedom, independence', *wananchi* 'fellow, countryman'

Mehr oder weniger weit schon in den allgemeinen Wortschatz eingedrungen sind Entlehnungen wie *baobab* 'African tree (Adansonia digitata)', *bwana* 'master, sir' oder *safari* mit der speziellen Bedeutung 'hunting or photographing expedition, esp. in East or Central Africa'.

Englische Lexeme mit einer für Ostafrika spezifischen Bedeutung oder Lehnbedeutung sind z.B.:

> *compound* 'area around a house', *dry* (*coffee*) 'without milk and sugar', *duty* 'work, occupation', *hear* 'feel (pain); understand (a language)' (z.B. *I can hear something on my back*; *I can hear five languages*), *live* 'stay temporarily', *medicine* 'laboratory chemicals', *miss* (*to come / food*) 'fail / lack', *open* (*the light*) 'switch on'

Als Beispiele für ostafrikanische **Wortbildungen** bzw. **Phraseologismen** (zum Teil Lehnübersetzungen aus den heimischen Sprachen) seien hier genannt:

> Ableitungen: *overlisten* (analog zu *overhear*) 'eavesdrop' – *foodious* 'gluttonous', *rushy* 'hasty' (z.B. *Don't be rushy*); *crudify* 'make crude' – Komposita: *face towel* 'face-cloth', *jumbo sale* 'jumble sale', *poor money* 'money for the poor', *tea sieve* 'tea strainer'
> Phraseologismen: *come/go with* 'bring/take' (z.B. *Come with that box*), *stay with* 'keep' (z.B. *I'll stay with this one*); *crack out* (*with laughter*), *groan out* (*sth.*), *cope up* (*with sth.*); andererseits ohne Partikel: *crop* 'crop up' (z.B. *Her name cropped in the conversation*), *pick* 'pick up' (z.B. *Pick me at six*), *leave* 'leave out' – *clean heart* 'without guile', *come in(to) one's throat* 'be on the tip of one's tongue', (*that was*) *too good* 'very good'

Außerdem läßt sich im Ostafrikanischen Englisch wie im Westafrikanischen des öfteren eine unangemessen förmlich wirkende Wortwahl beobachten (z.B. *I have never witnessed* [statt *seen*] *any of these expressions*).

Die Besonderheiten des Ostafrikanischen Englisch in der G r a m m a t i k haben ebenfalls Parallelen im Westafrikanischen Englisch und begegnen wie dort vor allem in informellem mündlichem Gebrauch; vgl. z.B.:
– die Verwendung von Substantiven, die sonst keine Numerusdifferenzierung aufweisen, in der Pluralform (z.B. *advices*, *breads*, *fruits*), mitunter, weil das Bezeichnete aus zwei Teilen besteht (z.B. *She held the child in her laps*, *My noses* [i.e. nostrils] *are stuffed up*; *bottoms*);
– den Ersatz von *each other* durch *themselves* (z.B. *They love themselves*);
– die Auslassung von *more* bzw. *than* in Vergleichen (z.B. *This university is successful in its training program than others*, *He loves his car than his wife*; *They would have more powder on the hand and* [statt *than*] *in their faces*);
– den Gebrauch von *have* und anderen sonst aspektlosen Zustandsverben in der Expanded Form (z.B. *I am having a cold*, *She is knowing her science very well*);
– die stereotype Verwendung von *is it* bzw. *isn't it* oder *not so* als "question-tag" (z.B. *You didn't go, is it?*; *He came here, isn't it / not so?*);
– den Gebrauch von *yes* statt *no* in Antworten auf negative Entscheidungsfragen (z.B. *Didn't you see anyone at the compound? – Yes* [= 'I didn't see anyone ...']);
– die Wiederaufnahme des Subjekts durch ein Pronomen, speziell zum Zwecke der Rhematisierung (z.B. *My son he is attending the University of Nairobi*).

Wie im Westafrikanischen Englisch sind diese Besonderheiten auch hier weitgehend durch den Einfluß der heimischen Sprachen bedingt.

Anmerkungen

1 Vgl. dazu die Schriften von J. Kenyatta, J. Nyerere und K. Kaunda.
2 Zahlenangaben aus dem *Fischer Weltalmanach 1994* (* = geschätzt).

Literaturhinweise

Geschichte: vgl. 7.2. und 7.4. sowie 7.5.: Schmied 1991
Sprachsituation und Sprachpolitik: vgl. 7.2. sowie 7.5.: Abdulaziz 1972, Angogo/Hancock 1980, Brauner 1984, Brauner et al. 1985, Heine/Köhler 1981, Ladefoged/Glick/Criper 1972, Polomé/Hill 1980, Rubagumya 1990, Schmied 1985a, Schmied 1985b, Schmied 1989, Schmied 1990b, Schmied 1991, Schmied 1992, Sure 1992, Whiteley 1974
Besonderheiten des Englischen in Ostafrika: vgl. 7.2. sowie 7.5.: Angogo/Hancock 1980, Hocking 1974, Schmied 1991, Whiteley 1974

6.   Das Englische in Asien

Das Englische spielt in Asien in einer ganzen Reihe von Ländern eine bedeutende Rolle als Zweitsprache und hat in einigen von ihnen auch den Status einer offiziellen Sprache. Zu den Ländern, in denen es wichtige Funktionen im intranationalen Verkehr erfüllt, zählen die Republik Indien, die Islamische Republik Pakistan, die Volksrepublik Bangladesch, die Demokratische Sozialistische Republik Sri Lanka, das Königreich Nepal, die Republik der Malediven, die Union von Myanmar (ehemals Burma), die Föderation Malaysia, die Republik Singapur, die Republik der Philippinen und die britische Kronkolonie Hongkong. Im folgenden steht das Englische in Indien im Mittelpunkt der Betrachtung.

6.1.   Das Englische in Indien

6.1.1.   Zur Geschichte des Englischen in Indien

Die Geschichte des Englischen in Indien begann im Jahre 1600 mit der Gründung der *East India Company*, die bereits im Laufe des 17. Jahrhunderts die ersten Handelsniederlassungen in Surat (1612) sowie in den heutigen Städten Madras (1639), Bombay (1674) und Kalkutta (1690) errichtete. Die damit eingeleitete Besetzung Indiens durch die Briten endete 1849 mit der Annexion des Pandschabs. Bis 1773 wurden die besetzten Territorien allein durch die *East India Company* verwaltet, danach auch durch die britische Krone, wobei letztere immer mehr Handels- und Verwaltungsrechte übernahm. 1858, nach dem Sepoy-Aufstand, wurde die *East India Company* aufgelöst, und die britischen Territorien erhielten den Status einer Kronkolonie. 1877 wurde Indien zum Kaiserreich in Personalunion mit der britischen Krone proklamiert.

Zu der Zeit, als die ersten Briten auf dem indischen Subkontinent erschienen, war dieser in zahlreiche Fürstentümer aufgespalten. In ihnen wurde eine Vielzahl von Sprachen gesprochen, wobei besonders das Persische (für die islamische Führungsschicht) sowie das Sanskrit (unter den gelehrten Hindus) auch schon als überregionales Kommunikationsmittel fungierten. Außerdem spielte dort damals (vor allem in den europäischen Niederlassungen) bereits das Portugiesische eine Rolle als Verkehrssprache mit auch offiziellen Funktionen, da die Portugiesen schon vor den Briten mit der Kolonisierung des Subkontinents begonnen hatten.

In den ersten einhundert Jahren der britischen Präsenz in Indien blieb die Verwendung des Englischen auf die territorial sehr begrenzten Handelsniederlassungen der *East India Company* beschränkt. Hier wurde es außer von den Briten selbst zunächst lediglich von deren indischen Hausangestellten bzw. von den für sie im Dienstleistungs- und Versorgungsbereich tätigen Indern verwendet, wobei es für letztere aber noch weitgehend den Charakter einer Fremdsprache hatte. Als Fremdsprache wurde es auch bis zum Ende des 18. Jahrhunderts an den Missionsschulen gelehrt, die von den mit der *East India Company* nach Indien gekommenen Missionaren in den britischen Besitzungen und deren näherer Umgebung gegründet worden waren. Unterrichtsmedium an diesen Schulen waren jedoch das Portugiesische bzw. die einheimischen indischen Sprachen. Die Ersetzung des Portugiesischen durch das Englische begann erst im 18. Jahrhundert, als die ersten Schulen mit Englisch als Unterrichtsmedium entstanden. Sie legten den Grundstein für die Schaffung eines englischsprachigen Bildungssystems in Indien und trugen dazu bei, daß das Englische zumindest für einige Inder bereits zu einer Zweitsprache wurde, hatten jedoch insgesamt gesehen bis zum Ende des 18. Jahrhunderts nur geringen Anteil an seiner Verbreitung. Wichtiger in dieser Hinsicht war, daß sich mit der Ausweitung und Konsolidierung der britischen Besitzungen immer deutlicher Vorstufen einer von den Briten dominierten Administration herausbildeten und das Englische damit in bestimmten Bereichen die Funktion einer offiziellen Sprache zu übernehmen begann. So gab es dort schon seit dem Ende des 17. Jahrhunderts britische Gerichte, an denen Handelsstreitigkeiten auch von Indern verhandelt wurden, und seit 1677 britische Militäreinheiten, denen indische Truppenteile angehörten. Damit aber wurde für bestimmte Gruppen von Indern zumindest in einigen Kommunikationsbereichen eine gewisse Beherrschung des Englischen zur Notwendigkeit. In vielen Institutionen der Administration (z.B. in der Finanzverwaltung), im Verkehr mit den indischen Fürstenhöfen sowie auch an den oberen Gerichten wurde jedoch zunächst weiterhin das Persische verwendet. Das stand im Einklang mit der anfangs von den Briten verfolgten Politik der kulturellen und sprachlichen Nichteinmischung, der auch die bis zum Beginn des 19. Jahrhunderts geübte Zurückhaltung in der Missionstätigkeit entsprach. Ganz im Sinne dieser Politik kam es sogar zu einer Förderung der Studien des Sanskrits und des Arabischen durch die Briten, die ihren Niederschlag in der Gründung von Colleges für orientalische Studien fand.

Der Förderung der orientalischen Studien durch die britische Administration stand jedoch der mit der Erweiterung der britischen Besitzungen und ihrer Verwaltung ständig steigende Bedarf an indischen Angestellten mit englischen Sprachkenntnissen gegenüber wie auch der Wunsch nicht weniger Inder selbst, die englische Sprache zu erlernen. Dieser Wunsch ergab sich zum einen daraus, daß mit einer Anstellung bei der *East India Company* materielle Vorteile und soziales Prestige verbunden waren. Zum anderen entwickelte sich unter den Indern eine einflußreiche Gruppe von Bankiers, Kaufleuten, hohen Beamten und Grundbesitzern, die sich mit dem in Europa erreichten Stand von Wissenschaft und Technik vertraut machen wollte und für die die europäische Literatur und Philosophie zum prägenden Bildungserlebnis wurden. Der steigende Bedarf an indischen Angestellten mit Englischkenntnissen sowie der Wunsch einer Elite, sich europäische Bildung anzueignen, führten dazu, daß Anfang des 19. Jahrhunderts schließlich auch weltliche Schulen geschaffen wurden, an denen Englisch als Fremdsprache gelehrt wurde. Außerdem gab es innerhalb der britischen Administration neben den Förderern der orientalischen Studien, den sog. Orientalisten (*Orientalists*), auch Befürworter einer Bildungspolitik zugunsten des Englischen, die sog. Anglisten (*Anglicists*). Sie traten für grundlegende Veränderungen ein, die nicht allein die Sprachenfrage, sondern das Bildungssystem insgesamt sowie auch die Missionstätigkeit betrafen. So wurden auf ihr Betreiben hin neben den Colleges für orientalische Studien auch höhere Bildungseinrichtungen wie das Hindu-College in Kalkutta (1817) gegründet, wo außer Hindustani und Englisch Fächer wie Astronomie, Mathematik, Geschichte, Persisch und Englische Literatur unterrichtet wurden. Da das in englischer Sprache geschah, war mit der Gründung solcher Colleges ein weiterer wichtiger Schritt auf dem Wege des Englischen von der Fremdsprache zur Zweitsprache getan.

Zu Beginn des 19. Jahrhunderts kam es zur offenen Kontroverse zwischen den Orientalisten und den Anglisten. Den äußeren Anlaß dazu gaben Meinungsverschiedenheiten über die Auslegung eines Passus in der 1813 vom britischen Parlament verabschiedeten Neufassung der "Charter" für die *East India Company*, der die Bereitstellung von finanziellen Mitteln für das Bildungswesen in Indien vorsah. Während die Orientalisten diese Mittel für die Ausweitung der Sanskrit- und Arabischstudien verwendet wissen wollten, forderten die Anglisten, sie für die Ausbildung in englischer Sprache und Literatur sowie in Naturwissenschaft und Technik nach dem Muster entsprechender Bildungseinrichtungen in Großbritannien zu nutzen. Der Streit endete schließlich mit einem Sieg der Anglisten, was zur Folge hatte, daß das Englische 1835 zum Unterrichtsmedium im mittleren und höheren Bildungswesen sowie auch zur Sprache der Verwaltung und aller oberen Gerichte erklärt wurde und damit *de jure* den Status einer offiziellen Sprache erhielt. Wesentlichen Anteil daran hatte Th. B. Macaulay, der in einer "Minute" vom 2. Februar 1835 die Argumente der Anglisten für die Einführung des Englischen in das Bildungswesen zusammengefaßt hatte. Diese "Minute" gipfelte in der Forderung nach Heranbildung einer indischen Elite, die als Vermittler der als überlegen angesehenen "westlichen", speziell britisch geprägten Kultur in Indien fungieren konnte: "We must ... do our best to form a class who may be interpreters between us and the millions whom we govern; a class of persons, Indian in blood and colour, but English in taste, in opinions, in morals, and in intellect. To that class we may leave it to refine the vernacular dialects of the country, to enrich those dialects with terms of science borrowed from the Western nomenclature, and to render them by degrees fit vehicles for conveying knowledge to the great mass of the population" (Macaulay 1952: 729f.). Mit der Erklärung zur offiziellen Sprache aber wurde das Englische für die Mehrzahl der Inder, die es beherrschten, endgültig von einer Fremdsprache zu einer Zweitsprache, die nun zunehmend auch im nichtoffiziellen Bereich Verwendung fand.

Nach der Einführung des Englischen als offizielle Sprache entstanden in Indien zahlreiche weitere Schulen und Colleges, an denen es nicht nur Unterrichtsfach, sondern auch Unterrichtsmedium war und die sich regen Zuspruchs erfreuten. Diese Entwicklung wurde seitens der Kolonialadministration u.a. dadurch gefördert, daß Absolventen solcher Schulen bevorzugt im öffentlichen Dienst beschäftigt wurden. 1854 nahm die britische Regierung eine Analyse des Bildungswesens in Indien vor, auf Grund deren für die "elementary education" die Muttersprache der Schüler, für die "higher education" dagegen das Englische zum Unterrichtsmedium bestimmt wurde. Letzteres galt auch für die ersten indischen

Universitäten, die 1857 in Kalkutta, Bombay und Madras gegründet wurden. Alle diese Maßnahmen trugen dazu bei, daß sich rasch eine elitäre englischsprechende Schicht von Indern herausbildete. Sie konnte aber schon deshalb nicht als "Mittler" zwischen den Kolonialbehörden und der breiten Masse der Bevölkerung wirken, weil sie auf Grund des hinduistischen Kastenwesens hermetisch von den übrigen sozialen Schichten abgeschlossen war. Durch die Beherrschung des Englischen geriet sie noch mehr in eine gesellschaftliche Sonderstellung, was die bestehenden sozialen Gegensätze weiter vertiefte.

Die Einführung des Englischen als offizielle Sprache fand keineswegs den ungeteilten Beifall aller Inder. Vielmehr stieß sie bei einigen Hindus sowie vor allem bei den Moslems auch auf eine nicht unbeträchtliche Opposition, und es kam als Reaktion auf die ständige Betonung der Überlegenheit der westlichen Kultur und Bildung in diesen Kreisen sogar zu einer verstärkten Rückbesinnung auf die geistigen Werte und die Kultur Indiens. Die Moslems standen dem Englischen feindlich gegenüber, da sie durch seine Einführung als offizielle Sprache anstelle des Persischen weitgehend ihren politischen Einfluß verloren. Das aber trug zu der wachsenden sozialen und kulturellen Differenzierung zwischen ihnen und den Hindus bei, die gut einhundert Jahre später zur Teilung Indiens in die Dominien Indische Union und Pakistan führte.

Auch die englischsprechende Schicht entwickelte jedoch Interessen, die sich nicht mit denen der Kolonialherren deckten. Aus dieser Schicht, für die das Englische eine integrierende Funktion hatte, ging die indische Befreiungsbewegung hervor, deren Hauptvertreter die 1885 gegründete Kongreßpartei wurde. Sie verlangte eine Änderung der administrativen Gliederung des Landes, die von den Kolonialherren ohne Rücksicht auf ethnische und sprachliche Gegebenheiten vorgenommen worden war, und forderte die Schaffung von "linguistic provinces", d.h. eine Reorganisation der administrativen Gliederung unter Berücksichtigung der Sprachsituation. Dieser Forderung trug die Kolonialregierung jedoch nur Rechnung, als sie 1936 auf sprachlicher Basis die Provinzen Sindh und Orissa schuf. Die Kongreßpartei entsprach ihr insofern, als sie ab 1920 ihre Provinzkomitees auf sprachlicher Grundlage organisierte, wodurch es in einer ganzen Reihe von Provinzen zu mehreren solcher Komitees kam.

Eine zumindest offiziell kritischere Einstellung gegenüber der englischen Sprache und dem englischen Bildungssystem zeigte die Befreiungsbewegung erst zu Beginn des 20. Jahrhunderts, als sich der Indische Nationalkongreß zu einer Massenbewegung entwickelte und daher nun auch ein den breiten Massen verständliches Kommunikationsmittel benötigte. Das führte zu einer Aufwertung der heimischen, indischen Sprachen sowie schließlich zur Propagierung des Hindustani[1] als gesamtindische Verkehrssprache und zukünftige indische Nationalsprache, da es hinsichtlich seiner Form einen Kompromiß zwischen dem von den Hindus verwendeten Hindi und dem von den Moslems bevorzugten Urdu darstellte. Das Verhältnis der Befreiungsbewegung zum Englischen erwies sich jedoch als zwiespältig, da es immerhin die Sprache war, die ihre Führungsschicht intellektuell geprägt hatte und in der sie sich weitgehend artikulierte.

Im Jahre 1947 erlangte Britisch-Indien die Unabhängigkeit, doch war dies mit einer Teilung des Landes in das Dominion Indische Union mit überwiegend hinduistischer Bevölkerung und das Dominion Pakistan mit vorwiegend moslemischer Bevölkerung verbunden. Ersteres wurde 1950 zur unabhängigen Republik Indien proklamiert, letzteres 1956 zur Islamischen Republik Pakistan, doch blieben beide Staaten Mitglied des *Commonwealth of Nations*. 1971 konstituierte sich in dem mehrere tausend Kilometer von Westpakistan entfernt liegenden Landesteil Ostpakistan die Volksrepublik Bangladesch, deren internationale Anerkennung Pakistan 1972 zum Austritt aus dem *Commonwealth* veranlaßte.

Die Indische Union sah sich sogleich vor zwei sprachpolitische Probleme gestellt: die administrative Neugliederung des Landes unter Berücksichtigung ethnischer und sprachlicher Gesichtspunkte sowie die Bestimmung der Rolle der heimischen Sprachen und des Englischen im Rahmen der Union und der einzelnen Unionsstaaten bzw. -territorien.

In der ersten Phase der administrativen Neugliederung wurden zunächst die rund fünfhundert Fürstentümer, die bis 1947 neben den britischen Besitzungen auf dem Subkontinent bestanden hatten, in die Union eingegliedert und dabei auch ethnische und sprachliche Gegebenheiten berücksichtigt. Damit war jedoch das Problem der Schaffung von "linguistic states" noch nicht gelöst, da die von der Kolonialverwaltung einst willkürlich gezogenen Provinzgrenzen sonst noch als Grenzen der Unionsstaaten beibehalten wurden und infolgedessen in fast jedem Staat weiter mehrere Sprachgemeinschaften existierten, die zudem meist auch in anderen Staaten vertreten waren. So lebten z.B. im Staat Madras große Sprechergruppen des Tamil, des Telugu und des Malajalam, doch gab es Telugu-Sprecher auch in Teilen der Staaten Maisur und Hyderabad. Das führte zu Schwierigkeiten in der Verwaltung und im Bildungswesen sowie zu Problemen hinsichtlich der Festlegung der Staatssprache und der gleichberechtigten kulturellen Entwicklung der einzelnen ethnischen Gruppen. Andererseits beschwor die Schaffung von "linguistic states" die Gefahr einer Stärkung von partikularistischen Tendenzen herauf. Eine Änderung der administrativen Gliederung des Landes, die den ethnischen und sprachlichen Gegebenheiten Rechnung trug, war jedoch nicht mehr aufzuhalten, zumal sie einer alten Forderung der Kongreßpartei entsprach. So entschloß sich die Zentralregierung zu einer Neugliederung, die die politische Landkarte Indiens erheblich veränderte, ohne allerdings das Problem der sprachlichen Minderheiten in den Unionsstaaten endgültig zu lösen. Der Prozeß der administrativen Umgestaltung ist daher noch keineswegs abgeschlossen, doch beweisen jüngste Entwicklungen auch, daß die Schaffung von relativ homogenen ethnischen und sprachlichen Einheiten wie befürchtet zur Stärkung partikularistischer Tendenzen führen kann.

Das zweite sprachliche Problem, die Bestimmung der Rolle der indischen Sprachen und des Englischen im offiziellen Bereich, vor allem aber die Festlegung der offiziellen Sprache der Union, führte in der Verfassunggebenden Versammlung zu heftigen Auseinandersetzungen. War während des Befreiungskampfes die Wahl von Hindi bzw. Hindustani als künftige offizielle Sprache der Union kaum umstritten gewesen, so änderte sich das nach der Erringung der Unabhängigkeit schlagartig. Gegen die Wahl von Hindi als Unionsprache wandten sich jetzt vor allem die Vertreter des nichthindisprachigen Südens und Bengalens, da sie darin eine Stärkung der Vorherrschaft des hindisprachigen Nordens sowie eine

Beeinträchtigung der beruflichen und sozialen Chancengleichheit sahen. Daher wurde die Bestimmung von Hindi zur "official language of the Union" auch nur mit einer Stimme Mehrheit angenommen. Sie ist gesetzlich verankert in Artikel 343 der Verfassung, wo zugleich dem Englischen noch für eine Übergangszeit von fünfzehn Jahren nach deren Inkrafttreten (am 26.1.1950) der Status einer "associate official language" eingeräumt wurde, und zwar mit all den Funktionen, die es bis dahin innegehabt hatte. Nach Ablauf dieser Frist sollte das Parlament über seine weitere Verwendung entscheiden. Zur Vorbereitung dieser Entscheidung wurde in Artikel 344 der Verfassung die Bildung von Kommissionen vorgesehen, die Empfehlungen für "the progressive use of the Hindi language for the official purposes of the Union" und "restrictions on the use of the English language for all or any of the official purposes of the Union" sowie für die Verwendung des Englischen am Obersten Gericht der Union (dem *Supreme Court*) und an den Obersten Gerichten der Unionsstaaten (den *High Courts*) ausarbeiten sollten, wo nach Artikel 348 ebenso wie in der Gesetzgebung zunächst weiterhin nur das Englische zugelassen war. Hinsichtlich des Sprachgebrauchs im parlamentarischen Bereich wurde in Artikel 120 bzw. 210 bestimmt, daß bis auf Widerruf im Parlament der Union vorzugsweise Hindi oder Englisch, in den Parlamenten der Unionsstaaten daneben in der Regel noch deren offizielle Sprache (die "state language" bzw. IndE auch "regional language") verwendet werden sollte. Dazu wiederum konnten nach Artikel 345 von den Unionsstaaten eine bzw. mehrere der auf ihrem Territorium gesprochenen Sprachen oder Hindi erhoben werden.

Entsprechend der generellen, auf die Ablösung des Englischen gerichteten sprachpolitischen Zielsetzung enthielt die Verfassung in Artikel 351 auch noch Festlegungen zur Verbreitung und Entwicklung des Hindi sowie im VIII. Anhang eine Liste der nationalen Sprachen Indiens, die besonders gefördert werden sollten. Sie umfaßte vierzehn Sprachen, und zwar Assami, Bengali, Gudscharati, Hindi, Kannada, Kaschmiri, Malajalam, Marathi, Orija, Pandschabi, Sanskrit, Tamil, Telugu und Urdu, zu denen später noch Sindhi und zwei weitere hinzukamen. Bis auf das Sanskrit, das Urdu und das Sindhi haben diese Sprachen zugleich den Status von "state languages". Das gilt zwar auch für das Englische (vgl. Abschnitt 6.1.2.), doch wurde es nicht in die Liste aufgenommen, da es zumindest offiziell nicht zu den indischen Sprachen gezählt wird.

Mit den sprachpolitischen Festlegungen in der Verfassung war die Sprachenfrage jedoch keineswegs schon gelöst. Vielmehr mußten unter dem Druck der nichthindisprachigen Staaten sowie angesichts zunehmend auch gewalttätiger Auseinandersetzungen um diese Frage bald Zugeständnisse hinsichtlich der Durchsetzung des Hindi und der Ablösung des Englischen gemacht werden. So wurde der bisherige Status des Englischen 1965 durch Teil 3 der "Official Languages Act" (1963) für weitere zehn Jahre und 1967 schließlich durch ein "Amendment" dazu sogar für unbegrenzte Zeit verlängert. Außerdem enthält dieser Zusatz detaillierte Angaben zur Funktionsteilung zwischen Hindi, Englisch und den Staatssprachen in der zentralen Administration sowie in der Verwaltung der Unionsstaaten und -territorien.

Eine wichtige Maßnahme zur Realisierung der sprachpolitischen Festlegungen der Verfassung sowie zur Förderung der nationalen Integration und zur Herstellung von beruflicher und sozialer Chancengleichheit war die Entwicklung der Drei-Sprachen-Formel als Grundlage für die Sprachverwendung im Bildungswesen. Sie sah vor, daß die Schüler jeweils die "regional language" (d.h. ihre Muttersprache oder die "state language"), Hindi bzw. – in hindisprachigen Gebieten – eine andere moderne indische Sprache (vorzugsweise eine drawidische) sowie Englisch lernen sollten. Das ließ sich jedoch wegen der im Süden herrschenden Aversionen gegen das Hindi und der im Norden fehlenden Motivation für das Erlernen einer drawidischen Sprache niemals voll durchsetzen. Da Vorschläge für eine realistischere und wohl auch billigere Lösung dieses Problems aber nicht aufgegriffen wurden, ist die Drei-Sprachen-Formel ungeachtet aller Einwände in ihrer ursprünglichen Fassung noch immer Bestandteil der offiziellen Sprachpolitik.

6.1.2. Die gegenwärtige Sprachsituation und Sprachpolitik in der Republik Indien

Einwohnerzahl (1991): 844 000 000[2]
Hauptstadt: New Delhi

In der Republik Indien werden heute mehr als 500 Sprachen als Muttersprache verwendet. Die meisten Inder (etwa 72%) sprechen eine indoeuropäische Sprache wie Hindi, Urdu oder Bengali, die historisch alle aus dem Sanskrit hervorgegangen sind. Sie verteilen sich im wesentlichen über den Norden des Landes. Die Gruppe mit der zweithöchsten Sprecherzahl (etwa 25%) stellen die drawidischen Sprachen dar, zu deren wichtigsten Tamil, Telugu, Malajalam und Kannada zählen. Sie werden vor allem im Süden gesprochen. Außerdem gibt es vorwiegend in einigen Randgebieten des Nordens und Nordostens mit einer Sprecherzahl von zusammen etwa 3% noch austroasiatische, tibetochinesische und andere Sprachen. Dazu kommt als wichtigste nichtheimische Sprache das Englische, das jedoch lediglich für eine kleine Gruppe von Sprechern, die sog. *Anglo-Indians*, die Muttersprache ist und im Unterschied zu den heimischen Sprachen überwiegend nur als sekundäre Sprache verwendet wird. In dieser multilingualen Sprachsituation nehmen das Hindi als "official language of the Union" und das Englische als "associate official language" sowie die neben dem Hindi laut Verfassung speziell zu fördernden Sprachen eine besondere Stellung ein.

Das Hindi ist nicht nur die Sprache mit der höchsten Sprecherzahl, sondern spielt inzwischen dank gezielter sprachpolitischer Maßnahmen und Förderungsprogramme auch eine bedeutende Rolle als Kommunikationsmittel für den offiziellen Bereich. Es wird in dieser Funktion in der zentralen Administration und im Unionsparlament sowie im Schriftverkehr zwischen der Zentralregierung und den hindisprachigen Unionsstaaten bzw. im Verkehr zwischen diesen Staaten selbst verwendet, darüber hinaus auch in bestimmten gesamtindischen Institutionen des öffentlichen Dienstes und – in lateinischer Schrift sowie unter Benutzung vieler englischer Lehnwörter – in den indischen Streitkräften. In sechs Unionsstaaten und im Unionsterritorium Delhi ist es überdies die "state language".

Ein weiterer öffentlicher Bereich, in dem das Hindi wichtige Funktionen innehat, ist das Bildungswesen, das in Indien im wesentlichen in die Kompetenz der
Unionsstaaten fällt. In den meisten Staaten besteht eine achtjährige Schulpflicht,
und der Unterricht im Grundschulbereich findet gewöhnlich in der jeweiligen
"state language" statt, in den ersten Jahren mitunter sogar in der Muttersprache der
Schüler. Hindi ist daher Unterrichtsmedium an den Grundschulen der hindisprachigen Staaten, kann aber in dieser Funktion auch an staatlichen Zentralschulen in
nichthindisprachigen Gebieten verwendet werden. Auf jeden Fall ist es in diesen
Gebieten als zweite oder dritte zu erlernende Sprache von der 5. bzw. 6. Klasse an
Unterrichtsfach. Außerdem wird es zumindest in den Geisteswissenschaften an
den meisten Universitäten des Nordens als Unterrichtsmedium benutzt.

Eine bedeutende Rolle kommt dem Hindi heute auch in den Massenmedien zu.
So bildeten 1989 die hindisprachigen Tageszeitungen unter den indischen Pres-
seerzeugnissen zahlenmäßig die größte Gruppe. Sie wird hinsichtlich ihrer gesamtindischen Verbreitung wie ihres Einflusses lediglich von den englischsprachigen Zeitungen übertroffen, zu denen so bekannte wie *The Times of India*, *The
Hindu*, *The National Herald* oder *Indian Express* gehören. Die Rundfunk- und
Fernsehsender von *All India Radio* senden selbst in nichthindisprachigen Gebieten
außer in der "regional language" und in Englisch auch in Hindi. Außerdem ist
Hindi weitgehend die Sprache der Werbung sowie vor allem der Spielfilme.

Daneben war und ist das Hindi bzw. Hindustani besonders in Nordindien auf
Grund seiner hohen Sprecherzahl (1991 29,7% der Bevölkerung gegenüber 8,2%
Bengalisprechern als zweitstärkster Gruppe) sowie seiner großen strukturellen
Nähe zu den anderen in dieser Region gesprochenen Sprachen eine weitverbreitete "link language". Das gilt mit Einschränkung auch für die Städte des Südens,
wobei abzuwarten bleibt, wieweit sein Gebrauch in dieser Funktion durch sein
Prestige als "official language of the Union" noch zunehmen wird. Die Nachteile
des Hindi gegenüber dem Englischen bestehen darin, daß seine Kodifizierung
noch längst nicht abgeschlossen ist und seine kodifizierte Norm zum Teil so weit
vom tatsächlichen Sprachgebrauch entfernt und derart stark mit umständlichen
Wortschöpfungen auf der Basis des Sanskrits durchsetzt ist, daß sie für viele nur
schwer verständlich ist. Außerdem hat das Hindi gerade im offiziellen Bereich mit
dem Englischen einen Konkurrenten, der hier bereits fest etabliert ist sowie über
einen natürlich gewachsenen entsprechenden Funktionalstil verfügt; und schließlich ist es als Sprache einer überwiegend nordindischen Bevölkerungsgruppe auch
mit Ressentiments belastet. So steht das Hindi als offizielle Sprache nach wie vor
im Schatten des Englischen.

Das Englische ist noch immer ein wichtiges, wenn nicht das dominierende
Kommunikationsmittel im Bereich des Parlaments und der zentralen Administration. Es dient dem Schriftverkehr zwischen der Zentralregierung und den nichthindisprachigen Unionsstaaten sowie dem Verkehr zwischen diesen Staaten selbst
und spielt auch in der Korrespondenz zwischen den hindisprachigen und den
nichthindisprachigen Staaten eine Rolle, da hier in Hindi abgefaßten Schriftstük-
ken eine englische Übersetzung beigefügt werden muß. Außerdem ist das Englische nach wie vor die Sprache des Obersten Gerichts der Union (des *Supreme
Court*) und der Obersten Gerichte der Unionsstaaten (der *High Courts*). In den

Unionsstaaten Arunachal Pradesch, Nagaland, Manipur, Meghalaja, Mizoram und Tripura sowie in allen Unionsterritorien außer Delhi fungiert es überdies zugleich als "state language".

Große Bedeutung kommt dem Englischen auch noch immer im Bildungswesen zu. In den Schulen der meisten Unionsstaaten ist es von der 5. bzw. 6. Klasse an Unterrichtsfach, in Arunachal Pradesch und Nagaland sogar schon von der 1. Klasse an. Außerdem gibt es in Indien "English-medium schools" sowie an vielen Schulen "English-medium sections", in denen das Englische sogar Unterrichtssprache ist. Der Besuch solcher Bildungseinrichtungen ist zwar mit erheblichen Kosten verbunden, doch nimmt ihre Zahl trotzdem ständig zu, da gute Englischkenntnisse in Indien auch heute noch eine wichtige Voraussetzung für das berufliche Fortkommen sind. Insgesamt werden an den indischen Schulen 67 Sprachen vermittelt, doch ist das Englische die einzige Sprache, die auf allen Stufen des Schulsystems und in allen Unionsstaaten Unterrichtsfach ist. Dabei wird als Modell für seine Vermittlung zunehmend nicht mehr das *English Standard English*, sondern ein *Educated Indian English* verwendet und so der wachsenden Akzeptanz der nationalen Standardvariante Rechnung getragen.

Noch immer ist das Englische auch die wichtigste Unterrichtssprache im indischen Hochschulwesen, obwohl von der Zentralregierung wie von einigen Staatsregierungen Maßnahmen ergriffen wurden, es hier durch Hindi bzw. die jeweilige "state language" zu ersetzen. Englisch ist an der Mehrzahl der technischen und naturwissenschaftlichen Hochschulen und Institute allein oder neben einer indischen Sprache Unterrichts- und Prüfungssprache in der postgradualen Ausbildung sowie oft die einzige Sprache in den Kursen, die zum Erwerb des Grades "Master of Science" führen (Parasher 1981: 333). Nach Ausweis von *Benn's Media Directory 1990* erscheinen auch die meisten Fachzeitschriften noch in englischer Sprache, auf Gebieten wie "Advertising, Marketing, Press & Public Relations", "Aerospace & Aviation", "Chemical Industry & Laboratory Equipment" oder "Engineering & Machinery" sogar alle und in der Medizin fast alle Zeitschriften. Im Bereich "General Interest" dominieren Englisch und Hindi, sind aber auch die Staatssprachen (besonders Tamil und Malajalam) relativ stark vertreten.

Darüber hinaus spielt das Englische in Indien nach wie vor eine bedeutende Rolle im Wirtschaftsleben (speziell im überregionalen Handel und im Bankwesen), im Bereich des Verkehrs und der Post sowie in vielen akademischen Berufen. Außerdem ist es noch immer eine der wichtigsten Sprachen in den Massenmedien, vor allem in der überregionalen Presse sowie im gesamtindischen Rundfunk und Fernsehen. So gibt es in Indien auch heute noch eine sehr auflagenstarke und einflußreiche englischsprachige Tagespresse. Die Sender von *All India Radio* verbreiten zumindest einen Teil ihres Programms in Englisch, besonders Nachrichten, Kommentare, Auslandsberichte sowie Interviews "with important persons" (*India 1976*: 117). Darüber hinaus werden auch Bildungsprogramme und von einigen Sendern sogar Kindersendungen in englischer Sprache ausgestrahlt. Der Fernsehsender Delhi sendet Nachrichten in Hindi und Englisch. Seit 1961 gibt es ein englischsprachiges Schulfernsehen.

Immer mehr an Bedeutung hat das Englische in Indien als Sprache für die schöne Literatur gewonnen, die nicht zuletzt erst dadurch international Beachtung fand. Gerade hier zeigt sich, wie tiefe Wurzeln es auch schon in der Kultur des Landes geschlagen hat. Während zunächst nur indische Bücher ins Englische übersetzt wurden, gingen bald immer mehr indische Schriftsteller dazu über, ihre Werke gleich in dieser Sprache zu verfassen. Dabei fühlen sie sich oft dennoch durchaus indischen literarischen Traditionen verpflichtet und bedienen sich daher einer national geprägten Form des Englischen, "that is recognizably Indian in its ability to convey experience and yet recognizably English so that it can travel around the world" (Chaudhuri in Nirven 1976: 103). Welche Probleme damit verbunden sind, schildert Raja Rao im Vorwort zu seinem Roman *Kanthapura*:

"The telling has not been easy. One has to convey in a language that is not one's own the spirit that is one's own. One has to convey the various shades and omissions of a certain thought-movement that looks maltreated in an alien language. I use the word 'alien', yet English is not really an alien language to us. It is the language of our intellectual make-up – like Sanskrit or Persian was before – but not of our emotional make-up. ... We cannot write like the English. We should not."

Bi- bzw. Multilinguismus ist in Indien eine historisch gewachsene, alltägliche Erscheinung. Bi- oder multilinguale Sprecher sind vor allem in den großen Städten, aber auch in ländlichen Gebieten anzutreffen. Sie treten verstärkt in den ethnisch und sprachlich heterogenen Regionen auf, von denen es auf Grund der fließenden Grenzen zwischen den Siedlungsgebieten der einzelnen Volksgruppen sehr viele gibt. Ein primär auf der territorialen Verteilung der Sprachen beruhender Bilinguismus findet sich auch oft bei Sprechern, die sehr kleinen Sprachgemeinschaften angehören und schon deshalb gezwungen sind, die jeweilige "state language" zu benutzen.

Die in Indien am häufigsten auftretenden Zweitsprachen sind Hindi und Englisch. Der Gebrauch von Hindi in dieser Funktion ist nicht nur durch dessen ausgedehnte territoriale Verbreitung, sondern auch durch seine weite Verwendung als "state language" bzw. sein soziales Prestige als "official language of the Union" bedingt. Wie beim Gebrauch des Englischen ergibt sich hier in der Regel ein funktional differenzierter Bilinguismus.

Die Zahl der Sprecher, die in Indien Englisch als Zweitsprache sprechen, beläuft sich gegenwärtig auf knapp 35 Millionen (d.h. ca. 4% der Gesamtbevölkerung). Kachru/Quirk (in Smith 1981: xvi) nehmen an, daß etwa 18 Millionen Inder die englische Sprache täglich gebrauchen, wobei diese Gruppe an Umfang eher zu- als abnimmt. So gibt es heute schon mehr Englischsprecher als in der Kolonialzeit. Allerdings erreichen die meisten von ihnen nicht wie einst einen relativ hohen Grad an Sprachbeherrschung. Normalerweise verwenden sie das Englische entsprechend seinen Hauptfunktionen in Indien weitgehend nur im offiziellen Bereich und am Arbeitsplatz, während sie im nichtoffiziellen Bereich ihre Muttersprache oder – besonders im Verkehr mit Anderssprachigen – eine weitere indische Sprache, vorrangig die "state language" oder Hindi, benutzen. Ganz allgemein nimmt die Neigung zum Gebrauch des Englischen proportional zur Förmlichkeit der Situation zu. Auch ist sie im schriftlichen Verkehr noch stärker ausgeprägt als im mündlichen.

Das Englische hat von allen in Indien verwendeten Sprachen den höchsten Prestigewert. Das ergibt sich primär aus dem Charakter der kommunikativen Situationen, in denen es hauptsächlich gebraucht wird, und der sozialen Stellung der Sprecher, die es in erster Linie benutzen. Hinzu kommt seine Geltung als Weltsprache und damit seine Funktion als "window on the world". Im wesentlichen ist das Englische in Indien noch immer die Sprache einer kleinen, sozial hochstehenden und privilegierten Schicht, die die wichtigsten Positionen in Politik und Wirtschaft innehat und der auch der größte Teil der geistigen Elite des Landes zuzurechnen ist. Für diese Schicht ist das Englische nicht nur gesamtnationales Verständigungsmittel, sondern auch ein Statussymbol. Sie verwendet es daher aus Prestigegründen nicht selten selbst dann, wenn die Verständigung auch mittels der Muttersprache möglich wäre.

Zusammenfassend ist zur gegenwärtigen Rolle des Englischen in Indien festzustellen, daß es dort zwar in der Regel nicht die Muttersprache der Sprecher ist, wohl aber auf Grund der angeführten Fakten, speziell seiner Funktionen im offiziellen Bereich, noch immer eine wichtige Komponente des sozialkommunikativen Systems darstellt und damit weiter erhebliche Bedeutung als Zweitsprache hat. Daran dürfte sich trotz offizieller Bemühungen, es aus nationalen und sozialen Gründen als intranationales Kommunikationsmittel durch das Hindi bzw. andere indische Sprachen abzulösen, auch in naher Zukunft kaum etwas ändern.

6.1.3. Besonderheiten des Indischen Englisch

Die Erscheinungsformen des Englischen in Indien bilden ein Kontinuum, das von pidginisierten Formen über vorwiegend durch Interferenz der indischen Sprachen geprägte regionale Varianten (wie z.B. *Bengali, Hindi, Tamil* oder *Telugu English*) sowie ein bereits durch "pan-Indian features" gekennzeichnetes *Educated Indian English* bis zu Varianten des Englischen Standardenglisch reicht. Mit der Ausspracheform der RP bzw. einer ihr angenäherten Form finden sich letztere noch vor allem bei Sprechern, die ihre Ausbildung in Großbritannien erhalten haben. Die sich am Englischen Standardenglisch orientierenden Formen des Indischen Englisch werden von gebildeten Indern besonders im internationalen Verkehr, nicht zuletzt aus Prestigegründen aber auch im intranationalen verwendet und dominieren im schriftlichen Gebrauch. Sie genießen in Indien nach wie vor das höchste Ansehen. Im mündlichen Verkehr verwendet die Mehrzahl der gebildeten Inder dagegen (mitunter sogar bewußt) ein Englisch, das unverkennbar indische Züge trägt und als *Educated Indian English* charakterisiert werden kann. Seine Besonderheiten sind nicht mehr nur interferenzbedingte Normabweichungen, sondern stellen eher schon Merkmale einer überregionalen Sprachform dar, die sich zumindest für den mündlichen Bereich zu einer eigenständigen nationalen Standardvariante des Englischen entwickelt. Das zeigt sich auch darin, daß es bereits Versuche gibt, sie zu kodifizieren (vgl. z.B. Nihalani/Tongue/Hosali 1978 sowie die Bestrebungen zur Schaffung einer *Indian Recommended Pronunciation* [IRP]).

Die Besonderheiten des Indischen Englisch im Bereich der A u s s p r a c h e sind durch die Interferenz der indischen Sprachen bedingt, aber auch dadurch, daß das Englische zunächst meist anhand der geschriebenen Sprache vermittelt wurde. Außerdem waren die britischen Muttersprachler, die ursprünglich als Vorbild wirkten, oft nicht RP-Sprecher, sondern Sprecher mit nordenglischem oder schottischem Akzent. Aus den beiden letztgenannten Gründen dürfte sich z.B. erklären, daß das Indische Englisch stark durch Schriftbildaussprachen und meist auch durch die Verwendung von /r/ in allen Stellungen gekennzeichnet ist.

Zu den am weitesten verbreiteten und aus der Sicht der RP auffälligsten lautlichen Besonderheiten gehören:

RP	(General) Educated Indian English
e	ε *bed, let*
ɒ ɔ:	*cot* ɒ(:) ~ ɔ(:) *caught*, vor <r> auch: o:r *court* <war> auch: wa:r *warden*
ɑ:	a: *past, dance*
ʌ ə	*cut* ə ~ (zentriertes) Ä *another*
ɜ:	ə(r) ~ Ä(r) *first*
-ɪ ~ -i	oft: -i(:) *study*, auch in *studies, studied*
eɪ	e: ~ ε: *late, name*
əʊ	o: *coat, home*
aɪə	aɪə ~ ajər *fire*
ɪər/ɛər/ʊər + Vok.	i:r/e:r/u:r + Vok. *period, area, furious*
w v	*west* w ~ ʋ (labiodentaler Halbvokal) *vest*
l/ɫ	meist: (helles) l *lick, miller, milk, mill*
(silb.) m̩, n̩, l̩	əm, ən, əl *prism, button, little*
r/∅ (non-rhotic accent)	r/(∅) (meist rhotic accent) *red* (auch mit "one-tap r"), *tree, very, farm* [fa:(r)m], *far* [fa:(r)]
θ, ð	sehr oft: (dentales) t̪ʰ, d̪(h) *think, this*
ʒ	ʃ *division*
pʰ-, tʰ-, kʰ- (aspiriert)	p=-, t=-, k=- (nichtaspiriert) *pin, tin, kin*
t, d	auch: retroflexes t, d *time, drink*

Einige dieser lautlichen Besonderheiten wurden auch in die *Indian Recommended Pronunciation* (IRP) übernommen, so z.B. die Aussprache des <r> in allen Stellungen, die Verwendung von [e:] und [o:] für /eɪ/ bzw. /əʊ/ sowie auch der Ersatz von /θ/ und /ð/ durch dentale Verschlußlaute. Dagegen besteht die IRP aus Gründen der Verständlichkeit z.B. auf der Wahrung der Opposition zwischen /w/ und /v/.

Die Flexionsendung <-ed> lautet im Indischen Englisch sehr häufig auch nach Fortis [-d] (vgl. z.B. *laughed* [la:fd], *packed* [pækd], *searched* [sᴂrtʃd]), die Endung <-s> oft auch nach Lenis oder Vokal [-s] (vgl. z.B. *dogs* [dɒ(:)gs], *he falls* [fɒ:ls], *keys* [ki:s]). Hinzu kommt noch, daß die langen Monophthonge und die Diphthonge vor auslautenden Fortes nicht gekürzt werden.

Neben den Besonderheiten im Bereich der Laute fällt im Indischen Englisch auf, daß bei längeren Wörtern mitunter eine oder mehrere Silben elidiert werden (vgl. z.B. *institute* ['ɪnstjut], *university* [jʊ'nəsti]). Außerdem sind für das Indische Englisch Schriftbildaussprachen typisch (z.B. *singer* ['sɪŋgər], *riding* ['raɪdɪŋg], *private* ['praɪwɛt], *India* ['ɪndɪa]). Möglicherweise lassen sich aus der Dominanz des Schriftbilds auch abweichende Betonungen (oft auf der vorletzten Silbe) erklären (z.B. 'acquire, 'hotel, sui'table, em'phasis, ne'cessary, 'encourage bzw. encou'rage, ma'nage). Außerdem können sie damit zusammenhängen, daß die indischen Sprachen im Unterschied zum Englischen keinen "stress-timed", sondern einen "syllable-timed rhythm" haben. Das wirkt sich im Indischen Englisch auch dahingehend aus, daß die Vokale in unbetonter Silbe oft nicht abgeschwächt werden (vgl. z.B. *arrive* [æ'raɪʊ], *bravest* ['bre:ʊɛst] oder *wanted* ['wɒntɛd]) und die Funktionswörter meist in der Starktonform erscheinen, wobei diese Aussprache zugleich noch durch das Schriftbild gefördert wird.

In bezug auf die Intonation fällt im Indischen Englisch auf, daß in Aussagesätzen mitunter steigende Intonation verwendet wird (vgl. Bansal 1976[2]: 21) und daß der Nukleus oft auf dem letzten Wort des Sprechtakts liegt, selbst dann, wenn dieses ein Funktionswort ist (vgl. z.B. 'Do what I 'tell ↘you [statt ... ↘tell you], 'Who were you 'talking ↘to? [statt ... ↘talking to?], 'Come and 'dine with ↘us [statt ... ↘dine with us]).

Bei der für das Indische Englisch charakteristischen L e x i k handelt es sich in erster Linie um Bezeichnungen für in Europa unbekannte Erscheinungen der natürlichen Umwelt sowie des soziokulturellen Bereichs, die sich mit der Kontextualisierung des Englischen in Indien ergaben; vgl. z.B.:[3]

as(h)oka 'small evergreen tree with scarlet and orange flowers, sacred to Buddhists and Hindus', *bandicoot (rat)* 'large destructive rat', *hog-deer* 'small relative of the chital (i.e. spotted deer)'; *Adivasi* 'member of the Aboriginal tribal peoples of India', *burning-ghat* 'level area at the top of a river ghat (i.e. flight of steps) on which Hindus burn their dead', *dhoti* 'loin-cloth worn by male Hindus', *dupatta* 'long piece of cloth, esp. as worn by women round the throat with ends hanging behind', *inter-caste* 'referring to relations between castes', *pinjrapole* 'hospital for old or sick cattle'

Weitere Lexeme oder Sememe bezeichnen Denotate, die es nicht nur in Indien, sondern auch in Europa gibt, deren prototypische Erscheinungen dort jedoch andere Spezifika aufweisen; vgl. z.B.:

> *ahimsa* 'doctrine of non-violence and non-killing', *chappal* 'sandal', *durzi* 'an Indian tailor', *hartal* 'cessation of business as a political gesture; strike', *satyagraha* '(policy of) passive resistance', *zillah* 'administrative district'; *double roti* 'bread of the Western type', *foreign liquor* 'liquor of the European type, even if made in India'

Darüber hinaus finden sich in der Lexik des Indischen Englisch Bezeichnungen für Erscheinungen, die ebenfalls in Europa vorkommen, jedoch im Englischen Englisch nicht lexikalisiert worden sind (wie z.B. *inside water* 'running water within a house') oder für die es dort zwar bereits ein Lexem gab, im Indischen Englisch aber dennoch ein neues geschaffen wurde, weil hier – möglicherweise unter dem Einfluß der heimischen Sprachen – ein anderer Bezeichnungsansatz eine Rolle spielte (vgl. z.B. *change-room*, *cooling glasses* für EngE *dressing-room, sunglasses*). Außerdem kam es zu Analogiebildungen (wie z.B. *car-, child-, cycle-lifter* nach EngE *shoplifter* oder *prepone* nach *postpone*) bzw. zu gänzlich neuen Wortbildungen (wie *upliftment* für EngE *uplift*), wobei mitunter offenbar eine größere "Durchsichtigkeit" der Bezeichnungen angestrebt wurde (wie in *maid-runner* für EngE *procurer*). Andere Besonderheiten lassen sich aus der Geschichte Indiens bzw. aus den funktionalen Restriktionen des Indischen Englisch erklären. So deutet *headquarters* 'any central office or seat of an organization or authority in an administrative unit' auf eine durch das Militär geprägte Geschichte sowie *guardian* oder *ward* statt EngE *parent* bzw. *child* auf die Übertragung einer förmlichen Ausdrucksweise auf den Alltagsbereich hin.

Ihrer Herkunft bzw. Entstehung nach sind die spezifisch IndE Bezeichnungen vornehmlich Entlehnungen, Bezeichnungsübertragungen oder Wortbildungen; vgl. z.B.:

– **Entlehnungen**: (a) aus modernen indischen Sprachen wie Hindi/Urdu: *as(h)oka, dhoti, hartal, moolvi* 'Muslim doctor of the law', *palla* 'hanging end of a sari', *panchayat* 'village council', *ryot* 'Indian peasant'; Bengali: *gurjun* 'E.Ind. tree of genus Dipterocarpus yielding an oleo-resin'; Gudscharati: *ackoori* 'spiced scrambled egg'; Marathi: *bai* '(respectful title of a) lady'; Pandschabi: *kara* 'steel bangle traditionally worn by Sikhs as a symbol of their religious and cultural loyalty'; Tamil: *idli* 'steamed cake of rice and black grain'; Telugu: *bandicoot*;
(b) aus den klassischen Sprachen Sanskrit: *puja* 'rites performed in Hindu idol-worship', *rishi* 'Hindu sage'; Persisch: *namaz* 'Muslim prayers'; Arabisch: *masjid* 'mosque';
(c) aus dem Portugiesischen: *almirah* 'wardrobe', *brinjal* 'aubergine'; aus dem Angloindischen: *tiffin* 'light meal, snack'

– **Bezeichnungsübertragungen**: *alphabet* [auch:] 'a letter of the alphabet', *box* [auch:] 'suitcase', *boy* [auch:] 'male servant', *ticket* [auch:] 'postage stamp', *wear* [auch:] 'dress'

– **Wortbildungen**: Komposita, insbesondere Substantivkomposita nach dem Modell "N$_2$ + N$_1$", das hier in Bildungen wie *milk bottle* oder *matchbox* auch mit der Bedeutung 'N$_1$ filled with N$_2$' auftritt; vgl. außerdem: *body-bath, child-*

widow 'widow who is still a child', *hand-fan*, *jutka-man* 'a man who drives a jutka (i.e. a two-wheeled vehicle drawn by a horse)', *tiffin time* 'time when one has a tiffin (i.e. a light meal)', *bank dacoity* 'bank raid', *coronation durbar* 'a durbar (i.e. a court of an Indian ruler) where coronations take place', *country liquor* 'liquor indigenous to the country', *evening-bhajan* 'devotional song sung in the evening'; *office-goer*, *tin-cutter*; *burning-ghat*, *cooling glasses* – Adjektivkomposita: *dhobi-washed* 'washed by a washerman', *dhoti-clad*, *Naxalite-affected* 'affected by Maoist terrorists'; *Hindi-knowing*; *foreign-returned* 'returned from abroad'

Ableitungen: Präfixableitungen: *co-brother* 'wife's sister's husband'; *non-financial*, *non-receipt*; *post-independence*; *sub-caste*; *undernutrition* – Suffixableitungen: *rewardee*, *chaprasihood* 'state of being a chaprasi (i.e. the lowest employee in an office)', *goondaism* 'hooliganism', *dissentment* 'dissent', *examinership* 'state of being an examiner'; *Gandhian*, *accidented* 'having (had) an accident' – Nullableitungen: *chargesheet* 'place a name on a chargesheet', *off/on* 'switch off/on' – Rückableitungen: *self-immolate* (< *self-immolation*), *underemploy* (< *underemployment*)

Im Bereich der **Phraseologismen** fällt im Indischen Englisch auf, daß es des öfteren statt einer Wortverbindung ein Kompositum hat (vgl. z.B. EngE *bunch of keys* – IndE *key-bunch*) und daß in ihm nicht selten ein "phrasal verb" anstelle eines einfachen Verbs verwendet wird (wie z.B. in: *The vacancy must be* filled up *immediately, He was imprisoned in a hut but managed to* escape out *immediately*). Weitere für das Indische Englisch typische Phraseologismen sind z.B.: *postal stamp* – EngE *postage stamp*; *black money* 'money obtained by illicit means', *foreign medicine(s)* 'Western drugs produced in India', *military hotel* 'non-vegetarian restaurant'; *out of station* 'not in one's place of work'; *sit on someone's neck / stand on someone's head* 'watch/supervise so. carefully'.

Einige Lexeme sind zwar indischer Herkunft, haben aber längst Eingang in den "common core" des Englischen gefunden (wie z.B. *chutney, curry, jungle, sari* oder *verandah*) und dort in einigen Fällen auch eine neue Bedeutung angenommen (wie z.B. *bungalow* 'one-storeyed house' statt IndE 'house characterized by spaciousness').

Charakteristisch für die G r a m m a t i k des Indischen Englisch sind nach Nihalani/Tongue/Hosali (1978), Parasher (1983) und Verma (in Pride 1982) u.a.:
– eine Numerusdifferenzierung bzw. -markierung von Substantiven, wo sie im Englischen Standardenglisch nicht üblich ist (z.B. *He gave me a good advice* [statt *some good advice*], *An appreciable progress* [statt *Appreciable progress*] *is being made*; *His knowledges of grammar are rather weak, His hairs have turned grey* – *my blue pant* [statt *pants*], *two new trousers* [statt *pairs of trousers*] – *six aircrafts*) sowie die Verwendung der Pluralform des Verbs nach singularischen Sammelbezeichnungen (z.B. *At least the equipment are made in these countries*);
– die Weglassung des Artikels (z.B. *This was* [a] *constructive approach, He was of* [the] *opinion that ...*) oder – seltener – dessen Hinzufügung (z.B. *Thirdly,* the *stress was laid on New Delhi ...*);

– Besonderheiten im Gebrauch der Präpositionen wie die Wahl einer anderen Präposition (z.B. *I think we are all familiar to* [statt *with*] *the story, His body was brought at* [statt *to*] *the state headquarters of CPI*) oder die Hinzufügung einer Präposition (z.B. *The government has ordered* for *their arrest, We will ... stress* on *the fact that we are the only party which ...*);

– der Gebrauch des Present Perfect anstelle der Past Tense (z.B. *My colleague has made such an announcement a few days ago*);

– die Verwendung der Present bzw. der Past Tense anstelle eines inklusiven Present Perfect (z.B. *I am writing this essay since/for three hours – But since the 1989 election, the importance of the leftists continued to grow*);

– der Gebrauch der Expanded Form bei Verben, die Sinneswahrnehmungen bzw. geistige oder permanente Zustände ausdrücken (z.B. *I'm hearing that ..., I was not knowing these facts, I'm not understanding what ..., Are you having a cold?*), sowie auch zum Ausdruck von gewohnheitsmäßigen Handlungen (z.B. *I am doing it often, We are not using the methods you referred to*) oder in anderen Fällen, in denen die Simple Form zu erwarten wäre (z.B. *These words were spoken by Vajpayee, who was only recently being hailed as the voice of tolerance*);

– Besonderheiten im Bereich der Modalverben wie die Verwendung von *could* statt *can* bzw. *be able to* (z.B. *Let's eat now so that we could be at the airport early, Then he could suddenly discover what was wrong*), von *may* statt *be to* bzw. *should* zum höflichen Ausdruck einer Verpflichtung (z.B. *The number 2210 may please be corrected to read 2120*) oder von *would* statt *will* bzw. *want to* (z.B. *The meeting would begin at ..., Every year students would like to be placed in the high ability group*);

– der Gebrauch von *will* bzw. *would* in konditionalen Nebensätzen bei Referenz auf die Zukunft (z.B. *If they will be here this evening, we may go out; If Ruritania would again make the mistake of attacking Patagonia, she would virtually be committing suicide*) und von *will* anstelle von *would* im Hauptsatz (z.B. *Were he to declare his candidacy, then his rivals in the UP Congress ... will begin to campaign against him*);

– Abweichungen von der Zeitenfolge wie die Nichtangleichung der Tempusform in indirekter Rede (z.B. *When I saw him two days ago, he told me that he is* [statt *was*] *coming*);

– die Bildung direkter Fragen ohne Inversion des Special Finite bzw. ohne *do*-Umschreibung (z.B. *What this new man is supposed to be?, Who(m) you would like to see? – What he wants?*);

– die Bildung indirekter Fragen mit Inversion (z.B. *Asked what was the problem in holding elections in Jammu and Kashmir, Mr. Chandra Shekar said "..."; I asked Hari where does he work*) und der Anschluß solcher Fragen ohne *if* oder *whether* (z.B. *Tell me clearly* [if/whether] *you are coming*);

– der stereotype Gebrauch von *isn't it* bzw. *no* als "question-tag" (z.B. *You have heard him make that claim, isn't it? / no?*);

– die Ersetzung einer Infinitivkonstruktion durch einen *that*-Satz (z.B. *He wanted that we should come early* [statt *He wanted us to come early*]) bzw. durch eine Gerundialkonstruktion (z.B. *He went to China for learning Chinese* [statt *to*

learn Chinese]);
– die weitgehende Neutralisierung des Unterschieds zwischen "non-defining" und "defining relative clauses", meist zugunsten der letzteren (z.B. ... *to nominate Mr Ashok Gehlot who won the seat in 1980 and 1984*; *This has helped the port to meet bulk of its investment from this surplus, that is from internally generated resources*).

Alle diese Formen treten vor allem in der gesprochenen Umgangssprache auf, sind jedoch auch in der geschriebenen Sprache, vor allem in der Presse, anzutreffen. Einige von ihnen werden schon relativ regelmäßig verwendet, so daß sie bereits als Variationen angesehen werden können, die bestimmten Regeln folgen und eine eigene Norm begründen.

Schließlich weist das Indische Englisch noch bestimmte stilistische Merkmale auf, die es von anderen nationalen Varianten des Englischen unterscheiden. Zum Beispiel zeichnet sich in ihm eine gewisse Tendenz zur Bevorzugung formeller oder sonst bereits als archaisch geltender Lexik ab sowie auch eine starke Neigung zu einem "flowery style", d.h. zu bildhafter Ausdrucksweise, so daß sich selbst in wissenschaftlichen Werken nicht selten Passagen wie die folgende finden:

This was the period when the creators of Modern India were born. A galaxy of them arose like stars in heaven. They sipped and bathed in English language and literature, and whether they dealt with Indian metaphysics or epistemology, political thoughts or just literary fancies, English came to them more easily than their own language.
... The seeds for training through modern Indian languages took roots firmly, now waving gaily, like a promising sapling, in the breeze that was permeating the land. (Sinha 1978: 112)

Abschließend seien noch zwei weitere Textauszüge angeführt, die einige der beschriebenen Besonderheiten des Indischen Englisch illustrieren.

Religion on the march
Sadhus and sants take on seasoned politicians
Imagine the scenario. It's the oath-taking day for the newly-elected Members of Parliament. And beside the well-starched khaki-clad politicians are a group of people sporting saffron robes, flowing unkempt beards, rudraksh malas and large tilaks on their foreheads. Some are even mumbling mantras even as the President is administering the oath of office and secrecy to the MPs. What's more, these sadhus are no spectators. All of them are elected representatives of the people. Strange as the scenario may seem, this is a distinct possibility. That is even if a couple of the religious men fielded by the Bharatiya Janata Party (BJP) make it to Parliament. For the first time perhaps, so many sadhus and sants have left the spiritual world – albeit temporarily – to seek success in the temporal world. And if their campaign is anything to go by, most of these saffron-robed men and women are handling the intricacies of electoral politics with consummate ease. (*Sunday*, 9.-15.6.91: 54)

Three persons were killed and 11 suspected subversives arrested in Kashmir Valley since Friday night while the two kidnapped Swedes and a state Government official remained untraced. ...   (*The National Herald*, 21.4.91: 10)

Anmerkungen

1 Hindustani ist eine in Nordindien weitverbreitete Sprache, auf deren Basis sich Urdu und Hindi als hochsprachliche Normen für die Moslems bzw. die Hindus herausgebildet haben. Während der Auseinandersetzungen um die künftige offizielle Sprache Indiens wurde in der Propaganda für Hindi oft (so z.B. von Gandhi) die Bezeichnung *Hindustani* verwendet, um auch die urdusprechenden Moslems für die Anerkennung dieser Sprache zu gewinnen.
2 Einschließlich Jammu und Kaschmir: 846 302 688.
3 Die Formulierung der Bedeutungen beruht auf den Angaben in Hawkins 1982[3] sowie im CDEL und im COD.

Literaturhinweise

Geschichte: vgl. 7.2. und 7.4. sowie 7.5.: Chatterji 1973, Clive 1973, Desai 1956, Hälsig 1973, Lewis 1991, Lott 1974, Pylee 1965[2], Reddi 1973, Schrader 1969, Sinha 1978, Thunday 1976
Sprachsituation und Sprachpolitik: vgl. 7.2. sowie 7.5.: Carls 1982, Chaudhuri in Nirven 1976, Dua 1994, Gatzlaff 1989, Gokak 1964, *India 1976/1991*, Iyengar 1973, Kachru 1969, Kachru 1986, Mehrotra in Garcia/Otheguy 1989, Nadkarni 1983, Pandit 1977, Parasher 1981, Parasher 1991, Pattanayak 1990, Poddar 1969, Reddi 1973, Schrader 1969, Shapiro/Schiffman 1981, Spitzbardt 1973, Spitzbardt 1976, Sridhar 1989, Weinstein 1986
Besonderheiten des Indischen Englisch: vgl. 7.2. und 7.3. sowie 7.5.: Agnihotri/Khanna/ Mukherjee 1984, Alam 1975, Bakshi 1991, Bansal 1976[2], Bansal in Ramsaran 1990, Carls 1990, Carls 1994, Kachru 1975, Kachru 1983, Kachru 1986, Leap 1977, Leitner 1987, Leitner 1989c, Mohan 1978, Nihalani/Tongue/Hosali 1978, Parasher 1983, Sahgal/ Agnihotri 1985, Sahgal/Agnihotri 1988, Spitzbardt 1976, Vermeer 1969, Vermeer/Vermeer 1963

6.2.   Das Englische in Pakistan und in Bangladesch

6.2.1.   Zur Geschichte des Englischen in Pakistan und in Bangladesch

Die Geschichte des Englischen in Pakistan und in Bangladesch beginnt mit der Gründung des Staates Pakistan[1], die im August 1947 mit der Teilung Britisch-Indiens in das vorwiegend von Moslems bewohnte Dominion Pakistan und in das überwiegend von Hindus bevölkerte Dominion Indische Union erfolgte. Pakistan bestand danach aus den beiden territorial weit voneinander entfernten Landesteilen Westpakistan (der jetzigen Islamischen Republik Pakistan) und Ostpakistan (der heutigen Volksrepublik Bangladesch).

Zu der Teilung Indiens war es 1947 gekommen, weil sich der Indische Nationalkongreß (als Vertreter des hinduistischen Bevölkerungsteils) und die Moslemliga nicht auf die Gründung eines einheitlichen indischen Staates hatten einigen können. Dabei hatte auch der Streit um die künftige Staatssprache eine Rolle gespielt, denn die Hindus hatten dafür Hindi, die Moslems dagegen Urdu vorgesehen.

Bis zur Gründung Pakistans stimmte die Geschichte des Englischen auf seinem Gebiet mit der im übrigen Indien überein (vgl. Abschnitt 6.1.1.). Der einzige Unterschied bestand darin, daß die Provinzen Westpakistans erst relativ spät unter britischen Einfluß geraten waren und das Englische deshalb hier nicht so tiefe Wurzeln geschlagen hatte wie in anderen Teilen des indischen Subkontinents. Außerdem hatten die Moslems, besonders ihre aus Nordindien nach Westpakistan eingewanderte urdusprechende Führungsschicht, historisch bedingt ein distanzierteres Verhältnis zur englischen Sprache als die Hindus.

Nach der Gründung Pakistans entbrannte in dessen Verfassunggebender Versammlung ein heftiger Streit um die Wahl der offiziellen Sprache des Landes. Während die Vertreter Westpakistans für die Verwendung des Urdu als offizieller Sprache und des Englischen als einer beigeordneten offiziellen Sprache plädierten, wollten die Abgeordneten Ostpakistans auch das Bengali in dieser Funktion anerkannt haben, da es in ihrem Teil des Landes für die überwältigende Mehrheit der Bevölkerung die Muttersprache war. Dabei spielten auch gewisse Aversionen gegen die dort tätigen urdusprechenden westpakistanischen Verwaltungsbeamten eine Rolle, die das ökonomisch rückständigere Ostpakistan wie eine Kolonie behandelten. In der 1956 verabschiedeten Verfassung wurden schließlich Urdu und Bengali zu offiziellen Sprachen des Landes erklärt, doch behielt man speziell für den Verkehr zwischen den beiden Landesteilen sowie vor allem in der zentralen Administration auch weiterhin das Englische als "neutrales" offizielles Kommunikationsmittel bei. Wie in Indien wurde aber eine bestimmte Frist (hier von zwanzig Jahren) festgelegt, innerhalb deren es noch als beigeordnete offizielle Sprache verwendet werden durfte. Danach sollte das Parlament über seinen weiteren Gebrauch in Pakistan befinden, während den Provinzregierungen gestattet wurde, es schon vorher durch eine der beiden offiziellen Sprachen zu ersetzen. In der zweiten, 1962 erlassenen Verfassung Pakistans wurde die Befristung des Englischen als offizielle Sprache jedoch aufgehoben.

1971 kam es zwischen den beiden Landesteilen zu einem Bürgerkrieg. Er endete damit, daß sich Ostpakistan als Volksrepublik Bangladesch (*Ghana-Praja Tantri Bangladesh*) und Westpakistan als Islamische Republik Pakistan (*Islámí Jamhúriya-e-Pákistán*) konstituierte. In Bangladesch war die offizielle Sprache nun allein das Bengali, während in der Islamischen Republik Pakistan 1973 Urdu zur Staatssprache erklärt und dem Englischen unbefristet der Status einer beigeordneten offiziellen Sprache zuerkannt wurde. Darüber hinaus wurde dort den Provinzregierungen das Recht eingeräumt, neben dem Urdu auch die jeweilige Provinzsprache zu fördern.

6.2.2. Die gegenwärtige Sprachsituation und Sprachpolitik in Pakistan und in Bangladesch

6.2.2.1. Islamische Republik Pakistan

Einwohnerzahl (1991): *115 800 000
Hauptstadt: Islamabad

In der Islamischen Republik Pakistan werden ca. 30 Sprachen als Muttersprache gesprochen. Sie gehören vor allem dem indoarischen und dem iranischen Zweig der indoeuropäischen Sprachfamilie an. Die wichtigsten von ihnen sind die indoarischen Sprachen Pandschabi, Sindhi und Urdu, deren Sprecher mehr als 90% der Bevölkerung ausmachen, sowie die iranischen Sprachen Belutschisch und Paschtu. Mit Ausnahme des Urdu haben sie den Status von regional begrenzten "Provinzsprachen", da sie jeweils in einer der vier pakistanischen Provinzen dominieren: Pandschabi im Pandschab, Sindhi in Sind, Belutschisch in Belutschistan und Paschtu in der nordwestlichen Grenzprovinz. Dazu kommt als nichtheimische Sprache das Englische, das jedoch fast nur als Zweitsprache verwendet wird.

In dieser multilingualen Sprachsituation nehmen das Urdu als offizielle Sprache sowie das Englische als beigeordnete offizielle Sprache eine besondere Stellung ein.

Das Urdu steht, gemessen an der Zahl derjenigen, die es als Muttersprache sprechen, mit 7% (1981) lediglich an dritter Stelle unter den Sprachen Pakistans. Es ist jedoch hinsichtlich seiner Verbreitung nicht auf eine bestimmte Region beschränkt, auch wenn mehr als die Hälfte seiner Sprecher in der Provinz Sind und hier wiederum in Karatschi leben. Neben seiner überregionalen Verbreitung verdankt das Urdu seine besondere Stellung unter den heimischen Sprachen vor allem dem sozialen Status seiner Sprecher, denn sie dominieren in der Oberschicht des Landes. Darüber hinaus genießt das Urdu hohes Prestige, da es die Sprache der Moslems auf dem indischen Subkontinent ist und als solche auch durch die alle Lebensbereiche erfassende Islamisierungspolitik der pakistanischen Regierung eine Stärkung erfährt.

Wie in allen südasiatischen Ländern besteht auch in Pakistan zwischen den sprachpolitischen Festlegungen und ihrer Umsetzung eine Diskrepanz. So ist Urdu zwar dem Gesetz nach auf der zentralen Regierungsebene wie auch – außer in Sind – auf der Provinzebene das in der Administration zu bevorzugende intranationale Kommunikationsmittel, doch hat es dort noch immer einen starken Konkurrenten im Englischen. Um dem entgegenzuwirken, wird das Urdu von der Regierung stark gefördert. Bereits seit 1980 müssen ihre Dokumente wie die der Provinzbehörden außer in Englisch auch in Urdu abgefaßt werden. Mit der Einführung des islamischen Rechts wurde es überdies möglich, Prozesse in Urdu statt in Englisch zu führen.

Eine Tendenz zur Zurückdrängung des Englischen zeichnet sich auch im Bildungswesen ab. Im Rahmen der Bildungsreform von 1972 wurde Urdu zum Unterrichtsmedium für die Grundstufe erklärt. Auf der Oberstufe (d.h. ab Klasse 6) ist die Unterrichtssprache nur in einigen elitären nichtstaatlichen "English-medium schools" noch Englisch, sonst gleichfalls Urdu, doch wird die jeweils andere Sprache dort zumindest als Unterrichtsfach vermittelt. An den Universitäten wird das Englische als Unterrichtsmedium vor allem noch in den technischen und naturwissenschaftlichen Disziplinen verwendet, während in den geisteswissenschaftlichen hier ebenfalls schon Urdu gebraucht wird.

Auch in den Massenmedien deutet sich eine Zunahme der Verwendung von Urdu sowie der Provinzsprachen an. So dominiert Urdu im Rundfunk und im Fernsehen. Außerdem gibt es auch schon Sendungen in den Provinzsprachen. Das Englische wird hier vor allem noch für überregionale Programme verwendet. Im Bereich der Presse hat es dagegen nach wie vor eine starke Position auf der nationalen Ebene, mit etwa fünfzehn Tageszeitungen und vor allem vielen Zeitschriften. Besonders bei den Tageszeitungen liegt die Zahl der urdusprachigen jedoch insgesamt beträchtlich höher. Schließlich gibt es in Pakistan ebenfalls eine englischsprachige Belletristik, die sogar von der pakistanischen Literaturakademie bei ihren Preisverleihungen berücksichtigt wird.

Trotz aller Maßnahmen zur Stärkung der Rolle des Urdu spielt jedoch das Englische in Pakistan noch immer eine große Rolle als Kommunikationsmittel im offiziellen Bereich sowie in technischen und akademischen Berufen und im Geschäftsleben. Vom höheren Offizierskorps der Streitkräfte und von der intellektuellen Elite des Landes wird es außer im offiziellen auch im nichtoffiziellen Bereich verwendet. Nicht zuletzt deshalb hat es von allen in Pakistan gesprochenen Sprachen nach wie vor den höchsten Prestigewert und ist weiterhin ein wichtiger Faktor in bezug auf den sozialen Aufstieg. Aus diesem Grunde läßt die Oberschicht ihre Kinder auch noch häufig an "English-medium schools" oder Bildungseinrichtungen in Großbritannien bzw. den USA ausbilden, und nach wie vor spielt die Beherrschung des Englischen eine wesentliche Rolle hinsichtlich der Aufrechterhaltung der starken sozialen Unterschiede in Pakistan. Andererseits ist nicht zu übersehen, daß die Islamisierungspolitik auch Erfolge auf sprachlichem Gebiet erzielt hat. So nahm die Zahl der Englischsprecher von 1961 bis 1981 um rund ein Drittel ab. Gegenwärtig liegt sie nach Schätzungen zwischen zwei und drei Millionen, was einem Anteil von 1,7 bis 2,6% an der Gesamtzahl der Bevölkerung entspricht.

Insgesamt gesehen ist die Stellung des Englischen in Pakistan zwiespältig. Einerseits hat es dort auf Grund seiner intranationalen Funktionen noch immer den Status einer Zweitsprache und wird ihn wohl trotz der offiziell betriebenen Islamisierungspolitik für die intellektuelle, militärische, politische und wirtschaftliche Führungsschicht auch weiter behalten, zumal es inzwischen sogar Bemühungen gibt, seine Stellung im Schulwesen durch frühere Einführung als Unterrichtsfach wieder zu stärken. Andererseits könnte es bei weiterer Zurückdrängung durch die heimischen Sprachen für die übrigen, nicht der genannten Schicht angehörenden Sprecher auch zunehmend den Charakter einer Fremdsprache annehmen.

6.2.2.2. Volksrepublik Bangladesch

Einwohnerzahl (1991): 109 876 977
Hauptstadt: Dakka

Die heutige Volksrepublik Bangladesch war einst als Ostbengalen ein Teil von Britisch-Indien. Bengalen war eines der ersten Kerngebiete der britischen Kolonialherrschaft in Südasien gewesen, und seine Hauptstadt Kalkutta hatte seit dem 19. Jahrhundert das geistige und politische Zentrum Indiens gebildet, bis 1912 die Hauptstadt Britisch-Indiens nach New Delhi verlegt wurde. Auf Grund dieser historischen Entwicklung hatte das Englische in Bengalen besonders tiefe Wurzeln geschlagen. 1947 wurde Ostbengalen als Ostpakistan eine Provinz des durch die Teilung Britisch-Indiens entstandenen moslemischen Staates.

Bis zur gewaltsamen Trennung Ostbengalens von Pakistan und zu seiner Konstituierung als Volksrepublik Bangladesch im Jahre 1971 galten dort laut Verfassung das Urdu und das Bengali als offizielle Sprachen sowie das Englische als beigeordnete offizielle Sprache. Das Bengali wurde jedoch, obwohl es von der großen Mehrheit der Bevölkerung gesprochen wurde, *de facto* im öffentlichen Bereich in den Hintergrund gedrängt, da die zumeist westpakistanischen Beamten Urdu oder allenfalls Englisch sprachen, das auch die Funktion eines neutralen Kommunikationsmittels im Verkehr zwischen den beiden Landesteilen übernahm.

Nach der Erlangung der Unabhängigkeit kam es in Bangladesch zum Sprachenstreit. Er endete 1987 mit dem Erlaß der "Bengali Implementation Act", in der das Bengali zur einzigen offiziellen Sprache des Landes und zum Hauptunterrichtsmedium erklärt wurde. Dennoch behielt das Englische auch in Bangladesch weiter gewisse offizielle Funktionen im Gerichtswesen sowie in den Massenmedien. Außerdem wurde es 1989 in den Schulen wieder als Pflichtfach eingeführt, und man legte dazu fest, daß ein Abschluß der Oberstufe neben Bengali auch Englisch einschließen müsse.

6.2.3. Besonderheiten des Englischen in Pakistan[2]

Das in Pakistan gesprochene Englisch ähnelt stark dem Indischen Englisch, insbesondere seinen in Nordindien gesprochenen Varianten, deren Sprecher ja Sprachgemeinschaften angehören, die auch in Pakistan vertreten sind. Es weist speziell die auf die islamische Kultur bezogene Lexik des Indischen Englisch auf und von ihr wiederum vor allem die Entlehnungen aus dem Urdu, dem Persischen und dem Arabischen. Zu den sowohl in Indien als auch in Pakistan verwendeten Lexemen[3] gehören z.B. *bed-tea*, *crore* 'ten million', *ghee* 'clarified butter', *gherao* 'coercion of employers, by which their workers prevent them from leaving the premises until certain demands are met', *lakh* 'one hundred thousand', *nawab* 'title of a distinguished Muslim', *maidan* 'open space in or near a town; parade ground', *sirdar* 'person of high political or military rank', *tiffin* und *zindabad* 'long live!'. Die folgenden Lexeme scheinen dagegen hinsichtlich ihrer Verbreitung auf Pakistan beschränkt zu sein:

de-shape, *high gentry* 'upper middle class people with Western life styles', *lakhtaye* (< Paschtu) 'dancing boys', *jirga* 'council of tribal elders', *maulana* 'Muslim priest', *mushaira* 'poetic symposium', *shiftee* 'a person that is shifted from a riot-torn area to a safer place', *zakat* 'alms tax'

Anmerkungen

1 Die Bezeichnung *Pakistan* entstand Anfang der 30er Jahre und wurde aus den Anfangs- bzw. Endbuchstaben der Namen der Landesteile gebildet, die von den Moslems für einen eigenen Staat beansprucht wurden: *P*unjab, *A*fghania (für die North-West Frontier Province), *K*ashmir, *I*ran (bzw. *I*slam), *S*ind, Balutchis*tan*.

2 Das in Bangladesch gesprochene Englisch unterscheidet sich faktisch nicht von dem in Indien verwendeten, insbesondere nicht von dessen Variante im Unionsstaat Westbengalen.

3 Bedeutungsangaben nach Hawkins 1982[3], Baumgardner 1990 und Rahman 1991b.

Literaturhinweise

Geschichte und Sprachsituation: vgl. 7.2. und 7.4. sowie 7.5.: Baumgardner 1995, Haque 1993, Rahman 1990

Besonderheiten des Englischen in Pakistan: vgl. 7.2. und 7.3. sowie 7.5.: Baumgardner 1990, Baumgardner 1993, Rahman 1990, Rahman 1991a, Rahman 1991b

6.3. Das Englische in Ceylon / Sri Lanka

6.3.1. Zur Geschichte des Englischen in Ceylon / Sri Lanka

Die Geschichte des Englischen in Ceylon begann 1796, als die zuvor schon von Portugiesen (1505-1658) bzw. Niederländern (1658-1796) okkupierte Insel von der *East India Company* in Besitz genommen wurde. 1802 erhielt Ceylon den Status einer Kronkolonie. 1815 kam mit dem Königreich Kandy auch das letzte noch unabhängige Gebiet der Insel unter britische Herrschaft.

Anders als in Indien (vgl. Abschnitt 6.1.1.) wurde das Englische in Ceylon relativ früh als offizielles Kommunikationsmittel in den administrativen Bereich eingeführt, was auch Konsequenzen für die Entwicklung des Bildungswesens hatte. So wurden bereits Anfang des 19. Jahrhunderts Ceylonesen in "English-medium schools" ausgebildet, um mit ihnen Stellen in der Kirche und auf den unteren Verwaltungsebenen besetzen zu können. Besonders nach den Colebrook-Cameron-Reformen von 1833, die u.a. die Modernisierung der Administration und des staatlichen Bildungswesens zum Ziel hatten, nahm die Zahl dieser Schulen gegenüber den sog. "vernacular schools" beträchtlich zu. Ihrem Status nach waren sie entweder Privatschulen oder durch die Kolonialregierung gestützte Missionsschulen, wobei im ersteren Falle für ihren Besuch Schulgeld entrichtet

werden mußte. Die "English-medium schools" förderten wesentlich die Herausbildung einer anglisierten Oberschicht, die sich vor allem aus wohlhabenden Angehörigen des tamilischen Bevölkerungsteils zusammensetzte. Die englische
Sprache hatte für diese soziale Schicht eine integrierende Funktion und trug damit
zur Konsolidierung der damals noch friedlichen Beziehungen zwischen den
Tamilen und den Singhalesen bei. Die ihr angehörenden Sprecher benutzten das
Englische fast überall, bis hinein in den familiären Bereich. Außer ihnen wurden
aber auch Angehörige der unteren Schichten in den "English-medium schools"
ausgebildet. Das ermöglichte ihnen den Zugang zu Stellungen im Bereich von
Handel und Gewerbe sowie vor allem in der Administration und gab ihnen damit
eine Chance zu sozialem Aufstieg außerhalb des traditionellen Kastenwesens. Als
Folge dieser Entwicklung entstand auch eine vollkommen anglisierte moderne
Mittelschicht christlichen Glaubens, die ihre Muttersprache, insbesondere das
Singhalesische, im wesentlichen nur noch zur Kommunikation mit der in ihr aus-
gebildeten buddhistischen Mehrheit benutzte.

Anfang des 20. Jahrhunderts wurden – nicht zuletzt unter dem Einfluß der
Entwicklung im benachbarten Indien – unter der englischsprechenden Elite auch
in Ceylon Forderungen nach Mitsprache in Regierungsangelegenheiten laut. Diese
Forderungen wurden seit 1919 vom Ceylonesischen Nationalkongreß unterstützt,
der jedoch anders als sein Pendant in Indien nur der Repräsentant der sozial ton-
angebenden Schicht war und nie eine Massenbasis besaß. Nach einer Reihe von
Reformen, zu denen u.a. 1941 die Einführung kostenloser Bildung auf allen
Schulstufen sowie 1943 die Bestimmung der heimischen Sprachen Singhalesisch
und Tamil zu alleinigen Unterrichtsmedien auf der Grundstufe des staatlichen
Bildungswesens gehörten, erlangte Ceylon schließlich 1948 seine Unabhängigkeit
als Dominion innerhalb des *Commonwealth of Nations*. 1972 gab es sich den
Namen *Sri Lanka* und 1978 die offizielle Staatsbezeichnung *Sri Lanka Prajatan-
trika Samajavadi Janarajaya* (Demokratische Sozialistische Republik Sri Lanka).

Schon vor 1948 war in Ceylon die Forderung erhoben worden, nach Erlangung der Unabhängigkeit das Englische als offizielle Sprache durch Singhalesisch
und Tamil zu ersetzen. Die dafür ursprünglich ins Auge gefaßte Frist von zehn
Jahren erwies sich jedoch als zu kurz, da besonders das Singhalesische noch nicht
weit genug entwickelt war, um als offizielles Kommunikationsmittel im höheren
Bildungswesen oder in Bereichen wie Handel und Industrie verwendet werden zu
können. So blieb das Englische auch darüber hinaus *de facto* eine der offiziellen
Sprachen Ceylons. 1956 wurde jedoch ein Gesetz erlassen (die sog. "Sinhala Only
Bill"), welches das Singhalesische zur alleinigen offiziellen Sprache machte und
die Verwendung von Tamil und Englisch in dieser Funktion nur noch bis 1960
gestattete. Das aber widersprach dem von der Unabhängigkeitsbewegung ursprünglich anerkannten Grundsatz der Gleichberechtigung beider heimischer
Sprachen in einem freien Ceylon und richtete sich gegen die Tamilen, die trotz
eines Anteils von nur etwa 20% an der Bevölkerung in der Administration relativ
stark vertreten waren und deren Sprache bereits besser als das Singhalesische
modernen Kommunikationsbedürfnissen angepaßt war.

Der zwischen den beiden ethnischen Gruppen latent vorhandene Konflikt kam
nun offen zum Ausbruch und endete schließlich damit, daß 1958 die "Tamil Lan-

guage (Special Provisions) Act" erlassen wurde, die den Tamilen sowohl in der Schule als auch an der *University of Ceylon* eine Ausbildung in Tamil garantierte. Außerdem ließ dieses Gesetz nun die Verwendung von Tamil in Prüfungen für den öffentlichen Dienst sowie im Schriftverkehr auf den unteren Verwaltungsebenen zu.

Das Englische wurde bis zum Beginn der siebziger Jahre zwar zurückgedrängt, aber nicht völlig aus dem offiziellen Bereich verbannt. So sank die Schülerzahl der "English-medium schools" von 32% (1962) auf 1% (1972), doch wurde das Englische an den Universitäten in einigen naturwissenschaftlichen und technischen Fächern als Unterrichtsmedium beibehalten.

1978 trat eine geänderte Verfassung in Kraft, die den Status der zwei heimischen Sprachen neu festlegte. Danach galten sie nun beide als nationale Sprachen, jedoch blieb die Rolle der offiziellen Sprache des Landes weiterhin dem Singhalesischen vorbehalten. Erst in dem 1987 mit Indien geschlossenen Vertrag zur Beilegung des ethnischen Konflikts in Sri Lanka wurde in Artikel 2 (18) festgelegt: "The official language of Sri Lanka shall be Sinhala. Tamil and English will also be official languages." Mit dieser Festlegung, welche die Artikel 18 und 19 der Verfassung von 1978 ersetzen sollte, erhielt das Tamil erstmals und das Englische nach dreißig Jahren wieder den Status einer offiziellen Sprache in Sri Lanka, doch bleibt angesichts des unvermindert starken ethnischen Konflikts abzuwarten, wieweit diese sprachpolitische Festlegung auch praktische Auswirkungen haben wird.

6.3.2. Die gegenwärtige Sprachsituation und Sprachpolitik in Sri Lanka

Einwohnerzahl (1991): *17 194 000
Hauptstadt: Colombo

In Sri Lanka werden heute vor allem zwei heimische Sprachen gesprochen: das der indoeuropäischen Sprachfamilie angehörende Singhalesische (von ca. 75% der Bevölkerung) und das der drawidischen Sprachfamilie angehörende Ṭamil (von ca. 25% der Bevölkerung)[1]. Dazu kommt als nichtheimische Sprache das Englische.

Für den offiziellen Sprachgebrauch in Sri Lanka gelten noch immer die Festlegungen der Verfassung von 1978, doch stehen diese in einem gewissen Widerspruch zu den Bestimmungen des Abkommens zwischen Sri Lanka und Indien von 1987 (vgl. Abschnitt 6.3.1.). So läßt die Verfassung auf den höheren Verwaltungsebenen und an den Gerichten allein das Singhalesische zu. Lediglich in den vorwiegend von Tamilen bewohnten nördlichen und östlichen Provinzen kann dort wie im Schriftverkehr mit den Behörden auch das Tamil verwendet werden. Alle regierungsamtlichen Verlautbarungen müssen in beiden heimischen Sprachen veröffentlicht werden, Gesetze und ihre Durchführungsbestimmungen darüber hinaus auch in englischer Sprache. Bei Auslegungsschwierigkeiten gilt jedoch die singhalesische Textfassung. Aufnahmeprüfungen für den öffentlichen Dienst dürfen gleichfalls in beiden heimischen Sprachen abgelegt werden, es sei denn, daß die betreffende Tätigkeit ohne ausreichende Kenntnis des Singhalesischen nicht ausgeübt werden kann.

Im Parlament von Sri Lanka wird überwiegend Singhalesisch gesprochen, doch halten tamilische Abgeordnete ihre Reden meist in Tamil oder Englisch. Letzteres wird auch verwendet, wenn ausländische Gäste anwesend sind.

Im Bildungswesen ist bis zur 9. Klasse die Unterrichtssprache Singhalesisch bzw. Tamil. An den Hochschulen müssen die Lehrveranstaltungen in den geisteswissenschaftlichen Fächern ebenfalls in beiden Sprachen angeboten werden, allerdings nicht notwendigerweise an derselben Institution. Das Englische ist in der Schule von der 3. Klasse an Unterrichtsfach, an den Hochschulen in den naturwissenschaftlichen und technischen Fächern auch Unterrichtsmedium. Außerdem sind mittlerweile wieder "English-medium schools" eingerichtet worden, nachdem man diesen Schultyp 1972 abgeschafft hatte. Da Sri Lanka mit fast 90% eine der höchsten Alphabetisierungsraten unter den Entwicklungsländern hat und Englisch dort überall zumindest Unterrichtsfach ist, hat es heute mehr Englischsprecher als vor der Unabhängigkeit, doch ist deren Grad an Sprachbeherrschung nun geringer als in früheren Zeiten.

In den Massenmedien ist in Sri Lanka die eindeutig dominierende Sprache das Singhalesische. Es gibt dort aber auch englischsprachige Zeitungen und Zeitschriften, und sowohl im Bereich der Tageszeitungen als auch in der Buchproduktion nehmen Publikationen in englischer Sprache an Zahl wie an Auflagenhöhe zu. Im Rundfunk betrug der Anteil der englischsprachigen Sendungen 1986 etwas mehr als 20%. Außerdem gibt es in Sri Lanka eine heimische englischsprachige Literatur.

Der hohe Prestigewert, den das Englische nach wie vor für die Mehrzahl der Sprecher in beiden ethnischen Gruppen hat, basiert vor allem auf seiner Bedeutung für das moderne Geschäftsleben sowie für die technischen und akademischen Berufe. Außerdem ist das Englische die Sprache des Tourismus, des wichtigsten Wirtschaftszweigs des Landes, und schließlich spielt es in Sri Lanka auch eine sehr bedeutsame Rolle als neutrales Verständigungsmittel für die interethnische Kommunikation.

6.3.3. Besonderheiten des Englischen in Sri Lanka

Das Englische erscheint in Sri Lanka in verschiedenen Formen, die von pidginisierten über vorwiegend durch Interferenz des Singhalesischen bzw. des Tamil geprägte Varianten bis hin zu der von der anglisierten Oberschicht gesprochenen Standardform reichen, die landesweit ziemlich einheitlich ist. Als Vorbild für die Verwendung des Englischen gilt in Sri Lanka nach wie vor das Englische Standardenglisch, wenngleich auch hier der Einfluß des Amerikanischen Englisch infolge wirtschaftlicher Beziehungen zu den USA und einer Vielzahl von amerikanischen Touristen zunimmt.

Vor allem für junge Sprecher ist in Sri Lanka ein "code-mixing" typisch, d.h. eine Mischung singhalesischer und englischer Elemente selbst innerhalb eines Satzes. Derartige Sprachformen werden oft als *Singlish* bezeichnet.

Im Bereich der A u s s p r a c h e weist das Englische in Sri Lanka aus der Sicht der RP u.a. die folgenden lautlichen Besonderheiten auf (vgl. Fernando in Pride 1982: 196; Platt/Weber/Ho 1984: 38f.):

RP	Englisch in Sri Lanka
æ	ɛ ~ e *cat, man*
əʊ[2]	o: *coat, home*
ɪər + Vok.[2]	i:r + Vok. *period*
-ɪ- (in unbetonten Endsilben)	-ɛ- *marriage*
w	*west*
v	v ~ ʋ *vest*
θ, ð	t̪ᶿ ~ t̪, d̪ᶞ ~ d̪ *think, this*
pʰ-, tʰ-, kʰ- (aspiriert)	p⁼-, t⁼-, k⁼- (nichtaspiriert) *pin, tin, kin*

Bei der für das Englische in Sri Lanka charakteristischen L e x i k handelt es sich zumeist um Entlehnungen aus dem Singhalesischen, die landesspezifische Erscheinungen bezeichnen und zum Teil auch im Indischen Englisch vorkommen (siehe Hawkins 1982[3]); vgl. z.B.:[3]

> *comboy* 'Sinhalese sarong', *dissawa* '(hist.) governor of a district in Ceylon', *illuk* 'coarse Imperata grass', *kapurala* 'a temple-priest in Sri Lanka', *kurakkan* 'the food grain Eleusine coracana', *perahera* 'religious procession', *vederala* 'a village doctor in Sri Lanka'; vgl. auch Lehnübersetzungen aus dem Singhalesischen wie *I'll go and come* 'goodbye' oder *so how* als Grußformel

Hinzu kommen für das Englische in Sri Lanka spezifische Bezeichnungsübertragungen (z.B. *junction* 'any place along a road which has one or more shops') und Wortbildungen (z.B. Komposita wie *basket woman* 'coarsely behaved woman' oder *rice puller* 'appetizer eaten with rice' und verbale Nullableitungen wie *under* 'let a person down shabbily and dishonestly, cut his throat (metaphorically)'). In verbalen Wortverbindungen wird häufig *put* verallgemeinert; vgl. z.B.: *Wije put* [statt *gave*] *the queue breaker a clout*; *put* [statt *make*] *a telephone call*.

Im Bereich der G r a m m a t i k sind neben den im südasiatischen Englisch generell üblichen Erscheinungen für das Englische in Sri Lanka u.a. charakteristisch (vgl. Platt/Weber/Ho 1984: 118, 128):
– die Weglassung der Pronomen *it* und *them* in Fällen wie *For example, back home the currency notes – if it is torn, people are reluctant to accept* [statt ... *to accept it*], *They have the mother-in-law to look after* [statt ... *to look after them*];
– die Verwendung der Fragepartikel *ah* (z.B. *You were able to do it, ah?*).

Anmerkungen

1 Die Diskrepanz zwischen dem Anteil der Tamilsprecher (ca. 25%) und dem Anteil der Tamilen an der Gesamtbevölkerung (ca. 20%) ergibt sich daraus, daß Tamil auch von anderen ethnischen Gruppen gesprochen wird.

2 Auch bei anderen verengenden Diphthongen bzw. zentrierenden Diphthongen vor /r + Vok./ zeigen sich im Englischen von Sri Lanka Tendenzen wie im Indischen Englisch (vgl. Abschnitt 6.1.3.).

3 Bedeutungsangaben nach Hawkins 1982[3], Fernando 1976 und Kandiah 1981.

Literaturhinweise

Geschichte sowie Sprachsituation und Sprachpolitik: vgl. 7.2. sowie 7.5.: Dharmadasa 1977, LePage 1964, Weber 1993

Besonderheiten des Englischen in Sri Lanka: vgl. 7.2. und 7.3. sowie 7.5.: Fernando 1976, Kandiah 1981

7. Literaturverzeichnis

Abkürzungen von Zeitschriftentiteln: *ET* = *English Today*; *EWW* = *English World-Wide*; *ZAA* = *Zeitschrift für Anglistik und Amerikanistik*; *ZPSK* = *Zeitschrift für Phonetik, Sprachwissenschaft und Kommunikationsforschung*

7.1. Bibliographien

Avis, W. S.; Kinloch, A. M. (1979): *Writings on Canadian English, 1792-1975. An Annotated Bibliography*. Toronto

Bähr, D. (1977): *A Bibliography of Writings on the English Language in Canada. From 1857-1976*. (Anglistische Forschungen; 116.) Heidelberg

Carls, U. (1979): "Select Bibliography of Indian English", in: *ZAA* 27: 327-340

Glauser, B.; Schneider, E. W.; Görlach, M. (1993): *A New Bibliography of Writings on Varieties of English, 1984-1992/93*. (Varieties of English Around the World; G12.) Amsterdam - Philadelphia

Viereck, W.; Schneider, E. W.; Görlach, M. (1984): *A Bibliography of Writings on Varieties of English, 1965-1983*. (Varieties of English Around the World; G3.) Amsterdam - Philadelphia

7.2. Gesamtdarstellungen sowie umfassendere Überblicke und Sammelbände

Algeo, J. (ed.) (ersch.): *English in North America: Origins and Development*. (The Cambridge History of the English Language; vol. VI.) Cambridge

Bähr, D. (1974): *Standard English und seine geographischen Varianten*. (Uni-Taschenbücher; 160.) München

Bailey, R. W.; Görlach, M. (eds.) (1982): *English as a World Language*. Ann Arbor

Bailey, R. W.; Robinson, J. L. (eds.) (1973): *Varieties of Present-Day English*. New York - London

Barnickel, K.-D. (1982): *Sprachliche Varianten des Englischen*. (Hueber Hochschulreihe; 45/I-II.) München

Burchfield, R. W. (ed.) (1994): *English in Britain and Overseas: Origins and Development*. (The Cambridge History of the English Language; vol. V.) Cambridge

Cheshire, J. (ed.) (1991): *English around the world: Sociolinguistic perspectives*. Cambridge

Chevillet, F. (1991): *Les variétés de l'anglais*. Paris

Görlach, M. (1991): *Englishes. Studies in Varieties of English 1984-1988*. (Varieties of English Around the World; G9.) Amsterdam - Philadelphia

Görlach, M. (1995): *More Englishes. New Studies in Varieties of English 1988-1994.* (Varieties of English Around the World; G 13.) Amsterdam - Philadelphia

Gramley, St.; Pätzold, K. M. (1985): *Das moderne Englisch.* (Uni-Taschenbücher; 1359.) Paderborn - München - Wien - Zürich

Gramley, St.; Pätzold, K.-M. (1992): *A Survey of Modern English.* London and New York

Hansen, K. (Hrsg.) (1987): *Studien zur Sprachvariation (unter besonderer Berücksichtigung des Englischen).* Berlin

Hansen, K. (Hrsg.) (1991): *Studien zur Sprachvariation im Englischen und zur Textlinguistik (unter besonderer Berücksichtigung der Lexik).* Berlin

Kachru, B. B. (ed.) (1982, 1992²): *The Other Tongue: English across Cultures.* Urbana

Köppl, S.; Schmied, J.; Schneider, E.; Viereck, W. (1983): *Englisch. Formen und Funktionen einer Weltsprache.* Ausstellung des Lehrstuhls für Englische Sprachwissenschaft und Mediävistik und der Universitätsbibliothek. Bamberg

McArthur, T. (ed.) (1992a): *The Oxford Companion to the English Language.* Oxford - New York

McCrum, R.; Cran, W.; MacNeil, R. (1992): *The Story of English.* New and revised edition. London

Platt, J.; Weber, H.; Ho, M. L. (1984): *The New Englishes.* London - Boston - Melbourne - Henley

Pride, J. B. (ed.) (1982): *New Englishes.* Rowley, Mass. - London - Tokyo

Smith, L. E. (ed.) (1981): *English for Cross-Cultural Communication.* London

Todd, L.; Hancock, I. (eds.) (1986): *International English Usage.* London - Sydney - Wolfeboro, N.H.

Trudgill, P. (ed.) (1984): *Language in the British Isles.* Cambridge

Trudgill, P.; Hannah, J. (1994³): *International English. A Guide to Varieties of Standard English.* London

Wächtler, K. (1977): *Geographie und Stratifikation der englischen Sprache.* (Studienreihe Englisch; 16.) Düsseldorf - Bern/München

Wells, J. C. (1982): *Accents of English.* Vol. 1: *An Introduction,* vol. 2: *The British Isles,* vol. 3: *Beyond the British Isles.* Cambridge

7.3.   Wörterbücher

ALD = *Oxford Advanced Learner's Dictionary of Current English.* Fourth Edition. Ed. by A. P. Cowie. Oxford 1989

Allsopp, R. (ersch.): *A Concise Dictionary of Caribbean English and Usage.* Oxford

American Dialect Dictionary. Ed. by H. Wentworth. New York 1944

The American Heritage Dictionary of the English Language. Third Edition. Ed. by A. H. Soukhanov. Boston 1992

The Australian Concise Oxford Dictionary. Second Edition. Ed. by J. M. Hughes,

P. A. Michell and W. S. Ramson. Melbourne 1992

The Australian National Dictionary. A Dictionary of Australianisms on Historical Principles. Ed. by W. S. Ramson. Melbourne 1988

The Australian Pocket Oxford Dictionary. Second Edition. Ed. by G. W. Turner. Melbourne 1984

Avis, W. S.; Drysdale, P. D.; Gregg, R. J.; Neufeldt, V. E.; Scargill, M. H. (1983): *Gage Canadian Dictionary.* Toronto

Ayto, J.; Simpson, J. (1993): *The Oxford Dictionary of Modern Slang.* Oxford - New York

Beeton, D. R.; Dorner, H. (1975): *A Dictionary of English Usage in Southern Africa.* Cape Town

Branford, J., with W. Branford (1991[4]): *A Dictionary of South African English.* Cape Town

Cassidy, F. G.; Hall, J. H. (eds.) (1985/1991): *Dictionary of American Regional English.* Vol. I: Introduction and A-C; vol. II: D-H. Cambridge, Mass.

Cassidy, F. G.; LePage, R. B. (1980[2]): *Dictionary of Jamaican English.* Cambridge

CDEL = *Collins Dictionary of the English Language.* Second Edition. Ed. by P. Hanks. London and Glasgow 1986

Chapman, R. L. (ed.) (1986): *New Dictionary of American Slang.* New York

COD = *The Concise Oxford Dictionary of Current English.* Eighth Edition. Ed. by R. E. Allen. Oxford 1990

Collins English Dictionary. Third Edition. Ed. by D. Adams. Glasgow 1991

The Compact Scottish National Dictionary, containing all the Scottish words known to be in use or to have been in use since c. 1700. 2 vols. Ed. by W. Grant and D. D. Murison. Aberdeen 1986

The Concise Australian National Dictionary. Ed. by J. Hughes. Melbourne 1992

A Concise Dictionary of Canadianisms. Ed. by W. S. Avis, P. D. Drysdale and M. H. Scargill. Toronto 1973

The Concise English-Scots Dictionary. Ed. by I. Macleod and P. Cairns. Edinburgh 1993

The Concise Scots Dictionary. Ed. by M. Robinson. Aberdeen 1985

Dalgish, G. M. (ed.) (1982): *A Dictionary of Africanisms.* Westport, Conn.

DCE = *Longman Dictionary of Contemporary English.* Second Edition. Ed. by D. Summers. London 1987

A Dictionary of American English on Historical Principles. 4 vols. Ed. by W. A. Craigie and J. R. Hulbert. Chicago 1938

Dictionary of American Slang. Compiled and ed. by H. Wentworth and St. B. Flexner. New York 1975[2]

A Dictionary of Americanisms on Historical Principles. Ed. by M. M. Mathews. Chicago 1951

A Dictionary of Canadianisms on Historical Principles. Ed. by W. S. Avis et al. Toronto 1967

Dictionary of Indian English. Ed. by G. B. T. Kurian. Madras 1966

Dictionary of Newfoundland English. Ed. by G. M. Story, W. J. Kirwin and J. D. A. Widdowson. Toronto 1982

A Dictionary of the Older Scottish Tongue. Ed. by W. A. Craigie et al. Aberdeen 1937ff.

Ehrlich, E.; Flexner, St. B.; Carruth, G.; Hawkins, J. M. (1980): *Oxford American Dictionary.* New York - Oxford

EPD = *Everyman's English Pronouncing Dictionary.* Fourteenth Edition. With revisions and Supplement by S. Ramsaran. London and Melbourne 1988

Evans, B.; Evans, C. (1957): *A Dictionary of Contemporary American Usage.* New York

Fonjémie, N. (1985): *Everyday Canadian English Dictionary.* Toronto

Fyle, C. N.; Jones, E. D. (1980): *A Krio-English Dictionary.* Oxford - Freetown

Gordon, I. A. (ed.) (1985): *The Collins New Zealand Compact English Dictionary.* London - Auckland

Harber, K., et al. (1978[2]): *Heinemann Australian Dictionary.* South Yawa

Hawkins, R. E. (1982[3]): "A Supplement of Words from India, Pakistan, Bangladesh, and Sri Lanka", in: *The Little Oxford Dictionary of Current English,* Fifth Edition, ed. by J. Swannell, Delhi - Calcutta - Bombay - Madras 1982: 709-756

Holm, J. A., with A. W. Shilling (1982): *Dictionary of Bahamian English.* Cold Spring, N.Y.

Hornby, A. S., et al. (1983): *Oxford Student's Dictionary of American English.* Oxford

Hughes, J. (1989): *Australian Words and Their Origins.* Melbourne

Johnson, S. (1755): *A Dictionary of the English Language.* 2 vols. London

Kenyon, J. S.; Knott, Th. A. (1953): *A Pronouncing Dictionary of American English.* Springfield, Mass.

Lewis, I. (1991): *Sahibs, Nabobs and Boxwallahs. A Dictionary of the Words of Anglo-India.* Bombay - Delhi - Oxford - New York

Lewis, J. W. (1972): *A Concise Pronouncing Dictionary of British and American English.* London

Longman Dictionary of American English. A Dictionary for Learners of English. New York 1983

Longman Dictionary of the English Language. Harlow 1984

Lutz, W. D. (1994): *The Cambridge Thesaurus of American English.* Cambridge

Macleod, I. (1987): *The Pocket Guide to Scottish Words.* Glasgow

The Macquarie Dictionary. Ed. by A. Delbridge. St. Leonards, NSW, 1991[2]

Morris, W. (1980[2]): *The Houghton Mifflin Canadian Dictionary of the English Language.* Markham, Ont.

Moss, N. (1978[2]): *What's the Difference? An American-British / British-American Dictionary.* London. Revised edition: *The British/American Dictionary.* London 1984

The New Zealand Pocket Oxford Dictionary. Eighth Edition. Ed. by R. Burchfield. Auckland 1986

Nicholson, M. (1957): *A Dictionary of American English Usage.* New York

OED = *The Oxford English Dictionary.* Ed. by J. A. H. Murray, H. Bradley, W. A. Craigie, C. T. Onions. Oxford 1933, 1989[2]

OEDS = *A Supplement to the Oxford English Dictionary.* Ed. by R. W. Burchfield. Vols. I-IV. Oxford 1972, 1976, 1982, 1986

Orsman, E.; Orsman, H. (1994): *The New Zealand Dictionary.* Educational Edition. Auckland

Orsman, H. W. (1989²): *Heinemann New Zealand Dictionary.* Auckland

The Pocket Scots Dictionary. Ed. by I. Macleod, R. Martin and P. Cairns. Edinburgh 1992

Schur, N. W. (1987): *British English, A to Zed.* New York - Oxford

The Scots Thesaurus. Ed. by I. Macleod. Aberdeen 1990

The Scottish National Dictionary. 10 vols. Ed. by W. Grant and D. D. Murison. Edinburgh 1931-76

The South African Pocket Oxford Dictionary. Ed. by W. Branford. Cape Town 1987

Spears, R. A. (1991): *National Textbook's Dictionary of American Slang and Colloqiual Expressions.* Lincolnwood

Stein, J.; Urdang, L. (eds.) (1967): *The Random House Dictionary of the English Language.* New York

Todd, L. (1990): *Words Apart. A Dictionary of Northern Ireland English.* Gerrards Cross, Bucks.

Webster, N. (1828): *An American Dictionary of the English Language.* 2 vols. New York

Webster's New Twentieth Century Dictionary of the English Language Unabridged. Second Edition. Extensively revised by the publisher's editorial staff under the general supervision of J. L. McKechnie. New York 1983

Webster's New World Dictionary of American English. Third College Edition. Ed. by V. Neufeldt. Prentice Hall 1988

Webster's Third New International Dictionary of the English Language. Ed. by Ph. B. Gove. Springfield, Mass., 1981

Wells, J. C. (1990): *Longman Pronunciation Dictionary.* Harlow

Wilkes, G. A. (1985²): *A Dictionary of Australian Colloquialisms.* Sydney

Wright, J. (1898-1905): *The English Dialect Dictionary.* 6 vols. London

Zviadadze, G. (1985²): *Dictionary of Contemporary American English contrasted with British English.* Leipzig

Vgl. dazu:

Algeo, J. (1989): "A Dictionary of Briticisms", in: *EWW* 10: 123-134

Bailey, R. W. (ed.) (1987): *Dictionaries of English: Prospects for the Record of Our Language.* Ann Arbor, Mich.

Banjo, A.; Young, P. (1982): "On editing a second-language dictionary: The proposed *Dictionary of West African English (DWAE)*", in: *EWW* 3: 87-91

Benson, M.; Benson, E.; Ilson, R. (1986): *Lexicographic Description of English.* (Studies in Language Companion Series; 14.) Amsterdam - Philadelphia

Delbridge, A. (1983): "On national variants of the English dictionary: The English dictionary in different parts of the world", in: R. R. K. Hartmann (ed.): *Lexicography: Principles and Practice,* New York: 23-40

Görlach, M. (1985a): "Lexicographical problems of New Englishes and English-related pidgin and creole languages", in: *EWW* 6: 1-36

Görlach, M. (1990a): "The Dictionary of Transplanted Varieties of Languages: English", in: F. J. Hausmann, O. Reichmann, H. E. Wiegand, L. Zgusta (Hrsg.): *Wörterbücher/Dictionaries/Dictionnaires*, Bd. 2, Berlin - New York: 1475-1499

Hansen, K. (1990a): "Zur Berücksichtigung national markierter Lexik in britischen allgemeinen Wörterbüchern des Englischen", in: *ZAA* 38: 297-305

Weiner, E. (1986): "The *New Oxford English Dictionary* and World English", in: *EWW* 7: 259-266

7.4. Darstellungen der Geschichte der anglophonen Länder bzw. Regionen

Ade Ajayi, J. F.; Crowder, M. (eds.) (1976/1987): *History of West Africa*. Second Edition. 2 vols. London

Baxter, C. (1984): *Bangladesh: A New Nation in an Old Setting*. Boulder - Colo

Beckett, J. C. (1991³): *Geschichte Irlands*. Bis zur Gegenwart fortgeführt von K. H. Metz. (Kröners Taschenausgabe; 419.) Stuttgart

Brebner, J. B.; Masters, D. C. (1970): *Canada: A Modern History*. Ann Arbor

Brown, T. (1985): *Ireland. A Social and Cultural History 1922-1985*. London

Buckland, P. (1989): *A History of Northern Ireland*. Second impression. Dublin

Clark, C. M. H. (1969): *A Short History of Australia*. Revised edition. New York

Crowley, F. K. (ed.) (1978): *A New History of Australia*. Melbourne

Curtis, E. (1961): *A History of Ireland*. (University Paperbacks; 23.) London

Davenport, T. R. H. (1991⁴): *South Africa. A modern history*. London

Dood, A. H. (1990): *A Short History of Wales*. London

Edwards, R. D. (1981²): *An Atlas of Irish History*. London

Ellis, P. B. (1968): *Wales – A Nation Again. The Nationalist Struggle for Freedom*. London

Elvert, J. (1993): *Geschichte Irlands*. München

Encyclopaedia of Southern Africa. Compiled and ed. by E. Rosenthal. London 1973⁶

Fage, J. D.; Oliver, R. (eds.) (1975-86): *The Cambridge History of Africa*. 8 vols. Cambridge

Farrell, M. (1992): *Northern Ireland: the orange state*. London

Foster, R. E. (ed.) (1989): *The Oxford illustrated history of Ireland*. Oxford

Garraty, J. A.; McCaughey, R. A. (1987⁶): *The American Nation*. New York - London

Halliday, J. (1990): *Scotland. A Concise History*. Edinburgh

Ingham, K. (1962): *A History of East Africa*. London

Isichei, E. (1977): *History of West Africa since 1800*. London

Jackson, T. A. (1985): *Ireland her own: an outline history of the Irish struggle for national freedom and independence*. New York

Jenner, M. (1987): *Scotland Through the Ages*. New York

Kee, R. (1980): *A History of Ireland*. London

Kluxen, K. (1991[4]): *Geschichte Englands. Von den Anfängen bis zur Gegenwart.* (Kröners Taschenausgabe; 374.) Stuttgart

Mackie, J. D. (1978[2]): *A History of Scotland.* Second Edition. Revised and ed. by B. Lenman and G. Parker. Harmondsworth, Middlesex

Marsh, Z.; Kingsnorth, G. W. (1972): *A History of East Africa.* Cambridge

McNaught, K. (1976): *The Pelican History of Canada.* Harmondsworth, Middlesex

Mitchison, R. (1982[2]): *A History of Scotland.* London

Moody, T. W.; Martin, F. X. (eds.) (1991): *The Course of Irish History.* Revised and enlarged edition. Cork

Morgan, K. O. (1981): *Rebirth of a Nation: Wales 1880-1980.* Oxford - Cardiff

Morgan, P.; Thomas, D. (1984): *Wales: The Shaping of a Nation.* Newton Abbot

Morison, S. E.; Commager, H. St.; Leuchtenburg, W. E. (1980[7]): *The Growth of the American Republic.* New York

The New Encyclopaedia Britannica (Macropaedia). Fifteenth Edition. Chicago 1991

O'Donnell, Ch. P. (1984): *Bangladesh: Biography of a Muslim Nation.* Boulder - Colo

Ogot, B. A. (ed.) (1974): *Zamani: A Survey of East African History.* New Edition. New York

Oliver, R.; Crowder, M. (eds.) (1984): *The Cambridge Encyclopaedia of Africa.* Cambridge

Oliver, W. H.; Williams, B. R. (eds.) (1981): *The Oxford History of New Zealand.* Oxford

Parry, J. H.; Sherlock, P. (1974): *A Short History of the West Indies.* London

Rumney, Th. A. (ed.) (1990[19]): *Africa South of the Sahara.* London

Sautter, U. (1972): *Geschichte Kanadas. Das Werden einer Nation.* Stuttgart

Sautter, U. (1992): *Geschichte Kanadas: von der europäischen Entdeckung bis zur Gegenwart.* München

Sinclair, K. (1980): *A History of New Zealand.* Revised and enlarged edition. London

Sinclair, K. (ed.) (1990): *The Oxford illustrated history of New Zealand.* Oxford

Voigt, J. H. (1988): *Geschichte Australiens.* (Kröners Taschenausgabe; 488.) Stuttgart

Ward, R. (1992): *Concise History of Australia.* Revised edition. St. Lucia, Qld.

Wichert, S. (1992): *Northern Ireland since 1945.* London

Williams, D. (1977[2]): *A History of Modern Wales.* London

Williams, G. A. (1985): *When Was Wales? A History of the Welsh.* Harmondsworth, Middlesex

Wilson, D. (1975): *History of South and Central Africa.* New York

Wilson, M.; Thompson, L. M. (eds.) (1969/1971): *The Oxford History of South Africa.* 2 vols. Oxford

7.5. Einzeldarstellungen und andere Schriften

Beiträge zu den in Abschnitt 7.2. sowie im folgenden angeführten Sammelbänden wurden hier aus Raumgründen nicht gesondert aufgenommen.

Aarts, F. G. A. M. (1984): "Linguistic Variation in English: Idealization, Varieties and Linguistic Items", in: *English Studies* 65: 59-73

Abdulaziz, M. H. (1972): "Triglossia and Swahili-English bilingualism in Tanzania", in: *Language in Society* 1: 197-213

Adams, K. L.; Brink, D. T. (eds.) (1990): *Perspectives on Official English: The Campaign for English as the Official Language of the USA.* Berlin

Adegbija, E. (1989): "Lexico-semantic variation in Nigerian English", in: *World Englishes* 8: 165-177

Adekunle, M. A. (1972): "Multilingualism and language function in Nigeria", in: *African Studies Review* 15: 185-207

Adekunle, M. A. (1974): "The standard Nigerian English in sociolinguistic perspective", in: *Journal of the Nigerian English Studies Association* 6: 24-37

Agheyisi, R. N. (1988): "The standardization of Nigerian Pidgin English", in: *EWW* 9: 227-241

Agnihotri, R. K.; Khanna, A. L.; Mukherjee, A. (1984): "The Use of Articles in Indian English: Errors and Pedagogical Implications", in: *IRAL* XXII: 115-129

Ahrens, R.; Bald, W.-D.; Hüllen, W. (Hrsg.) (1995): *Handbuch Englisch als Fremdsprache (HEF).* Berlin

Ahulu, S. (1994): "How Ghanaian is Ghanaian English?", in: *ET* 38: 25-29

Aitchison, J.; Carter, H. (1993): "The Welsh Language in 1991 – A Broken Heartland and a New Beginning?", in: *Planet* 97: 3-10

Aitchison, J.; Carter, H. (1994): *A Geography of the Welsh Language 1961-1991.* Cardiff

Aitken, A. J. (1985): "Is Scots a Language?", in: *ET* 3: 41-45

Aitken, A. J.; McArthur, T. (eds.) (1979): *Languages of Scotland.* (The Association for Scottish Literary Studies, Occasional paper No. 4.) Edinburgh

Alam, Q. Z. (1975): "A Lexical Feature of Newspaper English in India", in: *Indian Linguistics* 36: 29-36

Alexander, N. (1990): "The language question", in: R. Schrire (ed.): *Critical Choices for South Africa*, Cape Town: 127-145

Algeo, J. (1986): "The Two Streams: British and American English", in: *Journal of English Linguistics* 19.2: 269-284

Algeo, J. (1988): "British and American grammatical differences", in: *International Journal of Lexicography* 1: 1-31

Algeo, J. (1991): "A meditation on the varieties of English", in: *ET* 27: 3-6

Allen, R. L. (1966): *The Verb System of Present-Day American English.* (Janua linguarum: Series practica; 24.) The Hague - Paris

Allsopp, J. (1992): "French and Spanish loan words in Caribbean English", in: *ET* 29: 12-20

Ammon, U.; Dittmar, N.; Mattheier, K. J. (eds.) (1987/88): *Sociolinguistics/ Soziolinguistik: an international handbook of the science of language and so-*

ciety. (Handbücher zur Sprach- und Kommunikationswissenschaft; 3.1./3.2.) Berlin

Anderson, P. (1987): *A Structural Atlas of English Dialects*. London

Angogo, R.; Hancock, I. (1980): "English in Africa: emerging standards or diverging regionalisms?", in: *EWW* 1: 67-96

Arnold, R. (1982): "On the Social Variability of English: Problems of Investigating Substandard English", in: *Linguistische Studien* (Berlin) A 100: 2-22

Arnold, R.; Hansen, K. (1995⁹): *Englische Phonetik*. Leipzig - Berlin

Avis, W. S. (1973): "The English language in Canada: a report", in: Th. A. Sebeok (ed.): *Current Trends in Linguistics*, vol. 10: *Linguistics in North America*, The Hague - Paris: 40-74

Awonusi, V. O. (1986): "Regional Accents and Internal Variability in Nigerian English: A Historical Analysis", in: *English Studies* 67: 555-560

Awonusi, V. O. (1990): "Coming of age: English in Nigeria", in: *ET* 22: 31-35

Awonusi, V. O. (1994): "The Americanization of Nigerian English", in: *World Englishes* 13: 75-82

Baeyer, C. V. (1980): *The Ancestry of Canadian English*. Hull

Bähr, D. (1981): *Die englische Sprache in Kanada: Eine Analyse des 'Survey of Canadian English'*. (Tübinger Beiträge zur Linguistik; 165.) Tübingen

Bailey, R. W. (1985): "The Idea of World English", in: *ET* 1: 3-6

Bailey, R. W. (1991): "Dialects of Canadian English", in: *ET* 27: 20-25

Baker, C. (1985): *Aspects of Bilingualism in Wales*. (Multilingual Matters; 19.) Clevedon - Philadelphia

Baker, C. (1992): *Attitudes and Language*. Clevedon

Baker, S. J. (1981³): *The Australian Language*. Melbourne

Bakshi, R. N. (1991): "Indian English", in: *ET* 27: 43-46

Baldauf, R. B., Jr.; Luke, A. (eds.) (1990): *Language Planning and Education in Australasia and the South Pacific*. (Multilingual Matters; 55.) Clevedon - Philadelphia

Ball, M. J. (ed.) (1988): *The Use of Welsh: A Contribution to Sociolinguistics*. (Multilingual Matters; 36.) Clevedon - Philadelphia

Bamgbose, A. (1973): *Language and Society in Nigeria*. Stanford

Bamgbose, A.; Banjo, A.; Thomas, A. (eds.) (1995): *New Englishes: A West African Perspective*. Ibadan

Bamiro, E. O. (1994a): "Lexico-semantic variation in Nigerian English", in: *World Englishes* 13: 47-60

Bamiro, E. O. (1994b): "Innovation in Nigerian English", in: *ET* 39: 13-15

Bamiro, E. O. (1995): "Syntactic variation in West African English", in: *World Englishes* 14: 189-204

Bansal, R. K. (1976²): *The Intelligibility of Indian English*. (Monograph No. 4.) CIEFL Hyderabad

Barltrop, R.; Wolveridge, J. (1980): *The Muvver Tongue*. London & West Nyack

Barry, M. V. (ed.) (1981): *Aspects of English Dialects in Ireland*. Vol. I. Belfast

Baskaran, L. (1994): "The Malaysian English mosaic", in: *ET* 37: 27-32

Bauer, L. (1986): "Notes on New Zealand English phonetics and phonology", in: *EWW* 7: 225-258

Bauer, L.; Dienhart, J. M.; Hartvigson, H. H.; Jakobsen, L. K. (1980): *American English Pronunciation*. Copenhagen

Baugh, A. C.; Cable, T. (1993⁴): *A History of the English Language*. London

Baugh, J. (1983): *Black Street Speech: Its History, Structure and Survival*. Austin

Baumgardner, R. J. (1990): "The indigenization of English in Pakistan", in: *ET* 21: 59-65

Baumgardner, R. J. (ed.) (1993): *The English Language in Pakistan*. Karachi

Baumgardner, R. J. (1995): "Pakistani English: acceptability and the norm", in: *World Englishes* 14: 261-271

Bell, A.; Holmes, J. (eds.) (1990): *New Zealand Ways of Speaking English*. (Multilingual Matters; 65.) Clevedon - Philadelphia

Benn's Media Directory 1990. (International Edition; 138.) Ed. by Ch. Johnson. Tonbridge 1990

Benson, Ph. (1990): "A language in decline? What is English like in Malaysia and is it in decline?", in: *ET* 24: 19-23

Berndt, R. (1989³): *A History of the English Language*. Leipzig

Blank, C. (ed.) (1992): *Language and Civilization: A Concerted Profusion of Essays and Studies in Honour of Otto Hietsch*. 2 vols. Frankfurt/M.

Bliss, A. (1976): *The English Language in Ireland*. Dublin

Bliss, A. J. (1979): *Spoken English in Ireland: 1600-1740*. Dublin

Bogue, D. J. (1985): *The Population of the United States: historical trends and future projections*. New York

Bourhis, R. Y. (ed.) (1984): *Conflict and Language Planning in Quebec*. (Multilingual Matters; 5.) Clevedon - Philadelphia

Bourhis, R. Y. (ed.) (1994): *French-English Language Issues in Canada*. (International Journal of the Sociology of Language; 105/106.) Berlin - New York

Bradley, D.; Bradley, M. (1992): *English in Australia*. Melbourne

Brauner, S. (1984): "25 Jahre unabhängiges Afrika – eine Bilanz der Sprachpolitik", in: *ZPSK* 37: 537-550

Brauner, S., et al. (1985): *Verkehrs- und Nationalsprachen in Afrika*. Berlin

Bronstein, A. J. (1960): *The Pronunciation of American English: An Introduction to Phonetics*. New York

Brook, G. L. (1965²): *English Dialects*. London

Brown, A. (ed.) (1991): *Teaching English Pronunciation. A book of readings*. London and New York

Brunner, K. (1960²): *Die englische Sprache. Ihre geschichtliche Entwicklung*. Bd. 2. Tübingen

Butters, R. R. (1989): *The Death of Black English: Divergence and Convergence in Black and White Vernaculars*. (Bamberger Beiträge zur Englischen Sprachwissenschaft; 25.) Frankfurt/M.

Carls, U. (1982): "The Status of English in India", in: *Linguistische Studien* (Berlin) A 100: 80-87

Carls, U. (1990): "Zum Charakter einiger syntaktischer und lexikalischer Besonderheiten des Indischen Englisch", in: *Studien zur Sprachdifferenzierung: Roland Arnold zum 60. Geburtstag* (Wiss. Beiträge der Ernst-Moritz-Arndt-Universität Greifswald), Greifswald: 42-46

Carls, U. (1994): "Types of Lexical Peculiarities in Indian English", in: G. Blaicher, B. Glaser (eds.): *Anglistentag 1993 Eichstätt: Proceedings* (Proceedings of the Conference of the German Association of University Teachers of English; XV), Tübingen: 205-216

Cassidy, F. G. (1961): *Jamaica Talk: Three Hundred Years of the English Language in Jamaica.* London

Cervi, D. A.; Wajnryb, R. (1992): "Coping with Aussie English", in: *ET* 30: 18-21

Chambers, J. K. (ed.) (1975): *Canadian English: Origins and Structures.* Toronto

Chambers, J. K.; Trudgill, P. (1980): *Dialectology.* Cambridge

Chatterji, S. K. (1973): *India: A Polyglot Nation and its Linguistic Problems vis-à-vis National Integration.* (Mahatma Gandhi Memorial Lecture Series; 3.) Bombay

Christian, D.; Wolfram, W.; Dube, N. (1988): *Variation and change in geographically isolated communities: Appalachian English and Ozark English.* Tuscaloosa, Ala.

Clarke, S. (ed.) (1993): *Focus on Canada.* (Varieties of English Around the World; G11.) Amsterdam - Philadelphia

Clive, J. (1973): *Thomas Babington Macaulay. The Shaping of the Historian.* London

Clyne, M. (1991): *Community Languages: The Australian Experience.* Cambridge - New York - Sydney

Cobarrubias, J.; Gendron, J.-D. (eds.) (1984): *Language Policy in Canada: Current Issues.* Quebec

Coggle, P. (1993): *Do You Speak Estuary?* London

Collins, P.; Blair, D. (eds.) (1989): *Australian English. The Language of a New Society.* St. Lucia, Qld.

Conklin, N. F.; Lourie, M. A. (1978): *A Pluralistic Nation: the language issue in the United States.* Rowley, Mass.

Conklin, N. F.; Lourie, M. A. (1983): *A Host of Tongues: Language Communities in the United States.* New York

Coupland, N. (in association with A. R. Thomas) (eds.) (1990): *English in Wales: Diversity, Conflict and Change.* (Multilingual Matters; 52.) Clevedon - Philadelphia

Craig, B. (1991): "American Indian English", in: *EWW* 12: 25-61

Craig, S. (1981): *Contemporary Caribbean: a sociological reader.* Port-of-Spain

Crawford, J. (ed.) (1992): *Language Loyalties. A Source Book on the Official English Controversy.* Rowley, Mass.

Crewe, W. J. (ed.) (1977): *The English Language in Singapore.* Singapore

Crystal, D. (1985): "How Many Millions? The Statistics of English Today", in: *ET* 1: 7-9

Crystal, D. (1987): *The Cambridge Encyclopaedia of Language.* Cambridge

Dabke, R. (1976): *Morphology of Australian English.* (Ars Grammatica; 6.) München

Darnell, R. (ed.) (1971): *Linguistic Diversity in Canadian Society.* Edmonton

Darnell, R. (ed.) (1976): *Language Use in Canada.* Ann Arbor

Desai, G. (1993): "English as an African language", in: *ET* 34: 4-11

Desai, M. P. (1956): *Our Language Problem.* Ahmedabad

Deverson, T. (1989): *Finding a New Zealand Voice: Attitudes towards English Used in New Zealand.* Auckland

Deverson, T. (1991): "New Zealand English lexis: the Maori dimension", in: *ET* 26: 18-25

Dharmadasa, K. N. O. (1977): "Nativism, Diglossia and the Sinhalese Identity in the Language Problem in Sri Lanka", in: *Linguistics. An International Review* 193: 21-32

Dillard, J. L. (1972): *Black English: Its History and Usage in the United States.* New York

Dillard, J. L. (ed.) (1975a): *Perspectives on Black English.* (Contributions to the Sociology of Language; 4.) The Hague - Paris

Dillard, J. L. (1975b): *All-American English.* New York

Dillard, J. L. (ed.) (1980): *Perspectives on American English.* (Contributions to the Sociology of Language; 29.) Paris - The Hague - New York

Dillard, J. L. (1985): *Toward a Social History of American English.* (Contributions to the Sociology of Language; 39.) Berlin

Dillard, J. L. (1992): *A History of American English.* (Longman Linguistic Library.) London - New York

Dirven, R. (1993): "The use of languages and language policies in Africa: goals of the LiCCA program", in: *International Journal of the Sociology of Language* 100/101: 179-189

Dodds de Wolf, G. (1992): *Social and Regional Factors in Canadian English: A Study of Phonological Variables and Grammatical Items.* (Studies in Phonetics; 2.) Toronto

Dolan, T. P. (ed.) (1990): *The English of the Irish – Special Issue,* in: *Irish University Review* 20:1

Downes, W. (1984): *Language and Society.* London

Dua, H. R. (1994): "Hindi language spread policy and its implementation: achievements and prospects", in: *International Journal of the Sociology of Language* 107: 115-143

Dunjwa-Blajberg, J. (1980): *Sprache und Politik in Südafrika. Stellung und Funktion der Sprachen unter dem Apartheidsystem.* Bonn

Durkacz, V. E. (1983): *The Decline of the Celtic Languages. A Study of Linguistic and Cultural Conflict in Scotland, Wales and Ireland from the Reformation to the Twentieth Century.* Edinburgh

Dušková, L. (1976): "On some differences in the use of the perfect and the preterite between British and American English", in: *Prague Studies in Mathematical Linguistics* 5: 53-68

Eagleson, R. D. (1967): "The nature and study of Australian English", in: *Journal of English Linguistics* 1: 11-24

Edwards, J. (1986): "Did English murder Irish?", in: *ET* 6: 7-10

Ehrman, M. E. (1966): *The Meanings of the Modals in Present-Day American English.* (Janua linguarum: Series practica; 45.) The Hague - Paris

Endleman, Sh. (1995): "The politics of language: the impact of language legislation on French- and English-speaking citizens of Quebec", in: *International*

Journal of the Sociology of Language 116: 81-98

EPIC Events (1988ff.): Newsletter of the English Plus Information Clearinghouse. Washington, D.C.

Esman, M. J. (1985): "The politics of official bilingualism in Canada", in: W. R. Beer & J. E. Jacob (eds.): *Language Policy and National Unity*, Totowa, N.J.: 45-66

Fabian, J. (1986): *Language and Colonial Power*. Berkeley, Cal.

Faiß, K. (1989): *Englische Sprachgeschichte*. Tübingen

Fasold, R. W. (1972): *Tense Marking in Black English: A Linguistic and Social Analysis*. Washington, D.C.

Fasold, R. (1984/1990): *Introduction to Sociolinguistics*. Vol. I: *The Sociolinguistics of Society*, vol. II: *The Sociolinguistics of Language*. (Language in Society; 5/6.) Oxford

Ferguson, Ch. A. (1959): "Diglossia", in: *Word* 15: 325-340

Ferguson, Ch. A.; Heath, Sh. B. (eds.) (1981): *Language in the USA*. Cambridge

Fernando, Ch. (1976): "English and Sinhala bilingualism in Sri Lanka", in: *Language in Society* 6: 341-360

Der Fischer Weltalmanach 1994. Hrsg. von M. von Baratta. Frankfurt/M. 1993

Der Fischer Weltalmanach 1995. Hrsg. von M. von Baratta. Frankfurt/M. 1994

Fishman, J. A. (1966): *Language Loyalty in the United States*. London - The Hague - Paris

Fishman, J. A. (ed.) (1986): *The Question of an Official Language: Language Rights and the English Language Amendment*. (International Journal of the Sociology of Language; 60.) Berlin - New York - Amsterdam

Fishman, J. A. (ed.) (1994): *Ethnolinguistic Pluralism and Its Discontents: A Canadian Study, and Some General Observations*. (International Journal of the Sociology of Language; 110.) Berlin - New York

Fishman, J. A.; Ferguson, Ch. A.; Das Gupta, J. (eds.) (1968): *Language Problems of Developing Nations*. New York - London - Sydney - Toronto

Fisiak, J. (1993): *An Outline History of English*. Vol. 1: *External History*. Poznań

Forbes, D. (1993): "Singlish", in: *ET* 34: 18-21

Francis, W. N. (1958): *The Structure of American English*. New York

Franklyn, J. (1953): *The Cockney. A Survey of London Life and Language*. London

Freeborn, D.; French, P.; Langford, D. (1993[2]): *Varieties of English: An Introduction*. Basingstoke & London

Galinsky, H. (1951/52): *Die Sprache des Amerikaners. Eine Einführung in die Hauptunterschiede zwischen amerikanischem und britischem Englisch der Gegenwart*. Bd. I/II. Heidelberg

Galinsky, H. (1975[3]): *Amerikanisches und Britisches Englisch*. (Hueber Hochschulreihe; 34.) München

Galinsky, H. (1985[2]): *Das amerikanische Englisch: Seine innere Entwicklung und internationale Ausstrahlung. Ein kritischer Forschungsbericht (1919-1945)*. Tübingen

Garcia, O.; Otheguy, R. (eds.) (1989): *English across cultures – Cultures across English. A Reader in cross-cultural communication*. Berlin - New York

Gatzlaff, M. (1989): "Die 'Verfassungssprachen' Indiens – einige Aspekte der Sprachsituation", in: *asien, afrika, lateinamerika* 17: 448-456

Giegerich, H. J. (1992): *English phonology: An introduction.* (Cambridge textbooks in linguistics.) Cambridge

Gimson, A. C. (1989[4]): *An Introduction to the Pronunciation of English.* Fourth Edition. Revised by S. Ramsaran. London

Goetsch, P. (1963): "Das kanadische Englisch", in: *Anglia* 81: 56-81

Gokak, V. K. (1964): *English in India. Its Present and Future.* New York

Gold, D. L. (1969): "*Frying pan* versus *fry-pan*: a trend in English compounds?", in: *American Speech* 44: 299-302

Gordon, E.; Deverson, T. (1985): *New Zealand English: An Introduction to New Zealand Speech and Usage.* Auckland

Görlach, M. (1984): "Weltsprache Englisch – eine neue Disziplin?", in: *Studium Linguistik* 15: 10-35

Görlach, M. (ed.) (1985b): *Focus on: Scotland.* (Varieties of English Around the World; G5.) Amsterdam - Philadelphia

Görlach, M. (1987): "Die Stellung des kanadischen Englisch", in: *Zeitschrift der Gesellschaft für Kanada-Studien* 7: 205-220

Görlach, M. (1988a): "*Varietas Delectat:* Forms and Functions of English Around the World", in: G. Nixon and J. Honey (eds.): *An Historic Tongue: Studies in English Linguistics in Memory of Barbara Strang*, London and New York: 167-208

Görlach, M. (1988b): "Sprachliche Standardisierungsprozesse im englischsprachigen Bereich", in: *sociolinguistica* 2 (Tübingen): 131-185

Görlach, M. (1989): "Word-formation and the ENL:ESL:EFL distinction", in: *EWW* 10: 279-313

Görlach, M. (1990b): "Heteronymy in International English", in: *EWW* 11: 239-274

Görlach, M.; Holm, J. A. (eds.) (1986): *Focus on the Caribbean.* (Varieties of English Around the World; G8.) Amsterdam - Philadelphia

Grant, W. (1970): *The Pronunciation of English in Scotland.* Repr. College Park, Md.

Grant, W.; Dixon, J. M. (1958): *A manual of modern Scots.* Cambridge

Greenbaum, S. (ed.) (1985): *The English Language Today.* Oxford

Gregor, D. B. (1980): *Celtic. A comparative study of the six Celtic languages: Irish, Gaelic, Manx, Welsh, Cornish, Breton seen against the background of their history, literature and destiny.* (Oleander language and literature; 11.) Cambridge

Gregory, M. (1967): "Aspects of varieties differentiation", in: *Journal of Linguistics* 3: 177-198

Gupta, A. F. (1986): "A standard for written Singapore English?", in: *EWW* 7: 75-99

Gyasi, I. K. (1990): "The state of English in Ghana", in: *ET* 23: 24-26

Gyasi, I. K. (1991): "Aspects of English in Ghana", in: *ET* 26: 26-31

Halliday, M. A. K.; McIntosh, A.; Strevens, P. D. (1964): *The Linguistic Sciences and Language Teaching.* London

Hälsig, M. (1973): "Zur Entwicklung der Kommunikationssituation im unabhängigen Indien", in: *Wiss. Zeitschrift der KMU Leipzig, Gesellschafts- und sprachwiss. Reihe* 22: 77-90

Hammarström, G. (1980): *Australian English: its origin and status.* (Forum phoneticum; 19.) Hamburg

Hansen, B.; Hansen, K.; Neubert, A.; Schentke, M. (1990[3]): *Englische Lexikologie. Einführung in Wortbildung und lexikalische Semantik.* Leipzig

Hansen, K. (1966): "Rhyming Slang und Reimformen im Slang", in: *ZAA* 14: 341-366

Hansen, K. (1982): "Zur regionalen Differenzierung des Englischen", in: *Linguistische Studien* (Berlin) A 100: 65-80

Hansen, K. (1986): "Arten und Ursachen der Sprachvariation (am Beispiel des Englischen)", in: *ZAA* 34: 211-234

Hansen, K. (1989): "Zur Differenzierung des Englischen in nationale Varianten", in: *Fremdsprachenunterricht* 33/42: 444-451

Hansen, K. (1990b): "Besonderheiten des *Southern Hiberno-English*", in: *Studien zur Sprachdifferenzierung: Roland Arnold zum 60. Geburtstag* (Wiss. Beiträge der Ernst-Moritz-Arndt-Universität Greifswald), Greifswald: 56-63

Hansen, K. (1992a): "Zur Sprachsituation und Sprachpolitik in Irland", in: *Wiss. Zeitschrift der Universität Halle* XXXXI G, H. 2: 91-95

Hansen, K. (1992b): "Das Englische in England als nationale Variante des Englischen", in: *ZAA* 40: 17-24

Hansen, K. (1994): "Probleme der nationalen Differenzierung des Englischen und ihrer Beschreibung", in: *Anglistik* (Organ des Verbandes Deutscher Anglisten) 5/1: 53-71

Hanson, J. I. (1978): *We also speak English. A Study of the Speech Mannerisms of the Welsh.* Bridgend

Haque, A. R. (1993): "The position and status of English in Pakistan", in: Baumgardner (1993): 13-18

Harris, J. (1985): *Phonological Variation and Change: Studies in Hiberno-English.* Cambridge

Harris, J.; Little, D.; Singleton, D. (eds.) (1986): *Perspectives on the English Language in Ireland.* Dublin

Hartman, J. W. (1985): "Guide to Pronunciation", in: Cassidy/Hall (1985/1991; vgl. 7.3.) I: xli-lxi

Hauptfleisch, T. (1977): *Language Loyalty in South Africa.* Vol. 1: *Bilingual Policy in South Africa – Opinions of White Adults in Urban Areas.* Pretoria

Heine, B.; Köhler, O. (1981): *Linguistik – Ostafrika (Kenya, Uganda, Tanzania).* Berlin - Stuttgart

Hellinger, M. (1985): *Englisch-orientierte Pidgin- und Kreolsprachen. Entstehung, Geschichte und sprachlicher Wandel.* (Erträge der Forschung; 221.) Darmstadt

Hickey, R. (1993): "The beginnings of Irish English", in: *Folia Linguistica Historica* XIV/1-2: 213-238

Hindley, R. (1990): *The death of the Irish language: a qualified obituary.* London - New York

Hocking, B. D. W. (1974): *All what I was taught and other mistakes: a handbook of common errors in English*. Nairobi

Hogan, J. J. (1927): *The English Language in Ireland*. Dublin

Hogg, R. M. (ed.) (1992ff.): *The Cambridge History of the English Language*. Cambridge

Holm, J. (1980): "African Features in White Bahamian English", in: *EWW* 1: 45-65

Holm, J. (ed.) (1983): *Central American English*. (Varieties of English Around the World; T2.) Heidelberg

Holmes, J. (1978): "Investigating subjective judgments of New Zealand English", in: *Archivum Linguisticum* 9,2: 123-134

Holmes, J. (1992): *An introduction to sociolinguistics*. London

Holmes, J. (1995): "Three chairs for New Zealand English: the EAR/AIR merger", in: *ET* 43: 14-18

Holtus, G.; Radtke, E. (Hrsg.) (1986): *Sprachlicher Substandard*. (Konzepte der Sprach- und Literaturwissenschaft; 36.) Tübingen

Honey, J. (1985): "Acrolect and Hyperlect: The Redefinition of English RP", in: *English Studies* 66: 241-257

Honey, J. (1989): *Does Accent Matter? The Pygmalion Factor*. London - Boston

Horvath, B. M. (1985): *Variation in Australian English: The sociolects of Sydney*. (Cambridge Studies in Linguistics; 45.) Cambridge

Hudson, N. (ed.) (1993): *Modern Australian Usage*. Melbourne and Oxford

Hughes, A.; Trudgill, P. (1987^2): *English Accents and Dialects. An Introduction to Social and Regional Varieties of British English*. London

Hüttermann, A. (1992): *Neuseeland*. (Beck'sche Reihe Aktuelle Länderkunden; 844.) München

Ilson, R. (1985): "Diversity in Unity: American and British English", in: *ET* 4: 7-11

India 1976. A Reference Annual. Government of India. Ministry of Information and Broadcasting

India 1991. A Reference Annual. Government of India. Ministry of Information and Broadcasting

Iyengar, K. R. S. (1973): *Indian Writing in English*. London

Janicki, K. (1977): *Elements of British and American English*. Warszawa

Jibril, M. (1986): "Sociolinguistic variation in Nigerian English", in: *EWW* 7: 47-74

Jones, J. (1983): *Rhyming Cockney Slang*. Bristol

Jowitt, D. (1991): *Nigerian English Usage: An Introduction*. Ikeja

Joy, R. J. (1972): *Languages in Conflict: The Canadian Experience*. Toronto

Joyce, P. W. (1979): *English as we speak it in Ireland*. With an introduction by T. Dolan. Dublin

Kachru, B. B. (1969): "English in South Asia", in: Th. A. Sebeok (ed.): *Current Trends in Linguistics*, vol. 5: *Linguistics in South Asia*, The Hague - Paris: 627-678

Kachru, B. B. (1975): "Lexical Innovations in South Asian English", in: *International Journal of the Sociology of Language* IV: 55-73

Kachru, B. B. (1983): *The Indianization of English: The English Language in*

India. New Delhi

Kachru, B. B. (1986): "The Indianization of English", in: *ET* 6: 31-33

Kachru, B. B. (1988): "The sacred cows of English", in: *ET* 16: 3-8

Kachru, B. B. (1991): "Liberation linguistics and the Quirk Concern", in: *ET* 25: 3-13

Kachru, Y. (1995): "Contrastive rhetoric in World Englishes", in: *ET* 41: 21-31

Kallen, J. L. (1988): "The English Language in Ireland", in: *International Journal of the Sociology of Language* 70: 127-142

Kallen, J. L. (1989): "Tense and aspect categories in Irish English", in: *EWW* 10: 1-39

Kandiah, Th. (1981): "Lankan English Schizoglossia", in: *EWW* 2: 63-81

Kay, B. (1986): *Scots. The Mither Tongue.* Edinburgh

Khleif, B. B. (1980): *Language, Ethnicity, and Education in Wales.* (Contributions to the Sociology of Language; 28.) The Hague - Paris - New York

Kingscott, G. (1994): "South Africa's eleven official languages", in: *Language International* 6/6: 34f.

Kirchner, G. (1970/72): *Die syntaktischen Eigentümlichkeiten des Amerikanischen Englisch.* Bd. I/II. Leipzig

Kirk, J. M.; Sanderson, S.; Widdowson, J. D. A. (eds.) (1985): *Studies in linguistic geography: the dialects of English in Britain and Ireland.* London

de Klerk, V.; Bosch, B. (1993): "English in South Africa: the Eastern Cape perspective", in: *EWW* 14: 209-229

Kloss, H. (1977): *The American Bilingual Tradition.* Rowley, Mass.

Knowles, G. (1987): *Patterns of Spoken English. An Introduction to English Phonetics.* (Learning About Language.) London and New York

Kujore, O. (1985): *English Usage: Some Notable Nigerian Variations.* Ibadan

Kurath, H. (1964): *A Phonology and Prosody of Modern English.* Ann Arbor, Mich.

Kurath, H.; McDavid, R. I., Jr. (1961): *The Pronunciation of English in the Atlantic States.* Ann Arbor, Mich.

Labov, W. (1972): *Language in the Inner City. Studies in the Black English Vernacular.* Philadelphia, Penn.

Lachapelle, R.; Henripin, J. (1982): *The Demolinguistic Situation in Canada.* Montreal

Ladefoged, P.; Glick, R.; Criper, C. (1972): *Language in Uganda, Ethiopia, Kenya, Tanzania, Zambia.* London

Lamy, P. (ed.) (1977): *Language Maintenance and Language Shift in Canada. New Dimensions in the Use of Census Language Data.* Ottawa

Lanham, L. W. (1967): *The Pronunciation of South African English. A phonetic-phonemic introduction.* Cape Town - Amsterdam

Lanham, L. W.; Macdonald, C. A. (1979): *The Standard in South African English and its Social History.* (Varieties of English Around the World; G1.) Heidelberg

Lanham, L. W.; Prinsloo, K. P. (eds.) (1978): *Language and Communication Studies in South Africa: Current Issues and Directions in Research and Inquiry.* Cape Town

Lass, R. (1987): *The Shape of English: Structure and History*. London

Lass, R.; Wright, S. (1986): "Endogeny vs. contact: 'Afrikaans influence' on South African English", in: *EWW* 7: 201-223

Lawendowski, B.; Pankhurst, J. (1975): *British and American English. A Comparison of the Grammar and Vocabulary*. Warszawa

Leap, W. L. (ed.) (1977): *Studies in Southwestern Indian English*. San Antonio

Lehnert, M. (1981): *Substandard English (Vulgärenglisch)*. (Sitzungsberichte der AdW der DDR, Gesellschaftswissenschaften, Jg. 1980, Nr. 11 G.) Berlin

Leith, D. (1983): *A Social History of English*. (Language and Society Series.) London - Boston - Melbourne - Henley

Leitner, G. (1984): "Australian English or English in Australia – linguistic identity or dependence in broadcast language", in: *EWW* 5: 55-85

Leitner, G. (1987): "Zur Grammatik des Englischen in Indien", in: *ZAA* 35: 338-350

Leitner, G. (1989a): *BBC English und Englisch lernen mit der BBC*. Berlin - München

Leitner, G. (1989b): "Core Grammar versus Variety Grammar – the Case of English", in: G. Graustein, G. Leitner (eds.): *Reference Grammars and Modern Linguistic Theory* (Linguistische Arbeiten; 226), Tübingen: 163-183

Leitner, G. (1989c): "Der Tempusgebrauch im indischen Englisch als Problem für das 'international English'", in: *Linguistische Arbeitsberichte* (KMU Leipzig) 69: 43-52

Leitner, G. (1992): "English as a pluricentric language", in: M. Clyne (ed.): *Pluricentric Languages: Differing Norms in Different Nations* (Contributions to the Sociology of Language; 62), Berlin - New York: 179-237

LePage, R. B. (1964): *The National Language Question. Linguistic Problems of the Newly Independent States*. London

Lewis, J. W. (1985): "British non-dialect accents", in: *ZAA* 33: 244-257

Löffler, M. (1994): *Zur Geschichte der Sprachsituation und Sprachpolitik in Wales (unter besonderer Berücksichtigung der Rolle des Englischen)*. Diss., Humboldt-Universität zu Berlin

Lott, B. (1974): "Some Notes on the History of English in India", in: *CIEFL Bulletin* 10: 1-12

Lougheed, W. C. (ed.) (1986): *In search of the standard in Canadian English*. Kingston, Ont.

Luelsdorff, Ph. A. (1975): *A segmental phonology of Black English*. (Janua linguarum: Series practica; 191.) The Hague - Paris

Luke, K.; Richards, J. C. (1982): "English in Hong Kong: functions and status", in: *EWW* 3: 47-64

Macafee, C. (1981): "Nationalism and the Scots Renaissance now", in: *EWW* 2: 29-38

Macafee, C. (1983): *Glasgow*. (Varieties of English Around the World; T3.) Amsterdam - Philadelphia

Macaulay, Th. B. (1952): "Indian Education", in: *Th. B. Macaulay: Prose and Poetry*, ed. by G. M. Young, London: 719-730

Mair, C. (1992): "Standard Caribbean English: A pilot study", in: G. Leitner (ed.):

New Directions in English Language Corpora. Methodology, Results, Software Developments, Berlin - New York: 75-96

Marchand, H. (1969²): *The Categories and Types of Present-Day English Word-Formation. A Synchronic-Diachronic Approach.* München

Marckwardt, A. H. (1980²): *American English.* Second Edition. Revised by J. L. Dillard. New York - Oxford

Marckwardt, A. H.; Quirk, R. (1964): *A Common Language: British and American English.* London

Mather, J. Y.; Speitel, H.-H. (eds.) (1975/1977/1986): *The Linguistic Atlas of Scotland.* 3 vols. London

Matthews, W. (1938): *Cockney Past and Present.* London

Mazrui, A. A. (1975): *The Political Sociology of the English Language: An African Perspective.* (Contributions to the Sociology of Language; 7.) The Hague - Paris

McArthur, T. (1987): "The English languages?", in: *ET* 11: 9-11

McArthur, T. (1992b): "Models of English", in: *ET* 32: 12-21

McClure, J. D. (ed.) (1983): *Scotland and the Lowland Tongue. Studies in the Language and Literature of Lowland Scotland in Honour of David D. Murison.* Aberdeen

McClure, J. D. (1988): *Why Scots Matters.* (Saltire Pamphlets, New Series; 10.) Edinburgh

McClure, J. D. (1993): "Varieties of Scots in recent and contemporary narrative prose", in: *EWW* 14: 1-22

McConnell, R. E. (1978): *Our Own Voice: Canadian English and How it Came to Be.* Toronto

McConnell, R. E. (1979): *Our Own Voice: Canadian English and How It Is Studied.* Toronto

McDavid, R. I. (1975): "The Urbanization of American English", in: *Philologica Pragensia* 18: 228-238

McDavid, R. I., Jr. (1980): *Varieties of American English. Essays.* Selected and introduced by A. S. Dil. Stanford

McKay, S. L.; Wong, S. C. (eds.) (1988): *Language Diversity – Problem or Resource?* Cambridge - New York

Meisel, J. (1978): "Values, language and politics in Canada", in: J. A. Fishman (ed.): *Advances in the Study of Societal Multilingualism* (Contributions to the Sociology of Language; 9), The Hague: 665-717

Mencken, H. L. (1936⁴): *The American Language.* Fourth Edition. New York. – Supplement I. New York 1961. – Supplement II. New York 1961

Mesthrie, R. (1992): *English in Language Shift: The History, Structure and Sociolinguistics of South African Indian English.* Cambridge

Mesthrie, R. (1993): "English in South Africa", in: *ET* 33: 27-33

Metcalf, A. A. (1979): *Chicano English.* Arlington, Va.

Meyer, Ch. F. (1987): *A linguistic study of American punctuation.* New York

Miller, J.; Brown, K. (1982): "Aspects of Scottish English syntax", in: *EWW* 3: 3-17

Mills, C. (1990): *American grammar: sound, form, and meaning.* New York

Milroy, J. (1981): *Regional Accents of English: Belfast.* Belfast

Milroy, J.; Milroy, L. (eds.) (1993): *Real English: The Grammar of English Dialects in the British Isles.* (Real Language Series.) London and New York

Mitchell, A. G.; Delbridge, A. (1965²): *The Pronunciation of English in Australia.* Sydney

Mohan, R. (ed.) (1978): *Indian Writing in English.* Bombay - Calcutta - Madras - New Delhi

Morris, M. (1993): "Is English we speaking", in: *ET* 36: 18-26

Mufwene, S. S. (1983): *Some Observations on the Verb in Black English Vernacular.* Austin

Murison, D. (1978²): *The Guid Scots Tongue.* Edinburgh

Murray-Smith, S. (1989): *Right Words: A Guide to English Usage in Australia.* Revised edition. Ringwood, Vic.

Nadkarni, M. V. (1983): "English in Mother Tongue Medium Education", in: *CIEFL Bulletin* 19/1: 15-25

Newbrook, M. (ed.) (1987): *Aspects of the syntax of educated Singaporean English: attitudes, beliefs and usage.* (European University Studies: 14; 117.) Frankfurt a. M.

Newbrook, M. (1992): "Unrecognised grammatical and semantic features typical of Australian English: a checklist with commentary", in: *EWW* 13: 1-32

Newman, E. (1975): *Strictly Speaking (Will America be the death of English?).* New York

Nichols, St. (1991): "English as a symbol of American culture", in: *ET* 25: 31-35

Nihalani, P.; Tongue, R. K.; Hosali, P. (1978): *Indian and British English. A Handbook of Usage and Pronunciation.* Delhi - Bombay - Calcutta - Madras

Nirven, A. (ed.) (1976): *Commonwealth Writers Overseas. Themes of Exile and Expatriation.* Bruxelles

Noss, R. B. (ed.) (1983): *Varieties of English in Southeast Asia.* Singapore

Odumuh, A. E. (1984): "Educated Nigerian English as a model of standard Nigerian English", in: *World Language English* 3: 231-235

Odumuh, A. E. (ed.) (1987): *Nigerian English (NigE). Selected Essays.* Zaria

Ó Lúing, S. (1984): "Irish and English. Conflict and Marriage", in: *Lebende Sprachen* XXIX/3: 105-108

Ó Lúing, S. (1995): "The Present Position of the Irish Language", in: *Lebende Sprachen* XL/1: 8-12

Ó Muirithe, D. (ed.) (1977): *The English Language in Ireland.* Dublin and Cork

Oomen, U. (1982): *Die englische Sprache in den USA: Variation und Struktur.* Teil I. Tübingen

Ó Riagáin, P. (ed.) (1988): *Language Planning in Ireland.* (International Journal of the Sociology of Language; 70.) Berlin - New York - Amsterdam

Orkin, M. M. (1970): *Speaking Canadian English. An Informal Account of the English Language in Canada.* Toronto

Ornstein-Galicia, J. L. (ed.) (1984): *Form and Function in Chicano English.* Rowley, Mass.

Orton, H., et al. (1962-71): *Survey of English Dialects.* Introduction and 4 vols. Leeds

Orton, H.; Sanderson, S.; Widdowson, J. (eds.) (1979): *The Linguistic Atlas of England.* Atlantic Highlands, N.J.

Orton, H.; Wright, N. (1974): *A Word Geography of England.* London

Ozolins, U. (1993): *The Politics of Language in Australia.* Cambridge

Pandit, P. B. (1977): *Language in a Plural Society. The Case of India.* (The Seventh Dev Raj Chanana Memorial Lecture.) New Delhi

Parasher, S. V. (1981): "English in India: A Sociolinguistic Reappraisal", in: *ZAA* 29: 330-342

Parasher, S. V. (1983): "Indian English: certain grammatical, lexical and stylistic features", in: *EWW* 4: 27-42

Parasher, S. V. (1991): *Indian English. Functions and Form.* New Delhi

Parry, D. (ed.) (1977/1979): *The Survey of Anglo-Welsh Dialects.* Vol. I: *The South-East,* vol. II: *The South-West.* Swansea

Partridge, E. (1970⁴): *Slang Today and Yesterday.* London

Pattanayak, D. P. (ed.) (1990): *Multilingualism in India.* (Multilingual Matters; 61.) Clevedon - Philadelphia

Pemagbi, J. (1989): "Still a deficient language? A description and glossary of the 'New English' of Sierra Leone", in: *ET* 17: 20-24

Penfield, J.; Ornstein-Galicia, J. L. (1985): *Chicano English: An Ethnic Contact Dialect.* (Varieties of English Around the World; G7.) Amsterdam/Philadelphia

Penhallurick, R. J. (1991): *The Anglo-Welsh Dialects of North Wales.* (Bamberger Beiträge zur Englischen Sprachwissenschaft; 27.) Frankfurt am Main - Bern - New York - Paris

Phillipson, R. (1992): *Linguistic Imperialism.* Oxford

Pike, K. L. (1945): *The Intonation of American English.* Ann Arbor

Pilch, H. (1990): "Hiberno-English: Empirical Model of a Phonemic Substratum", in: *Celtica* 21: 576-587

Pilch, H. (1994): *Manual of English Phonetics.* München

Platt, J. T. (1980): "Varieties and functions of English in Singapore and Malaysia", in: *EWW* 1: 97-121

Platt, J. T.; Weber, H. (1980): *English in Singapore and Malaysia: Status, Features, Functions.* Kuala Lumpur

Platt, J.; Weber, H.; Ho, M. L. (1983): *Singapore and Malaysia.* (Varieties of English Around the World; T4.) Amsterdam - Philadelphia

Poddar, A. (ed.) (1969): *Language and Society in India.* (Transactions of Indian Institute of Advanced Study; 8.) Simla

Polomé, E. C.; Hill, C. P. (eds.) (1980): *Language in Tanzania.* Oxford

Price, G. (1984): *The Languages of Britain.* London

Pylee, M. V. (1965²): *Constitutional Government in India.* Bombay

Pyles, Th. (1952): *Words and Ways of American English.* New York

Quirk, R. (1988): "The Question of Standards in the International Use of English", in: P. H. Lowenberg (ed.): *Language Spread and Language Policy: Issues, Implications, and Case Studies,* Washington, D.C.: 229-241

Quirk, R. (1990): "Language varieties and standard language", in: *ET* 21: 3-10

Quirk, R.; Greenbaum, S.; Leech, G.; Svartvik, J. (1972): *A Grammar of Contemporary English.* London

Quirk, R.; Greenbaum, S.; Leech, G.; Svartvik, J. (1985): *A Comprehensive Grammar of the English Language.* London and New York

Quirk, R.; Stein, G. (1990): *English in Use.* Harlow

Quirk, R.; Widdowson, H. G. (eds.) (1985): *English in the World: Teaching and learning the language and literatures.* Cambridge

Rahman, T. (1990): *Pakistani English: The Linguistic Description of a Non-Native Variety of English.* (National Institute of Pakistan Studies: Monograph Series; III.) Islamabad

Rahman, T. (1991a): "Pakistani English: some phonological and phonetic features", in: *World Englishes* 10: 83-95

Rahman, T. (1991b): "The use of words in Pakistani English", in: *ET* 26: 32-38

Ramsaran, S. (ed.) (1990): *Studies in the Pronunciation of English. A commemorative volume in honour of A. C. Gimson.* London

Ramson, W. S. (1966): *Australian English. An Historical Study of the Vocabulary, 1788-1898.* Canberra

Ramson, W. S. (ed.) (1970): *English Transported. Essays on Australasian English.* Canberra

Rao, G. S. (1954): *Indian Words in English: A Study in Indo-British Cultural and Linguistic Relations.* Oxford

Reddi, G. S. (ed.) (1973): *The Language Problem in India.* Delhi

Reed, C. E. (1977^2): *Dialects of American English.* Revised edition. Amherst, Mass.

Roberts, P. A. (1988): *West Indians and their Language.* Cambridge

Rockel, M. (1978): "Zur Lage der irischen Sprache in der Republik Irland", in: *ZPSK* 31: 358-369

Rockel, M. (1979): "Zu den Beziehungen von Sprache und Gesellschaft in der Republik Irland", in: D. Siegmund-Schultze (Hrsg.): *Irland – Gesellschaft und Kultur* II, Halle: 33-43

Rockel, M. (1989): *Grundzüge einer Geschichte der irischen Sprache.* Wien

Romaine, S. (ed.) (1991): *Language in Australia.* Cambridge

Rosewarne, D. (1994a): "Estuary English: tomorrow's RP?", in: *ET* 37: 3-8

Rosewarne, D. (1994b): "Pronouncing Estuary English", in: *ET* 40: 3-7

Rothermund, D. (1993): *Staat und Gesellschaft in Indien.* Mannheim - Leipzig - Wien - Zürich

Rubagumya, C. M. (ed.) (1990): *Language in Education in Africa: A Tanzanian Perspective.* (Multilingual Matters; 57.) Clevedon - Philadelphia

Rudnyckyj, J. B. (1973): "Immigrant languages, language contact, and bilingualism in Canada", in: Th. A. Sebeok (ed.): *Current Trends in Linguistics*, vol. 10: *Linguistics in North America*, The Hague - Paris: 592-652

Rudnyckyj, J. B. (1983): *Multiculturalism and Multilingualism in Canada.* Ottawa

Rudnyckyj, J. B. (1990): *Multilingual Canada.* Ottawa & Montreal

Sabban, A. (1982): *Gälisch-englischer Sprachkontakt: Zur Variabilität des Englischen im gälischsprachigen Gebiet Schottlands. Eine empirische Studie.* (Sammlung Groos; 11.) Heidelberg

Sahgal, A.; Agnihotri, R. K. (1985): "Syntax – the common bond. Acceptability of syntactic deviances in Indian English", in: *EWW* 6: 117-129

Sahgal, A.; Agnihotri, R. K. (1988): "Indian English phonology: a sociolinguistic perspective", in: *EWW* 9: 51-64

Salami, A. (1968): "Defining a 'Standard Nigerian English'", in: *Journal of the Nigerian English Studies Association* 2: 99-106

Scargill, M. H. (1974): *Modern Canadian English Usage: Linguistic Change and Reconstruction.* Toronto

Scargill, M. H. (1977): *A Short History of Canadian English.* Victoria, B.C.

Scharnhorst, J. (1980a): "Zum Status des Begriffs Sprachsituation", in: *ZPSK* 33: 109-118

Scharnhorst, J. (1980b): "Zu einigen Grundbegriffen bei der Analyse von Sprachsituationen", in: *ZPSK* 33: 655-663

Scherer, G.; Wollmann, A. (1986³): *Englische Phonetik und Phonologie.* (Grundlagen der Anglistik und Amerikanistik; 6.) Berlin

Schmied, J. (1985a): "Attitudes towards English in Tanzania", in: *EWW* 6: 237-269

Schmied, J. J. (1985b): *Englisch in Tansania. Sozio- und interlinguistische Probleme.* (Sammlung Groos; 24.) Heidelberg

Schmied, J. (ed.) (1989): *English in East and Central Africa 1.* (Bayreuth African Studies Series; 15.) Bayreuth

Schmied, J. (ed.) (1990a): *Linguistics in the Service of Africa with particular reference to research on English and African languages.* (Bayreuth African Studies Series; 18.) Bayreuth

Schmied, J. (1990b): "Language use, attitudes, performance and sociolinguistic background: a study of English in Kenya, Tanzania, and Zambia", in: *EWW* 11: 217-238

Schmied, J. J. (1991): *English in Africa: An Introduction.* (Longman Linguistics Library.) London and New York

Schmied, J. (ed.) (1992): *English in East and Central Africa 2.* (Bayreuth African Studies Series; 24.) Bayreuth

Schneider, E. W. (1981): *Morphologische und syntaktische Variablen im amerikanischen* Early Black English. (Bamberger Beiträge zur Englischen Sprachwissenschaft; 10.) Frankfurt am Main - Bern

Schneider, E. W. (1982): "On the history of Black English in the USA: some new evidence", in: *EWW* 3: 18-46

Schneider, E. W. (1989): *American Earlier Black English. Morphological and Syntactic Variables.* Tuscaloosa, Ala.

Schönfeld, H. (1985): "Varianten, Varietäten und Sprachvariation", in: *ZPSK* 38: 206-224

Schrader, E. (1969): "Zum Sprachenproblem in Indien", in: *Deutsche Außenpolitik* 1969/9: 1128-1133

von Schwerin, K. (1988): *Indien.* (Beck'sche Reihe Aktuelle Länderkunden; 820.) München

Serébrennikow, B. A. (Hrsg.) (1975²): *Allgemeine Sprachwissenschaft.* Bd. I. Berlin

Sey, K. A. (1973): *Ghanaian English: An Exploratory Survey.* London

Shapiro, M. C.; Schiffman, H. F. (1981): *Language and Society in South Asia.*

New Delhi

Shields, K. (1989): "Standard English in Jamaica: a case of competing models", in: *EWW* 10: 41-53

Shuy, R. W.; Fasold, R. W. (eds.) (1973): *Language Attitudes: Current Trends and Prospects.* Washington, D.C.

Simpson, D. (1986): *The Politics of American English, 1776-1850.* Oxford

Sinclair, J. (1988): "Models and monuments", in: *ET* 15: 3-6

Sinha, S. P. (1978): *English in India. A Historical Study with Particular Reference to English Education in India.* Patna

Sivertsen, E. (1960): *Cockney Phonology.* (Oslo Studies in English; 8.) Oslo

Smitherman, G. (1977): *Talkin and Testifyin: The Language of Black America.* Boston

Soudek, L. (1967): *Structure of Substandard Words in British and American English.* Bratislava

Spears, R. A. (1991): *Contemporary American Slang.* Lincolnwood

Spencer, J. (ed.) (1971): *The English Language in West Africa.* London

Spitzbardt, H. (1973): "Zur Frage der Sprachplanung in den jungen Nationalstaaten", in: *ZPSK* 26: 533-554

Spitzbardt, H. (1976): *English in India.* (Linguistische Studien.) Halle (Saale)

Sridhar, K. K. (1989): *English in Indian Bilingualism.* New Delhi

Stephens, M. (1976): *Linguistic Minorities in Western Europe.* Llandysul

Stephens, M. (ed.) (1979): *The Welsh Language Today.* A new revised edition. Llandysul

Stoller, P. (ed.) (1975): *Black American English: its background and its usage in the schools and in literature.* New York

Strang, B. M. H. (1974): *A History of English.* London

Strevens, P. D. (1964): "Varieties of English", in: *English Studies* 45: 20-30

Strevens, P. D. (1972): *British and American English.* London

Strevens, P. (1980): *Teaching English as an International Language. From Practice to Principle.* Oxford

Strevens, P. (1987): "English as an International Language", in: *English Teaching Forum* XXV/4: 56-63

Sure, K. (1992): "Falling standards in Kenya?", in: *ET* 32: 23-26

Sutcliffe, D. (1982): *British Black English.* Oxford

Swan, M.; Urdang, L. (1985): "Where is the Language Going?", in: *ET* 3: 6-10

Švejcer, A. D. (1977): *Sovremennaja sociolingvistika: teorija, problemy, metody.* Moskva

Švejcer, A. D. (1978): *Standard English in the United States and England.* (Janua linguarum: Series minor; 159.) The Hague - Paris

Švejcer, A. D. (1983): *Social'naja differenciacija anglijskogo jazyka v SŠA.* Moskva

Tay, M. W. J. (1982): "The Phonology of Educated Singapore English", in: *EWW* 3: 135-145

Taylor, D. (1977): *Languages of the West Indies.* Baltimore

Taylor, J. R. (1991): "Remarks on the KIN-PIN vowels in South African English", in: *EWW* 12: 75-85

Thees, P. (1988): *Grundzüge der Sprachsituation und Sprachpolitik in Kanada und Besonderheiten der Lexik des Kanadischen Englisch als Reflex seiner Existenzbedingungen.* Diss. A, Humboldt-Universität zu Berlin

Thomas, A. R. (1973): *The Linguistic Geography of Wales.* Cardiff

Thomas, A. R. (1986): "Is English killing off other languages? The case of Welsh", in: *ET* 6: 11f.

Thomas, C. K. (1958): *Phonetics of American English.* New York

Thunday, Z. (1976): "The Origins of Indian English", in: *CIEFL Bulletin* 12: 27-40

Todd, L. (1990²): *Pidgins and Creoles.* (Language and Society Series.) London - Boston - Henley

Todd, L. (1982): *Cameroon.* (Varieties of English Around the World; Tl.) Heidelberg

Todd, L. (1984): "By their tongue divided: Towards an analysis of speech communities in Northern Ireland", in: *EWW* 5: 159-180

Todd, L. (1989): *The Language of Irish Literature.* London

Tongue, R. K. (1979²): *The English of Singapore and Malaysia.* Singapore

Tripathi, P. D. (1990): "English in Zambia", in: *ET* 23: 34-38

Tripathi, P. D. (1992): "English: 'The Chosen Tongue'", in: *ET* 32: 3-11

Trudgill, P. (1979): "Standard and Non-Standard Dialects of English in the United Kingdom: Problems and Policies", in: *International Journal of the Sociology of Language* 21: 9-24

Trudgill, P. (1983a): *Sociolinguistics: An Introduction to Language and Society.* Revised edition. Harmondsworth, Middlesex

Trudgill, P. (1983b): *On Dialect. Social and Geographical Perspectives.* Oxford

Trudgill, P. (1990): *The Dialects of England.* Oxford

Trudgill, P. (1992): *Introducing Language and Society.* Harmondsworth, Middlesex

Trudgill, P.; Chambers, J. K. (eds.) (1991): *Dialects of English: Studies in Grammatical Variation.* London - New York

Turner, G. W. (1972²): *The English Language in Australia and New Zealand.* (English Language Series.) London

Ubahakwe, E. (ed.) (1979): *Varieties and Functions of English in Nigeria.* Ibadan

Upton, C.; Parry, D.; Widdowson, J. D. A. (1994): *Survey of English Dialects. The Dictionary and Grammar.* London

Upton, C.; Sanderson, S.; Widdowson, J. (1987): *Word Maps: A Dialect Atlas of England.* Edinburgh

Van den Berghe, P. L. (1968): "Language and 'Nationalism' in South Africa", in: Fishman/Ferguson/Das Gupta (1968): 215-224

Van Wyk, E. B. (1977): "Varieties of English: a worldwide question", in: *English Teaching Forum* XV: 22-35

Veltman, C. (1983): *Language Shift in the United States.* (Contributions to the Sociology of Language; 34.) Berlin

Vermeer, H. J. (1969): *Das Indo-Englische. Situation und linguistische Bedeutung.* (Mit Bibliographie.) Heidelberg

Vermeer, M.; Vermeer, H. (1963): "Das Indo-Englische", in: *Lebende Fremdsprachen* VIII: 135-138

Viereck, W. (1975): *Regionale und soziale Erscheinungsformen des britischen und amerikanischen Englisch.* (Anglistische Arbeitshefte; 4.) Tübingen

Viereck, W. (ed.) (1985): *Focus on: England and Wales.* (Varieties of English Around the World; G4.) Amsterdam - Philadelphia

Viereck, W. (1986): "On Colonial American English: A Research Proposal", in: W. Herget, K. Ortseifen (eds.): *The Transit of Civilization from Europe to America. Essays in honor of Hans Galinsky,* Tübingen: 75-85

Viereck, W. (1987): "English as an International Language", in: *Indogermanische Forschungen* 92: 172-195

Viereck, W. (1989): "Zur soziolinguistischen Situation in der englischsprachigen Karibik", in: K. Kohut (Hrsg.): *Rasse, Klasse und Kultur in der Karibik,* Frankfurt/M.: 135-152

de Villiers, A. (ed.) (1976): *English-speaking South Africa Today.* Cape Town

Wakelin, M. F. (1977²): *English Dialects: An Introduction.* Revised edition. London

Wakelin, M. F. (1986): *The Southwest of England.* (Varieties of English Around the World; T5.) Amsterdam - Philadelphia

Wall, A. (1961⁴): *New Zealand English. A Guide to the Correct Pronunciation of English, with Special Reference to New Zealand Conditions and Problems.* Christchurch

Wardhaugh, R. (1987): *Languages in Competition: Dominance, Diversity, and Decline.* (The Language Library.) Oxford

Warkentyne, H. J. (1971): "Contemporary Canadian English", in: *American Speech* 46: 193-199

Weber, G. (1993): "Sinhala. A nationalist language policy leads to disaster", in: *Language International* 5/6: 37-40

Weinstein, B. (1986): "Language strategists in India", in: N. Schweda-Nicholson (ed.): *Languages in the international perspective* (Proceedings of the 5th Delaware symposium on language studies, October 1983), Norwood, N.J.: 115-136

Welsh Language Act 1993. Her Majesty's Stationary Office. London, 21.10.93

White Paper on Educational Development. Laid by the Government before each House of the Oireachtas, December, 1980. Dublin 1980

Whiteley, W. H. (ed.) (1974): *Language in Kenya.* Nairobi

Williams, G. (1992): *Sociolinguistics. A Sociological Critique.* London

Winer, L. (1993): *Trinidad and Tobago.* (Varieties of English Around the World; T6.) Amsterdam - Philadelphia

Withers, Ch. W. J. (1984): *Gaelic in Scotland 1698-1981. The Geographical History of a Language.* Edinburgh

Wittig, K. (1956): *Phonetik des amerikanischen Englisch.* Heidelberg

Wolfram, W. A. (1974): "The Relationship of White Southern Speech to Vernacular Black English", in: *Language* 50: 498-527

Wolfram, W. A.; Christian, D. (1976): *Appalachian Speech.* Arlington, Va.

Wolfram, W. A.; Fasold, R. W. (1974): *The Study of Social Dialects in American English.* Englewood Cliffs, N.J.

Wright, J. (1905): *The English Dialect Grammar*, comprising the Dialects of England, of the Shetland and Orkney Islands, and of those Parts of Scotland, Ireland, and Wales where English is habitually spoken. Oxford

Wright, P. (1981): *Cockney Dialect and Slang.* London

Wyld, H. C. (1956[3]): *A History of Modern Colloquial English.* Oxford

Sachindex

Kursiv gesetzte Seitenzahlen verweisen auf besonders wichtige Stellen (z.B. Definitionen). Hochgestellte Zahlen bezeichnen Fußnoten.

Rüdiger Ahrens / Wolf-Dietrich Bald / Werner Hüllen (Hgg.)

Handbuch Englisch als Fremdsprache (HEF)

1995, 520 Seiten, 17 x 24 cm, kartoniert, DM 76,– / öS 592,– / sfr. 78,70, ISBN 3 503 03067 0

Das HEF umfaßt mit seinen über 120 Artikeln, die ausgewählten Spezialisten anvertraut wurden, die zentralen Lehr- und Studiengebiete in diesem Bereich. Die übersichtliche Konzeption macht das HEF unentbehrlich für Dozenten, Studenten und Gymnasiallehrer.

I. Das Englische als Nationalsprache und als Weltsprache: Das E. in seiner geschichtlichen Entwicklung – Die großen Varianten – Die Verbreitung des E.

II. Das Englische als Lernsprache: Aussprache und Rechtschreibung – Wortschatz – Wortbildung – Satzgrammatik – Textbildung und Stile – Strategien beim Gebrauch

III. Kulturwissenschaftliche Inhalte für die Lehre: Britannien und der Kontinent – Britannien und Deutschland – Die USA und Europa – Die USA und Deutschland – Weitere englischsprachige Länder

IV. Die englischsprachigen Literaturen und ihre Rezeption: Literaturtheoretische Grundlagen – Literarische Relationen: Britannien und Deutschland, USA und Deutschland – Die post-kolonialen Literaturen und Deutschland

V. Die Geschichte der Anglistik und Amerikanistik an deutschen Universitäten

VI. Hilfsmittel für das Studium

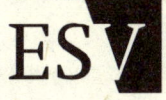

ERICH SCHMIDT VERLAG
Berlin Bielefeld München

Rüdiger B. Wersich (Hg.)

USA-Lexikon

Schlüsselbegriffe zu Politik, Wirtschaft, Gesellschaft, Kultur, Geschichte und zu den deutschamerikanischen Beziehungen

1995, 984 Seiten, 16 x 23 cm, gebunden, DM 248,– / öS 1.988,– / sfr. 257,–, ISBN 3 503 03086 7

Das USA-Lexikon ist ein umfassendes enzyklopädisches Nachschlagewerk, das mit über 500 Schlüsselbegriffen die Voraussetzung schafft, sich intensiv mit den Vereinigten Staaten von Amerika in Gegenwart und Vergangenheit und den deutsch-amerikanischen Beziehungen zu beschäftigen.

Der alphabetisch geordnete Hauptteil gibt Auskunft über zentrale Begriffe aus Politik, Wirtschaft, Gesellschaft, Rechtswesen, Bildungswesen, Kultur, Religion und Sozialwesen. Die Darstellungen zeichnen die historischen Entwicklungen nach und erläutern darüber hinaus viele (über das Sachregister leicht aufzufindende) Fachtermini im Zusammenhang. Weiterführende Literaturhinweise und gegebenenfalls Adressenangaben ergänzen die Artikel.

Sachregister, Namenregister, ein Anhang mit Dokumenten, tabellarischen und statistischen Übersichten, eine Auswahlbibliographie und ein detailliertes Verzeichnis gebräuchlicher amerikanischer Abkürzungen ergänzen das Handbuch.

Das Handbuch ist unentbehrlich – für Amerikanisten, Sozialwissenschaftler, Journalisten, Politiker, für Firmen mit USA-Beziehungen, Bildungseinrichtungen und für alle, die sich für die Vereinigten Staaten von Amerika interessieren.

ERICH SCHMIDT VERLAG
Berlin Bielefeld München